중국 미디어 산업의
미래와 현재

중국의 1~5선 도시 일러두기

- 1선 도시: 정치·경제 등 사회활동이 전국적 범위에서 중요한 위치를 차지하고 있고 주도적 역할을 발휘하며 주변 도시의 발전을 견인하는 능력을 확보한 대도시. 베이징·상하이·광저우·선전을 포함.

- 2선 도시: 베이징과 상하이 이외의 직할시, 중동부 지역의 성도(省会), 연해 개방도시와 경제가 발달한 지방급 도시. 일정한 경제기반을 갖추고 있으며 비즈니스가 활성화되어 대기업·대브랜드와 우수한 인재에 대해 일정한 흡인력을 갖추고 있어야 하며, 향후 몇 년 사이에 대기업이 중점적으로 진출하는 중요한 지역으로 부상이 예상되는 지역.

- 3선 도시: 중동부 지역의 지역중심 도시와 경제여건이 좋은 지방급 도시와 전국 100대 현(县) 및 일부 서부지역의 성도. 전략적 의미가 있고 경제가 비교적 발달하거나 경제 총량이 비교적 큰 중소도시로 인구는 100만 명 이상에 달하며 일정한 주민이 소비능력을 갖추고 있고 상대적인 우위산업을 확보하고 있으며, 일부 특수산업 분야 대기업에 대해 흡인력을 갖고 있지만 도시의 종합경쟁력은 더 향상되어야 할 필요성이 있는 지역.

- 4선 도시: 중부지역의 지방급 도시와 동부지역의 경제낙후 지역과 서부지역의 지방급 도시. 현지 중소기업이나 자원형 기업에 의존하고 주민의 소비능력은 확장 단계에 있으며, 중국 현지의 중등 규모 기업과 브랜드에 대해 일정한 흡인력을 갖고 있는 지역.

- 5선 도시: 중서부지역의 지방급 도시. 경제기반이 약하고 교통이 원활하지 못하며 규모를 이룬 기업이 상당히 적고, 농업인구 위주이며 공업화 발전방향을 도모하고 있는 지역.

중국 미디어 산업의 미래와 현재

추이바오궈崔保国 주편/조재구 역자

한중미디어연구소
Korea-China Media Research Institute

머리말

이 책은 중국 미디어 산업의 현재와 미래에 관한 보고서이다.

2004년부터 칭화대학 신문미디어학원 미디어 경제관리연구센터에서 국내외 학술계 전문가·학자를 조직하여 「중국 미디어산업 발전보고서2015(중국 발행 도서명, 중국 미디어 청서)」를 공동 작성하기 시작하였다. 이 보고서는 당해 중국 미디어 각 분야의 발전 현황을 분석하는 동시에 미래 중국 미디어산업의 발전추이에 대해 과학적으로 분석하고 예측하였으며, 여기서 쓰인 통계분석 방법과 데이터는 미디어산업을 연구·분석하는 권위적인 기준으로 평가되었다. 이에 2012년부터 '중국 사회과학 저널'(CSSCI)에 수록되기 시작하였다.

2014년은 중국 미디어산업 생산총액이 최초로 조 위안을 돌파한 해이며, 중국 정부가 추진하는 미디어융합 발전에서의 큰 성과를 이룩한 해이기도 하다. 그리고 전통미디어와 인터넷미디어의 위상변화가 나타난 중요한 해였다. 인터넷기업이 중국 경제성장을 견인하는 중요한 성장동력으로 부상하면서 미디어는 전반적으로 디지털화 시대를 맞이하게 되었다. 이러한 뉴미디어와 전통미디어가 교체되는 시점에서 디지털과 모바일은 중국 미디어 산업 발전에서 가장 중요한 특징으로 부각되었다. 투자자는 빠르게 발전하고 있는 중국의 뉴미디어 분야에서 적극적으로 비즈니스 기회를 찾고 있다. 빅데이터, 클라우드 컴퓨팅, 사물인터넷, 웨어러블 장치 등 디지털 기술과 하이테크 설비가 급격하게 발달하면서 미디어는 콘텐츠, 사회적 관계, 서비스를 일체로 묶는 종합적인 서비스 공급체로 부상하였다. 기술 업데이트, 경영 혁신, 융합을 통한 발전이 향후 미디어산업의 발전방향이라고 할 수 있다.

이 책의 주요 내용은 전체 개황, 인쇄미디어, 방송산업, PC인터넷과 모바일 인터넷, 광고 경영 및 미디어 투자 동향, 홍콩·타이완지역의 미디어산업 동향 등 6개 분야로 나뉘며, TV·신문·도서·라디오·인터넷·모바일 인터넷·광고 등 10여개 업종을 포함하여 미디어산업의 발전과 추이를 심도 깊게 분석하였다.

이 책은 실증연구에도 가치가 있을 뿐만 아니라 이론적인 의미도 갖고 있다. 전통산업과 각각의 미디어 산업에 대한 시스템적인 분석 내용은 정부 주관부서와 미디어 사업자들에게 중요한 가치를 제공하고 있으며 중국 미디어 시스템의 이해와 미디어 정책의 제정, 미디어 기구(방송국 등)들의 운영전략 등에 대해서도 중요한 정보를 제공한다. 특히 중국 미디어 산업 연구와 시장 개척에 관심이 많은 한국의 각 분야 미디어 사업자들은 물론, 대학 및 일반 연구자들에게 중요한 의미가 있는책이라고 할 수 있다.

마지막으로 이 책을 한국에서 출판할 수 있게 도움을 준 중국의 사회과학문헌출판사 리옌링(李延玲) 대표님과 칭화대학 신문미디어 학원의 추이바오궈(崔保国) 교수님, 왕단나(王丹娜) 박사님, 진하이순(金海顺) 선생에게 이 자리를 빌려 감사의 말씀을 전하고 싶다. 그리고 이 책이 출판되기까지 많은 도움을 주신 모든 분들에게 진심으로 감사드린다.

역자 조재구

머리말 …… 4

Ⅰ. 중국 미디어 시장 발전 동향 …… 10
- 미디어산업 발전 추이 … 12
- 모바일 인터넷 시대: 미디어 사용과 정보소비의 '뉴노멀' … 38

Ⅱ. 중국 인쇄미디어 발전 동향 …… 54
- 인쇄미디어 발전개요 … 56
- 신문산업 광고 발전과 전환 … 58
- 중국 도서 출판: 양적 규모에서 질적 효익 향상으로 … 68
- 신문발행 시장 현황 … 74
- 신문산업의 새 미디어 영향력 분석 … 89
- 도서 판매시장 분석 … 99
- 정기간행물 산업발전 동향 … 111

Ⅲ. 중국 방송산업 발전 동향 …… 120
- 방송산업 발전 개요 … 122
- TV산업 발전 분석 … 125
- 케이블TV 산업 발전 동향 … 139
- IPTV 산업 발전 동향 … 170
- TV 광고시장 현황 및 추이 전망 … 188
- TV 프로그램 VOD 시청에 대한 분석 … 198
- 드라마방송과 시청시장 분석 … 211
- 다큐멘터리 산업 발전 동향 … 227
- 애니메이션 영화·드라마 산업 분석 … 239
- 라디오산업 발전 추이 … 249
- 라디오 청취시장 분석 … 259
- 영화산업 발전 동향 … 271

目次

Ⅳ. 중국 PC 인터넷 및 모바일인터넷 산업발전 동향 …… 308

- 인터넷 미디어산업 발전 동향 … 310
- 인터넷 광고 산업 새로운 추이 예측 … 321
- 모바일 미디어 산업 발전 동향 … 332
- 모바일을 이용한 SNS발전 동향 … 343
- 소비자 행동변화를 일으키는 인터넷 광고의 새모델 … 351
- 온라인 동영상 산업 발전 분석 … 363
- 인터넷 게임 산업 발전 동향과 추이 … 376
- 실시간 커뮤니케이션 발전 동향 … 388

Ⅴ. 중국 광고시장 및 미디어 자본시장 발전동향 …… 398

- 광고시장 발전 동향 … 400
- 시청자의 미디어 접촉 습관 분석 … 409
- 미디어 시장의 인수합병 동향 … 423
- 미디어 자본시장 발전 동향 … 433
- 미디어시장의 저작권 무역 발전 동향 … 446

Ⅵ. 홍콩, 타이완 지역의 미디어 산업 발전 분석 …… 458

- 홍콩지역 미디어 산업 발전 분석 … 460
- 타이완지역 미디어 산업 발전 분석 … 471

Ⅶ. 중국 미디어 통계 …… 480

중국 전도

I. 중국 미디어 시장 발전 동향

미디어산업 발전 추이

　　인터넷 시대의 도래로 인해 전통적인 정보유통 채널과 방식에 획기적인 변화가 생기고, 인터넷은 정보 콘텐츠의 재구성 및 영향력 확대를 통해 미디어산업의 규모와 구조변화를 야기하였다. 아울러 많은 관련 산업의 경영규칙, 나아가 정치와 사회구조에도 영향을 미치고 궁극적으로는 글로벌 미디어생태계에 막대한 영향을 미치게 될 것으로 예상된다. 2014년은 중국에 있어 미디어산업의 융합이 본격적으로 추진되기 시작한 해이자 올드미디어의 패권적 지위가 교체되는 중요한 한해였다. 인터넷업체가 중국 경제성장의 중요한 동력으로 부상하면서 미디어는 디지털 시대를 맞이하게 되었고, 이러한 신규 미디어의 교체·융합 시점에서 디지털·모바일 인터넷은 중국 미디어의 새로운 특징으로 부각되고 있다.

　　투자자들은 중국에서 급격하게 확장하고 있는 뉴미디어분야에서 수익창출 기회를 발굴하고 있다. 빅데이터, 클라우드 컴퓨팅, 사물인터넷, 웨어러블 디바이스(Wearable Device) 등 디지털기술과 하이테크 설비의 발전속에서 미디어 업체는 콘텐츠, 네트워크, 서비스를 통합한 종합 서비스업체로 부상하였다. 기술업데이트, 경영혁신, 융합서비스의 발전은 미디어 산업의 활성화를 이끌어낼 것으로 예상된다.

1. 중국 미디어산업에 대한 통계조사 방법

칭화대학 미디어경제관리 연구센터에서 발표한 「중국 미디어산업 발전 보고서(즉 미디어 청서)」는 몇 년간의 연구결과를 토대로 미디어산업의 산업구조와 분류표준을 제시하였고 미디어산업의 최신 발전 현황을 고려하여 미디어 산업구조를 일부 조정하였다.

2012년 전까지 '미디어 청서'는 산업구조의 구분을 함에 있어 신문, 도서, 정기간행물, 라디오, TV, 드라마, 영화, 동영상, 인터넷, 모바일미디어, 광고 등을 10대 산업으로 분류하였다. 하지만 2013년부터 미디어 산업구조의 변화에 따라 시장을 세분화하였고 미디어산업을 인쇄, 라디오와 TV, PC인터넷, 모바일인터넷 등 4대 분야로 분류하여 미디어 시장의 최근 상황을 반영하였다.(그림1)

그림1. 중국 미디어 산업구조

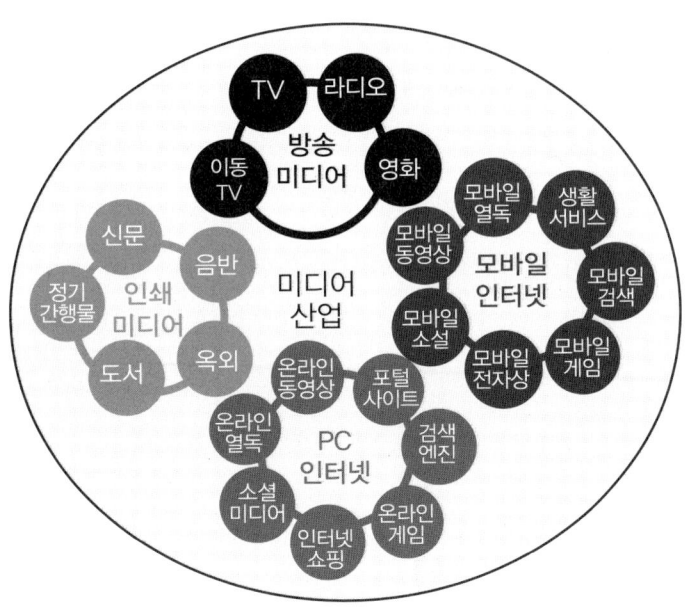

미디어 산업구조 분석은 상당히 복잡하며 관련된 하위 업종이 많고 데이터 수집 및 분석의 난이도가 높다. 또한, 공신력 있는 데이터를 발표하는 기관이 부족한 실정이다. 이에 미디어 청서 연구팀은 수년간의 경험과 비교분석을 통해 특유의 데이터 수집과 분석 시스템을 구조화하였다. 본 보고서에 사용된 데이터는 주로 공신력 있는 국가기관, 독립적인 제3의 전문기관에서 발표한 결과, 연구팀이 추진한 설문조사 등 3가지 수단을 통해 확보한 것이다(표1). 미디어 청서연구팀은 매년 산업별로 20~30개의 기업을 대상으로 총 300개의 미디어 업체를 측정하여 통계조사하였다. 기관별로 통계범위와 방법이 달라 확보한 데이터에 일부 차이가 있었다. 이에 연구팀은 매년 전문가를 통해 확보한 데이터에 대한 식별·분석을 실행하였고 최종적으로 자체 데이터베이스를 구축하였으며, 이를 토대로 하여 산업분석과 연구를 수행하였다.

미디어산업의 시장규모에 대한 통계와 예측은 공신력 있는 부서와 기관의 데이터 뿐만 아니라 자체 추산수단과 방법을 활용하였다. 본 보고서에서 활용한 추산방법은 다음과 같은 세 가지를 포함한다. 첫째, 통계방법, 즉 과거 통계자료와 각 산업별 생산액 구성비율을 참고하여 각 산업별 생산액규모를 추산한다. 둘째, 평균 증가율에 따른 추산방법, 즉 최근 몇 년간의 평균 증가율에 따라 최신 생산액 데이터를 추산한다. 셋째, 영향요인의 회귀분석 예측방법, 즉 회귀방정식을 설정하고 과거 데이터를 통해 방정식의 계수를 추산하며, 추산해낸 방정식과 독립변수를 통해 예측한 방정식과 변수에 따라 최신 종속변수를 도출한다.

표1. 중국 미디어산업 연구

수입 모델	주요 데이터 자료출처
TV 광고경영액	국가신문출판광전총국, 국가공상총국, 중국광고협회
라디오 광고경영액	
유선 인터넷수입	국가신문출판광전총국
영화 상영수입	국가신문출판광전총국, 중국영화발행상영회사, 중국영화보, 이은컨설팅(艺恩咨询)
영화 광고수입	
신문 광고경영액	국가신문출판광전총국, 국가공상총국, 중국신문업협회
잡지 광고경영액	
신문 발행수입	국가신문출판광전총국, 중국신문업협회, 세기화문(世纪华文)
정기간행물 수입	
도서 판매수입	국가신문출판광전총국, 오픈북(开卷公司)
음반, 영상물과 전자제품	국가신문출판광전총국
인터넷 광고수입	국가공상총국, 중국인터넷정보센터, 아이루이 컨설팅(艾瑞咨询)
인터넷 게임수입	중국인터넷정보센터, 아이루이 컨설팅(艾瑞咨询)
모바일 콘텐츠 및 부가 수입	공업정보부, 운영업체 상장회사 연차보고서
광고업체 경영액	국가공상총국, 중국광고협회

2. 2014년 중국 미디어산업 발전 개황

2014년 중국의 미디어산업은 조정과 융합 속에서 안정적인 발전을 이뤄왔다. 거시적 측면에서 볼 때, 중국공산당 18차 전국대표대회 이후 중국은 정치·경제·사회 각 측면에서 새로운 발전양상을 보였다. 경제성장률은 안정적인 속도를 유지하였으며 2014년 GDP 총액은 전년 동기대비 7.4% 증가한 63조 6,400억 위안을 기록하였다. 특히 전통 산업에 대한 인터넷 정보기술의 견인력이 부각되고, 신흥산업이 지속적으로 나타나 새로운 경제동력을 촉진시켰는데 그 중 문화 미디어 산업이 핵심 분야로 발전하였다. 아울러 미디어 산업의 구조조정은 더욱 심도 있게 추진되었다. 인터넷은 전통미디어를 대체할 수 있을 뿐만 아니라 미디어 융합을 통해 미디어 산업의 안정적인 발전을 촉진시키는 역할을 하고 있다. 칭화대학 미디어경제 및 관리 연구센터의 통계에 따르면, 2014년 미디어 산업의 생산총액은 전년 동기대비 15.8% 증가한 1조 1,361억 8천 위안으로 처음으로 1조 위안을 초과 돌파하였다. (그림2)

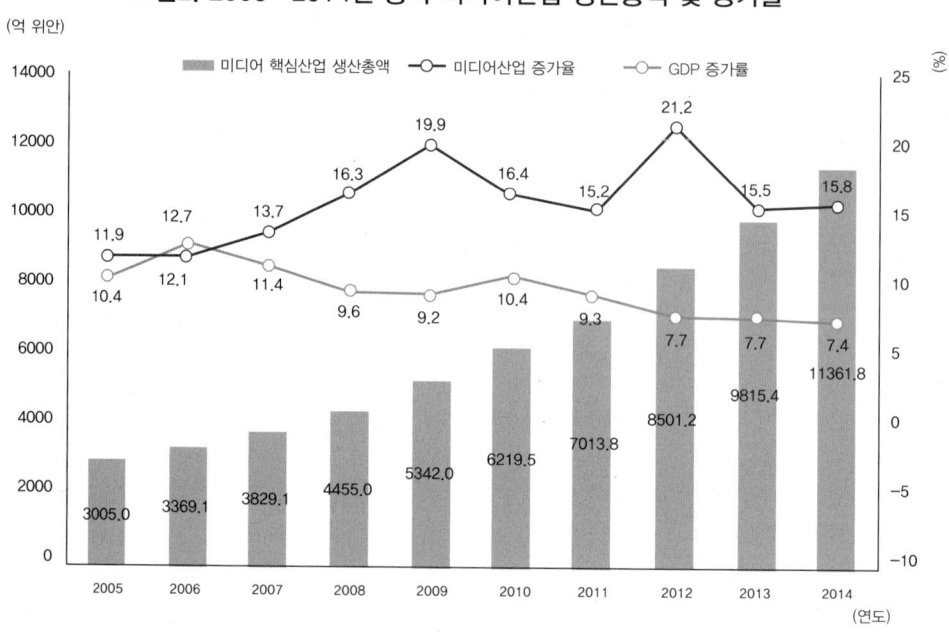

그림2. 2005~2014년 중국 미디어산업 생산총액 및 증가율

인터넷 등 신흥뉴미디어가 빠르게 발전함에 따라 미디어산업에 전반적인 번영과 더불어 부분적인 하락세가 나타났다. 중국 국민경제의 기타 중견산업과 비교해 볼 때, 미디어 산업은 여전히 규모가 작고 GDP에서 차지하는 기여도 비율은 1.5%에 불과하지만, 최근 몇 년간 두 자릿수 이상의 증가율을 유지하고 있다. 2014년에 GDP성장률은 둔화되었지만 중국 미디어산업 증가율은 2013년의 15.5%에서 15.8%로 여전히 소폭 상승하였으며, GDP성장률의 2배를 상회하였다. 미디어산업의 전반적으로 좋은 발전양상은 주로 인터넷을 토대로 한 신흥 뉴미디어로부터 기인했다. 그림3을 보면 2014년 인터넷과 모바일 부가서비스 시장의 점유율은 전통 미디어시장의 합계를 초월하여 가장 높은 10.3%에 달하였으며, 격차는 계속하여 확대되는 추이를 보이고 있다. 미디어산업은 중국, 나아가 전 세계의 유망산업이지만 신문을 대표로 하는 일부 전통미디어들은 쇠퇴기에 들어섰다고 할 수 있다.

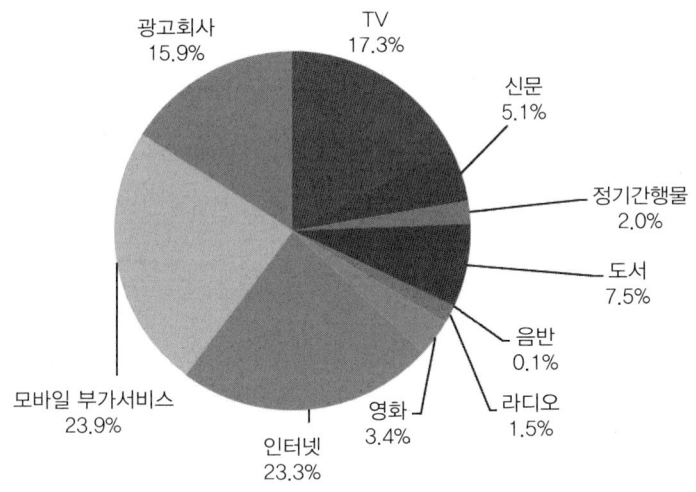

그림3. 2014년 중국 미디어산업의 업종별 점유율

2014년 미디어산업에 대한 구체적인 데이터를 보면 라디오 광고매출, 영화 광고수입, 도서 판매액과 모바일 컨텐츠 및 부가서비스 수입 이외의 기타 전통미디어 분야 수입의 연 증가율은 모두 하락세를 보였다. 그 중 신문 발행수입이 가장 큰 하락폭을 보였고 TV 광고시장은 연속 2년간 증가율이 두 자릿수 아래에 그쳤다. 신문 광고수입은 연속 4년간 하락하였으며, 2014년에는 15%의 하락폭을 기록함으로써 TV와 신문은 모두 전례없는 거대한 위기에 직면하고 있다. 반면 인터넷 광고수입과 인터넷 게임수입의 증가속도는 다소 완화되었지만 여전히 높은 증가율을 유지하고 있다. 특히 인터넷 광고수입은 1,500억 위안의 규모로 TV 광고를 처음으로 초과하였다.(그림4)

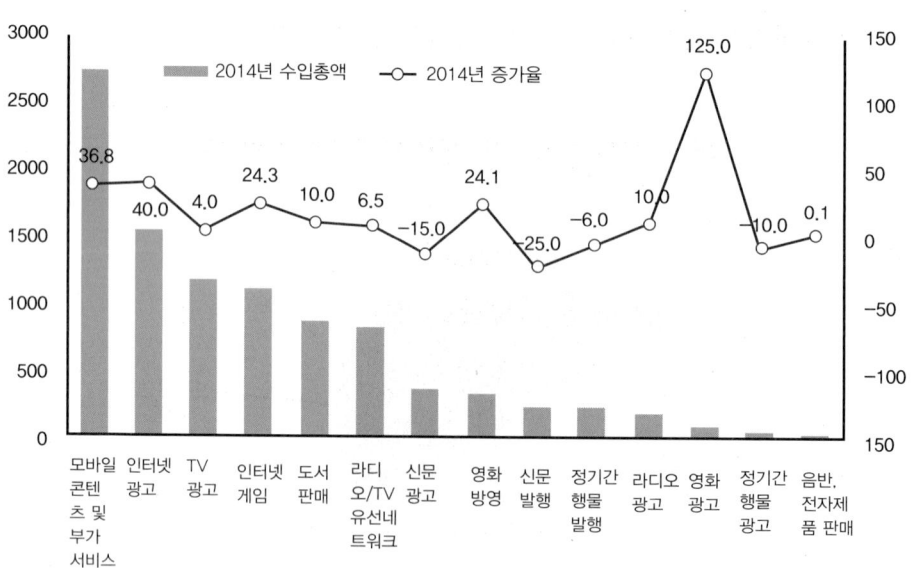

그림4. 2014년 미디어산업 업종별 시장규모 및 연간 증가율

산업형태 역시 산업의 발전추이를 가늠하는 중요한 기준이다. 표2에서 중국 영화산업과 뉴미디어의 급격한 발전을 볼 수 있다. 영화산업은 자본 집약적 산업으로, 자유시장적 성격이 높은 중국 영화산업은 민간자본의 천국으로 각광받았다. 이로 인해 핫머니가 지속적으로 유입되어 영화산업은 급격한 발전했으며, 스크린 수는 5년 연속 두 자릿수의 증가율을 유지하였다. 인터넷은 폭발적인 증가에서 안정적인 증가로 변화하는 발전상을 보였으며, 네티즌 수의 연간 증가율은 2007년에 53%의 최고치를 기록한 후 매년 감소되었다. 이는 인터넷의 무질서적인 확장시대는 이미 지나갔으며, 시장의 집중도가 향상되고 각 하위업종의 경쟁구조가 점차 안정되고 있음을 보여준다. 중국 광고 경영업체 수는 최근 3년사이에 대폭 증가하였는데 이는 광고시장의 활성화를 의미하는 동시에 시장의 집중도가 낮고 아직 성숙되지 않았음을 의미한다.

이용자 규모나 투자규모 혹은 업계 업체수를 보면, 대다수 전통미디어는 둔화·쇠퇴 추이를 보이고 있으며 신문 종류와 라디오·TV 방송국 수는 최근 6년간 지속적으로 하락하고 있다. 이는 시청자 규모축소로 인해 시장수요가 감소되었기 때문이며, 일부 전통미디어들이 경영난으로 인해 대형 미디어그룹에 인수합병되었기 때문이다. 그럼에도 불구하고 신문·라디오·TV는 수년간의 발전을 거쳐 일정한 규모의 우위를 확보하였으며, 특히 3·4선 도시(3선 도시는 비교적 큰 지방도시, 4선 도시는 중점 육성 지방 중소도시)와 세분화된 시장에서 여전히 상당한 경쟁력을 유지하고 있다. 따라서 인쇄매체, 라디오와 TV, PC인터넷, 모바일 인터넷 등 4대 분야 위주의 미디어 산업구조는 여전히 지속될 것이다.

표2. 2009~2014년 주요 미디어 산업형태별 데이터

	2009	2010	2011	2012	2013	2014
신문종류	1,937	1,939	1,928	1,918	1,821	–
정기간행물종류	9,851	9,884	9,849	9,867	9,941	–
출판사 수	580	581	580	580	583	–
음반.영상물 제품 출판업체 수	380	374	369	369	383	–
전자출판물 출판업체 수	250	251	268	268	287	–
라디오 방송국 수	251	227	213	169	153	–
TV방송국 수	272	247	197	183	166	–
라디오&TV 방송국 수	2,087	2,120	2,170	2,185	2,207	–
영화관 수	1,687	2,000	2,800	3,000	3,903	4,918
영화 스크린 수	4,723	6,256	9,286	13,118	18,195	23,592
광고경영업체 수	168,852	243,445	296,507	377,778	445,365	543,690
휴대전화 가입자 수(만호)	75,000	85,900	98,625	111,215.5	122,911.3	128,609.3
고정전화 가입자(만호)	32,375	29,438	28,179	27,815.3	26,698.5	24,943
www사이트 수(만개)	323.2	190.8	230.0	268.1	320.2	335.0
도메인 네임 수(만개)	1,681.8	865.7	774.8	1,341.2	1,844.1	2,060.1
네티즌 총수(만명)	38,400	45,730	51,310	56,400	61,758	64,900
휴대전화 인터넷 가입자(만명)	23,344	30,273	35,558	41,900	50,006	55,700

*자료출처: 국가신문출판광전총국, 국가공상총국, CNNIC에서 발표한 자료 정리

3. 2014년 중국 미디어 산업의 발전 특징

1) TV 프로그램 혁신을 통해 광고 하락세 만회

TV산업에 있어 2014년은 기쁨과 우려가 뒤섞인 한해였다. '기쁨'은 바로 TV 프로그램의 혁신을 통한 수익모델의 새로운 발전과 행사, 콘텐츠 수입(즉 저작권수입)의 대폭 증가이다. 인터넷은 TV방송국의 중요한 유통채널로 변화되었으며, TV는 인터넷 동영상 광고시장 발전을 촉진하는 중요한 동력으로 작용하였다. 현재 대다수 TV방송국은 저작권 수입을 광고수입에 포함시키기 때문에 광고수입이 전반적으로 상승하고 있다. '우려'되는 점은 TV 광고시장의 발전속도가 둔화되기 시작하였으며, 증가율 또한 3년 연속 하락세를 보이고 있다는 점이다. 인터넷 광고가 사상 최초로 TV 광고수입을 초월함으로써, 과거 TV의 전성시대는 점점 쇠락하고 있는 것이다.(그림5)

그림5. 2008~2014년 라디오, TV, 인터넷 광고수입 및 증가율

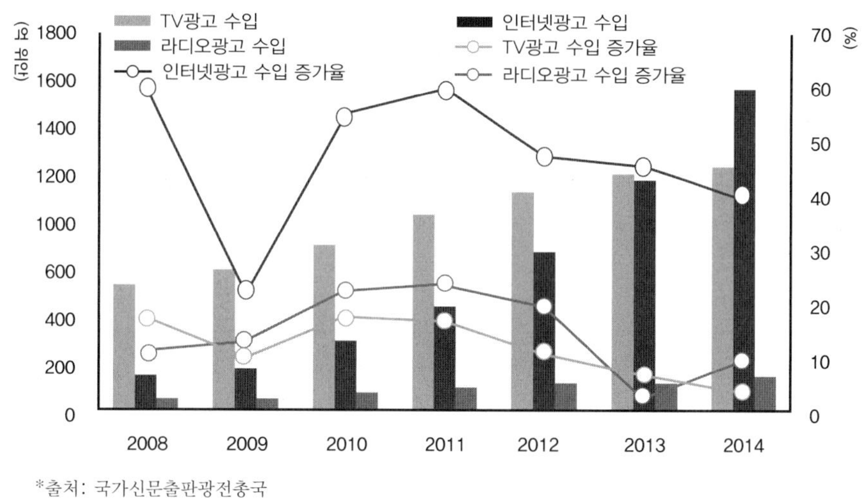

*출처: 국가신문출판광전총국

TV 광고시장이 인터넷에 의해 선두의 자리에서 물러난 원인을 살펴보면, TV는 시청자와의 상호작용이 불가능하고 광고 수용자를 추적할 수 없다는 점을 들 수 있다. 아울러 점점 더 많은 사람이 인터넷으로 TV 프로그램을 시청하는 습관이 확대되고 있기 때문에 TV광고에 대한 광고주의 관심이 식어가고 있다.

하지만 컴퓨터는 TV를 대체할 수 없으며, 우수한 TV 프로그램 콘텐츠에 대한 수요는 증가하고 있다. 또한 중년·노인 시청자와 3·4선도시는 전통TV에 대한 인지도가 높다. 그래서 비록 TV 광고시장은 다소 축소될지라도, 라디오와 TV 관련 업체가 확보한 풍부한 고객자원과 우수한 인력에 힘입은 관련 업체가 성공적으로 구조조정을 추진할 경우 여전히 인터넷 업체와 서로 경쟁할 수 있는 잠재력을 유지할 수 있을 것이다.

그러나 아쉽게도 라디오와 TV 업체의 구조조정은 상당히 더디게 추진되고 있다. 비록 많은 TV방송국에서 인터넷 동영상 제공시스템 개발 아이디를 제안하였지만, 실제적으로 실천에 옮긴 것은 CCTV(央视)와 후난 TV(湖南卫视)에 불과하다. 이는 주로 라디오, TV 산업의 발전 배경과 특성에 따른 결과라고 할 수 있다. 개혁개방 이후 라디오·TV 인프라 시설은 급격한 발전했고, 유선방송 시청자도 매년 증가세를 나타내면서 TV는 수년간 미디어 광고시장에서 패권적 지위를 유지하였다.

또한 국가에서도 정책적으로 인터넷미디어의 발전으로 인한 방송기업의 충격을 다소 완화시켰는데, 이로 인해 방송기업은 새로운 변화를 맞닥뜨려야 한다는 부담감이 사라진 실정이다. 2014년에 국가신문출판광전총국은 인터넷 TV박스의 TV 프로그램 타임 시프트와 재방송 기능을 금지하였고, 그 후 동영상 사이트의 해외 영화·드라마에 대해 심사

허가제를 실시함을 발표하였다. 아울러 가장 큰 중문자막의 사이트인 shooter.con(射手网)을 차단하였고 동영상 해적판을 엄격히 단속하였다. 이러한 정책은 시장의 건전하고 질서 있는 발전에 유리하지만, 인터넷 TV박스와 동영상 사이트 발전추이를 억제하였다. 해당 정책에 따른 영향은 2015년에 나타나겠지만, 이러한 정책만으로 TV산업의 전반적인 쇠퇴현상을 만회할 수는 없다. 뿐만 아니라 '일극양성(一剧两星, 1부 드라마는 최대 2개 채널에서만 동시 방송이 가능)' 정책으로 인해 2·3선 도시 TV 방송국은 2015년에 새로운 조정을 거치게될 것이다. 성급 TV방송국의 경쟁구도는 이미 형성되었으며, 향후 TV시장에 대한 집중도는 계속하여 향상될 것으로 예상된다.

2014년 TV미디어의 하이라이트는 예능프로그램이라고 할 수 있다. 시청자의 〈보이스 오브 차이나(中国好声音)〉에 대한 열정이 점점 식어가고 있을 때 〈런닝맨(奔跑吧!兄弟)〉, 〈희종천강(囍从天降)〉 등 리얼리티 프로그램이 새로운 핫이슈로 부상하였다. 2015년 방송 계획중에 있는 TV 예능프로그램은 200여 개를 초과할 것으로 알려졌다. 비록 현재 인기를 모으고 있는 예능프로그램은 대부분 저작권을 수입한 것이지만, 사실상 중국 국내 TV 프로그램의 제작수준 향상에 유리하고 프로그램 제작과 방송의 분리를 촉진시켜 TV방송국의 구조조정을 촉진할 수 있다.

2) 라디오, 영화발전의 이채로운 양상

2014년 라디오와 영화산업은 TV산업보다 훨씬 이채로운 양상을 보였다. 라디오 광고, 영화상영과 광고수입 증가율은 모두 두 자릿수를 초과하였고 영화 광고시장은 2배 증가하였다(그림5. 그림6). 그 원인을 보면, 라디오 시장의 번영은 주로 자동차 산업의 발전에 기인한 것으로 시청자 규모가 점차 확대됨에 따라 시청자 대상이 분명하고 광고가치가 높기 때문이다. 아울러 프로그램 시청의 현지화 특징으로 인해 시장경쟁이 TV처럼 극심하지 않았다. 영화산업은 투자열정이 전례 없이 높아져 시장의 번영을 직접적으로 견인하였는데 향후 지속적인 증가세를 유지할 것으로 예상된다. 하지만 전체 규모를 보면 라디오와 영화산업은 여전히 TV와 인터넷산업과 맞설 수 없는 수준이다. 또한 전국 여러 개 도시에서 자동차 구입제한 정책을 실시함에 따라 향후 라디오 광고시장의 증가속도는 다소 둔화될 것이다. 하지만 영화산업은 영화관의 규모증가와 영화소비의 향상에 힘입어 향후 여전히 큰 발전기회가 있을 것으로 예상된다.

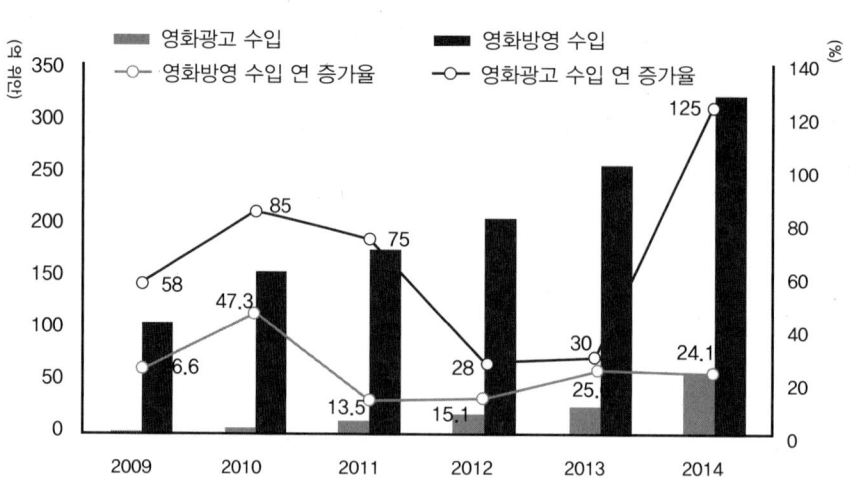

그림6. 2009~2014년 중국 영화상영과 광고수입 증가율

*출처: 국가신문출판광전총국

3) 신문업의 '절벽식' 하락과 새로운 진로

2014년 '석간신문'이 발행정지된 동시에 '펑파이뉴스(澎湃新闻)'가 새로이 나타났는데, 이는 신규 신문의 교체를 의미할 뿐만 아니라 인쇄미디어의 쇠퇴를 의미한다. 2014년 중국 신문 인쇄용지 사용량은 약 270만 톤으로 2013년보다 약 25% 감소하였다. 이는 신문사의 발행량이 실제적으로 약 25% 내외 감소했음을 보여준 것이다. 아울러 신문업의 생존에 필요한 광고시장 역시 연속 4년간 마이너스 증가세를 지속하였고 2014년의 하락폭은 두 자릿수에 달하였다(그림7). 광고와 발행량의 이중적인 감소하에서 신문업의 쇠퇴는 이미 만회할 수 없는 지경에 이르렀으며, 심지어 일부 전문가는 신문업은 '절벽식' 하락을 겪고 있음을 지적하였다.

정부의 행정적인 '보호' 부족으로 인해 발행량이 하락한 신문은 주로 시장화 수준이 높은 도시신문, 동부 연해지역의 성급 당보(党报), 경제가 발전한 일부 지방의 시급(市级) 신문에 집중되어 있다. 청서연구팀이 30여 개 도시신문에 대해 조사한 결과, 2015년 1분기 신문 광고업은 하락세가 더 극심해져 보편적으로 20% 이상 하락하였다. 일부 신문은 무려 30%까지 하락하였을 뿐만 아니라, 발행량도 일반적으로 하락하였으며 그 중 자동차와 부동산 등 전통적인 대형 광고주가 많이 이탈한 것으로 알려졌다. 거시경제 성장속도의 둔화, 전통미디어 광고시장에 대한 뉴미디어의 압박으로 인해 2015년도 신문업의 발전추이는 더욱 하락할 것으로 예상된다.

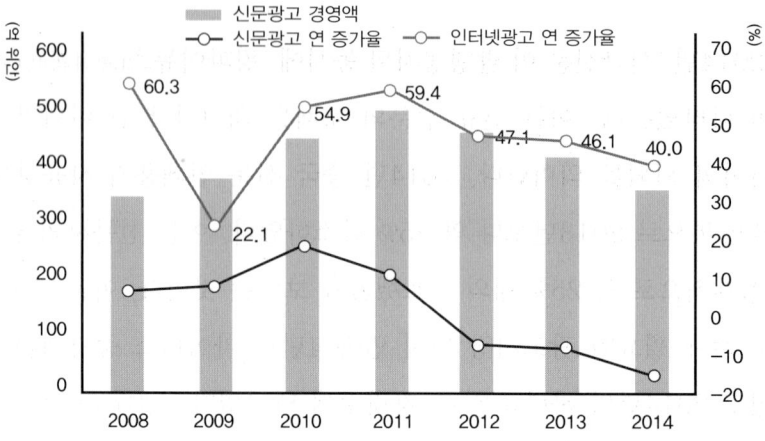

그림7. 2008~2014년 신문업 광고수입과 인터넷 광고 증가율

*자료출처: 아이루이 컨설팅(艾瑞咨询)

신문업 시장의 지속적인 하락에 대해 신문업체는 주로 아래와 같은 전략을 취할 수 있다. 첫째, 단결이다. 즉 인수합병을 통해 규모효과를 형성하는 것이나(예컨대 대중뉴스그룹(大众报业集团)의 설립). 둘째, 다양한 업무발전과 전략적 구조조정을 추진한다(예컨대 게임산업을 대대적으로 발전시킨 저장일보 미디어그룹(浙报传媒集团)). 셋째, 디지털 미디어를 적극 추진한다(예컨대 온라인 인민일보(人民日报), 광저우일보 미디어회사(粤传媒)와 오라클(甲骨文)이 공동으로 빅데이터 업무 추진). 하지만 앞서 이야기한 3가지 전략은 경제능력이 막강한 대형 신문업 그룹에만 적합할 뿐 경영난을 겪고 있는 도시신문 업체는 다른 방법을 도모해야 한다. 알리바바(阿里巴巴)는 2014년 초에 문화중국(文化中国)의 지분확보를 통해 간접적으로 '경화시보(京华时报)'를 인수합병하였는데 이는 능력을 갖춘 기업에 의해 인수합병 당하는 것이 네번째 전략임을 제시하였다. 이처럼 신문업의 '절벽식' 하락은 오히려 관련 기업이 새로운 진로를 모색하도록 촉진시킬 수 있다.

신문은 시효성, 연동성, 정보량 등의 방면에서 많은 단점이 있기 때문에 인터넷 등 신흥 뉴미디어에 의해 주요 미디어의 지위에서 물러날 수 밖에 없다. 향후 5~10년 동안 신문시장은 여전히 지속적으로 쇠퇴할 것이지만 일정 정도로 쇠퇴한 후 안정세를 유지할 것으로 예상된다. 신문기업은 다양한 업무를 추진하거나, 디지털 업무를 도입해서 시간과 기회를 잘 파악해야 할 뿐만 아니라 휘황찬란했던 과거를 과감히 내려놓는 용기와 결심 역시 필요하다.

4) 인터넷 공간의 새 질서 형성

중국 인터넷정보센터(CNNIC)의 최신 자료에 따르면, 2014년 12월 기준으로 중국의 네티즌 규모는 6억 4천 9백만 명에 달하였고 인터넷 보급률은 2013년 대비 2.1% 증가한 47.9%를 기록하였다. 보급률에 있어 인터넷은 라디오(98%)·TV(98.6%)와 상당한 격차를 두고 있지만, 미디어 광고시장에서는 라디오와 TV를 초월해서 선두적 지위를 차지하였다. 2015년 3월 '중국 모바일 인터넷 광고표준' 발표회에서 국가공상총국 광고사 사장인 장궈화(张国华)가 발표한 자료에 따르면, 2014년 인터넷 광고수입은 36.7% 증가한 900여 억 위안에 달하였고 검색과 전자상거래의 광고수입을 추가할 경우 2,000여 억 위안을 기록하였다. 인터넷은 광고에만 의존하는 것이 아니라 정보서비스, 소셜 미디어, 문화 엔터테인먼트, 비즈니스 서비스 등 4대 형태가 기본적으로 형성되었고 시장의 발전가능성 또한 높다.

더 중요한 것은 2014년은 인터넷의 국가전략적 지위가 확립된 해라는 사실이다. 마윈(马云), 리옌훙(李彦宏) 등 인터넷업계 엘리터들은 빈번히 국가차원의 방문과 중요한 국제회의 참석자 명단에 올랐으며, 중국 정부는 제1차 세계인터넷대회를 개최하고 「전통 미디어와 신흥 뉴미디어의 융합적 발전 추진에 대한 지도의견」을 제출하기까지 인터넷을 국가의 주된 미디어로 간주하여 국가전략적 지위로 부상시키겠다는 입장을 밝혔다. 이는 인터넷의 급속한 발전의 필연적인 결과이자 인터넷 발전이 새로운 역사단계에 들어섰음을 의미하기도 한다.

이제 전 세계 인터넷 공간에 대한 새로운 질서를 구축하는 것이 필요하다. 인터넷은 더 많은 사회책임을 담당하고 더 엄격하고 규범화된 감독관리를 받게될 것이다. 인터넷을 통해 더 신속·편리·고효율적으로 문제를 해결하며, 국민사회의 건설과 미디어의 사회책임을 촉진할 수 있다. 하지만 인터넷의 개방적인 모델로 인해 정보 콘텐츠의 범람과 무분별한 의견이 얽혀서 무의미한 소란을 야기하거나, 자율성이 약한 가입자에 의한 '인터넷 용병'과 '인터넷 심판', 권리주체 확정 불균등에 따른 이익충돌 등 분제가 초래될 수 있다. 이러한 문제들은 조속히 해결해야 하는데, 그 과정에서 인터넷 체제의 구축과 완비를 추진할 수 있다. 인터넷은 과거의 무질서적인 발전에서 더 규칙적이고 질서적인 발전의 길을 걷게 될 것이다.

2014년 중 가장 주목을 끄는 대사건은 바로 알리바바의 상장이다. 이는 인터넷 기업이 중국 경제성장의 중요한 동력으로 작용하고 있음을 의미한다. 2014년 12월 세계 500대 브랜드 중에서 26개 브랜드가 새로 선정되었는데, 중국의 6개 신규 브랜드가 진입하였고 그 중 3개가 인터넷 기업이었다(텐센트(腾讯), 바이두(百度), 알리바바(阿里巴巴). 향후 인터넷은 세계를 연결시키는 수단일 뿐만 아니라 중요한 경제주체로 부상할 것이다.

인터넷 공간의 시장질서도 규범화가 필요하다. 기존의 시장구조상 검색 엔진이 계속 1위를 차지하고 있는데 95.4%의 검색 가입자는 종합검색 사이트를 통해 정보를 검색하며, 종합검색 사이트가 인터넷 포털 사이트 지위를 확보하고 있다. 검색 엔진의 1위인 바이두의 2014년 1~3분기 영업수입 총액은 동기대비 56.1% 증가한 350억 3백만 위안으로 CCTV를 초과하여 광고시장의 1위를 확보하였다.

최근 몇 년간 인터넷 동영상 시청자 규모는 빠른 발전 양상을 보였는데(그림 8) 이로 인해 인터넷 동영상 광고 시장역시 급속하게 발전하였다. 아이루이 컨설팅(艾瑞咨询)의 자료에 따르면, 2014년 중국의 인터넷 동영상 시장규모는 동기대비 76.4% 증가한 239억 7천만 위안에 달하였다. 광고는 여전히 인터넷 동영상 업체의 주요 수익모델로, 인터넷 동영상 광고시장 규모는 동기대비 55.1% 증가한 152억 위안에 달하였으며, 증가율은 2013년의 47.2%보다 높은 수준을 보였다. 유쿠투더우(优酷土豆), 아이치이(爱奇艺PPS), 러스(乐视网) 등 많은 동영상 사이트는 2014년에 광고가격을 대폭 인상(가격인상폭: 30%~80%)시켰는데 증가속도는 과거보다 훨씬 높은 수준이었다. 동영상 광고의 점유율(63.4%)이 2013년(72.1%)보다 낮았음에도 불구하고 증가속도가 과거보다 높은 수준을 보인 주요 원인은 바로 인터넷 TV 복합기 및 인터넷박스의 판매수입과 게임수입이 더 큰 규모로 증가하였기 때문이다.

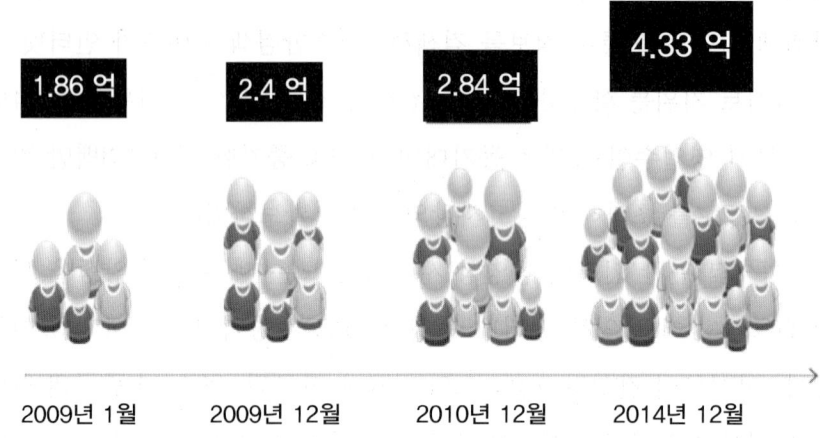

그림8. 중국의 인터넷 동영상 사이트 연도별 가입자 수

중국 인터넷 게임산업의 핵심은 여전히 클라이언트 게임이고 클라이언트와 모바일 단말기는 상대적으로 안정적인 시기에 들어섰다. 그 원인은 바로 ① 시장에 우수한 모바일게임 제품이 부족하고, ② 모바일 게임기 사업이 안정적인 성장기에 진입하였기 때문이다. 전체 추세를 보면 모바일 게임시장은 여전히 큰 발전 잠재력을 갖고 있다.

5) 모바일 미디어가 미디어 융합의 핵심으로 부상

2014년 모바일 인터넷의 영향력이 더 확대되면서 모바일 단말기는 다양한 형태로 국민의 생활 곳곳에 침투하였다. CNNIC의 자료에 따르면 2014년 6월 중국 휴대전화 인터넷 이용자는 최초로 PC를 초월하였고, 12월말까지 휴대전화 네티즌 수가 5억 5천 7백만 명에 달하여 총 네티즌수의 85.8%를 차지하였다(그림9). 2014년 말까지 모바일 인터넷 응용의 보급률 중 즉시적 커뮤니케이션(91.2%), 검색(77.1%), 인터넷 뉴스(74.6%)가 톱3을 차지하였고, SNS 및 모바일 메신저와 같은 즉시적 커뮤니케이션의 지위가 더 확고해졌다. 가입자 규모의 증가폭을 보면 모바일 지불결제(73.2%), 모바일 뱅킹(69.2%), 모바일 온라인 쇼핑(63.5%) 등 비즈니스 응용이 선두적인 지위를 차지하였으며 모바일 관광 예약 정보(194.6%)가 가장 빠르게 증가하였다.

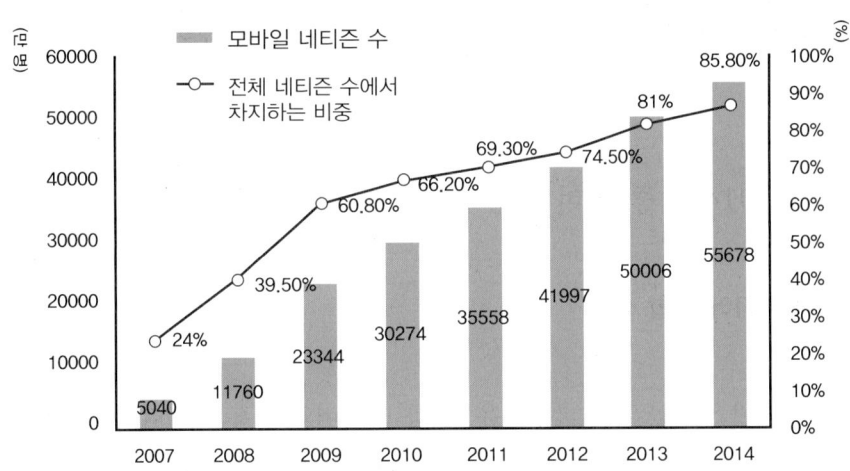

그림9. 2007~2014년 전체 네티즌 수 대비 휴대폰 네티즌 수 비율

모바일 인터넷이 발전함에 따라 모바일 미디어는 미디어 산업의 중점 분야로 성장하였고, 미디어 융합의 핵심적인 연결고리가 되었다. 2014년 12월 바이두의 모바일 광고 수입이 최초로 PC인터넷 수입을 초월한 것, 웨이보(微博)와 모모(陌陌)의 연이은 상장, 메이디그룹(美的集團)에 대한 샤오미(小米)기업의 12억 6천 6백만 억 위안 투자 등 3대 주요 사건은 아래와 같은 모바일 미디어 산업의 3가지 발전추이를 대표한다.

첫째, 모바일 광고가 안정적으로 상승하여 머지 않아 전통 인터넷 광고를 초월하게 될 것이다. 아이루이 컨설팅의 자료에 따르면, 2014년 중국 모바일 광고 시장규모는 동기 대비 122.1% 증가한 296억 9천만 위안으로 증가율은 연속 3년간 100%를 상회하였으며, 2016년에는 시장규모가 1,000억 위안을 초과할 것으로 예상된다. 둘째, 소셜 미디어 구조가 점차 안정되어 웨이보의 미디어 기능이 부각되고 위챗(微信)이 선두적 지위를 차지하고 있으며, 전자메일 등 APP이 계속하여 하락세를 보이고 있다. 셋째, 모바일 미디어는 전통 미디어와 신흥 미디어 사이의 연결고리가 되어 미디어의 융합발전을 촉진할 것이다.

4. 2014년 중국 미디어 생태환경

1) 미디어 융합

2014년 8월 18일에 국무원은 「전통 미디어와 신흥 뉴미디어의 융합적 발전 추진에 관한 지도의견」을 발표하였다. 시진핑 총서기는 신형 주류 미디어 육성과 막강한 실력을 가진 뉴미디어 그룹 설립을 명확히 제시하였으며, 국가차원에서의 '미디어 융합'을 명확하게 제시하였다. 이는 당과 정부의 새로운 미디어 여론 형성과 주류 미디어의 커뮤니케이션 채널을 재구축하는 데에 유리할 뿐만 아니라, 국제적으로 미디어의 새로운 질서 구축에 대한 중국의 참여와 국제적 미디어 능력 강화에도 유리하다. 이에 '미디어 융합'은 미디어 산업에서 가장 뜨거운 단어로 부상하였다. 인민일보사, 신화사, CCTV 지도층의 인사 이동도 시작되었는데 이는 향후 주류 미디어 '융합'은 '위에서 아래로' 추진되는 길을 걷게 될 것을 의미한다.

'미디어 융합'은 새로운 아이디어가 아니라 2007년 '미디어 청서' 총보고에서 이미 미디어 발전의 중요한 추세로 부상할 것이라고 제시된 바 있다. 미디어 융합은 상이한 발전단계에 있는 미디어 기업에게 각각 다른 의미를 갖고 있다. 전통미디어의 입장에서는 '미디어 융합'이 전통미디어를 구원하는 역할을 하여 국가차원에서 더 많은 지원을 제공함으로써 기존 시장에서 추가되는 효과를 기대하고 있으나, 사실 융합의 주요 방법은 여전히 전통미디어를 주체로 하여 새로운 미디어 업무를 발전시키는 것에 불과하다. 일부 전문가의 의견에 따르면 전통미디어 구조조정의 근본은 '인터넷 사고방식'을 갖추는 것으로 전통미디어의 고유한 운영방식을 새롭게 조정하는 것이라 할 수 있다. 뉴미디어 종사자에게 있어 '미디어 융합'은 인터넷의 주류 미디어로서의 지위에 대한 일종의 인정이라 할 수 있지만 기업의 운영모델에는 큰 영향을 미치지 않을 것으로 예상된다. 인터넷 기업이 추구하는 '융합'은 '사람과 정보사이의 연결이 아니라 사람과 서비스 사이의 연결'로, 비즈니스 이익의 최대화를 도모하는 수단이다. 국영 미디어와 막강한 자본실력을 확보한 인터넷 미디어는 수요와 목표, 경영모델 상 각기 다른 차이가 있다.

2) 주요 발전동력은 비즈니스 모델의 혁신

개혁개방 이후 중국 국민경제의 급속한 성장은 광고업의 발전을 견인하였으며, 광고 매출이 GDP에서 차지하는 비중도 지속적으로 상승하였다(그림10). 예로부터 미디어와 광고업은 상생관계로써 광고업은 미디어 산업의 주요 영업수익 모델이며, 미디어 산업은 광고업과 동일한 흥망성쇠를 경험하였다. 하지만 인터넷이 출현함에 따라 미디어 산업의 생존발전에 변화가 나타났다. 광고는 여전히 미디어 산업의 주요 수입원이기는 하지만, 미디어 산업은 비즈니스모델 혁신을 통해 광고를 떠나서 더 많은 가능성을 보여줬다. TV프로그램과 콘텐츠 저작권수입, 인터넷 게임, 전자상거래, 데이터정보 서비스 등 미디어산업은 지속적으로 확장하고 있으며, 광고, 전자제조, 금융, 소매 등 관련 산업과 함께 더 광활한 발전공간을 만들어가고 있다.

3) 두뇌유출에 따른 전통 미디어산업의 설상가상

미디어 개혁이 점차 심화됨에 따라 미디어 융합은 기업내부의 변혁을 야기하고 있다. 전통미디어와 뉴미디어 사이의 힘겨루기는 시장구조 변화를 야기하였을 뿐만 아니라 기업의 경영과 전략변화를 추진하였고, 기업의 시장 실적에 영향을 미쳤다. 미디어 기업에 있어 경영업무의 전환은 시간이 흐를수록 효과를 볼 수 있지만, 두뇌유출의 영향은 더 빠르게 나타나게 된다.

2014년에는 미디어 종사자의 이직·창업 붐이 나타났으며, 전통미디어에 대한 실망과 비관적 전망은 전통미디어의 중·고위층까지 확산되었다. 예컨대 'NEWSWEEK' 중문판 전 편집장인 천쉬(陈序)가 크라우드 펀딩 사업인 '찬상(赞赏)'을 개설하였고 '21세기경제보도(21世纪经济报道)'의 쮜즈젠(左志坚)이 '엄지손가락 열독(拇指阅读)', '재경신문(财经新闻)' 기자인 자오허쥐안(赵何娟)은 '타이미디어(钛媒体)', '중국기업가(中国企业家)'의 리민(李珉)은 '후시우(虎嗅)'를 창립하였다. 미디어는 지식집약형 산업으로 인재가 기업운영의 중요한 관건이기 때문에 인터넷 기업이든 전통미디어 업체든 모두 인재를 호시탐탐 노리고 있다. 2014년 말 텐센트는 오락사업을 개척하고 2015년부터 유쿠투더우는 중대한 구조조정을 추진하였다. 기업 경영자에서 투자자로의 전환, 직원에 대한 관리에서 프로젝트 관리로의 이전은 직원의 창조력을 활성화하고 두뇌 유출을 정비하는 일종 전략적 선택이다.

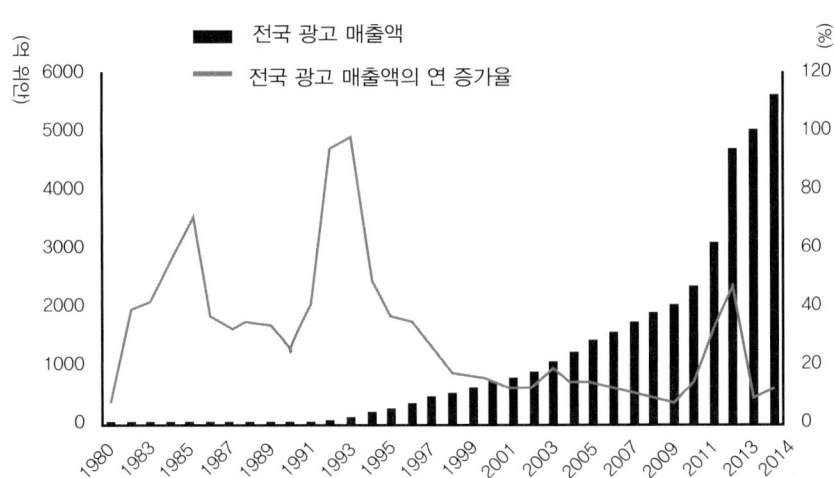

그림10. 1981~2014년 전국 광고매출액 및 증가율

5. 중국 미디어산업 발전추이 전망

현재 미디어 산업의 발전은 원래의 발전 프레임을 벗어나 관련 기업과의 관계가 더 밀접해지는 등 빠르게 변화하고 있다. 따라서 미디어 산업은 중대한 도전에 직면하였을 뿐만 아니라 정부, 학술연구, 사회각계의 공동 직면 과제로 대두되었다. 따라서 더 넓고 더 높은 시각으로

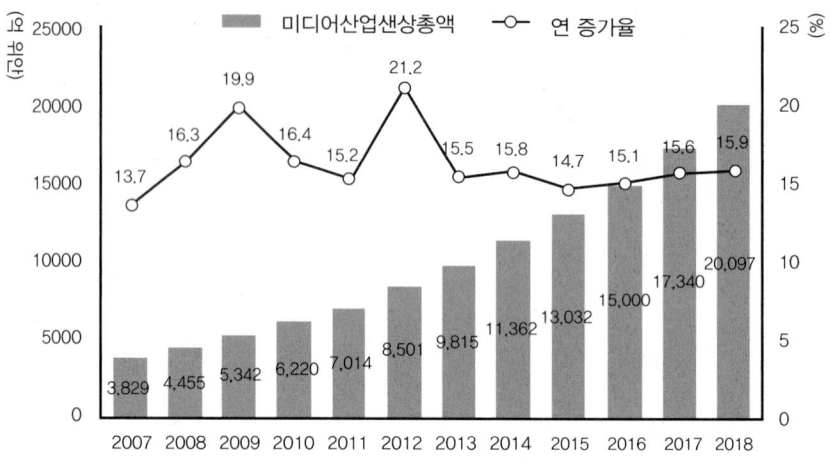
그림11. 2007~2018년 중국 미디어산업의 생산총액 및 증가율

미디어산업에 대한 연구를 추진하고 글로벌 발전구조에 입각하여 다산업, 다분야의 산업융합을 통해 중국 미디어의 형태, 경영방식, 생태 및 동태 발전을 파악해야 한다.

현재 글로벌 미디어 산업은 안정적인 발전단계에 들어섰고 산업규모의 연간 증가율은 5% 내외로 변동하며, 전 세계 GDP에서 차지하는 비중은 약 2.4%이다. 미국은 전 세계에서 가장 큰 오락 및 미디어산업 시장이지만, 중국을 대표로 하는 아시아와 라틴아메리카 국가의 오락과 미디어 산업은 최근 몇 년간 급속한 발전세를 보였다. 특히 인터넷 분야에서 중국은 이미 세계 선진수준에 도달하였으며, 디지털 미디어가 빠르게 확산되고 있다. 현재 디지털 미디어는 아직 전 세계 미디어 산업의 주요 수입 원천은 아니지만, 향후 3~4년 내에 근본적인 변화가 생길 것으로 예상된다. 중국의 문화산업을 국민경제의 핵심산업으로 추진하는 전략이 점차 가시화되고, 미디어 산업에 대한 인터넷의 견인력이 점차 증대됨에 따라 향후 5년간 중국의 미디어 산업은 두 자릿수 증가율을 지속할 것으로 보인다. 그리하여 2018년에 2조 위안을(그림11) 기록하며 GDP대비 비중이 5%를 상회할 것으로 예상된다. 아울러 산업구조가 지속적으로 최적화되어 중국의 미디어산업은 인터넷을 핵심으로 하는 미디어 융합 발전의 새로운 시대를 맞이하게 될 것이다.

모바일 인터넷 시대:
미디어 사용과 정보소비의 '뉴노멀'

1. 도시 인터넷 가입자의 미디어 사용과 정보사이의 의존상황 분석

1) 미디어 의존도

(1) 정보수요

조사에 따르면 현재 도시 인터넷가입자가 가장 의존하는 미디어는 TV, PC인터넷, 모바일 인터넷인 것으로 나타났다. 그 중 국내외 시사뉴스 · 현지 뉴스 · 건강정보 · 광고정보 · 전체 뉴스와 관련해서는 TV에 가장 의존하고 서비스 정보와 관련해서는 모바일 인터넷에 의존하며, 투자와 재테크 정보 · 과학기술 정보와 관련해서는 PC인터넷에 의존하는 것으로 나타났다.

모바일 인터넷과 PC인터넷을 포함할 경우, 광고정보 이외에는 인터넷에 가장 의존하는 것으로 나타났다. 그 중 현지 뉴스정보, 국내외 시사뉴스, 서비스 정보, 투자와 재테크 정보, 건강정보, 과학기술 정보와 관련해서는 인터넷에 대한 의존도가 TV보다 훨씬 높은 것으로 집계되었다.(표1)

표1. 정보수요의 미디어 의존도

(단위: %)

분야	국내외 시사	현지 정보	서비스 정보	투자 재테크 정보	건강 정보	과학 기술 정보	광고 정보	전체 뉴스
신문	10	12	7	10	5	5	9	7
라디오	4	7	6	5	7	5	6	7
TV	38	36	18	16	26	20	34	30
잡지	2	4	5	5	7	4	5	4
PC인터넷	21	16	25	31	19	26	16	21
모바일 인터넷	21	22	33	21	19	19	18	23
도서	2	1	2	6	12	16	2	3
옥외/교통/빌딩 LCD TV	1	1	2	3	2	2	8	2
영화	1	0	1	1	1	2	1	2
미응답	0	1	1	2	2	1	1	1
합계	100	100	100	100	100	100	100	100

(2) 지식 및 교양수요

이용자가 지식을 습득하는데 있어 가장 많이 의존하는 미디어는 책(34%), PC인터넷(21%), 모바일인터넷(15%), TV(13%) 순이고, 문화교양 증가에 있어서는 도서(32%), PC인터넷(15%), TV(15%), 모바일인터넷(14%) 순인 것으로 나타났다. PC인터넷과 모바일인터넷을 포함할 경우 인터넷은 지식을 얻는 중요한 채널과 방법으로 부상하였음을 알수 있다. 하지만 조사에 따르면 문화교양 증가에 있어 도서에 대한 의존도가 여전히 인터넷보다 높은 것으로 나타났다.

(3) 정치참여 수요

가입자는 정치참여 수요 충족에 있어 TV에 대한 의존도가 가장 높고(28%), 그 다음으로 PC인터넷(24%)과 모바일인터넷(18%), 신문(11%)인 것으로 나타났다. 설문조사 대상 중 2%의 '무응답' 가입자를 제외할 경우 기타 미디어에 대한 선택비율은 각각 라디오(6%), 잡지(4%), 도서(3%), 옥외/교통/빌딩LCD TV(3%), 영화(1%) 순으로 나타났다. PC인터넷과 모바일인터넷을 포함할 경우 정치참여 수요에 있어 미디어 이용자들은 인터넷에 대한 의존도(42%)가 가장 크며, 다른 미디어보다 훨씬 높게 나타났다.

(4) 레저오락 수요

오락수요에 있어 이용자는 모바일 인터넷에 대한 의존도(26%)가 가장 크고 그 다음으로 PC인터넷(22%), TV(20%)인 것으로 알려졌다. 설문조사 대상 중 2%의 '무응답'자를 제외할 경우, 기타 미디어에 대한 선택비율은 각각 잡지(7%), 영화(7%), 신문(5%), 옥외/교통/빌딩 LCD TV(5%), 라디오(4%), 도서(3%) 순으로 나타났다. 오락수요를 충족시킴에 있어 이용자의 모바일인터넷, PC인터넷, TV에 대한 의존도가 다른 미디어보다 훨씬 높게 나타났다.

(5) 의사결정 판단 수요

일상소비 의사결정과 시사관점 판단 및 가치평가에 있어 이용자의 TV, PC인터넷, 모바일인터넷에 대한 의존도가 상위 3위로 나타났다. 전통적인 의미에서 볼 때, 의사결정과 가치평가에 있어 가장 중요한 역할을 했던 신문은 현재 인터넷 이용자로부터 소외되었다.(표2)

표2. 의사결정에 대한 인터넷 가입자의 미디어별 의존도

(단위: %)

분야	일상소비 의사결정	시사관점 판단	가치평가
신문	7	10	10
라디오	4	6	7
TV	23	29	28
잡지	7	4	6
PC인터넷	23	20	17
모바일 인터넷	24	19	15
도서	3	7	10
옥외/교통/빌딩 LCD TV	6	2	3
영화	1	1	2
미응답	2	2	2

2) 미디어 및 정보원source에 대한 신뢰도

(1) 미디어 신뢰도

전체 미디어에 있어 가입자는 TV를 가장 신뢰(34%)하고 그 다음으로 PC인터넷(16%), 모바일인터넷(13%), 도서(11%), 신문(11%), 라디오(6%), 잡지(4%), 옥외 교통·건물의 LCD TV(2%), 영화(1%)의 순으로 나타났다(설문조사 대상 중 2%는 응답 없음). PC인터넷과 모바일인터넷을 포함할 경우 29%의 이용자는 인터넷을 가장 신뢰하는데 여전히 TV보다 낮은 신뢰도이다.

(2) 의사결정 상황에 따른 각종 정보원에 대한 신뢰도

어떠한 의사결정 상황이든, 가족·친구·동료/동창은 이용가 가장 신뢰하는 정보원이며, 그 중 가족에 대한 신뢰도가 가장 높고 그 다음으로 친구, 동료/동창으로 나타났다. 신뢰도가 4위인 정보원은 의사결정 상황에 따라 차이가 있다. 일상소비와 관련된 의사결정 상황에서 4번째로 신뢰하는 정보원은 판촉과 관련된 사람이고, 시사관점 판단과 가치평가에 있어서는 언론 전문가나 학자가 4번째로 신뢰하는 정보원으로 나타났다. 이는 앞선 2가지 상황에서 전문가나 학자에 대한 신뢰도는 이웃을 제외한 주요 사회관계 중 높은 수준을 차지함을 보여주고 있다

3) 이용자의 인터넷뉴스 검색 행위

(1) 인터넷뉴스 접촉시간과 종류 및 특징

인터넷 이용자의 일 평균 뉴스 검색 시간은 18.93분, 표준편차는 34분, 최소치가 0분, 최대치가 459분인 것으로 나타났다. 인터넷 이용자의 일 평균 인터넷뉴스 검색 시간은 차이가 크며, 그 중 인터넷 뉴스를 보지 않는 가입자는 37%를 차지하였다. 인터넷뉴스를 보지 않는 37%의 이용자를 제외할 경우 기타 이용자의 일 평균 접촉시간은 30분이다.

본 설문조사는 15분을 기본 단위의 시간대로 선정하였고, 일 평균 인터넷뉴스 브라우징 시간이 15분 혹은 15분 이상(즉 하루에 최소 한번은 인터넷뉴스를 검색)인 인터넷 이용자를 표준 인터넷뉴스 이용자로 정의하였다. 본 조사 중 총 521명의 응답자가 표준 인터넷뉴스 이용자에 속한다.

성별을 나눠서 보면, 표준 인터넷뉴스 이용자 중 남성은 55%, 여성

은 45%로 남성이 여성보다 조금 높은 수준이다. 즉 뉴스에 대한 남성의 관심도가 여성보다 높은 것이다.

연령분포를 살펴보면, 표준 인터넷뉴스 이용자는 대부분 25~34세, 35~44세에 집중되어 있다. 특징별로는 이용자 중 18~24세, 25~34세, 35~44세의 특징이 현저하다. 이는 표준 인터넷뉴스 이용자의 저연령화 특징을 보여준다.

문화수준을 볼 때 인터넷뉴스 이용자는 대부분 전문대학, 대학 및 대학원 이상의 고학력자들임을 알 수 있다.

수입수준으로 살펴보면, 표준 인터넷뉴스 이용자의 수입은 대체로 2,000~3,999위안, 4,000~5,999위안에 집중되어 있다. 아울러 표준 인터넷뉴스 이용자의 고수입 특징 또한 뚜렷했는데 구체적으로 4,000~5,999위안, 6,000~9,999위안, 10,000위안 이상의 수입을 보이고 있다.

직업분포를 볼 때 표준 인터넷뉴스 이용자의 사회계층은 주로 기술직과 사무직에 집중되어 있으며, 이는 표준 인터넷뉴스 이용자의 중·고위 사회계층 특징이 현저함을 보여준다.

생활방식의 종류로 보면 표준 인터넷뉴스 가입자는 주로 진보를 추구하거나 유행을 따르는 두 가지 생활방식에 집중되어 있으며, 진보를 추구하는 생활방식 특징이 뚜렷한 것으로 나타났다.

(2) 인터넷뉴스 검색에 사용된 접속단말기

표준 인터넷뉴스 이용자가 인터넷뉴스 검색에 사용한 접속단말기는 데스크톱이나 노트북, 스마트폰이나 태블릿 PC 등 두가지 단말기를 중심으로 나타났다. 그 중 데스크톱이나 노트북 비중(54%)은 여전히 스마트폰이나 태블릿 PC(44%)보다 높은데 이는 인터넷뉴스 검색에 있어 전통적인 인터넷 습관이 여전히 주도적 위치에 있음을 알 수 있다.

(3) 인터넷뉴스 검색 시간, 장소와 환경

인터넷뉴스 접촉률은 6:00시부터 증가하기 시작하여 9:00~9:15분에 2%에 달한 후 1%~2% 사이를 유지하다, 20:00시 이후 다시 상승하여 20:45~21:45분 사이에 4%의 최고치를 기록한 후 22:00시 이후 점차 하락하는 것으로 나타났다. 따라서 하루 중 인터넷뉴스 접촉률이 가장 높은 시간대는 20:45~22:00시 사이로 나타났다.(그림1)

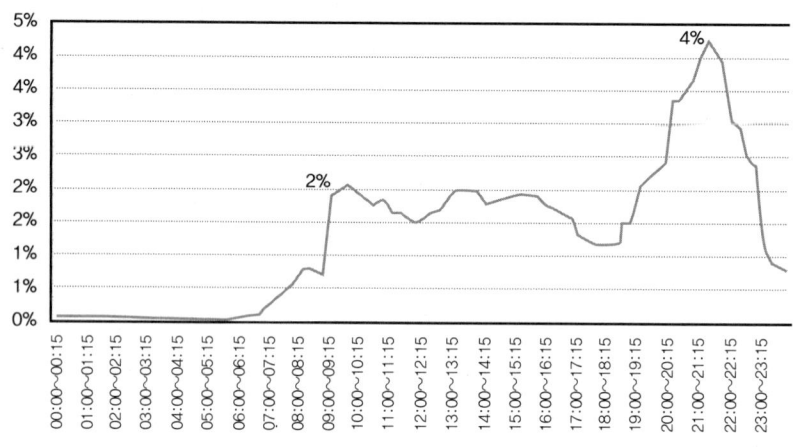

그림1. 가입자의 인터넷뉴스 검색 시간대 분포 특징

표준 인터넷뉴스 이용자는 주로 가족과 같이 있을 때, 혼자 있을 때, 동료나 기타 아는 사람과 같이 있을 때 인터넷뉴스를 검색하는 것으로 나타났는데 각각 40%, 33%, 23%를 차지하였다. 친척이나 친구, 낯선 사람과 같이 있는 환경에서의 인터넷뉴스 검색비율은 합계 4%로 나타났다.

(4) 맺음말

PC인터넷 시대에 있어서 인터넷을 전통미디어에 대한 도전자라고 한다면, 모바일인터넷 시대의 인터넷은 이미 전체 미디어에서 패권적 지위를 확보하였을 뿐만 아니라 가장 주목을 끄는 미디어로 부상하였다고 할 수 있다.

PC인터넷과 모바일인터넷 데이터를 통합하여 볼 때 시청자는 정보수요, 지식과 교양수요, 정치참여 수요, 레저와 오락수요, 의사결정 판단수요 등 5가지 수요의 정보원에 대한 의존도에 있어 인터넷이 기타 미디어를 훨씬 초월하는 것으로 나타났다. TV는 유일하게 인터넷과 거의 비슷한 수준에 있는 전통미디어이지만, 아쉽게도 신문·라디오 등의 전통미디어는 PC인터넷과 모바일인터넷의 급성장으로 말미암아 주류적 지위를 잃게 되었다.

다만 미디어 신뢰도에 있어서는 TV(34%)가 인터넷(29%)과 기타 미디어보다 높게 나타났는데, 이는 향후 모바일인터넷 시대에 TV의 부활을 가능하게 할 핵심 시청자를 확보하고 있음을 보여준다.

물론 TV산업은 미디어 채널, 루트와 수단 등의 면에서 인터넷을 모방할 뿐만 아니라 콘텐츠 규칙, 산업형태, 수익모델에서 인터넷 방식을 토대로 하여 사회시스템 속에서 중요한 연결·소통 역할을 하는 개방적인 플랫폼으로 발전해야 한다. 그래야만 전통미디어와 시청자는 모두 같은 플랫폼을 통해 정보 커뮤니케이션 관련 플랫폼을 구축할 수 있고 사회관계 속에서 미디어 생태를 형성할 수 있기 때문이다. 이것은 향후 TV의 융합·구조조정에 있어서의 추진방향이며, 이러한 변혁은 지금 어려움을 겪고 있는 신문·라디오 등 기타 전통 미디어에도 적용될 것이다.

2. 중국 도시 인터넷 가입자의 소셜 미디어 사용현황 분석

1) 소셜미디어의 사용현황 분석

소셜미디어란 가입자를 위해 즉시적이고 편리한 인터랙티브 커뮤니케이션 기능을 제공할 수 있는 모바일 인터넷 소셜미디어를 말하는 것이며, 협의적인 '소셜미디어'를 말하는 것이 아니다.

표3에서의 8가지 소셜미디어 중 사용률이 높게 나타난 미디어는 위챗(微信, 81%), QQ공간(77%), 유쿠(优酷, 67%) 순으로 나타 났으며, 사용률이 낮은 미디어는 라인(LINE, 26%), 런런망(人人网, 40%) 순이다. 지난 몇 년간 1위를 차지했던 시나웨이보(新浪微博)는 59%로 4위로 하락하였다.(표3)

표3. 소셜미디어의 일평균 사용시간

(단위: %, 분)

구분	QQ공간	시나웨이보	라인	위챗	텐센트웨이보	유쿠	투더우	런런
사용하지 않음	23	41	74	19	43	33	47	60
15분 내	30	27	12	15	24	22	21	20
15~60분	23	16	7	22	16	21	16	11
60~120분	13	9	4	18	9	14	10	6
120분 이상	11	7	3	26	8	10	6	3
합계	100	100	100	100	100	100	100	100
일평균 사용시간	39	28	11	65	27	37	25	15
표준편차	48	44	29	59	44	48	41	32

앞선 8가지 소셜미디어 중에서 위챗 가입자의 일평균 사용시간은 65분으로 기타 소셜미디어보다 훨씬 긴 것으로 나타났다. 그 다음으로 QQ공간 가입자의 일평균 사용시간이 39분이고 유쿠가 37분으로 3위를 차지하며, 라인은 일평균 사용시간이 11분으로 가장 짧은 것으로 나타났다.(표3)

2) 소셜미디어에 대한 종류별 가입자 선호도 비교분석

전반적으로 성별에 따른 소셜미디어 일 평균 사용시간에는 뚜렷한 차이가 없으나 학력·사회계층별로는 뚜렷한 차이가 있으며, 소득수준별로는 QQ·시나 웨이보·라인·위챗의 일평균 사용시간에 뚜렷한 차이가 있지만, 텐센트 웨이보·유쿠·투더우·런런은 차이가 없는 것으로 나타났다. 아울러 생활방식별로는 7곳 소셜미디어는 사용시간에 뚜렷한 차이가 있는 것으로 나타났으나 QQ공간만은 차이가 없는 것으로 나타났다. 뚜렷한 차이가 있는 부분에 대해서만 살펴보자.

첫째, 65세 이상 가입자는 8가지 소셜미디어 사용시간이 보편적으로 낮은 것으로 파악되었다. QQ공간 이외 기타 7곳 소셜미디어의 사용시간이 가장 긴 가입자는 모두 18~24세, 25~34세, 35~44세에 집중되어 있으며, QQ공간의 가입자는 더 젊은 세대에 집중되어 있는데 사용시간이 가장 긴 가입자는 10~17세, 18~24세, 25~34세이다. 18~24세 가입자가 소셜 미디어를 가장 많이 사용하는 것으로 나타났다.(표4)

표4. 가입자, 연령별 소셜미디어 일 평균 사용시간

(단위: 분)

구분	QQ 공간	시나 웨이보	라인	위챗	텐센트 웨이보	유쿠	투더우	런런
10~17세	44	13	3	44	17	32	14	7
18~24세	57	39	17	86	42	48	33	26
25~34세	43	36	13	84	35	48	31	16
35~44세	34	24	10	61	23	32	22	15
45~54세	26	18	8	45	18	26	19	9
55~64세	25	17	5	34	14	19	19	6
65세 이상	3	10	2	5	1	1	0	2
F-값	13.437	11.557	4.642	29.918	13.221	13.329	7.342	9.043
P-값	.000	.000	.000	.000	.000	.000	.000	.000

둘째, 소셜 미디어의 가입자는 학력이 높은 특징을 보였다. QQ공간 이외 7곳의 소셜 미디어의 사용시간이 가장 긴 가입자는 전문대학·대학·대학 이상의 학력에 집중되어 있으나, QQ공간은 고등학교·전문대 및 대학 이상에 집중되어 있는 것으로 나타났다. 대학 이상 학력을 가진 가입자는 각종 소셜 미디어를 가장 많이 사용하는 계층으로 나타났다.(표5)

아울러 4가지 소셜미디어는 가입자 수입별로 사용시간에 차이가 있으며, 전반적으로 중·고소득층에 집중되어 있는 것으로 나타났다.(표6)

표5. 가입자, 학력별 소셜미디어 일 평균 사용시간

(단위: 분)

구분	QQ 공간	시나 웨이보	라인	위챗	텐센트 웨이보	유쿠	투더우	런런
초등학교 및 이하	16	8	4	23	5	26	7	4
중학교	30	13	3	40	14	25	17	5
고등학교	39	23	10	55	26	32	23	14
전문대학	42	30	13	74	32	40	28	19
대학	38	36	11	80	29	44	28	14
대학 이상	52	48	28	80	47	51	31	27
F-값	3.276	11.647	6.965	19.457	7.566	6.242	3.459	7.550
P-값	.000	.000	.000	.000	.000	.000	.000	.000

표6. 가입자, 수입별 소셜미디어 일 평균 사용 시간

(단위: 분)

구분	QQ공간	시나 웨이보	라인	위챗
수입없음	48	23	6	63
2,000위안 이하	32	21	8	54
2,000~3,999위안	38	27	12	67
4,000~5,999위안	37	32	13	64
6,000~9,999위안	41	35	14	74
10,000위안 이상	35	34	5	76
F-값	2.761	3.049	2.454	2.325
P-값	2.761	3.049	2.454	2.325

*보완 설명: 위의 4가지 소셜미디어만이 가입자의 수입수준에따라 사용시간에 차이가 있는 것으로 나타났음.

마지막으로 8가지 소셜미디어 가입자의 사회계층 특징에 다소 차이가 있다. 전반적으로 라인 이외의 기타 소셜미디어의 사회계층은 분산되어 분포되어 있고 그 중 비즈니스 서비스업 직원계층은 라인 이외의 각종 소셜 미디어에서 모두 활동적인 것으로 나타났다.(표7)

표7. 가입자 · 사회계층별 소셜미디어 일 평균 시간

(단위: 분)

구분	QQ공간	시나웨이보	라인	위챗	텐센트웨이보	유쿠	투더우	런런
관리층	43	39	17	75	28	39	34	20
사기업사장	43	31	16	61	32	37	28	22
기술자	41	29	16	75	37	42	33	16
사무직	39	32	11	71	26	40	23	14
자영업자	39	26	9	70	27	36	25	15
비즈니스 서비스업직원	44	35	15	77	37	40	31	22
공업노동자	29	21	8	51	23	33	25	12
무직/실업/반실업자	22	14	2	45	15	30	20	7
학생	52	24	9	66	26	39	22	15
퇴직자	24	19	5	33	14	16	11	6
기타	32	26	10	69	36	45	25	9
F-값	4.311	3.024	2.485	7.048	3.393	2.949	3.064	2.726
P-값	.000	.001	.006	.000	.000	.001	.001	.003

3) 도시 인터넷 가입자의 온라인 사교활동 분석

(1) 표준 온라인 사교활동에 대한 이용자 분석

인터넷 이용자의 일평균 온라인 사교활동 시간은 19.77분이고 표준편차는 47.996분, 최소치가 0분, 최대치가 749분으로 나타났다. 인터넷 이용자의 일평균 온라인 사교활동의 시간 차이는 매우 크며, 그 중 일 평균 온라인 사교활동이 0분(즉 온라인 사교활동을 하지 않음)인 이용자가 45.9%를 차지하였다. 이러한 45.9%를 제외한 가입자만을 분석대상자로 하면, 온라인 사교활동 시간은 36.53분, 표준편차는 60.374분으로 나타났다.

(2) 온라인 사교활동 이용자가 사용하는 인터넷 접속단말기

표준 온라인 사교활동 이용자가 사용하는 인터넷 접속단말기는 스마트폰이나 태블릿PC · 데스크톱이나 노트북 위주였다. 그 중 스마트폰이나 태블릿PC를 통한 온라인 사교활동 비중이 57%로 높은 수준을 차지하며, 데스크톱이나 노트북을 통한 온라인 사교활동 비중은 41%이다.

(3) 온라인 사교활동의 시간대 분포 및 공간 특징

온라인 사교활동의 이용시간은 7:00시부터 상승하기 시작하여 8:00~10:00시에 1% 내외를 유지하다 10:00~20:00시에는 1%~3% 상승하고, 20:00시 이후부터 점차 상승하여 20:30분에는 최고치인 4%에 육박하는 것으로 나타났다. 22:00시 이후부터는 3%로 하락하다 23:00시 이후에는 1%로 하락하는 것으로 나타나 하루 중 온라인 사교활동이 가장 활발한 시간대는 20:30~22:00시 임을 알 수 있다.(그림2)

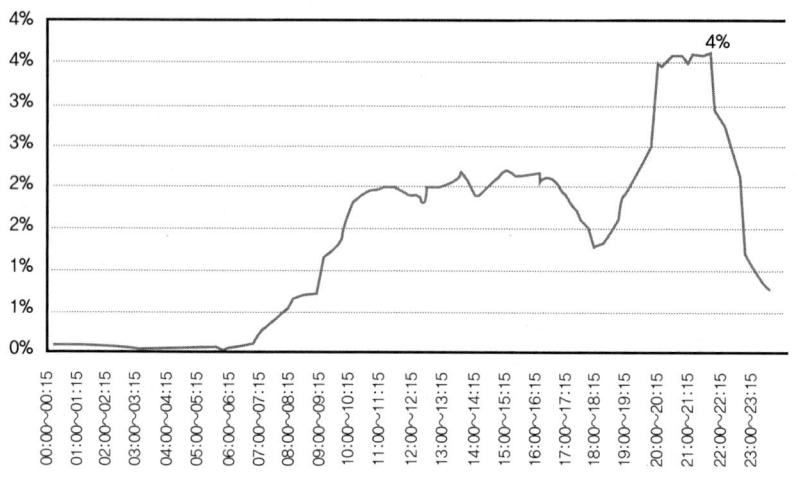

그림2. 가입자의 온라인 사교활동 시간대 분포

온라인 사교활동은 주로 거주하는 침실, 객실, 및 근무(공부)장소에서 발생되는데 각각 26%, 24%, 26%로 나타났다. 앞서 언급한 3곳에서의 발생비율은 기타 장소에서 발생하는 비율보다 훨씬 높다.

온라인 사교활동은 주로 가족과 같이 있을 때, 혼자 있을 때 혹은 동료나 아는 사람과 같이 있는 상황하에서 발생하며, 각각 33%, 31%, 27%로 나타났다. 친척이나 친구, 낯선 사람과 같이 있을 때 발생하는 비율은 상당히 낮게 나타났다.

(4) 맺는 말

중국 국내에서 가장 많이 사용되는 상위8가지의 소셜미디어는 위챗, QQ공간, 유쿠, 시나 웨이보, 텐센트 웨이보, 투더우, 런런, 라인인 것으로 나타났다. 주목해야 할 점은, 일 평균 사용시간이 1시간 이상 높은 사용률을 가진 표준 온라인 사교활동 이용자 중에서 위챗의 사용비율이 상당히 높게 나타났다는 것이다. 이는 위챗이 처음부터 모바일 플랫폼을 목표로 한 것과 밀접한 관련이 있다. 위챗은 급속한 발전 중에 있는 모바일 인터넷 시장에 대한 적응력이 아주 뛰어나며, 모바일 인터넷의 편이성과 즉시성 역시 위챗의 온라인 사용시간을 증가시켰다. 사실상 위챗은 이미 모바일 인터넷 시대의 소셜미디어 플랫폼을 선점하였다.

온라인 사교행위에 대한 데이터 분석 과정에서 아래와 같은 중요한 문제점이 발견되었다. 첫째, 소셜미디어 이용자의 저연령화(18~34세)와 고학력(전문대학 이상)이 특징이다. 둘째, 인터넷 사교활동에서 모바일 단말기의 우위가 나타났다(57% 점유). 셋째, 하루 24시간 중에서 사교활동이 가장 활발한 시간은 20:30~22:00시이고, 그 다음으로는 10:00~17:00시이다. 이는 대다수 중국인의 일반적인 휴식시간과 일치한다. 넷째, 온라인 사교활동에 참여하는 이용자의 정서는 보편적으로 긍정적이며 중립 또는 긍정적 정서를 포함하면 96%를 차지한다. 다섯째, 온라인 사교행위는 주로 이용자가 익숙하거나 안전감을 느끼는 환경(주택 및 근무장소)에서 발생되며, 혼자 있거나 가족과 같이 있을 때 발생하는 확률이 가장 높은데(합계 64%), 이는 사교활동의 프라이버시 특징이 인터넷에서도 계속 유지되는 것으로 볼수 있다. 또한 잠재적으로 인터넷 사교활동을 개인적인 사회행위로 간주하는 편이며, 수시로 공개할 수 있는 공개활동으로 생각하지 않음을 알 수 있다.

일반적인 가입자와 비교할 때, 온라인 사교활동이 일평균 15분을 초과하는 가입자의 경우 ① 사회계층에서 중고위층(관리층, 개인기업주), 화이트칼라(기술자, 사무원)와 학생이 차지하는 비중이 가장 높았고, ② 중고소득층이 많으며 ③ 고학력의 뚜렷한 3가지 특징을 가지고 있다.

Ⅱ. 중국 인쇄미디어 발전 동향

인쇄미디어 발전개요

최근 들어 전통미디어인 인쇄미디어의 발전은 많은 어려움에 직면했다. 뉴미디어와 전통미디어의 교체·융합이 지속적으로 심화되면서 전통미디어의 경쟁 격화나 인터넷 미디어로 인한 충격 등 위기적 상황이 나타나고 있다. 이에 인쇄미디어는 지속적인 변화화 혁신을 통한 새로운 발전방향을 모색할 필요성이 부각되었다.

2014년 중국은 출판제품의 창작과 제조에 대한 정책을 강화하여 출판업의 양적인 규모 확장에서 질적 이익형 확장으로의 전환을 추진하였다. 전국민 열독 관련 입법이 미약하나마 효과를 보기 시작하면서 전국민의 도서 열독률이 평균적으로 증가하였다. 중국 도서판매 시장은 전반적으로 빠른 발전을 지속적으로 보였으며, 오프라인 서점의 도서 판매액은 지난 2년간의 하락세에서 플러스성장을 보였다. 온라인 서점의 판매액 역시 빠른 증가세를 유지하였으며, 온라인 판매에 대한 출판·발행업체의 주목과 투자 역시 증대되었다.

2014년에 신문업의 전통 광고수입은 2012년과 2013년의 하락세를 이어갔으며 하락폭이 더 확대되었다. 2014년 중국의 신문광고 하락폭은 지난 2년의 하락폭보다 훨씬 큰 18.3%로 신문업 광고수입 하락의 사상 최고치를 기록하였으며, 2011년 대비 신문업 광고수입은 30% 감소되었다. 전국 신문 발행총량은 전기대비 10% 하락하였으며, 독자는 뉴미디어를 사용하기 시작한 것으로 나타났다. 2014년 전국 각종 신문의 판매총량은 2013년 대비 30.5% 하락하였다. 하지만 신문별로 다른 발전양상을 보였는데, 대도시 신문·경제지·IT전문지의 발행량은 계속하여 급격히 하락하였지만 당정 기관지와 생활정보지는 상대적으로 안정세를 유지하였으며 시사지는 증가세를 보였다.

2014년 전체 간행물 시장의 평균 판매량은 2013년의 하락세를 유지하였지만, 만화·스포츠·육아 등 유형은 안정세를 보였고 주요 미디어 간행물은 강한 경쟁추이를 나타내고 시장집중도가 향상되었다. 1선도시의 경쟁이 치열할 뿐만 아니라 2선과 3선 도시의 경쟁 역시 격화되었다. 간행물의 콘텐츠 우위와 브랜드 효과가 부각되었으며, 국제교류와 다분야 협력이 안정적으로 추진되었다.

인쇄미디어는 구조전환이 지속적으로 추진되면서 2014년에 뚜렷한 성과를 이루었다. 예컨대 일부 신문사의 다원화 경영이 기초적인 성과를 거두었다. 다만 몇몇 신문그룹의 경우 수입총액 중에서 광고수입이 차지하는 비중은 50%에 불과한 것으로 나타났다.

한편 위챗·APP 등 모바일 미디어에서 신문·간행물의 영향력과 침투율이 점점 증대되고 있다. 모바일 인터넷은 인쇄미디어의 구조전환과 발전을 촉진시키는 계기라고 할 수 있다. 인쇄미디어는 시대의 발전방향을 잘 파악하여 새로운 전파방식과 기술수단을 지속적으로 혁신하고, 이를 통해 뉴미디어와 전통미디어의 융합적인 발전을 실현해야 할 것이다.

신문산업 광고 발전과 전환

1. 전통 미디어의 곤경, 위기 속에 기회 존재

CCTV의 CTR Media Intelligence에 따르면 2014년 전통미디어의 광고시장은 1.7% 하락하였다. 이는 최근 몇 년간 전통미디어 광고가 최초로 마이너스 증가를 보인 것이다. 지난 3년간 인쇄매체 광고의 큰 하락세는 전체 전통미디어 광고 증가가 감소된 주요 원인 중의 하나이다. 아울러 광고시장의 1위를 차지한 TV광고의 증가는 여전히 전통미디어 광고의 상승을 견인하고 있지만, 2014년의 경우 TV광고 역시 역성장을 보였다. 라디오 광고, 옥외 광고가 여전히 증가세를 보이고 있지만 전통미디어 광고의 전반적인 하락세에 변화를 가져올 만큼은 되지 못한다.

2014년 전통미디어 광고에 있어 TV 광고가 0.5% 하락하여 하락폭은 작았지만 전통미디어의 광고시장의 추이 변화를 야기하였다. 인쇄미디어인 신문·정기간행물은 여전히 하락세를 보였고, 하락폭은 계속하여 증대되고 있다. 그 중 신문 광고의 하락폭이 2013년 대비 10% 하락한 18.3%에 달하였고, 정기간행물 역시 2013년보다 더 하락한 10.2%에 달하였다. 라디오와 옥외 광고는 증가세를 유지하였으며, 그 중 라디오 광고는 10.6%, 옥외 광고는 9.5% 증가하였다.(그림1)

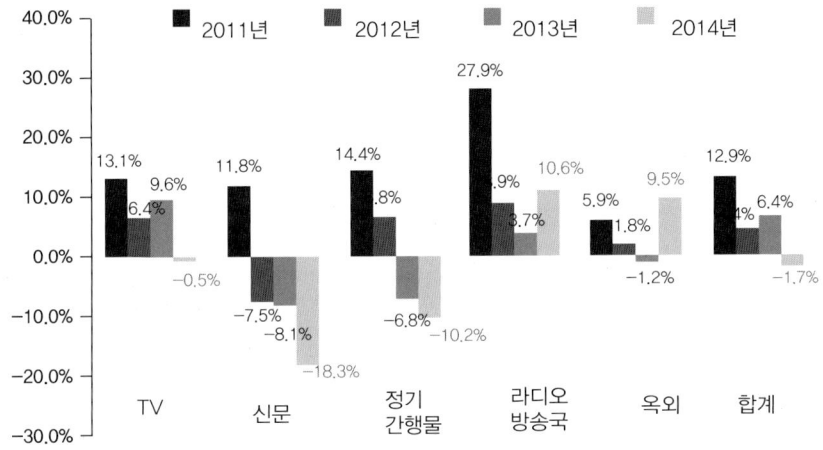

그림1. 2011~2014년 전통미디어 광고 증가 추이

라디오 광고와 옥외 광고의 증가원인은 변화를 도모하였기 때문으로 볼 수 있다. 2014년 라디오 방송국 대부분이 인터넷 라디오를 설립하고 다양한 청취루트 및 온라인과 오프라인의 융합을 추진하였으며, 콘텐츠 혁신과 방송편성 혁신을 통해 전달력이 높은 커뮤니케이션을 실현하였다. 옥외광고의 증가는 옥외 뉴미디어의 발전뿐만 아니라 도시 전철의 발전에 기인한 것이다. 라디오와 옥외광고의 증가는 신문업에 시사점을 가져다 주는 바가 크다.

광고 자원량은 라디오·TV 미디어의 광고시간과 인쇄미디어·옥외미디어의 광고지면 면적을 말한다. 미디어 광고자원의 변화에서 볼 때, 라디오 이외의 미디어 광고 자원량은 모두 지속적으로 하락하고 있으며, 2014년 TV 광고시간은 8.9% 감소하였고 라디오 광고는 0.8%, 신문 20.8%, 정기간행물은 19.4%, 옥외광고는 2.5% 감소하였다.(그림2)

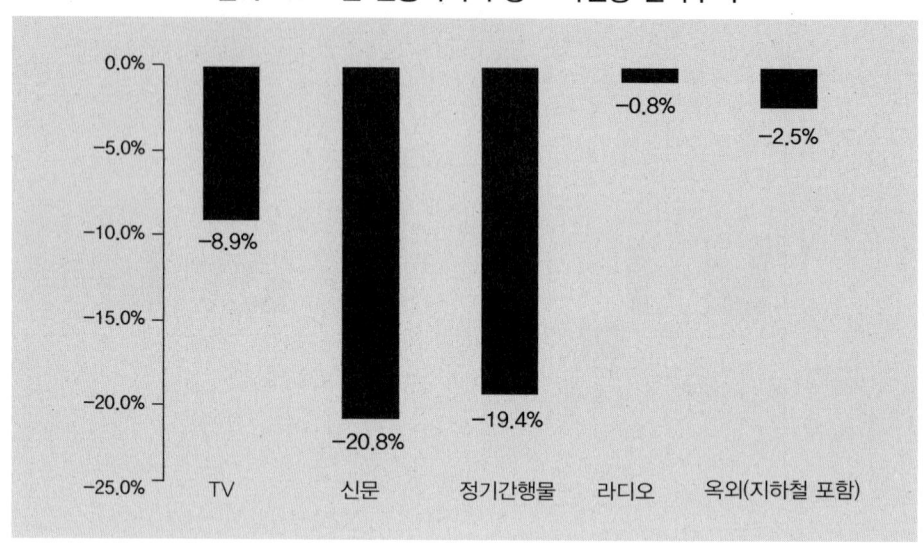

그림2. 2014년 전통미디어 광고 자원량 변화추이

각 미디어 광고 매출액과 자원량을 비교해 살펴보면 자원량의 감소 비율은 광고 감소율을 초월하였는데, 이는 각 미디어 광고의 가치가 일정 정도 변화했음을 의미한다. 물론 실제 가치의 향상 여부는 광고 할인율의 변화에 의해 결정된다.

2. 신문광고 하락속도의 가속화, 최저점에 접근 여부

신문광고는 2012년에 마이너스 증가율을 보이기 시작하면서 하락폭이 매년 증대되고 있으며, 그 하락폭은 2013년의 8.1%에서 2014년의 18.3%로 급격히 증대되었고 신문광고의 어려운 형세는 날로 극심해지고 있다. 2010~2012년 사이 신문광고는 누적 33.9% 하락하였다.

광고 매출하락으로 인해 신문 광고지면이 감소되었으며, 2014년 신문 광고 자원량(지면 면적)은 2013년 대비 20.8% 감소하였다.

2014년 신문광고의 월별 추이 역시 마찬가지이다. 전월대비 증감과 월별 광고량을 보면 변동이 크지만 신문광고의 계절적 특징은 변화가 없으며, 여전히 춘절기간 5월 1일과 휴가철인 10월 1일이 비성수기이고, 비성수기 전의 4월·9월·12월은 광고량이 가장 많은 달이다.

1) 2014년 주요 브랜드(광고주)의 신문광고 게재 추이

2014년 신문광고에 게재한 상위 20개의 광고주를 2013년과 비교하면, 그 중 6개는 증가, 14개는 하락하였다. 4개 브랜드는 2013년도에는 상위 20에 오르지 못했지만 2014년도에는 진입한 것으로 나타났다. 과거 상위 20개 브랜드 구성을 보면, 부동산 브랜드가 절반인 10개에 달하였고 기타 브랜드는 가전제품 매장·가구 매장·자동차·통신으로 이루어졌으며, 가전제품은 거리(格力) 하나뿐이었다. 여기서 주목해야 할 것은 알리바바 타오바오가 대폭 증가하여 8위로 부상했다는 점이다.

부동산 브랜드 광고가 절반을 차지한 것에서 알 수 있듯, 부동산은 여전히 신문의 가장 중요한 광고재원이다. 증가세를 보인 6개 브랜드 중에서 5개도 부동산 브랜드이다. 하지만 시장변화로 인해 각 브랜드의 광고 게재 상황은 큰 차이를 보였다. 그 중 헝다(恒大)의 증가폭은 39.9%로 신문의 주요 광고주 지위를 유지하였으나, 나머지 증가한 4개 부동산 광고주 중 중톈(中天) 이외에는 모두 낮은 증가폭을 보였다. 부동산 브랜드의 광고 하락폭이 큰 것은 룽후(龙湖)와 비구이위안(碧桂园)으로 각각 47.2%와 38.4% 하락하였다. 전반적으로 부동산 광고주의 광고 증가전망은 밝지 않다.(그림3)

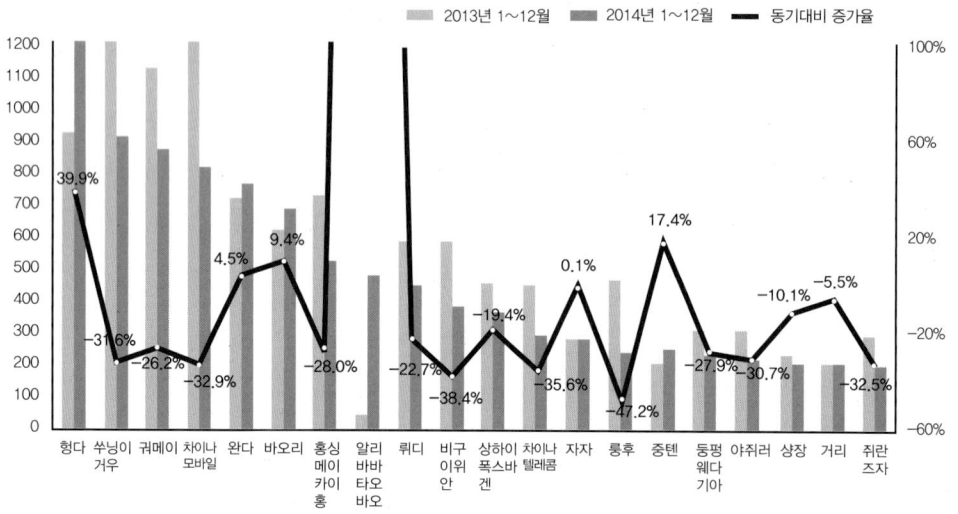

그림3. 2014년 주요 브랜드의 신문광고 게재 추이

상위 20개 브랜드 중에서 쑤닝이거우(苏宁易购)·궈메이(国美)의 광고게재량은 각각 31.6%와 26.2% 하락하였고, 차이나모바일(中国移动)·차이나텔레콤(中国电信)은 각각 32.9%와 35.6% 하락하였으며, 자동차 브랜드 중에서 상하이 폭스바겐(上海大众)과 둥펑웨다기아(东风悦达起亚)만이 여전히 상위 20위권에 올랐지만 나머지는 모두 하락하였다(그림3). 상위 20개 브랜드의 광고량은 총 12.3% 하락하였고, 기타 브랜드는 19.0% 하락하였다.

특이한 점은 전통산업 브랜드는 신문에 대한 광고게재를 대부분 줄였지만, 전자상거래업체의 대표인 알리바바 타오바오는 8배 이상 증가했다는 것이다. 이는 알리바바 타오바오는 신문의 미디어 가치를 여전히 인정하고 있음을 방증하는 것이므로 신문업 경영자는 반성할 필요가 있다.

2) 2014년 신문광고의 주요 산업 추이

2014년 주요 산업의 신문광고는 몇 년간 하락하고 있다. 부동산은 2013년도의 17.5% 증가율에서 급격히 하락하여 하락폭이 23.8%에 달하였으며, 비즈니스 소매업은 22.1%, 자동차 산업은 35.6%, 오락 및 레저 산업은 10.3% 하락하였다. 그 외에 하락폭이 큰 산업으로는 개인용품 산업(23.5% 하락), 주류 관련 산업(29.5% 하락), 가전제품 산업(31.6% 하락)이다.

신문광고가 증가한 산업은 4개인데 이는 식품업(15.7%), 약품업(5.6%), 가정용품 산업(5.9%), 비즈니스 서비스산업(2.2%)이다.

10년전 우편전화통신·식품·약품은 모두 신문광고 게재의 상위 6가지에 들어가는 산업이었지만, 2009년부터 점차 광고물량이 줄어들었다. 하지만 신문광고가 둔화되고 있는 시점에서 우편전화통신은 또 다시 상위 6개 분야에 진입하였고, 식품과 약품은 큰 성장을 보이고 있다. 특히 주목해야 할 것은 신문의 식품광고 증가율이 전통미디어의 식품광고 증가율인 1.5%를 넘어섰을 뿐만 아니라 기타 전통미디어의 증가율을 훨씬 앞질렀다는 점이다. 이는 신문광고의 산업구조 역시 쇠퇴과정에서 변화가 나타났으며 일시 둔화되었던 식품과 약품이 새로운 성장동력으로 작용하고 있음을 보여준다.

3) 중점산업의 광고 추이 분석

(1) 부동산

2014년은 부동산의 신문광고에 급격한 변화가 나타난 한해이다. 2012년부터 신문광고가 둔화되기 시작한 후, 부동산만이 신문광고를 지탱해 왔다. 2013년은 경제적으로 어려운 환경임에도 불구하고 17.5% 증가하였지만, 2014년 이후 급격한 변화가 나타났다. 부동산 광고의 하락폭은 매월 증대되고 하락세가 크게 두드러졌는데 최종적으로는 23.8% 하락하였다.

부동산 광고추이의 변화는 부동산시장의 변화에서 기인한 것이고, 시장의 변화는 정책변화에 따른 것이다. 2010년 4월 '국십조(國十條, 재정확대를 통한 경기부양책)'가 발표된 후 주요 도시는 연이어 부동산 구입 제한 정책을 실시하였는데, 부동산시장의 복잡한 관계로 인해 정책조정이 지연되어 나타났다. 따라서 신문의 부동산광고는 2011년에 23.6%로 대폭 증가하고 2012년에 5.7% 하락하였다가 2013년에 또 다시 17.5% 증가하였고 2014년에 23.8% 하락하는 등 큰 폭의 변동을 보였다.

2014년 전통미디어의 부동산광고는 총 9.6% 하락하여 하락폭이 현저하게 증대되었다. 그 중 라디오광고는 12.6%, 옥외광고는 34.3% 증가한 반면, TV광고(1.9%) · 신문(23.8%) · 정기간행물(14.7%)은 하락하였다. 이는 새로운 시장변화와 미디어 환경에서 부동산 개발업체의 미디어사용 전략에도 변화가 나타났기 때문으로, 신문은 여전히 부동산 광고의 주된 광고매체이지만 미디어 구조의 변화는 어쩔 수 없는 현실임을 알 수 있다.

경제성장 방식과 속도, 소비증가의 둔화, 장기저성장의 뉴노멀시대 진입 등의 환경속에서 4년간의 조정 · 변동을 거친 부동산시장 역시 뉴노멀 발전시대에 들어설 것으로 예상된다. 대부분의 구입제한 정책과 대출정책은 다소 완화되었지만, 시장 추이를 보면 중국의 부동산시장은 소비수요와 투자(투기)수요가 얽힌 시장에서 소비수요 위주의 시장으로 전환되고 있다. 시장은 안정적으로 발전하여 과도하게 개발된 지역은 일정기간을 거쳐 '버블'문제를 해소하고 시장의 공급과 수요관계에 변화가 나타날 것으로 전망된다. 따라서 부동산 광고의 가장 큰 미디어 플랫폼인 신문 역시 이러한 변화과정에 적응해야 한다.

(2) 비즈니스 소매업

신문은 비즈니스 소매업의 가장 큰 광고 미디어이다. 왜냐하면 비즈니스 소매업의 지역적 특징과 신문의 지역적 특징이 서로 부합되기 때문이다. 인터넷은 지역적으로 제한을 받지 않기 때문에 인터넷 발전 초기에는 오프라인 비즈니스 소매업에 거의 파급력이 없었다. 하지만 인터넷, 특히 모바일 인터넷에 기반을 둔 전자상거래가 지역적 제한을 벗어나 저가·신속·편리함 등의 장점에 힘입어 급격히 발전함에 따라 오프라인 비즈니스 소매업에 막대한 손해를 가져왔다.

이러한 환경의 오프라인 비즈니스 소매업은 광고게재와 광고미디어 선택에 있어서도 큰 변화를 가져올 것으로 예상되는데, 이는 최근 몇 년간 신문의 비즈니스 소매업 광고 변화추이를 통해 충분히 입증할 수 있었다. 2011년 신문의 비즈니스 소매업 광고는 9.4% 증가하였는데, 과거 비즈니스 소매업 광고는 신문의 가장 안정적인 광고재원이었다.

2012년 전자상거래가 본격적으로 활성화되기 시작하면서 시장에는 급격한 변화가 나타났다. 신문광고를 보면, 2012년부터 비즈니스 소매업 광고가 하락하기 시작하여, 같은 광고는 13.6% 하락하였고 그 후 하락세가 지속되어 2013년과 2014년에는 각각 11.9%와 22.1% 하락하였다.

2014년 전통미디어의 전체 비즈니스 소매업 광고는 동기대비 8.3% 하락하였다. 그 중 TV가 4.5%, 정기간행물이 13.0% 하락하였지만 옥외광고는 9.1%, 라디오 방송국은 14.9% 증가하였다. 이는 전통미디어의 비즈니스 소매업 광고의 전반적인 하락추세 가운데서 미디어 선택 구조에 변화가 생겼음을 보여준다.

(3) 자동차

과거 자동차광고는 신문의 가장 중요한 광고재원이었고 장기간 신문광고 규모의 세 번째 지위를 차지하고 있었다. 2010년 신문의 자동차광고는 38.8% 증가하여 증가율이 최고점을 기록하였고 신문광고에서 차지하는 비중도 12.5%에 달하였다. 신문의 자동차광고 하락세는 전체 신문광고보다 앞서 시작되었다. 2011년 신문광고가 여전히 증가하고 있는 시점에서 자동차광고는 이미 4.1% 하락하였고, 그 후 줄곧 하락세를 유지하였으며 하락폭은 매년 증대되는 추이를 보였다. 2012년에 13.0%, 2013년에 25.2% 하락하였고 2014년에는 35.6%라는 극심한 하락폭을 기록하였다.

자동차광고의 하락 원인을 보면 첫째, 뉴미디어의 발전과 소셜 미디어의 변화로 인해 정보획득 방식에 변화가 생겼기 때문이다. 둘째, 자동차브랜드 마케팅 방식의 변화로 인한 것인데 이러한 변화 속에서 신문은 그에 맞는 변화를 가져오지 못해 점점 뒤떨어졌기 때문이다. 이러한 변화 속에서 신문은 새 미디어로의 전환, 단순한 광고에서 통합적인 마케팅으로의 전환 등의 문제를 직시해야 한다.

3. 2015년 발전전망: 구조조정을 통한 신문업 경영의 호전

2014년, 신문업의 구조조정은 빠르게 추진되었고 신문사나 신문업 그룹의 산업분포와 매출 구조변화는 구조조정의 효과를 보여주기 시작하였다. 과거 광고수입은 신문 매출액의 70~80%를 차지하였지만, 현재는 50% 내외로 하락하였다. 이는 신문업의 경영이 단순히 광고에 의존하던 모델에서 벗어나기 시작하였음을 의미하는데, 더욱 중요한 것은 신문의 구조조정이 효과를 보기 시작하였다는 점이다.

2015년에도 지속적인 하락세는 변하지 않을 것이며, 신문광고에 반전이 나타나지는 않을 것이다. 비록 3년 내 30%가 감소하고 외부에서 계속하여 하락세가 지속될 것으로 전망하고 있지만, 신문은 여전히 중요한 광고 미디어이고 다른 미디어가 신문의 역할을 대체할 수 없는 것으로 판단된다. 향후 2년 내에 신문광고의 하락세는 바닥을 찍고 하락폭이 점차 축소될 것으로 예상된다. 하지만 최저점을 찍고 반등이 나타날지는 신문업의 구조조정에 달려있다. 구조조정을 하지 않을 경우 최저점은 아득히 멀어지거나 심지어 최저점에 달한 후 도태될 가능성도 있을 것이다.

신문업 구조조정은 필수적인 단계에 들어섰다. 긍정적으로 평가할만한 부분은 일부 신문사 혹은 신문업 그룹에서 이미 구조조정을 시작하였고 효과를 보기 시작한 것이다. 신문의 광고수입은 일반적으로 감소하였지만 일부 신문사 혹은 신문업 그룹의 총 매출은 오히려 증가하였고 신문의 광고수입이 매출 총액에서 차지하는 비중은 50% 내외로 하락하였다. 이는 신문업의 경영모델에 변화가 나타나고 있으며, 신문업이 생존·발전해 갈 수 있는 충분한 능력을 갖추었음을 알 수 있다.

중국 도서 출판: 양적 규모에서 질적 효익 향상으로

1. 도서출판

1) 품목 증가속도 둔화, 품질의 안정적 향상

중국도서 품목 수는 지속적이고 빠르게 증가하였다. 이는 문예창작의 자유와 출판의 번영을 반영하는 것이지만, 반면 고품질의 평판 좋은 도서가 많지 않고 도서 편집·교정의 질이 떨어지며 출판업체의 단행본 매출이 하락하고 편집 업무량이 증가하는 등 많은 문제점과 불안을 초래하였다.

도서의 질과 판매수익 하락문제를 해결하기 위해 국가신문출판 광전총국은 출판업의 양적 규모에서 질적 수익으로의 전환 방향을 제시하였다. 구체적으로는 각 출판업체에 도서품목 규모 통제를 요구한 동시에 2014년을 '출판물 품질의 한해'로 확정하여 도서의 질에 대한 검사를 강화하였다. 이러한 일련의 조치를 통해 도서품목의 빠른 증가추세는 억제되었다. 2014년 신문출판 산업분석 보고서에 따르면 2013년 전국의 출판도서는 총 44만 4천 가지로 2012년 대비 7.4% 증가하였고 증가율은 2012년 대비 4.7% 하락하였으며, 중판·재판 도서품목은 9.6% 증가하여 증가율은 3.4% 상승하였다. 2014년 도서출판의 통계자료는 아직 발표되지 않았지만 통계속보에 따르면 도서품목 증가속도가 하락하고 중판·재판 도서품목이 계속하여 증가세를 유지한 것으로 나타났다. 도서품목 총량의 증가 속도 둔화와 중판·재판 도서류 증가율의 향상은 새 도서와 중판·재판 도서가 조정됨으로써 도서가 질적으로 향상되었을 의미한다.

2) 품질 검사 추진을 통해 도서의 질적 향상 추진

2014년 국가신문출판 광전총국은 3차례의 도서 품질검사를 통해 어린이 도서, 교육보조 도서 등을 비롯한 여러 가지 도서에 대한 추출검사를 진행하였다. 2014년 2월 총국은 첫 번째 추출검사 결과를 발표하였는데 5개 출판사의 7가지 어린이 도서의 편집과 교정이 불합격으로 나타났다. 그 후 2014년 6월에 두 번째 추출검사 결과를 발표하였는데 10개 출판사의 10가지 어린이 도서의 편집과 교정이 불합격으로 나타났고, 2015년 1월에는 13개 출판사의 13가지 교육보조 도서의 편집과 교정이 불합격임을 공개하였다. 이로써 2014년의 도서 품질 전문관리는 30가지 도서에 대한 처벌로 끝을 맺었다. '도서품질 관리규정'의 요구에 따르면 출판사는 품질이 불합격인 도서를 회수하고 연속 2년간 편집 품질이 불합격인 도서의 담당편집인에 대해 출판 직업자격을 취소하고 편집업무를 중지하도록 처벌하였다. 엄격한 도서 품질 검사는 도서의 질적 향상에 유리하기때문이다.

3) 테마도서의 역할, 사회 독서 선도

2014년 중국정부는 시진핑 주석의 중요발언, 사회주의 핵심가치관 육성과 실천, 덩샤오핑 탄생 110주년 기념, 새 중국 성립 65주년 축하

등 총 4차례의 테마도서를 출판하였다. 테마출판은 주요한 사건을 홍보하여 여론 분위기를 조성할 뿐만 아니라 독자의 독서방향을 선도하기도 한다.

2. 도서발행

1) 오프라인 서점의 회복

2013년부터 재정부, 국가세무총국, 국가신문출판 광전총국은 공동으로 오프라인 서점 발전에 유리한 도서 도매와 소매단계의 부가가치세 면제, 베이징·상하이·난징·항저우·광저우·우한·창사·허페이·난창·청두·시안·쿤밍 등 12개 도시의 오프라인 서점에 대한 시범지원(2014년 4월 재정부와 국가신문출판 광전총국은 오프라인 서점에 대한 시범지원을 원래의 12개 시범도시에서 12개 성시로 확대하기로 결정) 등 두 가지 정책을 실시하였다. 세금면제와 자금지원 등 두가지 유리한 조건덕분에 도서발행 분야는 회복세를 보였다. 도서발행 기업의 이윤이 증가하여 2013년 전국 도서 발행업은 2012년 대비 12.1% 증가한 2,710억 7천만 위안의 수입을 실현하였으며, 이윤총액은 221억 천만 위안으로 25억 천만 위안이 증가(12.8%)하였다. 아울러 특색 서점의 지점은 증가하고 있다. 예컨대 시지프스서점(西西弗书店)은 2014년에 구이저우·충칭·선전에 여러 개 지점을 설립하였고, 상하이 한위안서점(汉源书店)은 산시남로(陕西南路)와 푸싱로(复兴路)에 지점을 설립하였으며, '종이의 시대' 서점(纸的时代书店)은 정저우에 지점을 개설하였다.

2014년 발행분야에서 특히 주목할 만한 현상은 바로 24시 서점의 오픈이다. 4월 9일부터 베이징 싼롄타오펀 서점(三联韬奋书店)은 24시간 영업을 실시하여 여론의 관심을 끌었다. 그 후 충칭, 항저우 등 지방에서도 24시 서점을 오픈하였는데 2014년 말까지 중국 대륙에 총 11개의 24시 서점이 오픈되었다. 경제효과적인 측면에서 보면 24시 서점은 단기내에 영리를 추구할 수는 없지만 사람들의 독서습관을 고양하고 저녁에 독서하기를 즐기는 독자를 위해 조용한 장소를 마련하는 면에서의 사회적 이득이 상당히 크다고 할 수 있다.

2) 온라인 서점 판매의 급속 증가

모바일 단말기의 보급, 온라인 결제시스템의 원활화, 배송 시스템의 발전 등 온라인 환경의 개선은 온라인 쇼핑의 발전을 촉진하였고 도서 온라인 판매의 급격한 증가를 견인하였다. 국가신문출판 광전총국이 2015년 1월에 발표한 「2014년 중국 출판물 발행업 연간보고서」에 따르면 2013년 전국 온라인 서점은 2012년보다 39.2% 증가한 511개에 달하였고 온라인 출판물의 판매총액은 2012년보다 54.4% 증가한 176억 위안에 달하여 증가속도가 산업 평균 수준보다 훨씬 높은 것으로 나타났다. 당당왕(当当网)이 발표한 자료에 따르면 2014년 상반기 당당왕의 도서품목 판매액은 동기대비 40% 증가하여 최초로 1억 위안을 상회하였고 판매량은 1억 6천만 부에 달한 것으로 나타났다. 징둥(京东), 아마존(亚马逊) 등 전자상거래의 도서 판매 역시 모두 증가세를 보였다.

3) 도서발행업의 호전세 지속

조세감면과 자금지원 정책에 힘입어 전국 도서발행업은 곤경에서 벗어나 새로운 발전단계에 들어섰다. 중국신문출판연구원에서 발표한 「2013년 신문출판산업 분석보고서」에 따르면 2013년 전국 출판물 발행업에 있어 도서판매 부수, 판매액, 영업소득, 이윤총액 등이 모두 증가세를 보인 것으로 나타났다. 신화서점(新华书店)과 출판사 자체 발행업체의 전국 주민과 사회단체에 대한 도서 총판매액은 2012년 대비 6.8% 증가한 659억 2천만 위안을 기록하였고 도서 판매량은 2012년 대비 3.1% 증가한 63억 5천만 부에 달하였다.

3. 전통출판과 디지털 출판의 융합발전

2013년 11월, 18차 3중 전회에서는 「개혁 전면심화 중대한 문제에 관한 중공중앙의 결정」을 통과시켰다. 여기서는 신문미디어 자원 통합, 전통미디어와 뉴미디어의 융합발전을 제시하였다. 2014년 4월 '인민일보'는 중공중앙 정치국 위원이자 중국공산당 중앙선전부 부장인 리우치바오(刘奇葆)가 쓴 「전통미디어와 뉴미디어의 융합발전 가속화 추진」이란 글을 발표하였고, 8월에 중앙 전면 개혁심화 영도소조는 「전통미디어와 뉴미디어 융합발전 추진에 관한 지도의견」을 심사하여 통과시켰다. 중앙 전면심화개혁 영도소조 조장인 시진핑은 전통미디어와 신흥미디어의 융합발전에 대한 중요한 지시를 내렸는데, 1년도 안 되는 사이에 이토록 많은 지시를 내린 것은 이 문제의 중요성과 긴박감을 보여준다 하겠다. 융합발전의 틀 안에서 전통출판, 특히 도서출판과 신기술·신형출판 사이의 융합발전 역시 출판업에서 도모하고 실천해야 할 중대한 과제가 되었다.

출판업체의 구조조정과 융합발전을 촉진하기 위해 중국공산당 중앙선전부, 재정부, 국가신문출판 광전총국은 공동으로 중앙문화기업의 디지털화 구조조정 프로젝트를 시작하였다. 2013년에 최초의 53개 중앙급 출판업체는 재정부로부터 1억 7천만 위안의 자금지원을 얻었으며 2014년에는 10여 개의 중앙급 전문 출판사가 1억 5천만 위안의 자금지원을 받게 되었다. 2014년 4월, 전통 출판업의 새로운 디지털 기술 활용·구조조정·융합발전을 촉진하기 위해 국가신문출판 광전총국과 재정부는 「신문출판업의 디지털화 구조조정 추진에 관한 지도의견」을 공동으로 발표하였다. 9월에는 국가신문출판 광전총국에서 출판미디어 그룹의 주요 담당자들과의 좌담회를 개최하여 융합발전 문제를 연구하였으며, 이 연구를 토대로 하여 2015년 4월 총국은 「전통출판과 신형출판 융합발전에 관한 지도의견」을 본격적으로 발표하여 융합발전에 일조하였다.

신문발행 시장 현황

1. 신문시장

1) 총론

(1) 중국 신문발행량, 대도시신문의 급격한 하락

전국 70개 도시의 신문 판매에 대한 CCMC(世纪华文)의 조사에 따르면, 2014년 전국 각종 신문의 총 판매량은 2013년 대비 30.5% 하락하였다. 그 중 대도시신문의 하락폭이 가장 큰 것으로 나타났다. 전국 발행량 등락 상황을 총합하면 다음과 같은 3가지 특징이 있음을 알수 있다. 첫째, 대도시신문·경제지·IT전문지 등 3가지 신문은 하락세가 지속되고 있다. 2014년 대도시신문은 전체 발행의 31.8%, 경제지는 7.3%, IT신문은 10.8% 하락하였고, 최근 3년간 시장추이로 볼 때 계속하여 하락세를 유지할 것으로 예상된다.

둘째, 당정(党政) 기관지와 생활정보지의 발행은 안정적이다. 2014년 당정 기관지의 전체 판매량은 상대적인 안정을 유지하여 0.3% 소폭 증가하였으며, 생활정보지는 원래 수준을 거의 유지하여 0.1% 소폭 하락하였다. 전반적으로 시장화와 동질화가 병존하는 신문판매의 경쟁환경 속에서도 당정 기관지와 생활정보지는 현상유지를 고수하였다. 셋째, 시사지(时政报纸, 시사정치 신문)는 증가세를 보였다. 판매량이 날로 악화되는 신문업의 열악한 환경속에서 2014년 전국 시사지 판매량은 전기대비 17.5% 상승하여 발전추이를 보였다.

　대도시신문은 전국 신문발행 시장에서 중요한 지위를 차지하고 시장화 수준이 높은 반면, 인터넷시대에 독자의 독서습관이 변함에 따라 대도시신문의 전통적인 발행 구조 변화도 가장 크게 나타났다. 이에 따라 판매량 하락세도 가장 뚜렷하다. 경제지·IT전문지 판매시장에서의 보급률이 낮고, 특히 최근 몇 년간 신문·잡지 가판대의 철거와 개조가 판매량에 큰 영향을 미쳤다.

　당정기관지·생활정보지는 판매량이 안정적이고 독자의 계층이 고정적이며, 신문 내용이 상대적으로 독립적이어서 새로운 미디어 시대에도 여전히 자체적인 시장을 확보할 수 있다. 시사지가 증가세를 보일 수 있었던 것은 독자의 계층이 다양하고, 최근 몇 년간 새로운 국가정책·시사 및 반부패 등 핫이슈에 대한 국민의 관심이 지속적으로 증대되었기 때문으로 볼 수 있다.

　도시별로 살펴보면 도시의 인프라시설 규모와 경제성장 수준이 다름에 따라 다르게 나타난다. 1선 도시의 신문 평균 확산율은 90% 이상으로, 이는 도시의 주요 고속 도로와 관련이 있다. 도시주민이 신문을 접촉할 수 있는 중요한 루트이기 때문이다. 2014년 1선 도시 신문의 실제 판매율은 5.04% 상승하였지만 보급률은 오히려 2.42% 하락하였는데, 이는 1선 도시의 신문 발행범위가 축소되고 효과적인 발행이 강화되었기 때문이다. 이는 판매시장에서의 발행경쟁이 점점 더 이성적으로 변하고 있음을 보여주는 것이다. 다만 2·3선 도시의 실제 신문 판매율과 보급률은 모두 하락세를 보이고, 판매량도 감소할뿐 아니라 신문 미디어의 지위도 하락하고 있다. 특히 3선 도시의 하락폭이 더욱 크게 나타났다.(표1)

표1. 전국 1, 2, 3선 도시별 신문 실제 판매율과 보급률

(단위: %)

지역	실제판매율 (%)			보급률 (%)		
	2013년	2014년	변화	2013년	2014년	변화
1선도시	80.3	85.34	5.04	95.63	93.21	-2.42
2선도시	84.5	83.98	-0.52	90.80	88.73	-2.07
3선도시	86.4	82.89	-3.51	92.36	86.87	-5.49

(2) 화남, 화서지역 신문발행의 현저한 하락

2014년 대다수 지역의 신문 실제 판매율은 85% 내외를 유지하였고, 신문발행 추세도 안정적이었으며 단기간에 판매량이 대폭 하락할 가능성은 크지 않았다. 화남, 화서지역은 신문 평균 판매량 하락폭이 가장 커 1/4에 육박하였다. 그럼에도 불구하고 화남지역의 신문 실제 판매율, 보급률은 여전히 전국 기타 지역보다 높은 1위를 차지하고 있다.(표2)

표2. 2013~2014년 각 지역별 신문 판매 발행지표

(단위: 부/1개 가판점당, %)

지역	전체 평균판매량			실제판매율 (%)			보급률 (%)		
	2013년	2014년	변화	2013년	2014년	변화	2013년	2014년	변화
화북	513.18	419.33	-18.29	79.68	84.46	4.78	87.55	88.51	0.96
화남	547.71	411.25	-24.91	87.78	85.76	-2.02	92.57	91.66	-0.91
화서	284.07	213.43	-24.87	77.68	80.11	2.43	81.52	89.11	7.59
화동	711.04	581.82	-18.17	80.32	84.74	4.42	87.25	89.77	2.52
화중	106.1	85.84	-19.10	73.31	78.76	5.45	78.34	83.13	4.79

(3) 뉴미디어 시대의 신문발행 경쟁구조의 변화

전국 신문 발행량의 하락비율을 보면, 대도시신문이 90% 이상을 차지한다. 2012년부터 신문 발행시장에서 대도시신문이 차지하는 비중은 연평균 7% 하락하였고, 주류신문으로서 지위가 약화되었다. 하지만 경제지, 당정 기관지, IT 전문지는 시장 보급률이 낮고 판매량 기초가 작기 때문에 대도시신문과 시장 경쟁을 하기 어려운 실정이다. 시사지와 생활정보지는 최근 2년 사이 도약적인 변동을 보였지만 판매량 하락폭이 대도시신문보다 작고 시장 보급률은 대도시신문과 거의 비슷한 수준이었다. 따라서 대도시신문은 시장지위를 계속하여 유지하며 새로운 전국 신문 발행구조를 형성할 것으로 예상된다.

(4) 커뮤니케이션 구조의 변화, 인터넷시대 신문발행의 구조조정

2014년 신문의 광고액과 광고 수는 모두 하락세를 보였다. 이러한 환경에서 신문업에 가장 빈번하게 나타난 키워드는 바로 '구조조정'과 '융합'이다. 기술에 기반을 둔 미디어 커뮤니케이션 방식의 변화는 신문업이 인터넷시대에 새로운 발행방식과 거대한 구조조정을 추진하도록 촉진하였고, 신문 콘텐츠는 동영상 사이트·클라이언트·위챗 등에 의해 전달되었다. 더이상 단일한 미디어 형태가 아닌 다양한 형태를 통해 신문 정보를 얻을 수 있게 된 셈이다.

2) 2014년 전국 각종 신문발행의 특징과 추이

(1) 대도시신문

기존의 각 뉴스사이트 중 40% 이상의 뉴스 출처는 신문이다. 신문 내용이 연이어 인터넷 사이트 · 휴대전화 위챗 · 클라이언트 분야로 전달되면서, 전통적인 신문 · 잡지 가판점은 점점 더 많은 경영난을 겪게 되었다. 그럼에도 불구하고 대도시신문은 발행시장을 포기하지 않았으며 각종 보조수단을 통해 판매시장을 선점하려 노력하고 있으며 지역 신문과의 경쟁을 계속하고 있다. 대도시신문은 여전히 신문시장에서 높은 지위를 차지하고 있으며 중국 신문발행 시장의 '풍향계'라고 할 수 있다.(표3)

표3. 2012~2014년 도시신문 판매 발행지표

(단위: 부/1개 가판점당, %)

도시신문	전체 평균판매량	실제판매율	보급률
2012년 상반기	2,983.05	87.32	92.07
2012년 하반기	2,862.75	89.44	94.43
2013년 상반기	2,631.1	87.95	93.44
2013년 하반기	2,348.97	85.51	91.2
2014년 상반기	1,932.21	82.45	87.82
2014년 하반기	1,465.75	85.69	91.39

(2) 시사지时政报纸, 시사정치 신문

시사지는 전국범위에서 발행되는데 전국 신문, 잡지 가판점 총량이 감소됨에 따라 시사지의 보급률도 현저하게 하락하였다. 2014년 전국 시사지의 평균 판매량은 2013년보다 현저하게 증가하였지만 2012년에 비해 여전히 못 미치고 있다. 다만 2014년은 시사지의 판매량이 회복세를 보인 해라고 할 수 있다.(표4)

표4. 2012~2014년 시정신문의 판매 발행지표

(단위: 부/1개 가판점당, %)

시정신문	전체 평균판매량	실제판매율	보급률
2012년	286.09	80.44	77.32
2013년	216.56	76.28	68.97
2014년	254.41	67.43	61.99

(3) 생활정보지

2014년 생활정보지 발행수준은 2013년 수준을 거의 유지하였으며 실제판매율과 보급률이 다소 상승하였다. 발전추이를 살펴보면 생활정보지는 발행부수가 높은 편이고 대도시신문이 하락세임에도 불구하고 안정적인 시장추이를 유지하며 시장지위가 더 확장될 여지가 있는 것으로 예상된다.(표5)

표5. 2012~2014년 생활서비스 신문의 판매 발행지표

(단위: 부/1개 가판점당, %)

생활서비스신문	전체 평균판매량	실제판매율	보급률
2012년	291.28	73.54	73.55
2013년	238	70.13	68.5
2014년	237.73	74.7	71.74

(4) 당정기관지

2014년 당정 기관지의 판매량은 2013년과 거의 비슷한 수준을 유지하였지만, 실제판매율과 보급률은 다소 하락하였다. 그 원인을 보면 ① 당정 기관지는 대도시신문과 마찬가지로 독자의 열독방식에 변화가 생겨 점점 더 많은 독자가 인터넷을 통한 열독을 선호하고 있으며, ② 도시 신문, 잡지 가판점의 감소로 인해 당정 기관지의 보급률이 다소 하락하였기 때문으로 볼 수 있다. 향후 발행추이를 보면 기관지의 주요 발행은 판매시장이 아닌 구독시장을 대상으로 하게 될 것이다. 판매시장은 독자의 구매수요를 거의 충족시킬 수 있고, 독자규모가 안정적이어서 단기간 내에는 큰 변화가 없을 것으로 예상되기 때문이다. (표6)

표6. 2012~2014년 당정신문의 판매 발행지표

(단위: 부/1개 가판점당, %)

기간	전체 평균판매량	실제판매율	보급률
2012년	128.68	57.73	46.31
2013년	105.28	56.53	58.39
2014년	105.6	47.46	39.24

(5) 경제지

2014년에 경제지의 발행량은 7% 이상 하락하여 지난 몇 년간의 하락세를 지속하였다. 경제지에 대한 수요가 크지 않을 뿐만 아니라 인터넷 정보화의 발전이 큰 손실을 가져왔다. 경제지는 디지털수집, 콘텐츠의 편집 등의 면에서 모두 새로운 도전을 겪고 있다. 주요 구독대상인 지식인·엘리트들의 높은 뉴미디어 활용도는 재경신문 판매시장의 둔화

를 촉진하기 때문이다. (표7)

표7. 2012~2014년 재경신문의 판매 발행지표

(단위: 부/1개 가판점당, %)

기간	전체 평균판매량	실제판매율	보급률
2012년	68.54	63.01	47.22
2013년	63.87	60.24	51.67
2014년	59.2	62.36	51.88

(6) IT전문지

IT전문지는 신문발행시장에서 작은 부분을 차지하며 시장점유율은 3% 내외이다. 판매량 추이를 보면 최근 3년간 IT전문지는 더딘 하락세를 보이고 있으며 신문의 종류가 적어지고 있다. 실제 판매율은 60~64%, 보급률은 55% 내외에 불과한 것으로 나타났다.(표8)

표8. 2012~2014년 IT신문의 판매 발행지표

(단위: 부/1개 가판점당, %)

기간	전체 평균판매량	실제판매율	보급률
2012년	47.78	63.01	47.22
2013년	43.51	66.41	56.16
2014년	38.79	60.79	55.92

3) 2014년 전국 도시별 종합일간지 현황

(1) 베이징北京

2014년 베이징 대도시신문의 총판매량은 30% 이상 하락하여 새로운 최저점을 기록하였다. 베이징은 계속하여 '조간신문'과 '석간신문'의 양대 그룹으로 나누어졌는데, 조간신문에서는 '신경보(新京报), 경화시보(京华时报)'가 주도적 지위를 차지하고 있으며, 석간신문에서는 '베이징신문(北京晚报), 법제신문(法制晚报)'이 주된 지위를 차지하고 있다.

(2) 광저우广州

2014년 광저우의 대도시신문 총판매량은 6.6% 하락하였다. 1선 도시 중에서 광저우의 신문업 하락폭이 낮은 원인은, 광저우에서 가장 큰 신문인 '광저우일보(广州日报)'가 안정적인 판매량을 유지하였기 때문이다. 아울러 신문의 보급률이 높았고 실제판매율은 대부분 90% 이상 달한 것이 그 원인이다.

2014년 '광저우일보(广州日报)'의 소매시장 점유율은 60% 내외를 유지하였으며 '양청석간신문(羊城晚报)'의 시장점유율도 다소 증가하였으나, '남방도시신문(南方都市报)'의 시장점유율은 하락하였다.

광저우의 경우 발행부수 순위는 소매시장과 거의 일치하였으며 신문사의 발행부수 순위는 '광저우일보(广州日报)', '정보시대(信息时代)', '남방도시신문(南方都市报)'으로 나타났다.

(3) 상하이上海

2013년 말, 상하이 신문업은 재편성을 통해 상하이 신문업 그룹을 설립하였다. 이로 인해 신문 발행시장에 새로운 국면이 형성되었다. 상반기에 상하이 신문 판매량은 약 17% 증가하였는데, 2013년과 비교하면 2014년 발행부수는 약 1% 증가하여 2013년과 거의 비슷한 수준을 유지하였다. 전체 추이를 보면 지속적인 하락세가 조금 호전되었다.

결론적으로 2014년 전국의 신문시장은 다음과 같은 특징과 추이를 나타내고 있다. 첫째, 발행시장은 강세 미디어에 집중되어 강자가 더 강화된 국면이 형성되었다. 둘째, 동질화의 추세 속에서 일부 신문업 그룹의 자원통합, 합병이나 동종 신문간의 경쟁에서 물러나는 등 새로운 국면이 형성되었다. 셋째, 시장화 수준이 높은 신문일수록(예컨대 대도시신문) 뉴미디어로부터 받게 되는 충격이 더 크고 판매량의 지속적인 하락폭이 더 컸다. 다만 전문내용을 다룸으로써 독자계층이 명확한 신문 판매량은 변화폭이 적었다. 넷째, 경제발달 지역의 신문사가 직면한 부담감이 더 크고 일부도시는 신문사를 재편성해야 하는 상황에 직면할 수도 있다.

2. 정기간행물 시장

1) 정기간행물 평균 판매량 하락, 시장은 우위 미디어에 집중

2014년 중국 전체 정기간행물의 평균 판매량은 2013년보다 하락세를 보였지만, 그 중 만화·체육·육아 등의 정기간행물이 안정적인 과도기를 거쳤다. 주류미디어인 정기간행물은 비교적 강한 경쟁양상을 보였고 시장집중도가 향상되었다. 1선 도시는 경쟁이 상당히 극심하고

2·3선 도시의 경쟁 역시 격화되었다.

첫째, 전국 30여 가지 정기간행물의 전체 평균 판매량은 하락세를 보였다. 2013~2014년 사이 정기간행물 총량 변화를 볼 때, 2013년은 전년대비 5.66% 하락하였고, 2014년 상반기에는 1.64%, 하반기에는 6.98% 하락하여 하락폭이 증대되었다.

둘째, 정기간행물의 발행시장은 고도의 집중 추이를 보였으며, 그중 다이제스트·여성·시정·자동차·여성고가 패션잡지가 전국 50개 도시 판매량 상위 5개 분야를 차지하였고 6~12위는 관광·육아·재경·군사·남성고가 패션잡지·체육·홈저널 순으로 나타났다.

셋째, 각종 정기간행물의 총량 대비에서 볼 때 대다수 종류의 정기간행물은 하락세를 보였지만 2014년 상반기 만화·체육·육아 등 소수 종류의 간행물은 오히려 증가하였다. 다이제스트·여성·남성고가 패션잡지·IT 등 종류의 정기간행물은 현저하게 하락하였다. 다만 여성 고가 패션잡지·재경·촬영 등 종류의 정기간행물 하락폭은 5% 미만으로 작은 수준을 보였다.

넷째, 발행시장의 대리판매 비율이 증가하면서 정기간행물의 난맥상이 증대되었다. 발행량 하락을 억제하기 위해 일부 정기간행물 배급회사는 대리판매 비율을 확대하고 있다.

다섯째, 시장은 정기간행물 순위에서 선두적 지위를 차지하고 있는 우위 미디어에 집중되고 있다. 다이제스트·여성고가 패션잡지·남성고가 패션잡지·시정·재경·자동차·관광 등 종류의 정기간행물은 모두 우위 미디어로 집중되는 추이를 보였는데 이러한 종류의 정기간행물은 모두 시장의 선두적 지위를 차지하고 있기 때문이며, 많은 중·

대도시에서도 시장집중도가 점점 높아지고 있다.

여섯째, 중·대도시 신문·잡지 가판점의 철거·개조의 영향을 받아 정기간행물이 전체적으로 하락하였다. 2008~2012년 전국적으로 우편 신문·잡지 가판점만 1만여 개가 철거당하였고 2013년과 2014년에는 철거, 개조 수가 더 증가할 것으로 보인다. 이는 열독자 수의 감소를 야기할 것이다(그림1).

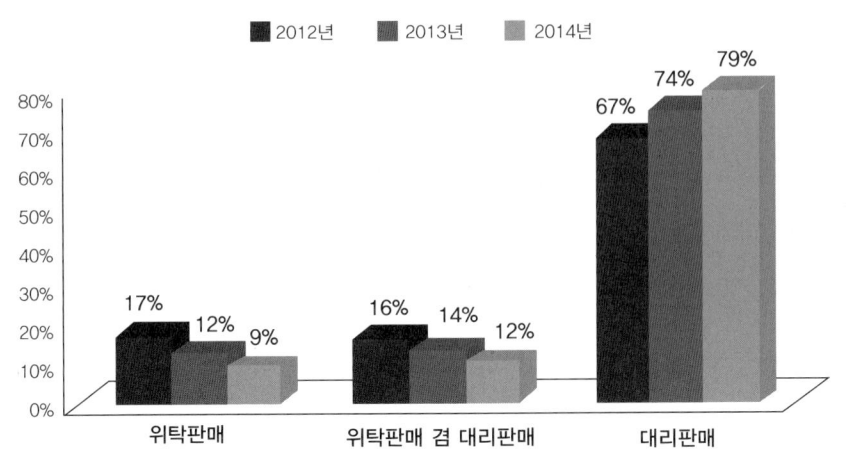

그림1. 2012~2014년 정기간행물 판매 채널

2) 주요 정기간행물 소매시장의 변화추이 분석

(1) 다이제스트 정기간행물: 종류의 다양화

다이제스트 정기간행물은 2014년 전국 50개 도시의 정기간행물 총량 순위에서 1위를 차지하였다. 종류가 다양하고 소매 발행시장에서 큰 인기를 얻고 있는 정기간행물도 많으며 시장이 전반적으로 안정세를 보이고 있다. 2014년 하반기 '지음(知音, 보통판)', '독자(读者, 창작판)', '청년 다이제스트(적색, 녹색판)', '특별주시(特別关注)'의 시장 점유율이 선두적 지위를 차지하였다.

(2) 여성고가 패션잡지: 경쟁 극심, 주류 정기간행물은 우위영역 확보

여성고가 패션잡지는 정기간행물은 시장의 주류적 지위를 차지하고 있다. 여성고가 패션잡지 판매 총량을 보면 2014년에 하락하였다가 다시 상승하는 추세를 보였다. 경쟁구조를 보면 종류가 다양하며 경쟁이 극심함을 알 수 있다. 2014년 하반기 '레이리 의류미용(瑞丽服饰美容)', '비비(昕薇)', '레이리패션(瑞丽伊人风尚)', '코스모폴리탄(时尚伊人)', '레이리 패션 파이오니아(瑞丽时尚先锋)'의 시장점유율이 상위권을 차지하였다.

(3) 남성 패션잡지: 시장은 우위미디어로 집중

2014년 남성 고가 정기간행물의 전체 평균 판매량은 안정적인 수준을 유지하였으며, 그 중 화동과 화서 지역의 증가폭이 컸다. 경쟁구조를 보면 남성고가 패션잡지의 판매량 순위는 '남자를 위한 잡지(男人装)', '에스콰이어(时尚先生)', '레옹(男人风尚)', '지큐(智族GQ)', '맨즈 헬스(时尚健康男士版)', '하파즈 바자 맨즈 스타일(时尚芭莎男士版)', '엘르멘(睿士)', '맨즈 유노(风度)', '아웃룩(新视线)', '엘리트(精英)'이다.

(4) 자동차 정기간행물: 경쟁 격화, 2·3선 도시 시장 집중도 향상

2014년 하반기에 자동차 정기간행물 총량은 2013년 대비 27.43% 하락하였고 상반기 대비 11.54% 하락하였으며 일부 정기간행물(차주친구, 车主之友)은 2014년 7월에 발행이 중단되었다.

2014년 하반기 상위 10위권인 자동차 정기간행물은 '자동차친구(汽车之友)', '자동차도우미(汽车导购)', '자동차정보(轿车情报)', '자동차족(汽车族)', '자동차박람(汽车博览)' 등이 있으며, 그 중 '자동차친구(汽车之友)'가 10% 이상의 시장점유율을 확보하였다.

(5) 홈 리빙 잡지: 경쟁구조 안정세 유지

2014년 하반기 홈 리빙 잡지는 20개 중.대도시에서의 전체 평균 판매량이 1개 가판점당 80.24부로 나타났다. 20개 중·대도시에서의 홈 리빙 잡지의 종합순위는 '레이리 가구(瑞丽家居)', '시상가구(时尚家居)', '안디(安邸AD)', '쟈쥐랑(家居廊)', '집장식(家饰)', '아름다운정원(美好家园)', '세계가원(새집, 世界家苑(新家)'으로 나타났다.

(6) 만화류, 스포츠류, 육아류 정기간행물: 판매량 상승

만화류, 스포츠류, 육아류 정기간행물은 판매량이 상승세를 보였다. 전반적으로 해당 3가지 종류 정기간행물의 판매량 상승은 시장수요, 세분화에 기인한 것이다. 그 중 만화류 정기간행물은 점점 더 많은 젊은 이들의 각광을 받고 있으며 '코믹게스트(知音漫客)', '만화세계(漫画世界)', '유아화보(幼儿画报)', '미키마우스(米老鼠)', '만객일요일(漫客星期天)'의 판매량이 가장 높은 것으로 나타났다.

전 세계적인 농구 파생 경제 붐은 중국의 농구 경제의 발전을 견인하였으며, 중국의 스포츠류 정기간행물의 소매 발행시장 역시 농구류 정기간행물과 일치하는 발전양상을 보였다. 스포츠류 정기간행물의 시장점유율을 보면 '축구주간(足球周刊)', '덩크슛(扣篮)', '당대 스포츠', '덩크슛(当代体育·扣篮)' 순위로 상위 3위를 차지하였으며, 시장점유율은 10~20%

에 달하였다. 최근 몇 년간 육아류 정기간행물은 세분화되었는데 그 중 0~3세 종류의 정기간행물이 고객으로부터 호평을 받고 있다. 2014년 육아류 정기간행물의 전체 평균 판매량은 상승세를 보였으며, 판매량 순위는 '마미보배·임신0~3세(妈咪宝贝·孕0~3岁版)', '아기세계(宝贝世界)', '부모필독(父母必读)', '엄마아기(妈妈宝宝)', '부모(父母)' 순으로 나타났다.

(7) 시사물, 경제물, 관광물, 여성물 정기간행물

해당 4가지 종류의 정기간행물 시장은 상이한 하락세가 나타났다. 정기간행물 총량 순위를 보면 여성물, 시사물, 관광물, 경제물이 각각 2위, 4위, 6위, 8위를 차지하여 일정한 시장을 확보하였음을 알 수 있다.

과학물은 일정한 과학 보급성을 가지고 있으며 소수 독자를 대상으로 하는 간행물이다. 문학물은 2014년에 시장과 국민에 더 접근하여 안정세를 보였다. 주부물 역시 세분화된 간행물로 내용이 더 생활화되었다. 이러한 종류의 정기간행물은 모두 자체의 독자군을 확보하고 있다.

신문산업의 새 미디어 영향력 분석

1. 인터넷시대, 신문업은 여전히 여론의 주도적인 지위 확보

2014년 전국 328개의 주요 신문을 통해 발표된 뉴스들이 각종 뉴스 사이트에 203만 편이 전재되었는데, 이는 평균 1개사의 신문에서 매일 16편의 뉴스가 전재되는 것이다.

CCMC(世纪华文) MBR 신문의 인터넷 커뮤니케이션 모니터링 시스템(약칭 MBR) 데이터에 따르면, 2014년 전국 개별 뉴스 포털사이트 중에서 42%의 뉴스는 신문이 원출처인 것으로 나타났다. 신문은 줄곧 인터넷 미디어에 지속적으로 뉴스를 제공하였으며, 인터넷 뉴스에서 상당히 중요한 구성부분으로 자리매김 했음을 알 수 있다. 또한 여론의 향방을 좌우하고 긍정적 사회 분위기 형성과 언론자유 확대에 있어서 중요한 역할을 하고 있다. 인터넷 뉴스가 신문에 대해 높은 의존도를 보이는 이유는 ① 대다수 뉴스 사이트는 뉴스 인터뷰 권리가 없고, ② 뉴스에 있어서 여전히 전통미디어가 권위와 신뢰를 갖고 있기 때문이다. 이로 인해 뉴미디어보다 훨씬 큰 우위를 확보하였는데, 결과적으로 신문은 뉴스 여론의 향방을 좌우하는 주체가 되었고, 커뮤니케이션 영향력에서 주도적 지위를 차지하였다.

2. 당정 기관지, 대도시신문의 인터넷 신문이 주도적 지위 확보

당정기관지, 대도시신문, 경제지, 시사지는 인터넷분야의 커뮤니케이션 구조와 지위에서 각각 다른 양상을 보인 것으로 나타났다. 전반적으로 당정 기관지, 대도시신문이 인터넷 미디어에서 가장 중요한 지위를 차지하고 그 중 대도시신문은 60% 이상의 점유율을 차지하였다. 특히 뉴스 사이트, 웨이보 등 분야에서 큰 영향력을 가졌음을 알 수 있다.

당정 기관지는 인터넷 미디어에서 약 20% 이상의 시장점유율을 차지하였고 특히 뉴스 사이트 · 위챗 · 검색 및 미디어 클라이언트 분야에서 중요한 지위를 확보하였다. 시사지는 사이트 · 웨이보 · 위챗 등 분야에서의 기여도가 낮지만, 검색 · 뉴스와 미디어 APP 등 모바일 분야에서 20% 이상의 점유율을 확보하였다. 경제지는 인터넷 미디어 분야에서 전체 비중이 10% 이하이며, 주로 웨이보와 위챗에서의 점유율이 비교적 높은 것으로 나타났다. 기타 유형의 신문, 예컨대 IT전문지 · 생활정보지 · 스포츠 신문 · 산업 신문 등의 시장점유율은 모두 5% 미만인 것으로 나타났다.(그림1)

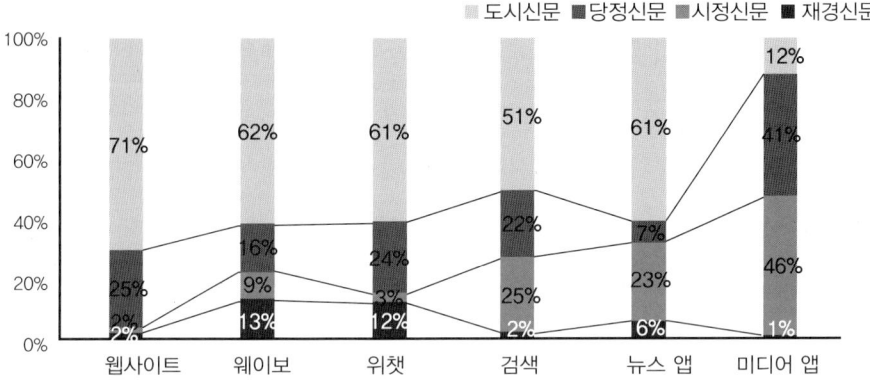

그림1. 인터넷 커뮤니케이션에서의 신문별 지위 비교

뉴스 사이트별로 보면, 당정 기관지의 내용은 주로 국가나 지역의 정부 뉴스사이트에 전재되고 경제지는 비즈니스 뉴스 사이트에, 대도시신문은 각 지방급 뉴스 사이트에 많이 전재되었다. 각 신문별로 커뮤니케이션 기능과 구조에서 다음과 같은 차별점을 보인다.(표1)

표1. 2014년 뉴스 포털사이트에 의한 신문별 전재현황

(단위: %)

구분	국가급 뉴스	지방급 뉴스	비즈니스 뉴스
전체 신문	41.0	41.9	17.4
당정신문	46.0	45.8	8.5
도시신문	38.7	41.4	19.9
시정신문	45.2	38.9	19.4
재경신문	51.6	13.2	39.6

3. 대다수 신문뉴스는 정부 뉴스 포털사이트로 유통

2014년, 인터넷으로 전재된 신문의 뉴스 총량은 200여만 편에 달하였고 네티즌의 평론 수가 1,744만 개를 넘어섰다.

대도시신문과 당정 기관지는 뉴스의 커뮤니케이션에서 주도적 지위를 차지하였고, 해당 두 가지 신문을 전재한 사이트는 주로 지방의 뉴스 포털사이트와 국가급 뉴스 포털사이트로 나타났다. 비즈니스 뉴스 포털사이트의 신문 전재비율은 15% 내외에 불과하고, 최근 몇 년간 뉴스의 동영상 발전추이에 따라 비즈니스 뉴스의 포털사이트 내 신문 의존도는 더욱 감소된 것으로 나타났다.

표2. 2014년 신문 뉴스 전재 톱10 사이트 순위

(단위. 편, %)

순위	사이트명칭	전재 수	비중	순위	사이트명칭	전재 수	비중
1	인민망 (人民网)	468,387	23.1	6	써우후망 (搜狐网)	55,854	2.7
2	중국신문망 (中国新闻网)	380,249	18.7	7	봉황망 (凤凰网)	46,125	2.3
3	시나망 (新浪网)	153,179	7.5	8	동북신문망 (东北新闻网)	44,644	2.2
4	화룽망 (华龙网)	67,485	3.3	9	신화망 (新华网)	31,175	1.5
5	다허망 (大河网)	60,780	3.0	10	한망 (汉网)	27,647	1.4

전반적으로 국가급 뉴스 포털사이트가 신문미디어에 대한 전재비율이 가장 높은데, 2014년에 톱2인 사이트는 바로 인민망(人民網)과 중국신문망(中国新闻网)으로 신문내용 전재수가 각각 30만 편을 초과하였다. 3위는 비즈니스 뉴스 포털사이트인 시나망(新浪网)이며, 4·5위는 지방의 대표 뉴스 포털사이트인 화룽망(华龙网)과 다허망(大河网)으로 나타났다.(표2)

4. 웨이보, 위챗에서 놀라운 발전속도를 보인 신문

웨이보, 위챗 등 소셜미디어 분야에서 신문미디어의 발전속도와 커뮤니케이션 영향력은 일반적인 상상을 초월하였다. 웨이보 분야에서 74% 이상의 신문미디어는 모두 시나웨이보(新浪微博)에 공식계정을 두었고, 그 중 60개 신문의 웨이보 팬 규모는 100만 명을 초과하였으며, 시나(新浪)·텐센트(腾讯)·써우후(搜狐)·넷이즈(网易, 왕이) 등 4대 웨이보의 팬 총규모는 13억 명에 달하였다. 그 중 '인민일보'를 대표하는 당정 기관지는 시나웨이보 등 4대 웨이보에서의 팬 총수가 3,900만 명(인민웨이보(人民微博)의 팬 수 불포함)를 초과하였다. 이로써 인터넷 상의 신문 독자(팬) 규모는 오프라인 독자규모를 훨씬 초과하였다. 뉴미디어는 전통신문에 또 다른 미디어 기능을 부여하였으며, 더 빠르고 광범위한 커뮤니케이션 효과를 추동하였다.

259개사의 주류신문은 매월 모바일 인터넷 분야의 위챗 공식플랫폼에 10만 편 이상의 뉴스를 게재하며 월 7% 내외의 속도로 증가하고 있으며, 전통신문은 인터넷기술을 통해 점점 더 뚜렷하게 커뮤니케이션 방식과 내용의 확대를 실현하였다.

위챗 구독과 서비스 계정이 개방됨에 따라 각 신문은 위챗분야에서의 커뮤니케이션 우위를 급격히 발전시켰다. MBR의 모니터링 데이터에 따르면 2014년 12월까지 전국 215개의 주류 신문이 위챗 공식계정을 개통하였고 12월 한 달 사이에만 1,339편의 뉴스를 게재하였는데 총 열독 수가 489만 회, '좋아요' 수가 2만 개를 상회하였다. 그 중 125개 대도시신문의 위챗 공식계정에 871편의 뉴스가 발표되었는데 총 열독 빈도가 300만 회(1편당 열독수가 10만회 이상인 뉴스는 통계범위에 포함하지 않음)로 독자층이 가장 광범위하고 열독률이 가장 높은 것으로 나타났다.

59개 당정 기관지에 총 316편의 뉴스가 게재되었고, 총 열독 빈도는 97만 회를 상회하였다. 전반적으로 대도시신문과 당정 기관지는 위챗에서의 영향력이 높았다. 시사지는 종류가 적고 위챗 공식계정도 적지만, 1편당 열독 빈도와 '좋아요'수는 전체 신문 중에서 1위를 자지한 것으로 나타났다.

각 신문의 위챗플랫폼 활용을 대비하여 보면, 200여 개 신문의 위챗 공식계정 순위에서 '인민일보(人民日報)', '광저우일보(广州日报)', '남방도시신문(南方都市报)'이 상위 3위권을 차지하였으며 특히 상위권에 있는 위챗 공식계정에서 대도시신문이 강세를 보였다. 열독 빈도와 상호관계성 역시 높은 수준을 보였는데, 결과적으로 신문의 발행부수와 영향력은 서로 각자의 장점을 발휘하여 상부상조 하는 관계를 형성하였다.(표3)

표3. 2014년 12월 톱5 신문 위챗 공공계정

(단위: 회, 개)

총 순위	신문명칭	열독 수 순위			인터렉션 순위		
		총열독수	열독 평균량	순위	좋아요 총수	좋아요 평균수	순위
1	인민일보 (人民日报)	595,060	39,671	2	2,918	195	3
2	광저우일보 (广州日报)	424,790	26,549	3	3,514	220	2
3	남방도시신문 (南方都市报)	131,625	26,325	4	1,373	275	1
4	신 석간신문 (新晚报)	86,885	21,721	6	370	93	5
5	해협도보 (海峡导报)	157,142	26,190	5	438	73	8

5. 바이두百度 등 검색 엔진이 다양한 신문과의 커뮤니케이션 과정에서 이용자 충성도 증대

검색은 인터넷 미디어를 통해 생성된 새로운 정보교류 형식이라고 할 수 있다. 신문은 소셜미디어에서 혁신적인 성과를 가져왔을 뿐만 아니라 이용자 행위와 행동양식에서도 새로운 변화를 이끌어냈다. MBR의 데이터에 따르면 인터넷 이용자는 매월 바이두, 360 등 검색 엔진을 통해 신문을 조회하는 횟수가 200여만 회에 달하고 매월 3% 내외의 증가속도를 보이고 있는 것으로 나타났다. 신문은 다양한 커뮤니케이션 과정에서 이용자의 충성도를 증대시켰으며, 뉴스 커뮤니케이션에 있어서 신문의 주된 지위를 과시하였다.

각종 신문의 바이두 검색 순위에서 시사지가 1위를 차지하였고, 그 중 '참고소식(参考消息)'의 바이두 검색지수가 1위를 차지하였으며 '환구시보(环球时报)'와 '남방주말(南方周末)' 등도 역시 상위 5위에 포함되었다. 검색분야에서 시사지의 영향력이 매우 컸으며, 2014년 신문의 바이두 검색지수 순위에서 상위 10위권에 든 신문은 '참고소식(参考消息)'(72.2%), '광저우일보(广州日报)'(7.1%), '인민일보(人民日报)'(4.8%), '환구시보(环球时报)'(3.8%), '남방주말(南方周末)'(2.9%), '남방도시신문(南方都市报)'(1.9%), '양청 석간신문(羊城晩报)'(1.7%), '남국 조간신문(南国早报)'(1.6%), '도시속보(都市快报)'(1.6%), '양쯔 석간신문(扬子晩报)'(1.3%)으로 나타났다. 여기서 알수 있듯이 신문독자는 이탈하지 않았고, 인터넷 각 분야 모두에서 신문의 위상을 엿볼 수 있었으며, 이용자의 인터넷 이용패턴 분석을 통해 신문의 여론작용과 영향력을 확인할 수 있었다.

6. 모바일 인터넷 상에서 신문의 확산 증대

최근 몇 년간 인터넷 기술과 스마트폰 발전에 따라 모바일 인터넷은 급격한 발전을 이뤄왔으며, 신문의 여론과 정보전달 역할을 발휘하는 중요한 분야로 부상하였다.

위챗분야에 있어 신문은 위챗 공식계정을 통해 중요한 역할을 발휘하고 있었으며, 각 신문이 매월 위챗 공식계정에서 언급되는 횟수는 45만 회에 달해 매월 5~7%의 속도로 증가하고 있다. 신문은 위챗분야의 뉴스 커뮤니케이션을 위해 대량의 콘텐츠와 공신력 있는 정보를 제공한다고 해도 과언이 아니다.

APP분야에 있어 신문은 자체적인 뉴스 소비자뿐만 아니라 제3자 고객에게도 뉴스를 제공한다. 예컨대 가장 높은 인기를 얻고 있는 '금일 헤드라인(今日头条)', '텐센트 뉴스(腾讯新闻)', '넷이즈 뉴스(网易新闻)', '써우후 뉴스(搜狐新闻)', 'Fliepboard' 등 뉴스의 대부분은 여전히 신문에 의존한다. 현재 대도시신문은 APP을 통해 가장 많은 뉴스를 제공하고 있는데, 점유율이 61%에 달하고 시사지가 26%를 차지하며 당정 기관지는 7%로 적은 비중을 차지한다.

현재 모바일 인터넷의 발전속도는 PC인터넷을 초월하였고, 신문이 인터넷으로 다양하게 발전하면서 모바일 인터넷의 발전속도는 여느 미디어보다 빠른 상황이다. 여전히 PC 인터넷의 영향력이 가장 크지만 위챗, APP에서 신문의 영향력과 침투력이 증대되고 있다. 이용자와 뉴미디어는 신문에 대한 의존도가 여전히 크며, 신문은 다양한 미디어 형식과 미디어 융합을 실현하고 있다. 동시에 신기술은 인쇄미디어를 중심으로 구조조정과 발전 기회를 제공하였으며, 스마트폰·태블릿 PC 등 모바일 인터넷은 정보를 획득하는 가장 중요한 수단으로 부상하였다. 현재 기술이 상당히 빠른 속도로 발전하고 있기 때문에 그 과정에서 커뮤니케이션 채널과 기술수단을 지속적으로 혁신해야만 뉴미디어의 장기적이고 심도있는 융합·발전을 실현할 수 있다.

요컨대 '종이로 읽는 신문' 시장의 둔화와 인터넷 '스크린 읽기'의 도래에 따라 신문의 커뮤니케이션 수단과 환경에 근본적인 변화가 생겼다. 그러나 전통적인 발행의 필요성이라는 관점에서 신문의 영향범위와 주된 역할을 제한해서는 안 되며, 인터넷을 통한 신문의 영향력과 역할을 오히려 더 강화해야 한다. 뉴미디어가 어떻게 발전하고 형식상 어떠한 변화가 있든 내용에 있어서는 여전히 신문 의존도가 크다. 결론적으로 신문 역시 뉴미디어를 통해 반전을 겪었으며 뉴미디어의 융합적인 발전을 실현하였다.

인쇄 미디어의 다양한 커뮤니케이션 방식에 있어 신문과 인터넷 사이의 관계가 문제가 될 수 있다. 그러나 향후 신문과 인터넷 미디어는 대립관계가 아닌 서로 의존하는 융합발전의 관계를 구축할 것으로 전망되고 있다. 전통미디어는 뉴미디어의 기술수단을 통해 보다 최적화된 커뮤니케이션 효과를 얻을 수 있고, 인터넷 미디어는 전통미디어의 공신력과 영향력에 힘입어 뉴스 내용을 보다 잘 선별·검색·배포할 수 있으며 독자의 주목을 끌면서 전통미디어의 단점을 보완하여 미디어분야에서 질적 도약을 가져올 수 있기 때문이다.

도서 판매시장 분석

1. 도서판매 시장의 빠른 증가, 최근의 주요 특징은 판매구조 재구축

중국 도서판매 시장에 대한 오픈북사의 지속적인 관찰과 산업연구 결과, 기존 중국 도서판매 시장의 단행본 발행총액은 500억 위안을 초과하였다. 그 중 오프라인 매장을 통한 단행본 발행총액이 약 340억 위안, 온라인 매장을 통한 단행본 발행총액이 약 200억 위안으로 나타났다. 오프라인과 온라인 판매방식은 현재 다른 발전단계에 있기 때문에 판매규모에 일정한 차이가 나타난 것으로 해석된다.

1) 오프라인 매장의 도서판매지수 최고치 기록, 오프라인 서점의 발전 양상 회복

최근 몇 년간 중국의 오프라인 서점의 도서판매 시장 증가속도는 점점 둔화되는 추이를 보였다. 2008~2010년 사이 전국 도서판매 시장 중 종이책 서점의 증가속도는 연속 3년간 5% 미만이었고 2011년에 6% 내외로 반등하였다가 2012~2013년 사이에 약 1% 내외의 마이너스 증가가 나타났다. 반면에 온라인 서점은 급격한 증가세를 보였으며, 연속 수년간 두 자릿수 이상의 증가속도를 유지하였다. 현재 온라인 서점의 증가속도는 지난 몇년 전보다는 다소 하락하였지만, 연간 증가폭은 여전히 오프라인 서점보다 월등히 높은 수준을 보였다. 전자상거래 시스템의 발전 및 온라인 도서판매의 가격과 서비스 우위로 인해, 일부 소비자들의 경우 오프라인 서점에서 구입하던 것을 점차 온라인 서점에서 구입하는 것으로 나타났다.

하지만 도서판매 산업의 시장화 수준이 향상되고, 온라인과 오프라인 서점의 소비자 분포구조가 안정됨에 따라 온라인 서점이 오프라인 서점에 미치는 영향이 점차 약화되기 시작하였다. 2014년에 들어선 후 오프라인 서점의 도서판매는 일 년 내내(1분기, 2분기, 3분기, 4분기 증가율은 각각 4.51%, 3.81%, 3.33%, 1.14%) 모두 동기대비 플러스성장을 유지한 것으로 나타났다. 오픈북 회사의 종이도서 판매지수 역시 2014년 2월에 418.35로 지난 2년간의 최고치 기록을 갱신하였다.

오프라인 서점 도서판매의 구조조정은 새로운 도전이기는 하지만, 새로운 문화소비 환경으로 새로이 자리매김하고 새로운 서비스를 제공하도록 한 중요한 계기라고 할 수 있다. 지난 2~3년 사이에 수많은 오프라인 서점들이 서점환경과 서비스를 지속적으로 개선하였는데, 이는 오프라인 서점의 판매가 증가한 중요한 요인이라고 할 수 있다. 오프라인 서점의 판매 증가는 개별적인 지역이나 개별적인 유형의 서점에서 나타난 것이 아니라 다양한 유형의 오프라인 서점의 전체 판매규모가 확대된 것이다.

오픈북 회사는 조사대상 서점을 '베이징·상하이·광저우·선전' 등을 대표로 하는 '1선도시 서점'과 기타 직할시 및 일부 중동부 지역의 성도(省会), 경제가 발달한 지방급 연해도시를 대표로 하는 '2선도시 서점' 및 기타 중점도시로 구성된 '3선도시 서점' 등 지역별로 나누었다. 2014년 판매규모가 가장 크게 증가한 서점은 바로 과거 인터넷을 통한 온라인 서점의 영향을 크게 받았던 베이징·상하이·광저우·선전 등 '1선도시 서점'으로 연간 동기대비 증가율은 약 8%에 육박하였는데, 전국 중·대형 도시의 도서구입자가 급격하게 증가하였다. 2014년 민간서점의 단행본 발행총액은 1% 이상의 증가율을 보였으며, 관련 지표는 모두 전년 동기대비 호전세를 보였다. 이로부터 과거 온라인 서점의 빠른 증가에 따른 영향을 받은 오프라인 서점이 점점 회복되고 있음을 알 수 있다. 오프라인 서점의 전체 판매량 증가는 2014년도 중국 도서판매 시장에서 가장 대표적인 의미가 있는 현상으로 부각되었다.

2) 온라인 서점의 현저한 발전, 2014년도 중국 온라인 서점의 도약

발행총액이 200억 위안을 돌파한 도서에 대한 오픈북 회사의 조사 결과에 따르면, 18~35세 연령층이 도서의 핵심소비자로 나타났다. 이는 인터넷 이용이 습관적인 온라인 쇼핑 소비자 연령대와 밀접하게 중복된 것을 나타내 준다. 아울러 온라인 서점은 '할인판매'를 통한 가격우위와 '집까지 배송'되는 서비스로 더 많은 도서구입자를 유치하고 있으며, 나아가 온라인 서점의 빠른 발전을 촉진하였다.

온라인 서점은 수년간 두 자릿수 이상의 증가속도를 유지하였고, 단행본 발행총액은 50억 위안 미만에서 점점 100억 위안 이상으로 증가하였으며 2014년에는 200억 위안을 돌파하였다. 3대 전자상거래 업체의 도서판매 업무 및 제3자 전자상거래 플랫폼의 도서판매 업무는 중국 도서판매 시장의 중요한 구성부분으로 작용하기 시작하였다.

물론 수년간의 경쟁과 발전을 거쳐 온라인과 오프라인 판매방식은 서로 다른 독자와 유형을 통해 자체적으로 특화된 구조를 형성하였으며, 중국의 도서판매 분포구조는 기본적으로 안정되었다. 향후 오프라인 서점과 온라인 서점은 서로 다른 우위를 기반으로 발전할 것으로 기대된다.

2. 온라인과 오프라인 판매방식의 차별점, 상이한 판매구조와 시장이슈 특징

1) 사회과학·아동도서의 시장점유율 월등, 오프라인 서점에서 교재 및 참고서 등 도서가 중요한 위치 차지

자료에 따르면, 오프라인과 온라인 도서판매의 유형별 분포는 공통점과 자이점이 모두 있는 것으로 나타났다. 그 중 사회과학, 아동도서, 문학도서는 오프라인과 온라인에서 모두 큰 시장점유율을 차지하고 있는 것으로 알려졌다. 특히 2014년에 사회과학과 아동도서는 오프라인 서점의 단행본 발행총액에서 35% 이상의 시장점유율을 차지하였고 온라인 서점에서는 50% 이상 차지한 것으로 나타났다. 하지만 오프라인 서점에서 시장점유율이 25%를 차지한 초등학교·중학교 교재와 참고서 등 도서가 온라인 서점에서 차지한 비중은 7% 내외에 불과한 것으로 나타났다. 공무원 고시, 성인 전문시험, 아동 관련 카툰만화 등 테마 도서는 온라인 서점의 판매비중이 오프라인 서점보다 높게 나타났다.

오프라인과 온라인 서점의 도서판매 대상자의 수요는 기본적으로 유사하며, 개별적으로 세분화된 품목에서만 다소 차별점이 있는 것으로 나타났다. 이러한 차별점은 오프라인 서점과 온라인 서점의 도서구입 소비자의 차별화 및 그들의 수요 특징과 직접적인 관련이 있다. 상대적으로 젊은 온라인 소비자이거나 가격할인 등의 영향을 많이 받는 소비자는 온라인 서점을 더 선호하고, 베스트 셀러를 주로 소비하거나 종합적인 소비를 하는 유형은 오프라인 서점에서 더 큰 시장점유율을 차지하는 것으로 나타났다.

2) 베스트 셀러와 이슈는 기본적으로 일치, 베스트 셀러 도서는 온라인 서점에 대한 기여도가 더욱 현저

도서판매 시장에서 베스트 셀러 도서의 기여도는 상당히 크다고 할 수 있다. 자료에 따르면 2014년 오프라인 서점에서 판매된 상위 5개의 베스트 셀러 도서의 기여도는 63.53%이고 온라인 서점에 대한 기여도는 80.55%로 나타났는데, 베스트 셀러 도서의 영향력은 온라인 서점에서 더 뚜렷한 것으로 나타났다.

오프라인과 온라인 서점을 좀 더 구체적으로 비교해 보면, 오프라인이든 온라인 서점이든 독자의 도서구입 이슈는 기본적으로 일치하고 아동·소설 등 유형은 오프라인과 온라인 서점에서 모두 베스트 셀러 상위권 순위에 포함되어 있음을 알 수 있다. 물론 구체적인 베스트 셀러 도서의 테마와 베스트 셀러 상위권 순위에 포함된 도서에 다소 차별점이 있다. 비교 결과 아동류·소설류 도서는 오프라인 서점에서 베스트 셀러 상위권에 더 많이 포함되어 있고, 온라인 서점의 베스트 셀러 상위권에는 아동 카툰만화·경영관리·육아 관련 생활류 도서가 더 많이 포함되어 있음을 알 수 있다.

아동류 도서는 오프라인이든 온라인 서점이든 모두 베스트 셀러 상위권에 포함된 부수(베스트 셀러 상위 100개중에서 50개 이상 차지)가 상당히 높은 것으로 나타났다. 대중 열독도서의 상위권에서 아동류 도서를 제외하고 분석한 결과 오프라인과 온라인 서점에서 성인열독 베스트 셀러 상위 100권 중에서 43%가 중복됨을 발견하였다. 즉 문학, 심리학, 학술문화, 생활, 경영, 교육, 과학류 등 43가지 유형의 베스트 셀러 도서는 오프라인이든 온라인 서점이든 모두 성인열독 베스트 셀러 도서 상위 100위의 순위에 포함된 것으로 나타났다. 더 구체적으로 보면, ① 소설류, 산문, 잡문류, 전기류 도서는 오프라인과 온라인 서점에서 모두 많이 팔리는 도서이다. 이러한 도서들은 오프라인 서점에서 더 환영받는데, 온라인보다도 오프라인 서점에서 판매부수 상위권에 든 경우가 더 많은 것으로 나타났다. ② 생활류·경영관리류 도서는 온라인 서점에서 더 많이 판매되고 주제도 더 풍부하며, 온라인과 오프라인 서점의 구체적인 상위권 구성에 큰 차이가 있는 것으로 나타났다. 생활류 도서의 경우 오프라인 서점의 판매부수 상위권에 든 도서는 건강류(养生类) 도서지만 온라인 서점에서 잘 판매되는 도서는 육아류 도서에 집중되었으며, 경영관리류 도서의 경우 오프라인 서점에서는 경제이론과 금융류 도서가 인기가 많지만 온라인 서점에서는 기업관리·판매 마케팅 등 도서의 판매량이 큰 것으로 나타났다. ③ 학술문화·교육·자연과학 등 유형의 도서는 온라인과 오프라인 서점의 상위권 순위에서 대체적으로 균형적인 양상을 보였지만, 일부 개별적인 품목에 다소 차이가 있는 걸로 알려졌다.

전반적으로 온라인과 오프라인 서점의 베스트 셀러 도서 구조의 차이는 이 두 가지 방식을 통해 도서를 구입하는 독자의 열독 이슈가 다름을 의미한다. 뿐만 아니라 출판업체가 도서 발행 판매방식을 선택함에 있어서 중점과 전략이 서로 다름을 설명한다.

3. 2014년 도서판매 시장의 베스트 셀러 이슈 분석

1) 픽션류

성인이 열독하는 픽션류 도서 중에서 다양한 테마와 유형의 소설류 도서가 줄곧 베스트 셀러 상위권에서 주된 자리를 차지하였으며, 2014년에 소설류 도서는 오프라인 서점의 베스트 셀러 상위 100개 순위 중에서 91개에 달하였다. 그 외의 중국 고전문학도서와 성인만화 역시 상위 100위권에 포함되었다. 중국의 문학류 도서시장은 오래전부터 유형화된 발전 추이가 나타났다. 유럽, 미국 등 국가의 성숙한 유형화 소설 분포와는 일정한 차이가 있지만 현재 중국의 베스트 셀러 상위권에 포함된 소설류 도서는 테마별로 상당히 풍부하다고 할 수 있다. 앞서 언급한 베스트 셀러 상위권에 포함된 작품 중에서 해외 일반 당대소설·중국 일반 당대소설 및 중국 판타지소설이 높은 판매량을 보였으며, 세계명작 소설·중국 공포/모험소설과 중국 현대소설 역시 높은 판매량을 보였다. 2013년 대비 세계명작 소설의 상위권 품목이 대폭 증가하였는데 이는 중국의 성(省)이 국어 고교입시, 대학입시 시험에서 명작에 대한 시험내용을 강화시킨 것과 관련된다. 과거 몇 년간 청춘문학의 붐이 불었던 것과는 달리 중국의 청춘·학원 소설은 일부 작품이 여전히 베스트 셀러 상위권에 들었지만, 작품수와 판매량 순위는 절정에 달했던 시기와 비교하면 비교적 큰 폭으로 하락하였다.

표1. 2014년도 픽션류 베스트 셀러 톱10 랭킹

	오프라인 서점		온라인 서점
순위	도서명칭	순위	도서명칭
1	너의 전세계를 지나, 가슴을 뛰게 하는 이야기(从你的全世界路过:让所有人心动的故事)	1	너의 전세계를 지나, 가슴을 뛰게 하는 이야기(从你的全世界路过:让所有人心动的故事)
2	백년의 고독(百年孤独)	2	백년의 고독(百年孤独)
3	연을 쫓는 아이(追风筝的人)	3	연을 쫓는 아이(追风筝的人)
4	대청상국(大清相国)	4	살아간다는 것(活着)
5	늑대토템(狼图腾)	5	호밀밭의 파수꾼(麦田里的守望者)
6	그림자 도둑(偷影子的人)	6	혼자 하는 성지 순례(一个人的朝圣)
7	살아간다는 것(活着)	7	평범한 세계(3부작)(平凡的世界(共三部))
8	드래이곤3: 검은 달(하)(龙族Ⅲ:黑月之潮(下))	8	그림자 도둑(偷影子的人)
9	하우스 오브 카드(纸牌屋)	9	랑투텅(狼图腾)
10	라오서 작품집-낙타샹즈(老舍集-骆驼祥子)	10	알 수 없는 자신을 만나다(遇见未知的自己)

2014년에는 영화·드라마 관련 도서가 여전히 폭발적인 인기를 모았는데, 이러한 도서는 더 이상 전통미디어를 통해 방송된 영화·드라마에 국한되지 않았다. 인터넷미디어를 통해 유행된 미국드라마, 인터넷극 관련 도서가 베스트 셀러 상위권에 들어서기 시작하였다. 그 외 인기를 모은 저작권 도입 도서도 계속하여 증가하였고 유행소설과 클래식 명작 역시 큰 유행을 보였다. 아울러 이미 출시된지 오래된 유명한 작가의 베스트 셀러 도서, 예컨대 『백년의 고독(百年孤独)』·『살아간다는 것(活着)』·『평범한 세계(平凡的世界)』 등 도서는 계속하여 좋은 판매실적을 거두었으며 이러한 현상은 온라인 서점에서 더 현저하게 나타났다.

전반적으로 오프라인 서점과 온라인 서점의 베스트 셀러 도서 중 픽션류 도서의 이슈가 기본적으로 일치한 것으로 나타났으며, 판매부수 상위권에 포함된 도서의 중복도도 높게 나타났다.(표1)

2) 비픽션류

전반적으로 대중의 관심 이슈와 밀접하게 관련되는 베스트 셀러 새 도서와 긴 시간에 걸쳐 독자의 인정을 받은 클래식 도서 품목이 판매부수 상위권을 차지하고 있다. 판매부수 상위권은 시사이슈와 밀접한 관련이 있는 『지강신어(之江新语)』와 대중오락 붐을 보여준 『아빠 어디가(爸爸去哪儿)』, 클래식 베스트 셀러 도서인 『문화고려(文化苦旅)』·『목송(目送)』 등 재출판 도서가 차지한 것으로 나타났다. 연속으로 최근 몇 년간의 베스트 셀러 자리를 유지한 『막막하지 않은 청춘은 없다(谁的青春不迷茫)』 시즌, 『보다(看见)』·『빅데이터 시대(大数据时代)』·『좋은 엄마가 좋은 선생님보다 낫다(好妈妈胜过好老师)』 등 도서 역시 높은 순위를 차지하였다.

비픽션류 베스트 셀러 도서의 판매방식을 보면, 온라인과 오프라인의 베스트 셀러 도서의 이슈와 유형 구성은 거의 일치하지만 부분적으로 차별성을 보였다. 예컨대 경영관리류 도서의 경우 온라인 서점의 상위권에 든 품목수는 오프라인 서점보다 높게 나타났고, 생활류 베스트 셀러 도서의 경우 오프라인 서점의 베스트 셀러 도서 테마는 일반 음식이나 건강보건 위주지만 온라인 서점의 베스트 셀러 도서 주제는 육아와 베이커리 분야에 집중된 것으로 알려졌다.(표2)

표2. 2014년도 비픽션류 베스트 셀러 톱10 랭킹

오프라인 서점		온라인 서점	
순위	도서명칭	순위	도서명칭
1	지강신어(之江新语)	1	좋은 엄마가 좋은 선생님보다 낫다: 한 교육 전문가의 16년 자녀교육 수기(好妈妈胜过好老师:一个教育专家16年的教子手记)
2	막막하지 않은 청춘은 없다-너의 고독은 죽더라도 영광이다 (谁的青春不迷茫系列-你的孤独,虽败犹荣)	2	막막하지 않은 청춘은 없다-너의 고독은 죽더라도 영광이다 (谁的青春不迷茫系列-你的孤独,虽败犹荣)
3	보다(看见)	3	군자와 같이 베이커리 배우기: 양과자 만들기를 쉽게 배워주는 마법의 책(跟着君之学烘焙:一本教你轻松做西点的魔法书)
4	아빠 어디가(爸爸去哪儿)	4	천재는 왼쪽에, 미치광이는 오른쪽에: 국내 최초의 정신질환자 방문기록(天才在左 疯子在右:国内第一本精神病人访谈手记)
5	문화고려(신판)(文化苦旅(新版))	5	건강한 가정요리 시즌—총명한 아기 이유식 1288가지(최신 버전)(健康家常菜系列-新编聪明宝宝营养餐1288例(最新超值版))
6	빅데이터 시대: 생활, 사업과 사고방식의 대변혁(大数据时代:生活、工作与思维的大变革)	6	카네기 인간관계론(人性的弱点全集)
7	목송(신판)(目送(插图新版))	7	미래를 두려워 말고 과거를 생각지 말라 (不畏将来不念过去)
8	절망은 나를 단련시키고 희망은 나를 움직인다: 박근혜 자서전(绝望锻炼了我:朴·槿惠自传)	8	육아백과(育儿百科)
9	좋은 엄마가 좋은 선생님보다 낫다: 한 교육전문가의 16년 자녀교육 수기(好妈妈胜过好老师:一个教育专家16年的教子手记)	9	빅데이터 시대: 생활, 사업과 사고방식의 대변혁(大数据时代:生活、工作与思维的大变革)
10	본색(本色)	10	막막하지 않은 청춘은 없다(谁的青春不迷茫)

3. 아동류

2014년 오프라인 서점의 아동류 베스트 셀러 상위권은 과거와 비교할 때 구조적 변화가 많지 않으며, 여전히 지난 몇 년간의 특징을 유지한 것으로 나타났다. 아동문학이 주도적 지위를 차지하고 지방 작가가 쓴 작품의 선호도가 높으며, 오래된 '인기작가'가 여전히 환영 받는 것

표3. 2014년 아동류 베스트 셀러 도서 톱10 랭킹

오프라인 서점		온라인 서점	
순위	도서명칭	순위	도서명칭
1	모둬둬 모험시즌―찰리9세(21): 사막 미스트리 국가(墨多多谜境冒险系列-查理九世(21)沙海谜国)	1	후샤오나오 일기―아빠 엄마는 내 하인이 아니야(胡小闹日记-爸妈不是我的佣人)
2	웃는 고양이 일기―별나라에서 온 아이 (笑猫日记-从外星球来的孩子)	2	후샤오나오 일기―화이팅!너 자신에게 져서는 안돼(胡小闹日记-加油！你不可以输给自己)
3	모둬둬 모험시즌―찰리9세(22): 솔로몬 왕의 반지(墨多多谜境冒险系列-查理九世(22):所罗门王的魔戒)	3	후샤오나오 일기―난 앞으로 부자될거야 (胡小闹日记-我将来是个有钱人)
4	창가의 토토(巴学园系列-窗边的小豆豆)	4	후샤오나오 일기―절대로 선생님과 부모님을 위해 공부하지 않을거야(胡小闹日记-绝不为老师和父母读书)
5	모둬둬 모험시즌―찰리9세(23): 샴발라, 세계의 끝(墨多多谜境冒险系列-查理九世(23):香巴拉,世界的尽头)	5	후샤오나오 일기―내가 얼마나 대단한지 나쁜 사람마저도 다 알아(胡小闹日记-坏人都知道我有多厉害)
6	동물소설 대왕 선스시 소장도서 시즌―늑대의 꿈(动物小说大王沈石溪品藏书系-狼王梦)	6	후샤오나오 일기―엄마, 사랑해요 (胡小闹日记-妈妈·我爱你!)
7	모둬둬 모험시즌―찰리9세(20): 검은 안개 쥐라기(墨多多谜境冒险系列-查理九世(20):黑雾侏罗纪)	7	다른 카밀라(1)―바다 보고싶어 (不一样的卡梅拉(1)-我想去看海)
8	차오원쉬안 소설 시즌―풀 하우스 (曹文轩纯美小说系列-草房子)	8	다른 카밀라(7)―랑랑을 찾아 (不一样的卡梅拉(7)-我要找到朗朗)
9	모둬둬 모험 시즌―찰리9세(17): 이상한 외계인 (墨多多谜境冒险系列-查理九世(17):外星怪客)	9	창가의 토토(巴学园系列-窗边的小豆豆)
10	모둬둬 모험시즌―찰리9세(1): 헤이베이 거리의 망령(墨多多谜境冒险系列-查理九世(1):黑贝街的亡灵)	10	다른 카밀라(2)―황실농장에서의 탈출(不一样的卡梅拉动漫绘本(2)-我要逃出皇家农场)

으로 알려졌다. 최근 몇 년간 베스트 셀러 아동도서의 상위권 100위의 순위를 살펴보면, 아동류 베스트 셀러 도서의 세분화 구성이 더 집중된 것으로 나타났다. 그 중 아동문학은 줄곧 아동류 베스트 셀러 상위권에 들고 있고, 그 다음으로 카툰·만화·회화이며 기타 세분화된 부분은 일반적으로 개별적인 품목만이 상위권에 든 것으로 나타났다. 내용과 테마를 보면 최근 들어 아동문학의 베스트 셀러 도서 역시 유형화 특징을 보였으며, 학원문학·모험소재·동화소설·동물소설 등은 모두 아

동문학 베스트 셀러 도서의 주요 장르로 알려졌다. 저연령 아동의 부모는 온라인 서점에서 도서를 구입하는 특성을 보였고, 자기결정 의식이 형성된 어린이 독자는 오프라인 서점에서 도서를 선택하고 구입하는 것을 선호했다. 전반적으로 카툰·만화·회화 도서는 온라인 서점에서의 인기가 오프라인 서점보다 높은 것으로 나타났다.(표3)

정기간행물 산업발전 동향

1. 2014년 중국 정기간행물 산업 발전 분석

1) 정기간행물업의 내부 구조조정 추진, 증가속도 완화

중국의 정기간행물 산업은 전반적으로 안정적인 발전을 보였고 매출과 이윤이 지속적으로 상승하는 추이를 보였다. 증가폭이 둔화되었지만 인터넷 정기간행물의 수입은 매년 증가세를 보였다(그림1). 2014년에는 전반적으로 중국 정기간행물 산업의 내부 구조조정이 심도 있게 추진되었다. 한편으로 디지털 미디어 환경에서 허스트(Hearst)그룹의 '심리월간(心理月刊)', 전문기술 정기간행물인 '프로그래머(技术员)' 등이 휴간하고 '디지털 통신(数字通讯)', '머니 토크(钱经)', '과학기술 신새대(科技新时代)', '동감가우(动感驾驭)', '도시주부(都市主妇), 금일 풍채(Oggi今日风采)', '독자 원작판·전세애(读者原创版·全世爱)' 등 일련의 정기간행물이 부득이하게 정간하기도 하였다.

또한 디지털 미디어 환경 아래서 정기간행물 대기업은 현저한 성과를 이루었을 뿐만 아니라, 다양하고 확장적인 발전을 통해 기업 발전의 새로운 활력소를 부여하였다. 예컨대 2002년에 설립된 홈 간행물을 발행하는 대기업은 중국 정기간행물의 체제·메커니즘 전환을 일찍 추진하였던 업체로, '홈(家庭)' 등 여러 가지 지명 브랜드를 확보한 것을 토대로 뉴미디어를 적극 활용했다.

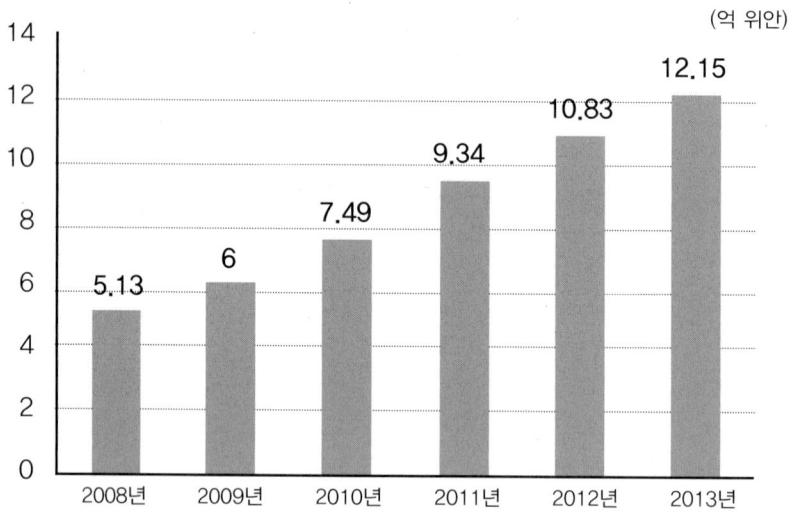

그림1. 2008~2013년 중국 인터넷 정기간행물 수입

*자료출처: 중국신문출판연구원

2) 디지털기술을 통한 정기간행물 내용 변혁

2014년의 상황을 볼때, 디지털기술의 발전은 정기간행물 내용의 변혁을 추진하였다. 동영상 자원이 더 많이 포함되었고, 4G기술응용에 더 많은 관심을 가지기 시작하였다. 예컨대 2014년 6월 16일에 발간된 '재경(財经)' 잡지는 판면에 여러개의 QR코드를 설치하여 독자가 휴대전화 위챗으로 해당 QR코드를 스캔할 경우 원고 내용과 관련된 동영상을 볼 수 있도록 하여 정기간행물 열독기능을 확장하였다.

2014년 12월에는 신문·출판 국가표준 MPR(멀티미디어 인쇄 도서)과 CNONIX(중국 출판물 정보교환)가 시범응용 단계에 들어섰다. 국가신문출판광전총국은 22개의 MPR 국가표준 응용 시범업체와 22개의 CNONIX 국가표준 응용 시범업체를 선정하였는데, 이는 출판업체의 멀티 미디어와 복합출판 제품 형태 개발에 유리할 것으로 전망된다.

3) 뉴미디어 정기간행물 구독과 디지털 신문·잡지 가판점의 대두

전통적인 우편 구독과 신문·잡지 가판점의 판매역할은 점차 약화되고 디지털 신문·잡지 가판점이 발전되었다. 2014년 3월, 베이징 최초의 다기능 디지털 신문·잡지 가판점이 출시되었는데 내부에는 마이크로클라우드 베이스(micro cloud base)와 인터넷의 클라우드 서버가 설치되었고 무선 인터넷이 가판점 주변 50m 범위를 커버하였다. 이용자가 휴대전화로 'e가판점e생활' APP을 다운받으면 잡지, 주변 상가 정보 등 대량의 멀티 미디어 정보를 무료로 볼 수 있었다. 2014년 말 베이징, 청두에 다기능 디지털 가판점이 출시된 후 우한에서도 최초로 창장일보 그룹(长江日报报业集团)과 화잉시대 국제문화 창의산업 투자관리 회사(华影时代(北京)国际文化创意产业投资管理有限公司)가 공동 건설한 창장 스마트 신문·잡지 가판점이 출시되었다.

정기간행물의 전통적 발행채널인 중국우편은 자체적인 우위를 기반으로 인터넷을 통한 뉴미디어 구독채널을 개발하였다. 중국우편은 신문·잡지 구독망을 업데이트 하여 표준화 구독 플랫폼과 기업의 대량 구독 시스템을 구축하는 한편, 위챗·웨이보·휴대전화 앱 구독 등 뉴미디어를 적극 활용하고 있다.

4) 정기간행물의 콘텐츠 우위와 브랜드 효과 부각

인쇄미디어에서 디지털 미디어로의 전환, 데스크톱에서 모바일 기기로의 전환 등 변화하는 환경속에서 정기간행물 사업자는 브랜드 육성, 콘텐츠 우위 강화에 주목했다. 세계브랜드 실험실(世界品牌实验室)이 발표한 2014년 '중국 500개 브랜드 가치 순위를 살펴보면, '독자(读者)'잡지는 연속 11년 포함되었으며 브랜드가치는 127억 2,800만 위안으로 증가하여 중국 정기간행물 1위를 확보하였다. '독자(读者)'출판미디어 그룹은 디지털화 구축 과정에서 콘텐츠 자원에 입각하여 플랫폼, 채널, 단말기를 구축하였다. 구체적으로 휴대전화, 태블릿 PC 기기에 '독자(读者)' 콘텐츠와 클라우드 도서관을 기본 앱으로 설치하여 이용자가 디바이스를 구입하는 동시에 잡지의 콘텐츠 파일과 클라우드 도서관을 무료로 이용할 수 있도록 했다.

2. 중국 정기간행물 산업 발전추이 분석

1) 빅데이터 개발, 단순한 디지털 정기간행물 출판 매력 증가

정기간행물 산업은 빅데이터 발굴기술을 활용하여 콘텐츠 자원의 통합이용 효과, 이용자의 소비습관, 구입현황 등 정보를 수집·정리·분석할 수 있다. 또한 이러한 정보 데이터베이스 구축을 통해 이용자를 위한 맞춤형 개성화 콘텐츠를 제공할 수도 있다. 일부 정기간행물 업체는 인쇄판 정기간행물에서 벗어나 디지털 정기간행물을 직접 운영하기 시작하였다. 예컨대 '컴퓨터 낙원 게임공략(电脑乐园游戏攻略)'은 2014년 12월에 마지막 인쇄 간행물을 출판한 후 2015년부터 모바일 APP의 운영에 전념하기 시작하였다.

스상미디어그룹(时尚传媒集团)은 Adobe 디지털 퍼블리싱 스위트를 활용하여 전자잡지를 선보였으며, 디지털 출판 플랫폼을 구축하였다. Adobe와 미국 광고협회는 산업표준화 독자지표를 공동 출시하였는데 해당 지표를 통해 1회당 태블릿 PC의 독자 총 수, 읽은 지면의 총 수, 평균 독자 1인당 열독시간, 평균 독서면 수를 계산할 수 있다.

2) 대중의 열독습관 변화에 따른, 멀티미디어 플랫폼을 통한 마케팅

「11차 전국 국민열독 조사보고」에 따르면, 중국 성년의 디지털 열독률은 지속적으로 증가하여 50.1%에 달한 것으로 나타났다. 상이한 뉴미디어 플랫폼마다 우위와 특징에 다소 차이가 있기 때문에 미디어 통합을 통해 웨이보, 위챗, APP응용을 통합하여 활용하는 것이 향후 발전추이라고 할 수 있다.

관련 조사결과 웨이보와 위챗을 활용한 상위 10개 잡지는 표1, 2와 같이 나타났다.

표1. 웨이보微博를 활용한 잡지 톱10

순번	잡지 명칭	웨이보 명칭	종합영향력
1	중국신문주간(中国新闻周刊)	@中国新闻周刊	1,049.53
2	Vista스토리(Vista看天下)	@Vista看天下	916.52
3	산롄 생활주간(三联生活周刊)	@三联生活周刊	798.21
4	신주간(新周刊)	@新周刊	787.16
5	창업가(创业家)	@创业家杂志	780.99
6	미나(米娜)	@米娜	772.23
7	남방도시오락주간(南都娱乐周刊)	@南都娱乐周刊	742.99
8	신웨이(昕薇)	@昕薇	719.02
9	영화관람(看电影)	@看电影周刊	703.29
10	남방도시주간(南都周刊)	@南都周刊	699.09

표2. 위챗微信을 활용한 잡지 톱10

순번	잡지 명칭	웨이보 명칭	종합영향력
1	독자(读者)	duzheweixin	98.2
2	이두(壹读)	yiduiread	83.1
3	남인장(男人装)	nrz200405	71.3
4	스토리(故事会)	story63	65.4
5	Vista스토리(Vista看天下)	vistaweek	63.2
6	남방도시주간(南都周刊)	nbweekly	57.1
7	촬영세계(摄影世界)	photoworldmagazin	52.1
8	청년다이제스트(青年文摘)	qnwzwx	45.5
9	국가인문역사(国家人文历史)	gjrwls	43.8
10	중국국가지리(中国国家地理)	Dili360	41.4

3) 다분야 협력의 유행

정기간행물의 전통적 판매채널 역할이 점차 약화되는 추세에서 뉴미디어를 통한 판매채널의 혁신은 정기간행물의 새로운 비즈니스 모델로 부상하였다. 다음은 구체적인 내용이다.

첫째, 정기간행물 사업자는 전자상가와 제휴하여 온라인 쇼핑몰을 개설하였다. 예컨대 '독자'는 알리바바와 제휴하여 온라인 쇼핑플랫폼을 구축하여 판매를 촉진시킨 동시에 브랜드를 형성하였다. 8월에는 스상미디어그룹(时尚传媒集团) 산하의 '코스모(COSMO)'와 '스상바자(时尚芭莎)'가 티몰(天猫) 패션쇼와 패션 동영상 제작의 미디어 플랫폼 중의 하나로 발탁되었다.

이와 동시에 '남인장(男人装)', '스상가구(时尚家居)', '스상건강(时尚健康)' 등 스상미디어그룹(时尚传媒集团) 산하의 정기간행물은 티몰을 통해 모바일 바코드 스캔기능을 설치하여 정기간행물의 열독과 쇼핑을 동기화시켰으며, 이를 통해 브랜드 업체와 소비자를 직접적으로 연계시켜주었다. '스상바자(时尚芭莎)'와 징둥(京东) 사이의 제휴는 트랜드를 주제로 하였으며, '스상바자(时尚芭莎)'의 플래그십 스토어가 징둥에 입주하였다. 결과적으로 징둥의 빅데이터라는 장점과 '스상바자(时尚芭莎)'의 전문적인 콘텐츠 우위의 결합을 통해 비즈니스에서의 윈윈효과를 이루었다.

2014년 3월에는 1950년에 창간한 '대중영화(大众电影)'는 판매량의 급격한 하락으로 인해 정간한지 3년 만에 완다그룹(万达集团)과 제휴하여 복간하였다. 완다 영화관에 입주하는 형식을 통해 영화관의 이용자와 브랜드 우위를 갖추었고, 그에 힘입어 영화·드라마 산업의 업스트림과 다운스트림까지 사업 영역을 확장하였다. 아울러 디지털 정기간행물, APP 등 모바일 제품을 개발하여 새로운 비즈니스 모델을 구축하였다.

둘째, 위챗 플랫폼의 영향력을 빌어 웨이뎬(微店, 위챗쇼핑몰)을 개설하였다. 이러한 운영방식은 중간업체를 거칠 필요가 없기때문에 정기간행물 사업자가 직접 소비자와 마주할 수 있다. 그 예로 시대화어 회사(时代华语公司), 화문천하(华文天下), 저명한 출판 브랜드인 두쿠(读库)의 위챗몰은 모두 2014년에 오픈되었다.

4) 모바일 단말기 개발을 중시하는 정기간행물의 마케팅 수단

디지털 발행 덕분에 정기간행물 마케팅 과정에서 이용자 정보의 수집이 한결 쉬워졌다. 정기간행물 사업자는 빅데이터, 클라우드 플랫폼에서 수집한 정보를 통해 이용자를 세분화하고 이용자별로 혁신적인 이벤트를 마련하여 부가서비스, 이용자와의 상호교류, 이용자의 개성화 체험 등을 늘리고, 이를 통해 정확한 맞춤형 마케팅을 추진할 수 있다. 2014년 1월, 레이리(瑞丽) 디지털 미디어가 출시한 '레이리 신부(瑞丽新娘)'APP은 중국의 신혼부부를 위해 새로운 결혼식 개념, 결혼반지 정보, 결혼식 준비와 관련된 실용 정보를 제공하여 이용자에 대한 서비스 기능을 강화하였다.

아울러 '이두(壹读)'는 2013년에 '이두' APP를 개발하였는데, 2015년 1월 4일 해당 정기간행물의 시나웨이보 접속자 수는 328,704명에 달하였다. 위챗 공식계정을 통해 발표된 내용은 이두잡지에 제한되지 않았고, 모바일 구독 단말기에서 보기 적합한 내용을 게재하였다.

2014년 5월 5일 이두는 이용자와의 인터렉션에 중점을 둔 제품인 '파이야(拍呀)'를 출시하였다. '이두'의 이용자는 돈 대신 시간을 대가로 관련 경매품을 얻을 수 있는데, 구체적으로 가상화폐를 획득하고 그에 상응한 경매품을 얻을 수 있다. 가상화폐는 웨이보, 더우반(豆瓣), 런런왕(人人网)에서 '이두'잡지 내용을 공유하거나 타오바오(淘宝)에서 '이두'잡지를 구입하여 획득할 수 있다.

Ⅲ. 중국 방송산업 발전 동향

방송산업 발전 개요

2014년에도 중국의 방송산업은 지속적으로 발전했으며, 뉴미디어인 인터넷산업의 기술혁신과 산업혁신의 영향으로 말미암아 본격적으로 '인터넷시대'에 들어서기 시작하였다.

방송산업은 안정세를 유지하였으며, 2014년 1~11월 사이 전국의 방송 광고수입은 124억 9,500만 위안에 달하였다. 방송은 모든 전통미디어 중에서 연속적으로 매월 동기대비 광고수입 증가세를 유지한 유일한 미디어이다. 기타 전통미디어와 비교할 때 방송산업은 뛰어난 실적으로 더 많은 금전적 여유를 가지고 대응안을 모색할 수 있었다. 프로그램 형태는 안정속에서 변화를 가져왔으며 뉴미디어와의 융합을 강화한 동시에 맞춤형, 전문성, 세분화 정도 등 다양한 면에서 발전했다. 시청시장은 안정을 유지하였고, 시청규모·경쟁구조·주된 주파수분포 등 변화가 크지 않았지만, 모바일·다양화·스마트화 추이는 더 부각되었다. 2014년 라디오 청취자는 연인원 6억 8,100만 명으로 2013년 대비 1.33% 증가하였고, 차량청취율은 3년 연속 증가세를 보였다. 뉴스·음악·교통 등 3가지 주파수의 시장점유율은 2014년에 80%를 초월하여 여전히 주도적 지위를 확보하였으며, 그 중 교통 주파수가 현저한 우위로 1위를 차지하였다.

TV광고시장의 증가는 안정세를 유지하였지만, 증가율은 2년 연속 두자릿 수 보다 낮은 수준을 보였다. 드라마 방송의 시청률의 하락은 드라마시장 수요의 포화를 의미한다. 반면 다른 TV프로그램은 각양각색의 발전양상을 보였다. TV프로그램의 종류는 더 다양해지고, 100여 개 리얼리티 프로그램이 출시되었다. 그 중 시즌제로 방송되는 프로그램이 시청률 증가의 원인으로 작용하였다. TV방송국은 마케팅 모델을 적극적으로 전환해 사회마케팅 방식을 도입했고, 이를 통해 방송국과 인터넷사이의 연동을 강화시켰다. 이를 통해 인터넷, 웨이보, 위챗 등 다양한 플랫폼에서의 방송 구조를 형성하였다.

디지털 유선과 광대역기술의 발전에 따라 타임시프트 시청기능을 구비한 셋톱박스가 일부 지역에서 보급되었고 시청자는 시간이나 내용에 크게 구애받지 않고 더 원활하게 방송 콘텐츠를 이용할 수 있게 되었다. 국가신문출판 광전총국의 새로운 정책의 지원에 따라 다큐멘터리의 방송시간이 현저히 증가했고, 개별 채널들은 자체적 다큐멘터리 브랜드를 구축하기 시작하였다. 전반적으로 각 방송국은 뉴미디어와의 융합을 적극 탐색하고 있으며 콘텐츠 제작, 편집, 보급과 광고경영 등의 측면에서 방송국과 인터넷 사이의 연동을 추진하고 있다.

2014년은 중국 영화산업의 인터넷 원년으로 영화산업구조, 산업형태, 시장구조에 모두 큰 변화가 생겼다. 2014년 전세계 영화 흥행수입은 총 375억 달러인데, 2대 영화시장인 중국의 흥행수입 비중은 13%를 차지하였으며, 30% 이상의 고속 증가세를 유지하고 있다. 중국 영화는 뚜렷한 현지특징으로 인해 점차 자급자족의 내수적 발전모델을 형성하였다. 그러나 글로벌 시대에 접어들면서 내수시장에 과도하게 의존하는 발전모델에는 일정한 산업리스크가 잠재할 수밖에 없다. '영화+인터넷'이 새로운 보편적 현상이 되고 있으며 향후 영화산업의 경쟁구조로 인해 인터넷과 영화사이의 관계는 더 밀접해질 것으로 예상된다. 위러바오(娱乐宝), 크라우드펀딩(众筹), 온라인 표구입(在线购票) 사이트, 위챗지불 등은 모두 영화 마케팅에 참여하였다. 인터넷 마케팅은 이미 초창기 어려운 개념이나 신기한 느낌, 충격을 주었던 단계에서 벗어나 심혈을 기울인 제작, 정확하고 화제성 있는 마케팅, 인터넷 배포의 구조로 전환되고 있다. 아울러 3D와 만화영화, 기술과 미학은 더 큰 변화를 추동하고 있다.

향후 인터넷과 이동통신·디지털기술은 더 많은 발전을 가져올 것이며, 전통미디어와 뉴미디어의 융합을 촉발시킬 것이다. 라디오·TV·영화는 융합과 변혁 속에서 사회화 커뮤니케이션 모델을 형성하고, 국제화 고급인력·기술인력의 육성을 가속화하며 안정적인 발전환경을 조성하고 새로운 산업 생태계를 형성해야 한다.

TV산업 발전 분석

1. 2014년 중국 TV산업 발전 현황

1) TV 시청시간 감소와 최초 광고 마이너스 증가

모바일인터넷 시대의 도래로 인해 TV 시청시간이 줄어들고 고령화 추이가 나타났으며, 이에 따라 TV광고매출 역시 하락하였다. 2014년에 TV 시청자의 평균 시청시간은 큰 변화가 생기지 않았지만, 스마트폰과 태블릿 PC를 통한 동영상 시청시간은 증가하고 데스크톱을 통한 시청시간은 감소하였다.(그림1)

그림1. 중국 도시 가입자의 주당 동영상 시청 시간

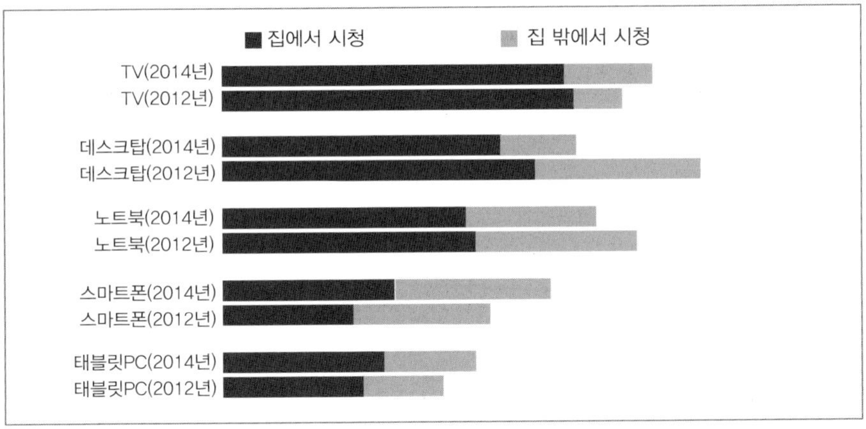

*자료출처: 에릭슨소비자연구실〈2014년 TV와 매체 소비 추이 보고〉

또한 TV 시청자 계층의 '고령화' 추이가 나타났다. 최근 4년간 15~34세 시청자의 일인당 시청시간(분)이 하락하고 있는데, 그들은 인터넷을 통해 자유롭게 동영상을 선택해 보는 것을 더 선호하고 있다. 시청점유율을 보면 CCTV와 각 성급 위성TV가 절대적 우위를 확보하였다.

2014년에 TV광고 매출은 여전히 1위를 차지하였지만, 최초로 마이너스 증가로 나타났으며 2013년 대비 0.5% 하락하였다. 반면 중국 상업용 동영상 사이트의 광고수입 증가율은 40% 이상을 유지하였다. 하지만 성급 위성채널은 여전히 광고매출 증가세를 보였으며, 특히 순위권에 있는 후난 TV · 장쑤 TV · 저장 TV 등의 발전양상은 더욱 뚜렷했다. 2014년 7월 기준으로 성급 위성TV는 14%의 증가폭으로 1위를 차지하였고 성급 지상파 채널이 5%로 그 뒤를 이었다.

2) 융합의 지속적인 심화, 다분야 경영으로의 발전

2014년 각 TV방송국은 뉴미디어와의 융합과 사회각계와의 연동을 적극 모색하였다. 2014년 3월, 상하이 동방미디어그룹(SMG, 上海东方传媒集团有限公司)은 '상하이 문화방송영화TV그룹(上海文化广播影视集团)'과 '상하이 동방미디어그룹' 사이의 합병을 선포하였고, 이 합병을 통해 동방위성TV 센터(东方卫视中心)를 설립하여 오락분야에서 '위성TV 위탁, 제작자 독립, 자원통합'의 개혁방안을 제시하였다. 4월에 후난 TV는 '금영망(金鹰网)'과 '망고TV(芒果TV)'를 통합하여 새로운 '망고TV' 인터넷 동영상 플랫폼을 선보였다. 아울러 5월에는 망고TV의 독점방송 전략을 실시하면서 클릭수는 백만 회에서 수천만 회로 도약하였다. 6월에 저장 위성TV

는 '프로그램의 팀워크'를 추진하였는데, 채널 내부에서 '제작과 방송의 분리'를 시도하였다. 구체적으로는 제작자에 대한 8가지 권리를 이양하여 제작자를 핵심으로 하는 경쟁입찰 등의 제도를 실시하였다. 7월 말에 베이징 위성TV는 광고 독립운영 제도를 실시하였고 베이징 위성TV미디어 유한책임회사(北京视卫星传媒有限责任公司)를 설립하였다.

경영 측면에서 CCTV망, 후난 TV 등은 인터넷 시장을 적극 개척하고 대형 전자상거래 플랫폼과의 협력을 추진하였다. 그 결과 CCTV망의 월별 독립 방문자수는 연간 5억명을 초과하였고, 'CBox(央视影音)'의 다운수가 연간 3억 3천만 명을 넘은 것으로 집계되었다. 'TV후난군(电视湘军)'으로 불리는 후난 TV방송국은 프로그램 콘텐츠의 다양화를 밑바탕으로 예능 프로그램의 영화화, 모바일 게임화를 시도하였다. 이에 따라 2014년 초에 상영한 영화 〈아빠 어디가(爸爸去哪儿)〉는 7억 위안이라는 거액의 흥행수입을 창출하였고 해당 모바일 게임 역시 높은 수익을 올렸다.

동방위성 TV(东方卫视)의 프로그램인 '여신의 새옷(女神的新衣)'은 티몰과 협력하여 새로운 T2O모델(TV to Online)을 개척하였다. 이 프로그램은 미디어·기업·전자상거래 플랫폼·연예인·디자이너·업계 전문가와 인터넷 등 여러 자원을 연결시켰고, 기술·자금·시장·미디어평론 등을 통합하여 다분야의 자원 통합, 다자간의 윈윈 산업연맹 플랫폼을 구축하였다.

3) 방송의 디지털화 토대 마련 및 전체 미디어의 제작, 방송 능력 향상

2014년 라디오와 TV의 디지털화, 인터넷 고화질 수준이 더 향상되고 제작과 방송능력이 향상되었다. 전국 라디오·TV 방송국의 디지털화가 기본적으로 완성되고 성급 이상 라디오·TV 방송국은 인터넷 제작·방송 시스템을 완성하였으며, CCTV의 일반 채널은 모두 고화질 방송을 실현하였고 70% 이상의 성급 TV 방송국도 고화질 방송 제작 능력을 갖추었다. 2014년 11월 말까지 국가신문출판 광전총국은 총 56개 고화질 채널의 설립을 허가하였다. 이와 동시에 80% 이상의 성급 TV 방송국은 인터넷 라디오·TV·모바일 라디오·TV 등 뉴미디어를 개설하였고, CCTV와 상하이·장쑤·저장·후난 등 성급 TV방송국은 전체 미디어의 제작·방송 플랫폼을 구축하였다.

4) 융합촉진 정책의 가시화와 라디오, TV에 대한 감독관리 강화

2014년에는 전통미디어와 뉴미디어의 융합 발전 정책이 더 뚜렷해지고 라디오, TV 콘텐츠에 대한 관리감독이 강화되었다. 전통미디어와 뉴미디어의 융합 발전에 대한 중앙차원의 정책은 전통미디어에게는 구조조정 방향을 제시하였고, 뉴미디어에게는 발전기회를 가져다주었다.

2014년에는 정책상 라디오, TV에 대한 관리감독이 강화되었다. 국가신문출판 광전총국은 「인터넷드라마, 소형영화 등 인터넷 시청프로그램에 대한 관리 강화 관련 보충통지」, 「인터넷의 해외 드라마, 영화 방송관련 규정 실시에 대한 통지」 등 일련의 인터넷 드라마·해외드라마 등에 대한 관리감독을 강화하는 문건을 발표하였다. 아울러 TV 박스(电视盒子) 관련 정책도 점점 강화되었다. 또한 국가신문출판 광전총국은 위성TV 드라마 방송 구조에 대해서도 조정하였는데, 2014년 4월 15일에 총국이 개최한 전국 드라마 방송 업무회의에서 2015년 1월 1

일부터 '일극양성(一剧两星, 1부 드라마는 최대 2개 채널에서만 동시 방송이 가능)' 정책을 실시하기로 결정하였다.

2. 2014년 중국 TV산업의 발전분석

1) 리얼리티 프로그램의 도약적 발전, 독보적 지위를 차지한 시즌방송

2014년은 리얼리티 프로그램이 대폭 발전한 해로 약 100여 개의 리얼리티 프로그램이 방송되며 다양한 발전추이를 보였다. 〈보이스 오브 차이나(中国好声音, 시즌3)〉, 〈나는 가수다(我是歌手, 시즌2)〉, 〈차이니즈 아이돌(中国梦之声, 시즌2)〉, 〈듀엣(最美和声)〉 등 가창력 프로그램이 여전히 강세를 보였으며, 〈아빠 어디가(爸爸去哪儿, 시즌2)〉, 〈아빠 왔어요(爸爸回来了)〉 등 아빠와 자녀가 함께 하는 프로그램은 시청률이 높을 뿐만 아니라 호평도 받았다. 〈런닝맨(奔跑吧!兄弟)〉이 2014년에 독보적인 지위를 차지하였으며, 〈여신의 새옷(女神的新衣)〉, 〈12도봉미(12道锋味)〉, 〈우리집에 연예인이 산다(明星到我家)〉, 〈대단한 시집의 중국판(囍从天降)〉 등 연예인의 리얼리티 프로그램 역시 좋은 시청률을 확보하였다. 아울러 〈소오강호(笑傲江湖)〉, 〈중국 개그맨(中国喜剧星)〉, 〈소리내어 웃자(我们都爱笑)〉, 〈나는 코미디에 미친다(我为喜剧狂)〉 등 코미디 프로그램 역시 2014년에 새로운 붐을 일으켰다.

시청률을 보면 시즌제 예능프로그램이 독보적인 지위를 차지하였는데, 이는 1선 위성TV 시청률 증가의 주요 원인으로 작용하였다. 저장 TV의 〈보이스 오브 차이나〉는 계속하여 높은 시청률을 얻었으며, 15

차례 방영 중에서 10차례의 시청률이 4%를 초과하였고, 평균 시청률은 4.03%에 달하였다. 결승전의 시청률은 5.613%로 12억 5천만 위안의 수익을 창출하기도 했다. 후난 TV의 〈아빠 어디가〉는 3.36%의 평균 시청률로 〈보이스 오브 차이나〉의 뒤를 이었으며, 웨이보 화제 열독량이 연간 200억 명에 달하였고 11억 5천만 위안의 수익을 창출하였다. 반면에 일반 프로그램의 시청률은 미미하였으며, 시청률 상위 30위권의 TV 프로그램 중에 〈두근두근 스위치(非诚勿扰)〉, 〈쾌락대본영(快乐大本营)〉, 〈천천향상(天天向上)〉 등의 프로그램이 포함되었다.(표1)

표1. 2014년 TV 예능프로그램의 평균 시청률 순위

단위: %, 억 위안

순위	프로그램	채널	시청률	시장 점유율
1	보이스 오브 차이나 3(中国好声音3)	저장 TV	4.03	12.53
2	아빠 어디가2(爸爸去哪儿2)	후난 TV	3.36	14.70
3	두근두근 스위치(非诚勿扰)	장쑤 TV	2.53	8.12
4	나는 가수다2(我是歌手2)	후난 TV	2.53	7.07
5	쾌락대본영(快乐大本营)	후난 TV	2.38	6.52
6	런닝맨(奔跑吧兄弟)	저장 TV	2.11	6.93
7	최강대뇌(最强大脑)	장쑤 TV	1.94	8.44
8	쿨한 목소리(酷我真声音)	저장 TV	1.89	9.84
9	꽃과 소년(花儿与少年)	후난 TV	1.78	8.50
10	천천향상(天天向上)	후난 TV	1.61	4.99
11	런닝맨의 비하인드 스토리(跑男来了)	저장 TV	1.53	8.73
12	소오강호(笑傲江湖)	상하이동방 TV	1.42	4.46
13	중국개그맨(中国喜剧星)	저장 TV	1.42	4.22
14	중국몽상수7(中国梦想秀7)	저장 TV	1.35	4.23

15	차이나 갓 탤런트5(中国达人秀5)	상하이동방 TV	1.28	3.98
16	여신의 새옷(女神的新衣)	상하이동방 TV	1.28	4.02
17	중국호무도(中国好舞蹈)	저장 TV	1.24	3.87
18	마마미아(妈妈咪呀)	상하이동방 TV	1.22	3.71
19	차이니즈 아이돌(中国梦之声2)	상하이동방 TV	1.20	3.85
20	12도봉미(12道锋味)	저장 TV	1.17	3.41
21	1학년(一年级)	후난 TV	1.17	5.28
22	아빠와 함께(和爸爸在一起)	후난 TV	1.13	14.50
23	나는 연설가다(我是演说家)	베이징 TV	1.09	3.44
24	우리집에 연예인이 산다(明星到我家)	장쑤 TV	1.08	4.70
25	용감한 마음(勇敢的心)	베이징 TV	1.07	3.37
26	아빠가 왔어요(爸爸回来了)	저장 TV	1.01	4.74
27	중국몽상수8(中国梦想秀8)	저장 TV	1.00	3.11
28	소리내어 웃자(我们都爱笑)	후난 TV	0.95	5.58
29	나는 코미디에 미친다(我为喜剧狂)	후베이 TV	0.91	3.22
30	슈퍼연설가(超级演说家2)	안후이 TV	0.91	2.98

설명: '2014년도 TV미디어 생태연구보고서', 자료출처: CSM, 71도시망, 2014년

2) 드라마의 양적 경쟁시대 종식, 인터넷 드라마의 흥행

　최근 몇 년간 1선 위성TV 드라마는 물량으로 승부하는 양적 경쟁의 상황에서 벗어났다. 2·3선 도시는 여전히 양적 경쟁을 위주로 하고 있지만 드라마의 방영비중은 다소 하락하고 있으며, 인터넷 드라마가 활약적인 발전양상을 보였다. 2014년 Nielsen-CCData에 따르면 1위를 차지한 톈진 TV의 드라마 방영시간이 절반을 차지한 것 이외에 기타 위성TV는 모두 40% 내외로 하락하였다. 이는 2013년 같은 시기에 드

라마 방송 비중이 높았던 상위10개 방송국 중에서 8개 방송국이 절반을 초과했던 사실과 현저하게 비교된다. (표2)

표2. 2012년~2014년 위성TV 채널의 드라마 방송시간 비중 순위

	2012년 1~10월			2013년 1~10월			2014년 1~10월	
순번	채널명칭	방송시간 비중	순번	채널명칭	방송시간 비중	순번	채널명칭	방송시간 비중
1	쓰촨위성	57.20	1	허베이위성	58.16	1	쓰촨위성	50.15
2	헤이룽장위성	54.41	2	헤이룽장위성	56.50	2	안후이위성	49.61
3	텐진위성	54.20	3	칭하이위성	53.48	3	산동위성	47.45
4	칭하이위성	52.91	4	쓰촨위성	52.85	4	신장위성	47.18
5	허베이위성	52.58	5	텐진위성	52.56	5	산시위성	46.21
6	신장위성	51.50	6	윈난위성	51.36	6	네이멍구 TV	44.92
7	산동위성	49.49	7	산동위성	50.94	7	허베이위성	44.12
8	광시위성	47.44	8	광시위성	50.30	8	닝시아위성	44.00
9	네이멍구 TV	46.95	9	신장위성	49.31	9	산시위성(山西)	43.38
10	안후이TV	46.88	10	네이멍구 TV	48.44	10	베이징위성	42.89

자료출처: Nielsen-CCData의 Arianna 샘플 시청률분석 소프트웨어

2014년에는 인터넷 드라마가 급격히 발전하였으며 소재도 다양해졌다. 2012년과 비교할 때 주류 동영상 사이트의 자체제작 프로그램 총량이 대폭 증가했다. 그 중 유쿠(优酷), 텐센트 동영상(腾讯视频), 아이치이(爱奇艺)가 가장 뚜렷한 증가세를 보였다. 인터넷 자체제작 프로그램 시청률 상위 5개 프로그램의 시청자수는 모두 연간 2억 명에 달하였고, 그 중 텐센트 동영상의 〈대패가도(大牌驾到)〉(연간 7억 2천만 명), 〈HI뮤직(HI歌)〉(연간 3억 1천만 명), 〈너 정상이야?(你正常吗?)〉(연간 3억 명)이 연간 3억 명을 상회하였고 써우후 동영상(搜狐视频)의 〈다펑더버더(大鹏嘚

吧嗻)〉와 아이치이의 〈오락맹회두(娱乐猛回头)〉가 각각 연인원 2억 3천만 명과 1억 7천만 명에 달하였다.

3) 다큐멘터리 방송시간의 증가, 개별 채널의 투자 증대

2010년부터 중국정부가 실시한 각종 지원정책에 힘입어 다큐멘터리 방송시간이 현저하게 증가하였다. Nielsen-CCData가 발표한 「2014년 다큐멘터리 TV시장 연구보고서」에 따르면 2014년 1~11월 사이 CCTV의 다큐멘터리 방송시간은 전년 동기대비 69% 증가하였고 성급 위성채널은 104%라는 놀라운 폭으로 증가하였다.

구체적으로 볼 때 CCTV채널의 방송시간은 양극화가 현저하다. CCTV의 다큐멘터리 채널은 일평균 21시간을 초과하여 방송하였지만, CCTV1은 약 2시간 정도만 방송하는 것으로 나타났다. CCTV의 다큐멘터리 채널과 CCTV10의 다큐멘터리 총 방송시간은 전체에서 약 2/3를 차지하고, 그 버금가는 채널은 CCTV7과 CCTV4로 나타났다. 31개 성급 위성TV에서 쓰촨 TV, 헤이룽장 TV, 윈난 TV의 일평균 방송시간은 4시간에 육박하였고 약 절반의 위성TV 방송시간은 60분 이하로 나타났다.

각 방송국은 다큐멘터리에 대한 투자를 증대시켜 자체적인 다큐멘터리 브랜드를 구축하고 있다. 예컨대 후난 TV는 첫방송을 장려하고 원작을 강조하였으며, 방송국은 다큐멘터리 평가심사위원회를 설립하였다. 또 후난 TV 총편집실과 후난 금영(湖南金鹰) 다큐멘터리 채널은 다큐멘터리 사업부를 설립하여 전국 20개 이상의 다큐멘터리 제작사를 상대로 도입, 공동제작, 주문제작 등의 수요를 발표하였다. 장쑤 TV는 전통 테마 프로그램과 다른 다큐멘터리 형식을 개발하고 있으며 다큐멘터리와 주류 프로그램 형태를 결부시켜 시즌제 프로그램에 방식으로 편집, 방송하고 있다.

4) 저작권 의식 향상, 2·3선도시 위성TV의 협력

2014년에는 TV방송국의 자체 개혁, 뉴미디어로의 구조조정 같은 변화에 대한 수요가 점점 증대되었으며, 저작권 의식도 강화되어 독점방송이 유행하였다. 후난 TV는 2014년 4월에 산하에 있는 '금영망(金鹰网)'과 '망고TV(芒果TV)'를 통합시켜 새로운 망고 TV 인터넷 동영상 플랫폼을 선보였고 5월에 독점방송 전략을 대외적으로 발표하였다.

아울러 베스 TV(百视通)의 투자를 받은 풍행(风行)은 상하이 동방위성 TV(东方卫视)의 2014년 예능 프로그램 저작권을 독점하였고, TV방송국과 인터넷 사이의 융합에 있어서도 깊은 협력을 추진하였다. 쑤닝(苏宁)의 투자를 얻은 PPTV는 쑤닝과 장쑤 TV가 모두 난징에 있는 점, 그리고 광고 등을 감안하여 장수 TV의 여러 예능 프로그램의 저작권을 독점하였다.

국가급 TV방송국인 CCTV는 〈강의 시작해요(开讲了)〉, 〈중국한자 받아쓰기 대회(中国汉字听写大会)〉, 〈몽상성탑당(梦想星搭档)〉, 〈댄싱 위드 더 스타(舞出我人生)〉, 〈출채중국인(出彩中国人)〉, 〈Hi! 2014(嗨!2014)〉 등 프로그램을 제작했다. 이와 관련해 CCTV 역시 저작권과 자체의 독점방송 플랫폼을 강조하였다.

2014년에는 방송산업의 빈익빈부익부가 점점 심해졌으며, 2·3선

도시의 위성TV는 공동 방송, 공동 발전을 추진하였다. 2014년 구이저우TV와 칭하이TV는 〈아빠 대답하세요(爸爸请回答)〉라는 부자간 프로그램을 공동 방송하였는데 이는 중국 위성TV가 공동으로 제작·방송한 첫 프로그램이다. 이러한 방식을 통한 비용절감은 2·3선 도시 위성TV 방송국의 발전을 힘있게 추진할 수 있는 동력이다.

이외에도 장시 TV·허난 TV·후베이 TV·윈난 TV 등 4개 방송국이 제휴하여 구이양(贵阳)에서 열린 중국 국제광고제에서 공동으로 '강하호전(장시, 허난, 후베이, 윈난) 회천하(江河湖滇·汇天下)'라는 투자설명회를를 개최하였고, 2015년도의 앞선 4개 TV방송국의 핵심자원과 자금유치 정책을 소개하였다. 허난 TV·충칭 TV·베이징 TV·구이저우 TV·푸젠동남 TV·안후이 TV·허베이 TV·후베이 TV·샨시(陝西)TV는 공동 제휴하여 2015년도 자금유치 행사를 추진하였으며, 상하이 동방 TV·산동 TV·톈진 TV·선전 TV 등 발전 잠재력이 큰 4개 TV방송국은 'TV업계 '전봉시계 사해종횡(巅峰视界 四海纵横)'이라는 양질의 자원통합 투자설명회를 개최하였다.

3. 발전추이 분석

1) 융합의 심화, 산업생태권의 형성

모바일인터넷이 급격히 발전함에 따라 TV방송국의 내외부는 물론 TV와 인터넷 및 오프라인 상점, 대학교, 제작사 등 기관 사이의 융합을 심층적으로 추진해야 필요성이 증대되고 있다. 자본운영에 있어 TV미디어는 인쇄미디어와 마찬가지로 그룹화의 방향으로 발전해야 하기 때문에, 향후 100억 위안 또는 1,000억 위안급의 TV 미디어그룹이 나타날 것으로 기대된다.

아울러 TV방송국과 제작사·동영상 사이트 등 사이의 다양한 협력은 더욱 심도 깊게 추진될 것이며, 더 나아가 마인드 업데이트·자원통합·사회각계 동원을 통해 산업생태계가 형성될 것이다.

2) 시즌제 리얼리티 방송 등 예능 프로그램의 급상승, 오리지널 프로그램의 연구개발이 핵심

2015년부터 '일극양성' 정책이 실시되면서 드라마의 방송 시간이 더욱 축소되고 예능 프로그램이 계속하여 급속한 증가세를 보였다. 각 위성TV 방송국은 새로운 프로그램을 적극 제작하고 있기 때문에 새 프로그램에 대한 연구개발비와 제작비가 계속하여 증대될 것이며 향후 차별화 전략, 맞춤형프로그램, 정확한 목표시청자 확정 등이 시청률을 높이는 핵심이 될 것이다.

중국은 전 세계적으로 성공을 거둔 프로그램은 거의 모두 구입하는 상황이기 때문에, 현재 거액으로 프로그램을 구입하여 우위를 확보하려는 것은 의미가 없다. 해외 TV프로그램에 지나치게 의존할 경우 중국 내 프로그램의 창작역량에 영향을 미칠 것이다. 원작의 개발만이 중국 TV산업의 지속가능한 발전을 유지할 수 있는 방안이라고 할 수 있다.

3) 소셜을 통한 커뮤니케이션의 발전

인터넷·이동통신과 디지털기술의 발전·운영에 따라 전통미디어와 뉴미디어 사이의 융합적인 발전이 대세라고 할 수 있다. 이용자와 네트워크를 핵심으로 하는 소셜 커뮤니케이션은 모바일 인터넷 시대의 중요한 자원이며, 동시에 인간관계와 다양한 사회자원의 활용은 성과를 이루는 핵심적인 포인트라고 할 수 있다. 이용자를 주체로 하는 새로운 커뮤니케이션 관점은 전통적인 행위모델과 미디어시장 형태에 큰 변화를 가져왔다.

개체 및 개체로 형성된 인간관계 네트워크, 빅데이터 등 기술의 발전은 인쇄 미디어 시장의 계열별 발전을 추동하였다. 예컨대 전자통신회사에서 제출한 인터넷시대 AISAS 소비자행위 분석모델은 전통적인 AIDMA를 대체하고 있다. 즉 마케팅방식이 전통적인 Attention(주의)·Interest(관심)·Desire(욕망)·Memory(기억)·Action(행동)에서 점차적으로 인터넷 특징을 구비한 Attention(주의)·Interest(관심)·Search(검색)·Action(행동)·Share(공유)모델로 변하고 있는 것이다. 인터넷시대에는 이용자의 능동적인 검색과 공유가 핵심포인트인 셈이다.

예능 프로그램의 소셜미디어 마케팅에 있어 가장 중요한 것은 바로 이용자의 참여와 확산을 유도하는 것으로, 그래야만 사회자원을 통합하고 커뮤니케이션 기대치에 달할 수 있다. 따라서 전통적인 방송이든 인터넷 동영상 사이트든 모두 이용자 수요를 중요시하고 사회자원을 활용하며 '전체 국민, 전체 미디어, 전체 인터넷'이라는 미디어의 변혁에 적극 적응하여 소셜 커뮤니케이션의 새로운 모델을 형성해야 한다.

텐센트회사 등 일련의 신흥 커뮤니케이션 업체는 이용자 중심(UG)·위치기준(LBS)·서비스가치(VA)의 새 관점을 도모하고 있으며, IT기술·빅데이터기술·인공 스마트 등 기술을 빌어 이용자 네트워크 구축을 통해 이용자의 수요를 파악하고 이용자의 충성도를 강화하며, 콘텐츠 내용과 이용자 가치 개발·확장을 추진하고 있다.

케이블TV 산업 발전 동향

유선방송 네트워크는 TV방송의 주요 채널이며 수많은 가정과 연결되는 가장 보편적인 정보수단이자 가장 편리한 정보매체로, 중국 라디오·TV방송·문화·정보산업의 중요한 구성요소이다. 최근 클라우드 컴퓨팅, 빅데이터, 무선인터넷, 스마트 단말기 등 차세대 정보기술이 급격히 발전하고 3망융합(방송, 통신, 인터넷을 하나로 묶는 시스템)과 산업구조 전환이 빠르게 진행되고 있다. 따라서 유선방송 네트워크 산업은 과학기술의 발전과 체제 개혁 속에 '차세대 방송(NGB)'의 혁신전략으로서 전통미디어와 뉴미디어의 융합적 발전, 정보와 업무서비스 확장 등을 지원해야 하는 임무를 갖고있다. 이를 통해 유선방송 네트워크의 쌍방향 전송 및 광대역을 실현하고 업무통합 능력을 향상시키며 비디오 전송 능력을 키우고, 전체 업무의 운영능력과 스마트화 수준향상으로 새로운 돌파구를 찾고있다.

1. 유선방송TV 발전과정

1964년, 무선TV 신호 수신의 질을 높이기 위해 베이징호텔(北京飯店)에서 MATV(공동시청 안테나 시설)를 설치하였다. 이것은 중국 유선 TV 시스템의 탄생을 의미한다. 중국 유선방송TV 산업은 아래와 같은 3가지 단계를 거쳐 발전하였다.

1) 1964~1983년, 공동시청 안테나 시설 단계

공동시청 안테나 시설을 통한 TV 시스템은, 수십 가구 내지 수천 가구의 시청자가 안테나 시설을 공동으로 사용해 시청하는 것으로서, 고주파 케이블을 통해 TV신호를 시청자에게 전송한다. 공동시청 안테나 시설은 기후·지형 등 환경의 영향을 받으며, 송수신 가능한 프로그램이 상당히 적기 때문에 발전에 제약을 받았다.

2) 1983~1990년, 폐쇄회로 TV 단계

이 단계에서는 많은 기업·사업기관과 도시에서 동축 케이블을 통해 신호를 전송하였으며, 수십 가구 내지 수만 가구의 시청자 규모를 갖고 있었다. 폐쇄회로 TV는 케이블을 이용하여 전송하며, 송수신 프로그램 채널은 10개 내외로 공동시청 안테나 시설에 비해 TV 프로그램 전송이 질적으로 향상되고 용량이 증대되었다.

3) 1990년, 유선방송TV의 고속 발전 단계

1990년 11월, 중국 정부는 「유선TV관리 잠정방법」을 발표하였고, 그 후 국가광전총국은 1,000여 개 유선TV 방송국의 설립을 허가하였다. 각 지방의 유선TV 방송국은 국제적인 사례들을 벤치마킹하고 중국 정부의 정책에 맞춰 빠른 발전을 도모하였으며, TV 방송 네트워크가 대폭 확대되고 구조가 더 합리화되면서 규모도 확장되었다. 유선 TV산업은 아날로그 TV·단방향, 디지털 TV·쌍방향 등의 급격한 발전과정을 거쳤고 대부분의 지역은 디지털화로의 구조전환과 쌍방향 디지털화로의 전환 과정에 있다.

2010년 이후 3망(방송, 통신, 인터넷)융합 추진과 더불어 IPTV가 급격한 발전을 하였으며, 인터넷 TV 등 새로운 형태의 미디어도 빠르게 발전하여 유선방송 TV는 전면적인 경쟁시대를 맞이하였다. 또한 새로운 매체의 증가로 인해 TV시장의 경쟁이 격화되었다. 또한 국가정보산업정책, 광대역 중국전략, 4G허가증의 발급 등이 '방송 네트워크 운영업체'의 주요 분야에 일정한 파급효과를 가져왔다. 유선방송 TV산업은 시장환경ㆍ정책환경ㆍ기술환경ㆍ생태환경의 중대한 변화에 직면하고 있으며, 운영업체는 전통적인 주요 업무에서 벗어나 새로운 발전과 변혁을 도모하고 있다.

2. 유선방송TV 발전 현황

수십 년의 노력을 거쳐 중국의 유선방송TV 산업은 상당한 규모의 발전을 이루었다. 유선방송 TV산업은 산업은 디지털화로의 전환, 3망 융합, 고화질 인터랙션, 쌍방향 네트워크 구축 등의 방면에서 큰 성과를 거두었으며 가입자 규모가 지속적으로 확대되고 수익성 또한 지속적으로 증가하고 있다.

유선방송 네트워크는 TV프로그램 전송, 정보서비스 추진의 중요한 기반시설이다. 거란연구(格兰研究)의 「중국 유선TV 네트워크 산업의 발전 분기별 보고서-2014.Q2」에 따르면 유선TV는 여전히 중국 가정의 가장

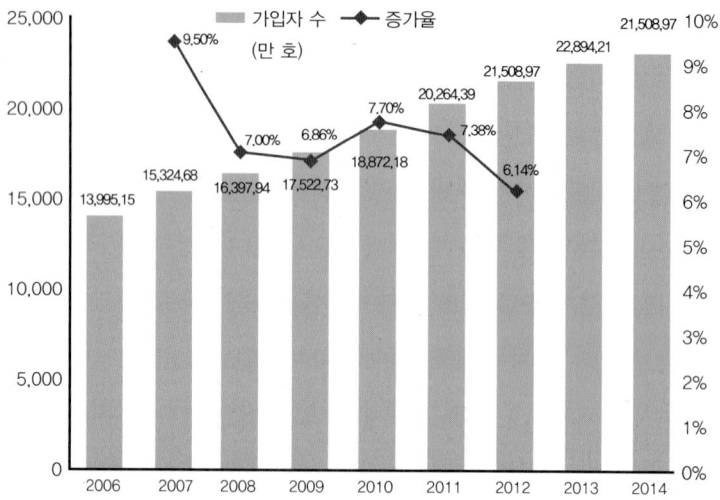

그림1. 2006~2014년, 중국 유선TV 이용자 수 및 증가율

*자료출처: 중국라디오영화TV발전보고(국가광전총국 청서)

중요한 시청방식인 것으로 나타났다. 2014년 2분기 기준 중국의 TV 시청 가구수는 약 4억 2,300만 호이다. 그 중 유선 TV를 시청하는 가입자는 전체 TV시청 가구의 54.88%인 2억 3,214만여 가구를 차지하고 있으며 향후 몇 년간 장기적으로 앞선 위치를 유지할 것으로 예상된다. 위성TV는 전체 TV시청자의 약 1/3인 1억 3,960만 가입자를 차지하고 있으며, 주로 농촌에 분포되어 있는 이들 가입자는 안정적인 것으로 나타났다. 지상파 TV와 IPTV는 보완적인 역할을 하며 각자 일정한 시장을 확보하고 있다.

유선방송 네트워크는 계속하여 디지털화로의 전환을 추진할 것으로 나타났다. 2014년 2분기 기준, 중국의 유선 디지털 TV가입자는 1억 7천만 가구를 넘어서 유선의 디지털화 수준이 76.52%에 달하였다.

전국적으로 추진되고 있는 고화질로의 전환은 유선 디지털화의 주요 발전추이라고 할 수 있다. 신규 디지털 TV 이용자 중 60% 이상이

고화질 이용자인데, 고화질 디지털 TV 이용자의 급격한 증가는 고화질 인터랙션 서비스의 발전을 위해 아주 좋은 토대를 마련해 주었다. 이에 따라 쌍방향 유선 네트워크 이용자 수가 1억 가구를 초과하였다. 2014년 2분기 기준 쌍방향 유선방송 TV 이용자 수는 전국 유선 TV 이용자 수의 46.13%를 차지한 것으로 나타났으며, EPON+EoC가 처음으로 CMTS를 초과하여 응용범위가 가장 큰 기술이 되었다. EPON+EoC기술의 1분기당 커버리지 이용자 증가량은 60% 이상의 시장점유율을 차지하였고 이용자 규모 또한 가장 빠른 증가세를 보였다.

그림2. 2006~2014년, 중국 유선TV 산업의 수입 및 증가율

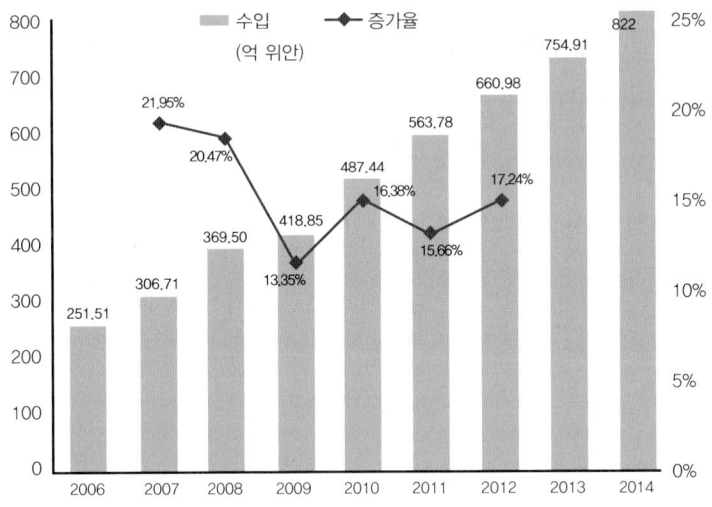

*자료출처: 중국라디오영화TV발전보고(광전총국 청서)

그 외 유선방송 네트워크는 새로운 비즈니스 모델과 산업발전을 적극 개발하고 있는 것으로 나타났다. 2014년 2분기 기준, 중국 54개 '3

망융합' 시범 도시 중 11개 도시에서 DVB+OTT 업무를 개통하였는데 개통률은 20.37%에 달하였다.

2012년 말 기준, 중국 유선TV 총매출은 660억 9,800만 위안으로 2006년 대비 162.80% 증가한 것으로 나타났다.

현재 중국의 유선방송TV 산업은 다음과 같은 특징과 변화를 보이고 있다.

1) 디지털 전환의 가속화

작은 네트워크에서 큰 네트워크로, 아날로그에서 디지털화로, 단방향에서 쌍방향으로, 표준 화질에서 고화질로, 가입자가 TV를 시청하는 것에서 TV를 이용하는 것으로의 전환은 유선방송TV산업 발전의 필연적인 발전추이라고 할 수 있다. 각 유선네트워크 사업자는 유선방송TV의 디지털화 전환과 네트워크의 쌍방향 추진을 가속시켰고, 적극적으로 새로운 서비스를 개발하여 서비스의 질을 높이고 있다. 유선방송TV 디지털화 전환업무가 원활하게 추진되어 2014년 말 기준 전국의 유선방송 디지털TV 이용자 수는 1억 7천 만 가구에 달하였고, 유선방송 TV의 디지털화 비중은 76.52%로 나타났다.

그림3. 2006~2014년, 중국 유선방송TV 디지털 이용자 증가추이

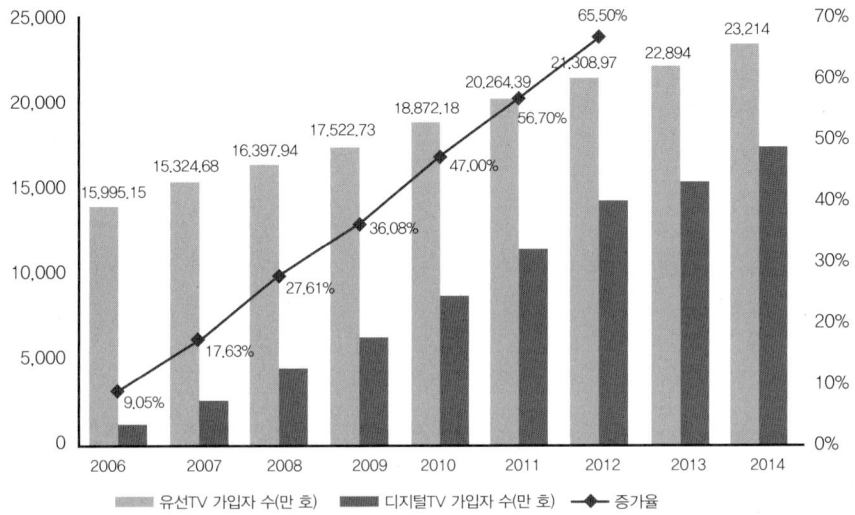

*자료출처: 중국라디오영화TV발전보고(광전총국 청서)

2) 고화질 TV 시장의 발전동향

2009년, 국가광전총국은 「고화질 TV 발전의 촉진 관련 통지」와 「고화질 TV 발전의 촉진 관련 보완통지」를 발표하여 고화질 TV 발전 원칙·조치·요구를 명확하게 제시하였다.

2009년 9월 28일, CCTV 뉴스종합채널과 베이징 위성TV 등 8개 위성채널의 고화질 채널이 동시에 방송되기 시작하였다. 국가광전총국은 고화질 TV시장 육성 및 고화질 TV 프로그램과 영화·드라마 제작 촉진을 통해, 고화질 TV 시설의 R&D와 생산을 견인하고 고화질 채널의 전송률과 사용률을 높이기 위해 2010년 9월에 「고화질 TV 발전 촉진과 규범화 관련 통지」를 발표하였다. 또한 2011년 12월에 국가광전총국은 「중국 3D TV 채널의 시범 개설 관련 통지」를 통해 3D TV를 영화·드라마 방송의 부가서비스 업무로 확정하였으며 이와 관련해서 무료에서 유료로 바뀌는 '두 단계' 발전모델을 제시하였다. 방송 네트워크 운영업체가 갖고 있는 실시간 방송 분야에서의 장점이 고화질 동영상 방송 부가서비스의 발전에 기여할 수 있을 것이다.

3) 부가서비스 발전 동향

쌍방향으로의 발전은 유선방송TV 이용자를 위해 인터랙션 TV 플랫폼과 풍부한 종합정보 서비스를 제공할 수 있으며, 유선방송 디지털 TV는 도시정보화의 중요한 지원플랫폼으로 작용할 것으로 예상된다. VOD·유료채널·TV의 메시지 정보전달 등이 점점 보편화되고 있으며, TV 쇼핑몰·TV교육 등 새로운 서비스가 이용자의 관심을 모으고 있다. 과거 인터넷에서만 나타났던 콘텐츠와 서비스가 점점 TV를 통해 방송되고 있다. TV스크린의 부가서비스 이외에도 방송 네트워크 자체의 부가서비스 역시 지속적으로 개발 중에 있으며, 스마트 모니터링·스마트 도시·사물인터넷 등의 분야에서 방송 네트워크가 안전성과 높은 커버리지율을 빠르게 향상시키고 있다.

부가서비스의 발전은 유선방송TV 이용자의 ARPU가치 상승은 물론 방송 네트워크 운영업체를 위한 새로운 수익증가를 위해 좋은 환경을 마련할 것으로 기대된다.

4) 3망융합 시범지역, 시범서비스 추진

2010년 1월, 국무원 상무회의에서 3망융합 전체 방안과 시범방안이 통과되었고 3망융합을 대대적으로 추진하였다. 2010년 6월에 최초의 3망융합 시범지역 대상(난징(南京)을 비롯한 12개 도시)을 공표하고, 2011년 12월 두번째 대상(양저우(扬州), 타이저우(泰州), 난통(南通), 전장(镇江), 창저우(常州), 우시(无锡), 쑤저우(苏州)를 비롯한 42개 도시가 포함)이 발표되면서 시범도시는 54개로 확대되었다. 3망융합은 방송 네트워크 운영업체에게는 기회이자 도전이었다. 먼저 방송 네트워크 운영업체는 통신, 인터넷 관련 업무 추진에 일조하여 방송 네트워크의 이용률을 향상시키고 수입을 증대시킬 수 있다. 하지만 다른 한편으로 TV 전송 네트워크의 다양화로 인해 원래 TV 분야의 업무에 있어서 방송 네트워크 운영업체가 일괄적으로 담당하던 업무에 변화가 생겼다. 콘텐츠, 플랫폼, 네트워크 등 각 산업 체인의 단계에서 모두 새로운 주체가 참여하여 경쟁이 격화되었기 때문이다.

3. 유선방송TV 기술발전 추이

유선방송 네트워크의 핵심기술은 차세대 방송(NGB), 광대역 접속, 스마트 콘텐츠 전송망(CDN), IDC, 융합 서비스 플랫폼, 스마트 융합단말기(DVB+OTT, 게이트웨이, 운영시스템, 사물인터넷), IPv4/IPv6의 공존과 IPv4에서 IPv6로의 연동, 자동 교환 광네트워크 전송(ASON), 클라우드 컴퓨팅과 가상화, 멀티 스크린 교환 및 가정용 네트워크, 사물인터넷 응용, 업무운영 지원, 종합 네트워크 관리기술 등이 해당한다. 이러한 분야는 최근 들어 표준화 시스템의 구축과 새 응용기술에서 큰 발전을 가져왔다.

1) 자체 지적재산권 기술표준 시스템 구축

TV방송분야에서 AVS+의 응용을 가동한다. 2014년 3월 18일 국가신문출판 광전총국과 공업정보화부는 공동으로 「TV방송의 선진 비디오 코덱(AVS+) 기술의 응용실시 지침 통지」(新广电发2014-75호)를 발표하였다. 이 통지에 따르면, 방송 시스템의 각 부서는 TV방송국에 방송시스템을 구축해야 하며 유선·위성·지상파 디지털 TV·인터넷 TV·IPTV 등 인터넷 플랫폼을 구축하고 클라이언트 단말기에서 점차 AVS+기술을 사용해야 한다. 아울러 단계별로 AVS+응용의 시간표, 로드맵, 임무를 확정하도록 명시하고 있다. 이는 중국 고화질 TV·3D TV 등 방송분야의 새로운 업무와 관련해 중요한 전략적 의미가 있으며, 중국 비디오 기술과 산업발전을 위해 획기적인 변화를 가져다줄 것으로 예상된다. 중국은 현재 54개 고화질 채널이 있는데, 그 중 CCTV 방송국이 13개, 성급 TV방송국이 30개, 지방 도시급이 11개, 허가심사 중인 채널이 15개 있다. 새로 허가받는 고화질 위성 채널과 유선 고화질 채널은 모두 AVS+ 표준을 채택할 것이다.

아울러 'NGB, VOD 시스템 기술 표준'(GY/T258-2012)과 'NGB, VOD 시스템 메타데이터 표준'(GY/T259-2012)을 제정하였다. 이 표준은 상호연결과 대규모 응용에 입각하여 유선방송 네크워크의 특징에 맞는 NGB, VOD 시스템 플랫폼 틀, 시스템 구성, 기능 및 인터페이스를 규정하였다. 아울러 NGB, VOD 시스템의 개발, 연구제작, 구축, 운영, 관리, 유선 네트워크 VOD 서비스의 대규모적인 추진 및 상호연결을 위한 지침을 제공하였다.

단말기 Middleware와 다운로드형 수신제한시스템(DCAS)에 대한 규정을 제정하였다. 첫째, 'NGB 단말기 Middleware 기술표준'(GY/T267-2012)을 제정하여 단말기에서의 표준화 문제를 해결하였다. 둘째, 'NGB 다운로드형 수신제한시스템 기술표준'(GY/T225-2012)을 제정하여 안전성을 확보하여 각기 다른 수신시스템 기술에 대한 단말기의 표준화 문제를 해결하였다. DCAS는 전통적인 CAS응용범위 제한을 벗어나 다양한 단말기의 발전에 유리하며, 셋탑박스와 TV뿐만 아니라 멀티미디어 게이트웨이·Pad·스마트폰을 위해 CAS를 통한 통제 가능한 솔루션을 제공하였다. 운영업체는 자체 수요에 따라 자유롭게 CAS 시스템을 선택할 수 있으며, CAS 시스템을 선택한 공급업체는 DVB와 OTT업무의 융합적인 발전을 위해 원활한 연결수단을 제공하였다.

스마트 TV 단말기 운영시스템(TVOS) 표준을 제정하였다. TVOS는 NGB단말기 Middleware와 DCAS를 통합하여 단말기 표준화, 스마트화 문제를 해결하였다. 또한 유선 네트워크가 통합되지 않은 상황에서 단말기에 대해 전국적으로 통일된 표준을 적용하며, 시장주체 통합을 통해 규모경제에 따른 우위를 확보할 수 있도록 하였다. 2013년 12월 26일 국가신문출판 광전총국은 스마트 TV 운영시스템인 TVOS1.0 소프트웨어를 검수 발표하였고 2014년 6월 22일에는 「스마트 TV 운영

시스템 TVOS1.0 규모응용 시범 추진 및 TV방송 단말기의 표준화와 스마트화의 가속화 추진 관련 통지」(新广电发,2014-149호)를 발표하였으며, 아울러 3개 유선 광대역 접속표준을 제정하였다.

- NGB광대역 접속 시스템 HINOC전송과 매체 접속 통제 기술표준 (GY/T265-2012): NGB네트워크의 고대역 주파수(750MHz 이상)에 활용
- NGB광대역 접속시스템C-DOCSIS 기술표준 (GY/T266-2012): NGB 네트워크의 중저대역 주파수(하행: 108~750MHz, 상행: 0~65MHz)에 활용
- NGB 광대역 접속시스템 C-HPAV 기술표준 (GY/T269-2013): NGB 네트워크의 저대역 주파수(0~65MHz)에 활용

유선 네트워크의 광대역 접속망 표준의 2.0서비스를 가동하여 NGB 광대역 접속을 지속적으로 발전시켜 HiNOC2.0이 기본으로 형성되었으며, C-DOCSIS와 C-HPAV의 2.0서비스가 가동되었다. 이는 각지방 유선 네트워크의 쌍방향 개조를 위한 명확한 가이드라인과 표준을 제시할 것이며, 각 성 유선 네트워크 사이의 상호연결을 위해 단단한 기술적 기반을 마련할 것으로 예상된다.

CDN 표준은 제정 중에 있다. 중국의 광대역 속도는 여전히 고화질 VOD 수요를 충족시키기 어려운 여건이다. 이러한 환경에서 방송국이 고화질의 VOD를 서비스하기 위해서는 CDN에 의존해야 한다. 방송시스템의 CDN는 주로 TV비디오만 지원할 뿐 IPTV, OTT 등 인터넷 비디오 업무는 지원하지 않는다. 제정중인 NGB CDN 표준은 포괄적이며, 콘텐츠 스마트 감지기능과 어댑터 특징을 갖고 있기 때문에 TV와 인터

넷 동영상 업무를 융합시키고 멀티 단말기의 통일된 접속을 지원한다.

2) 3망융합 새 기술의 응용, 보급 가속화

개방적인 융합업무 클라우드 컴퓨팅 플랫폼의 구축이 핫이슈가 되었다. 클라우드 컴퓨팅과 빅데이터를 기반으로 하여 개방성과 표준화를 통해 CP, SP의 진입문턱을 낮추고 오프라인과 온라인의 효율을 향상시켰다. OTT 콘텐츠 장점과 DVB의 고대역, 고화질 장점을 연계시켰다. 이용자 단말기의 네트워크와 디코딩 성능은 멀티 모니터・다양한 네트워크 전송으로 전환되고 있으며, TV・스마트폰・Pad・PC의 멀티 단말기를 위해 연속적인 서비스를 제공하여 이용자의 이동적이고 분산화된 시청수요를 만족시켰다. 아울러 전통적인 유선 네트워크의 간단한 미디어에서 미디어+미디어로의 전환에 박차를 가하였다.

고화질 TV, 초고화질 TV와 3D TV를 대대적으로 추진하였다. 광대역 중국전략과 Fiber-to-the home 프로젝트의 실시 초기에 유선 네트워크의 다채널 DVB 고화질 생방송, 주문형비디오 및 유선 내부네트워크 IP의 탁월한 전송능력은 이후 장기간동안 계속 선두적 우위를 확보할 것이다. 고화질의 유선 네트워크 보급을 가속화하고 4K 발전을 적극 추진함으로써 고화질 TV이용자 수가 빠르게 증가하여 고화질 프로그램 콘텐츠에 대한 수요가 증대되었으며, TV 방송산업의 새로운 발전을 형성하였다.

IP 통신기술을 통해 멀티 스크린을 실현하여 '어디서든 가능한 TV' 비디오 서비스를 제공한다. 고화질 인터랙티브 셋탑박스 혹은 스마트 단말기에서의 멀티 모니터 생방송을 실현하고, 독립 Gateway · TV 라우터의 무선 전송기능을 통해 스마트폰 · Pad · PC를 위해 비디오 서비스를 제공한다.

인터넷 가상화 기술의 응용도 가속화되었다. 가상화기술이 보급됨에 따라 점점 더 많은 유선방송 네트워크 데이터센터는 센서의 가상화, 저장 가상화, 네트워크 설비의 가상화기술을 발전시켰다. 아울러 방송 광대역 백본망, 도시권 통신망, 접속망 등 응용 네크워크 설비의 가상화 기술을 통해 자원의 사용효율과 관리능력을 향상시키고자 한다.

선진적인 광통신 기술을 활용함에 있어 스마트화를 촉진하였다. 백본망에 있어 유선방송 네트워크 서비스의 IP화 및 고화질과 고화질 주문형 비디오 서비스의 개척과 광대역 이용자의 증가로 인해 많은 성(省) 백본망의 트래픽이 배로 증대되었으며, 점점 더 많은 방송 네트워크가 100G OTN 대용량 전송기술을 통해 백본망을 구축하고 있다. 도시권 통신망에 있어서는 T비트 라우터 교환기술이 대도시 유선방송 분야에서 많이 활용되었다. 접속망에 있어 SDN/NFV를 도입하여 접속망의 운영을 원활히 하였고, 새로운 서비스인 OLT나 CMTS가 통합된 IPQAM(CCAP 유선방송TV 융합접속플랫폼)이나 C-DOCSIS 설비의 완제품이 생산되어 활용되기 시작하였다.

쌍방향 네트워크 건설을 가속화하여 광대역 업무를 발전시켰다. 기술적으로 DOCSIS와 EPON+EoCrk가 주류이며 2014년에 EPON+EoC가 처음으로 DOCSIS를 초월하여 응용범위가 가장 큰 기술방안으로 주목을 받았다. 서비스적으로는 광대역이 유선방송 네트워크의 주요 서비스가 되었고, 디지털 가정과 스마트 도시가 유선방송 네트워크 혁신

서비스의 추진방향이 되었다.

이용자 단말기는 스마트, 융합, 다원화 방향으로 발전하였다. 이와 동시에 유선·무선 등 다양한 업무(광대역 Gateway, 미디어 Gateway, 안보 Gateway, 사물인터넷 Gateway 등)를 지원하는 스마트 단말기·클라우드 단말기가 출시되어 이용자의 개성화된 선택과 수요를 충족시킬 수 있게 되었다. 특히 SDB 혹은 클라우드 단말기 솔루션을 통해 클라우드 단말기에서 얻은 결과를 셋탑박스에 전송하여 셋탑박스는 새로운 서비스에 따른 업그레이드와 운영을 별도로 추진하지 않아도 되기 때문에, 사양이 낮은 셋탑박스도 다양한 서비스를 제공할 수 있도록 하였다.

IPv4/IPv6의 공존과 IPv4에서 IPv6로의 연동 기술응용이 시작되었다. 2013년 12월 11일 국가발전개혁위원회, 공업정보화부, 과학기술부, 신문출판광전총국은「베이징시 등 16개 도시(군) 국가 차세대 인터넷 시범도시 건설 추진에 관한 통지」(发改办高技, 2013-3017호)를 공동 발표하였다. 베이징시 등 16개 도시(군)의 유선방송 네트워크는 실시방안을 제정하고 차세대 인터넷 건설발전의 시범서비스를 가동하였다.

무선 700M 대역의 주파수는 4G 전송우위를 확대시켰다. 무선 700M 대역 주파수는 신호 커버리지 도달 거리고 길고, 주파수가 장애물을 통과하는 특성이 뛰어나 이동통신 또는 국가안보용 네크워크로 활용되며 사회경제적 가치가 상당히 큰 주파수이다. 2014년에 국무원 지도자와 저장성(浙江省) 정부의 대대적인 지원으로 저장성 사오싱시 펑차오진(浙江省绍兴市枫桥镇)은 전 세계에서 첫번째로 700MHz TD-LTE 기지국을 시범 구축하였다. 같은 기지국에 있는 2.6GHz TD-LTE 시스템과 비교한 결과, 700MHz TD-LTE의 신호 커버리지 범위는 2.6GHz TD-LTE

보다 더 크게 나타났다. 700MHz TD-LTE는 무선 방송 업무 추진 기반을 마련하였다.

안전방송, 안전전송, 네트워크 안전을 중시한다.「TV방송 안전 관리규정」(국가방송총국 제62호령),「TV방송 관련 정보보안 등급 보호 지침」(GD/J037-2011),「TV 방송 관련 정보보안 등급 보호 기본요구」(GD/J038-2011)를 발표한 후 새로운 상황에서 2014년 11월 28일에 국가신문출판 광전총국은「유선 디지털 TV 시스템 안전지도 의견」을 발표하여 핵심안전사업에 대한 규범과 시스템적인 요구를 제시하였다.

4. 국내외 기술 발전 비교

선진국과 비교하면 중국은 기술진보와 구체적인 업무 발전에는 큰 차이점 없다. 다만 디지털화, 네트워크화, 스마트화 기능, 성능, 발전의 수준 차이만 있을 뿐이다.

1) 기술표준 시스템 비교

국내외적인 공통점은 모두 차세대 TV방송 기술의 발전수요를 충족시키기 위해, 비디오 압축 디코딩 분야에 스펙트럼 사용률과 전송효율 향상을 추진하고 채널을 더 정밀화한 방향으로 발전시켰다는 것이다. 또 네트워크 건설을 대광대역, 통제관리 가능한 방향으로 발전시키고 이용자 단말기를 스마트화 방향으로 발전시켰다. 차이점이라면 지적재산권과 산업발전 주도권을 들 수 있다.

비디오 압축 디코딩 국제 MPEG에서 제출한 MPEG-2·H.264·H.265 시리즈와 중국이 제출한 AVS·AVS+·AVS2시리즈를 비교해보자. 중국 자체 지적재산권을 갖춘 AVS 비디오 디코딩 표준은 IEEE(Institute of Electrical and Electronics Engineers)에 의해 공개되었으며 국제표준이 되었다. 이 표준은 지난 10년간 중국 디지털 비디오 디코딩 표준의 장점을 통합하였으며, 디지털 TV·고화질 TV·4K TV·8K TV뿐만 아니라 모바일 비디오와 모니터링 비디오에 대한 기술지표도 포함하였다. 그 중 모니터링 비디오의 압축효율은 같은 유형의 국제표준의 2배에 달하였다. 2014년에는 AVS+ 제품라인이 성숙되었고 고화질이 발전하였으며 AVS2가 점진적으로 추진되면서 중국의 자체 지적재산권을 갖춘 AVS표준은 국내외적으로 산업화 수준을 향상시켰다.

NGB VOD 시스템 ISA 가이드라인의 백 오피스의 개방성과 비디오 센서 사이의 상호연결성, NGOD 가이드라인의 헤드 엔드 설비와 단말기 설비의 개방성을 도입하여 VOD 시스템의 다양한 시스템과 다양한 네트워크 등의 장점을 살렸다. 아울러 ① ISA의 제공가능한 서비스가 부족하고, ② NGOD의 구체적인 운영 인터페이스가 확정되지 않았으며, ③ ITU IPTV는 IP그룹 네트워크에만 국한되어 모든 유선 TV 네트워크의 수요를 충족시킬 수 없는 단점을 보완하였다.

DCAS DVB 표준을 제정하였는데 이는 중국이 세계 디지털 TV산업에 기여한 것이라 할 수 있다.

스마트 TV 운영시스템 현재의 안드로이드와 iSO시스템은 TV에 대한 최적화를 실현하지 못하였으며 TV단말기에 대한 운영시스템을 구축하지 못한 실정이다. 중국의 TVOS1.0은 기존 운영시스템의 기술(예컨대 Linux, Android 등)을 확보한 동시에 정보보안 모듈을 추가하여 이용자의 정보보안 보장을 강화하였다.

HTML5 2014년 10월 29일 월드 와이드 웹 컨소시엄은 HTML5의 표준 제정을 마쳤음을 선포하였다. HTML5의 이미지 효과는 Adobe Flash 등의 솔루션을 초과하였으며, 시각적 효과가 탁월하고 애니메이션·3D 등을 갖춘 GUI를 쉽게 개발할 수 있다. 또한 미들웨어와 분리 가능하여 개발업체와 셋탑박스가 미들웨어 생산업체에 의존하는 것에서 벗어나도록 하였다. 이에 따라 운영업체는 새로운 UI와 서비스를 빠르게 출시할 수 있으며 TV 네트워크에 대한 풍부한 응용과 서비스를 제공할 수 있다. HTML5 기반 콘텐츠는 멀티 플랫폼에서 운영 가능하다. 태블릿 PC, PC와 스마트폰은 모두 HTML5로 발전하고 있는데 TV 역시 똑같은 발전추이를 보일 것으로 예상된다.

DOCSIS와 C-DOCSIS 2013년 10월 31일 CableLabs는 DOCSIS3.1을 출시하였다. DOCSIS3.1은 D2.0/3.0설비와 통용할 수 있고 CCAP 플랫폼과 통합될 수 있으며, QoS가 더 탁월하고 네트워크 지연이 작다. DOCSIS3.1은 유선 TV산업이 광케이블을 사용하도록 하기 위해 출시된 것으로 유선방송 네트워크의 새로운 시대를 가져다줄 것으로 예상된다. 하지만 현재 ARRIS, CISCO, CASA, MOTOROLA만이 CMTS설비를 제공할 수 있다.

C-DOCSIS는 DOCSIS3.0 기능을 겸비하여 EPON과 동축접속 기술의 융합을 실현하였다. 후속적으로 DOCSIS3.1을 새로운 버전에 포함시킬 것이다. 2014년 8월 29일 CableLabs는 C-DOCSIS 시스템 표준을 발표하였는데 이는 업계의 큰 관심을 모았다. 그러나 C-DOCSIS 표준이 금방 발표되었기 때문에 제품은 아직 성숙되지 않은 단계에 머물러 있다.

2) 새기술 응용 비교

융합서비스의 클라우드 플랫폼 구축 '1개 클라우드, 멀티 스크린'(클라우드 컴퓨팅 결과를 멀티 스크린에서 표시)과 통합운영에 대한 공감대를 형성하였지만, 기존의 솔루션은 국부적인 문제를 해결하였을 뿐이다. 이미 투입된 BOSS, VOD, IP QAM 등의 자산을 충분히 활용하고 이미 생산된 셋탑박스(표준화질의 단방향, 표준화질의 쌍방향, 고화질의 편방향, 고화질의 쌍방향)와 스마트 단말기를 연결시키려면 더 높은 차원의 통일된 계획과 전문개발이 필요하다.

융합서비스 플랫폼이 구축된 후 광대역과 고화질 인터랙션 포털의 저작권이 분명해지면서 새로운 융합이 추진될 것이다. 이로 인해 콘텐츠 공급업체는 각종 단말기의 모든 저작권을 구입하여 운영업체와 이용자의 멀티 스크린이 통일된 업무 수요를 충족시킬 것으로 예상된다.

가상화, 자동화, 빅데이터, 혼합 클라우드, 다중심 통합 등 인터넷 핫 기술을 통해 IT시스템은 고효율적으로 더 빠르게 개방되고 있다. 플랫폼은 IT기술의 변혁과 동시에 추진되어야만 고화질 인터랙션 업무와 인터넷 업무의 발전을 촉진할 수 있다.

인터넷 건설 100G 시장이 성숙되고 기간망은 전면적으로 100G 주도시대에 들어서게 될 것이다. 100G 기술은 통신시장에서 이미 규모적으로 응용되고 있기 때문에 2014년 들어 국내 3대 통신사, 특히 차이나 모바일이 100G 네트워크에 거액을 투자하였다. 통신산업과 비교해 보면 방송산업의 100G 응용은 많이 뒤떨어진 편이다.

방송 광대역접속 네트워크 해외에서는 DOCSIS와 FTTH를 위주로 한다. 중국 국내에서 C-HomePlugAV, C-DOCSIS, HiNOC 등의 3개 표준을 출범하기 전에 사실상 이미 10여 개의 접속망 기술표준이 있었다. 그 중 주요 방식은 DOCSIS, EPON+EoC, EPON+LAN, LAN 등 4가지이다.

비디오 회의, 고화질 TV, 4K 고화질 비디오, 3D 게임, 클라우드 컴퓨팅, 사물인터넷, 기업 광대역응용의 수요 증대 등에 따라 FTTx는 지난 2년 사이 급속히 발전하였다. 2013년 연말 기준, 전 세계적으로 FTTx 이용자 총수는 2억 3천만 명을 초과하여 이용자 증가율이 25%를 상회하였다. 중국의 3대 통신사는 적극적으로 광케이블 서비스를 추진하여 광대역이 큰 폭으로 증가하였다. 이후 광케이블 이용자가 급격히 증가하고 있으며, 고광대역 접속과 고화질의 IPTV 인터넷TV를 실현할 수 있게 되었다. 2015년에 접어들면서 점점 더 많은 전문가가 유선 방송 네트워크는 FTTH를 중시해야 한다고 지적하면서, 그동안 FTTH가 가져다준 장점에 대해 국제적인 2가지 대응조치를 밝힌바 있다.

유럽의 통신사는 주로 1G에 접근한 G.fast DSL의 새 기술을 출시하였는데, 유선방송 네트워크를 1G에 달하는 DOCSIS로 업그레이드시켰다. 아울러 유선방송 네트워크의 전송용량이 한계에 달한 상황에서 DVB-C2 고효율 우위를 통해 경쟁력을 확보하였으며, 이로써 향후 TV의 용량증가에 대한 수요를 지속적으로 충족시킬 수 있게되었다.

스마트 단말기 인터넷 비디오와 응용의 폭발적 증가, 유선 디지털 TV의 빠른 발전에 따라 점점 더 많은 운영업체와 기업이 스마트 단말기를 취급하기 시작하였으며 셋탑박스는 전 세계적으로 새로운 소비추세로 부상하였다. 이 셋탑박스는 국내외적으로 통일된 표준이 없으며, 기능상 대부분 생방송+주문형 방송의 비디오 미디어 센터 혹은 오락센터를 위주로 한다. 중국은 TVOS · DCAS · HTML5를 통합하여 가정용 미디어센터 · 오락센터 · 다기능 게이트웨이를 융합한 방향으로 발전을 도모해야 한다.

무선 700M 대역 주파수의 데이터업무 2014년 4월 4일, 미국 유선 TV 네트워크 업계에서는 100MHz 무선채널은 대규모 WiFi를 통해 4G 네트워크의 이동업무를 제공할 것으로 알려졌다. CableLabs는 신규 100MHz 무선채널이 미국 유선 TV네트워크에 막대한 발전기회를 가져다줄 것으로 예상하였다.

2015년에는 국제적으로 700MHz 대역 주파수를 TV방송에서 이동통신으로 분배할 것인가를 결정하는 문제들이 많은 국가에서 제기될 것으로 알려졌다. 중국은 TV 모듈화 전환시기가 2015년에서 2020년으로 연장되었기 때문에, 700MHz 대역 주파수의 분배문제는 2020년에 결정될 것이다. 700MHz 대역 주파수는 국내 통신업체에서 LTE의 황금주파수로 간주되고 있다. 3망융합의 쌍방향 서비스 진입메커니즘이 개방됨에 따라 유선방송 네트워크와 무선네트워크의 4G 혹은 무선디지털 서비스 사이의 융합 가능성이 증대되었다.

플랫폼 구축 · 네트워크 관리 · 네트워크 개조와 이용자 단말기에서 중국이 사용하는 기술표준은 선택사항이 지나치게 많거나 적으며, 산업경쟁보다 뒤떨어진 상황이다. 게다가 인터넷의 분산된 경영으로 인해 유선 방송 네트워크 산업의 규모화 · 정보화 발전에 많은 영향을 미쳤다. 이는 산업 주관부서로부터 주목을 받아 2014년 6월 20일, 「국가신문출판광전총국의 차세대 방송망 표준응용의 가속화 추진 관련 통지」(新广电发, 2014-144호)의 발표를 통해 NGB표준응용을 빨리 추진해야 함을 강조하였다. 2014년 9월 1일부터 접속망, 주문방송 시스템, CA 헤드 엔드, 부가서비스 업무 헤드 엔드 등 4개 분야의 표준을 제시하였다.

5. 유선방송 네트워크 발전동향

1) 장점과 기회

국가 정책의 강력한 지원 「광대역 중국전략 및 실시방안」(国发 2013-31호)에 따르면, 차세대 TV 방송 네트워크의 건설을 해당 방안에 포함시키고 광대역 네트워크를 국가 전략적 차원의 기반시설로 자리매김 하도록 하였다. 「국무원 정보소비 촉진을 통한 내수 확대 관련 의견」(国发 2013-32호)에서는 정보 기반시설의 업그레이드를 추진하여 정보제품의 공급능력을 강화하고 정보소비 수요를 육성하며, 공공서비스의 정보화 수준을 향상시키고 정보소비 환경건설을 강화하여 경제의 안정적이고 빠른 성장과 민생개선을 위해 중요한 역할을 발휘할 것을 요구하였다. 중공중앙(中共中央), 국무원이 발표한 「국가 신형도시화 계획(2014~2020년)」에 따르면 새로 계획되는 도시들은 스마트 도시로 건설하여 광섬유 네트워크의 보급을 실현하도록 요구하였다. 중국공산당 17차 6중 전회에서 내린 문화 대발전 대번영 관련 결정과 중국공산당 18차 전인대와 18차 3중전회에서 강조한 사회주의 문화강국 건설 및 문화 시스템 개혁에 따라, 문화관리 시스템과 문화생산경영 시스템을 완벽화하고 문화기업의 다지역·다산업·다양한 소유제 기업 간의 인수합병을 추진하며 문화산업의 규모화·집중화·전문화 수준을 향상시켜 시장이 자원배치에 대한 기반역할을 발휘하도록 해야 한다. 중국은 国办发(2014-15호)을 통해 새로운 면세정책과 재정지원 자금 제도를 새롭게 마련하였다.

또한 중앙정부에서 인터넷 및 TV 비디오에 대한 통제를 강화하여, 유선방송 네트워크 발전은 원활한 양상을 보였다. 국가정보네트워크 영도팀은 관련 부서와 공동으로 인터넷 온라인 행위를 법적으로 규제하고 인터넷 동영상의 유해정보를 전문적으로 단속하였는데, 이는 방송 네트워크 산업에 큰 긍정적인 영향을 미쳤다.

특히 2014년 이후 국가신문출판 광전총국은 2013년의 OTT, 스마트 셋탑박스, 스마트 TV의 혼잡한 발전양상에 대해 인터넷 TV에 대한 관리를 전면적으로 규범화하고 강화하였다. 일련의 엄격한 '시정명령'을 통해 OTT 셋탑박스를 통해 제공하는 TV프로그램의 타임시프트와 다시보기 기능을 정지하고 각종 동영상 앱과 동영상 통합 소프트웨어·인터넷 브라우징 소프트웨어의 다운로드 루트를 중단시켰으며, 인터넷 TV 프로그램은 반드시 7개 허가증을 받은 업체의 심사를 거친 후 통합방송 플랫폼에서 방송되어야 함을 엄격하게 요구하였다. 동영상 사이트의 해외 영화·드라마 도입을 제한하고 종합적으로 단속하였는데, 이는 해당 산업의 선순환 발전에 유리하고 국내시장의 질서있는 발전과 번영을 촉진할 수 있는 조치였다.

차세대 TV방송 네트워크 기술 시스템 형성 중 광전총국은 시스템·네트워크에서 단말기까지 일련의 표준과 규범을 마련하였고, 유선·무선·위성이 혼합된 방송 네트워크 건설 계획 등을 제정 중에 있다. 유선방송 네트워크 기술의 '단점'과 '병목현상'에 변화를 가져와 후속적인 발전을 위해 양호한 건설환경을 마련함으로써 보기드문 가속화 발전 '시기'를 맞이하였다.

산업의 발전 경험 풍부 유선방송 네트워크는 고화질 전송, 광대역 접속, 높은 사용률, 높은 이용자 수, 높은 광고가치, 높은 공신력 등의 우위를 확보하였다. 10여년 사이에 중국의 유선 디지털 TV는 전반적으로 안정적인 전환을 겪었으며, 연간 디지털 TV 이용자 증가량은 최고치를 기록하였다. 지속적인 혁신을 통해 유선방송 네트워크는 종합적 서비스 운영업체로 전환하고 있다.

3망융합 시장의 주체지위 명확, 네트워크 통합 가속화 2014년 4월 국가네트워크 회사가 설립되었는데, 이를 통해 유선방송 네트워크의 3망 융합에서의 시장주체 지위를 명확히 하였다. 전자통신과 인터넷 접속 자격을 갖고 전국 인터넷 상호 연결 플랫폼과 IDC 등을 건설하고 있으며 지방의 방송 네트워크 발전을 적극 지원하고 있다. 중국 유선방송의 재편성과 네트워크 통합 시범 업무를 추진하고 있으며, 또한 중국 유선 네트워크 회사·국가 무선네트워크회사·국가 우성네트워크회사 둥 3개 자회사를 설립하기 위해 준비하고 있다.

2015년 2월 13일 국가신문출판 광전총국은「전국 유선TV 네트워크 통합발전 시범업무 가속화 추진 방안의 통지」(新广电文 2015-29호)를 발표하였다. 이 통지에 따르면 중국 TV 방송 네트워크 회사는 전국 유선 TV 네트워크 통합 발전 시범업무를 주로 담당하고 정확한 정치방향과 여론을 견지하며 안전한 방송을 확보하면서 적극적으로 추진할 것을 요구하였다.

현재 전국 각 지방은 성을 단위로 하는 유선방송 네트워크 통합이 가속화되는 추이를 보이고 있다. 상호 연결, 규모화 발전의 전망이 더 부각되고 있다.

2) 열세와 도전

시장 경쟁의 격화 '대(大) 3망(방송망, 통신망, 인터넷망)'과 '소(小) 3망(유선, 무선, 위성 TV망)'의 직접적인 경쟁추세 속에서 유선방송 TV의 핵심업무는 발전이 둔화되고 가입자 이탈이 증대되었다. 이에 새로운 발전이 기대치에 달하지 못하고 경쟁이 증대되었다.

정보소비와 '광대역 중국전략'의 실시는 광대역과 동영상 업무의 발전구조 변화를 가속화 할 것이다. 광대역 서비스와 관련하여 독점구조를 타파하면서 시장구조에 큰 변화가 생겼으며, 광대역 이용자는 전통적인 운영업체에서 방송·민간 운영업체로 유입되었다. 동영상 서비스와 관련해서는 이용자의 동영상 시청소비습관과 기존 시청구조의 변화를 야기할 수 있다.

광대역 접속시장의 개방 2014년 12월 25일 공업정보화부는 「민간자본에 대한 광대역 접속시장 개방 관련 통지」를 발표하였다. 이 통지를 통해 처음으로 16개 시범도시를 확정하고 시범기간을 3년으로 확정하였으며 '시범방안'은 2015년 3월 1일부터 실시하기로 하였다. 민간자본에 대한 광대역 접속시장의 개방은 광대역 접속네트워크의 건설을 촉진하여 정보소비를 확대하고, 광대역 업무 서비스 수준을 향상시키는 동시에 광대역 접속시장과 업무의 경쟁을 격화시킬 것으로 예상된다.

모바일 인터넷의 '폭발적' 발전으로 인한 전통 미디어산업에 대한 영향이 정보소비 습관의 변화를 야기하였으며, 전통적으로 봉쇄된 유선방송 네트워크는 생존과 발전의 위협을 받게 되었다.

운영관리 수준이 상대적으로 낙후 유선 방송 네트워크는 장기간 정책적 보호를 받으면서 현지에서 절대적인 독점경영을 실시하였고 일부 지역에서는 심지어 정부가 행정적으로 간섭하였는데, 이러한 '월등감'으로 인해 많은 지방의 유선방송 네트워크는 시장경쟁 동력이 떨어지고 경영 및 인력에 대한 육성을 소홀히하였다. 최근 몇 년간의 3망융합과 친시장화로의 전환으로 다소 개선되었지만, 운영관리 수준은 수년간의 시장경쟁 속에서 수차례의 인수합병을 거친 3대 통신사의 실력에 어울리지 않게 많이 낙후된 수준이다.

인터넷 안전보장 인터넷 안전보장은 그 임무가 막중하고 책임이 크다고 할 수 있다. TV방송의 정보화 발전은 TV방송의 정보수집·처리·전파능력을 대폭 향상시키고, 뉴미디어 업무의 발전을 촉발시켰다. TV방송 전송네트워크(방송, 전송, 커버리지, 접속)는 국가정보 기반네트워크 중의 하나로 정보보안이 방송안전을 확보하는 중요한 요인으로 작용하고 있다. 2014년 중국의 모 지방에서 발생한 유선방송 네트워크 안보 사건은 '유선방송 전문 네트워크는 결코 절대적으로 안전하지는 않다'는 경고를 내렸다. 특히나 생존과 발전을 위해 유선 방송 네트워크는 인터넷 활용 관점을 강화하여 뉴미디어와 융합된 발전을 추구하고 광대역 인터넷과 융합된 전송 네트워크를 구축해야 하는데, 이로 인해 안전방송·안전전송의 어려움이 증대되고 효과적으로 방지·통제 하기가 더욱 어려워졌다.

6. 유선방송 발전 방향

1) 유선방송 네트워크에 대한 새로운 인식

3망융합의 새로운 시기의 유선방송 네트워크는 전통을 넘어 수많은 새로운 기능을 갖고 있다. 기본 속성을 보면 더 이상 TV 방송기술의 전문 네트워크가 아니라 하나의 거대 산업으로 국가와 지방의 중요한 정보 기반시설이며, 가정의 스마트 정보매체이자 안전하고 통제 가능한 주요 방송 루트라고 할 수 있다.

서비스 측면에서 보면, TV방송의 전송에 국한되지 않고 유선 디지털 TV와 광대역 업무를 주요 서비스로 하여 차세대 TV 상호연결 네트워크를 선도하며 데이터·비디오·오디오 전송업무를 겸하고 있다.

네트워크 커버리지 범위를 보면, 고정적인 지상 네트워크가 아니다. 유선·무선·위성의 커버리지에 따라 유선방송 네트워크는 차세대 방송망(NGB), 무선 디지털 방송망, 700M 무선 주파수 기반의 LTE무선통신망, wifi 전송기반을 갖추었다.

산업생태를 보면, 유선방송 네트워크는 전송부분에만 국한되어 있지 않고 인터넷 기능과 융합되어 인터넷화를 실현하였으며, 동영상과 유선 광대역만 전송하는 것을 넘어섰다. 뉴미디어와의 융합발전 차원에서 볼 때 향후 실제와 결부시켜 '플랫폼+채널+콘텐츠+이용자+단말기' 등 전체 산업이 통합된 발전방향을 추진해야 한다. 또한 상품에 대한 정확한 마케팅, 콘텐츠의 제작배급과 플랫폼의 집중적 운영을 결부시켜야 한다.

2) 유선방송 네트워크 재정의

새로운 시대의 유선방송 네트워크는 다음과 같은 특징을 갖고 있다.

첫째, 주요 미디어의 주요 방송국 채널이다. 사회효과를 가장 중요한 위치에 두는 동시에 경제효과도 중요시하며, 신뢰적이고 관리와 운영이 가능한 녹색 네트워크를 구축한다.

둘째, 국가와 지방의 중요한 네트워크 기반시설이다. 차이나 모바일, 차이나 텔리콤, 차이나 유니콤과 병존하는 종합 정보 기술 운영서비스 업체로 등장하여 경제건설과 경영서비스를 강화해야 한다.

셋째, 디지털 가정과 스마트 도시 정보화의 주요 매체이자 주요 운영업체이다. 정보화 발전의 길을 걸어야 한다.

넷째, '대 3망'과 '소 3망'이 융합된 신형 융합 네트워크이다. 과학기술 혁신을 통한 국가전략을 실현해야 한다.

3) 융합발전의 새로운 돌파

기술의 급격한 발전은 유선방송 네트워크에 사상 전례없는 기회와 도전을 가져왔다. 3망융합 발전을 통해 세계에서 가장 큰 차세대 방송망을 구축해야 한다. 여기서의 관건은 전환 중인 산업구조에 적응하고 과학기술을 통해 TV방송 기술과 차세대 정보기술의 융합 혁신을 추진하는 것이다. 콘텐츠 생산, 방송 플랫폼은 과거의 폐쇄적이고 단일하며 전용적이고 저효율적인 고소비에서 벗어나, 개방·종합적이고 융통적이며 고효율적인 녹색 스마트화·개성화 방식으로 전환하도록 추진해야 한다. 아울러 전송 네트워크의 고립, 수단의 단일, 전송의 저효율 방식에서 네트워크의 상호연결, 스마트 협동, 수단의 다원화, 스마트 센서, 전송의 고효율 방식으로 전환되어야 한다. 이에 수신 단말기 및 서비스는 단일한 형태, 독립 수신, 일반 기능에서 다양한 형태, 멀티 스크린 간의 협동, 스마트화로 전환되고 있다.

상부설계(頂層设计, 상층부의 계획이나 지침을 말함)를 통해 국가 네트워크 회사의 주체, 주도역할을 발휘한다. '통일 계획, 통일 건설, 통일 운영, 통일 관리' 원칙을 세우고, 그에 따라 국가광전총국의 지도하에 국가 네트워크회사가 전국 유선방송 네트워크 기술 표준, 업무 발전계획, 전략적 분포를 통합한다. 전국적으로 개방된 클라우드 플랫폼·IDC CDN를 건설하고 각 성(城) 사이의 네트워크 연결과 상호 업무연계를 추진하여, 국가 네트워크를 중점으로 하고 각 성 전송배급 접속망이 조화롭게 통합된 네트워크 운영메커니즘을 형성한다. 각 성의 네트워크를 구축하고 700M 대역 주파수의 무선 디지털 업무의 개통을 검토하여 성과를 얻는다. 유선·무선·위성 전송 네트워크의 상호 연결과 스마트 커버리지를 추진하고 방송망과 통신망·인터넷망 업무 사이의 상호연결을 강화한다.

방송국의 프로그램 자체제작 능력을 혁신해야 한다. ① 자원의 가상화 구축을 검토하고, ② 스마트화하고 융통성이 있는 고효율적인 미디어 제작방송의 클라우드 플랫폼을 구축하며, ③ 스마트화하고 개방·투명하며 융통성이 좋은 미디어 제작방송 클라우드 플랫폼을 구축해야 한다. 스마트화·개방투명·안전녹색의 방송망을 구축하고 고화질 TV·UHD(4k) TV와 3D TV 제작방송 능력을 향상시키며, AVS+DRA 등 비디오·오디오 디코딩 기술의 표준화를 추진한다. 또한 성급과 지방도시 TV 방송국의 고화질 제작방송 능력을 강화하며 고화질 채널의 라운딩 사운드 제작방송을 적극 추진할 것으로 나타났다.

네트워크 사이의 융합 연동기술 혁신 및 TV방송의 자유로운 방송과 멀티 스크린 사이의 연동과 협동 등 미디어 서비스를 향해, 전체 방송 미디어 제작방송 클라우드 및 유선 방송 네트워크 미디어의 개방된 업무 클라우드 사이의 통합·협동·연동적 혁신을 추진하여 방송국 사이의 협동과 네크워크 연동 메커니즘을 구축해야 한다.

유선방송 네트워크 전송서비스 기술 혁신·3가지 광대역 접속 네트워크 기술표준을 활용하고 유선방송 네트워크의 디지털화·쌍방향을 추진하며, 미디어 콘텐츠·다양한 업무형태·전면적인 운영의 개방된 업무 클라우드 플랫폼을 통해 스마트 검색·배급·서비스를 실현한다. 아울러 유선 방송 네트워크의 인터넷화·모바일화·스마트화를 촉진하고, 콘텐츠·채널·플랫폼·경영·관리 등 종합정보 응용 요칭을 충족시켜야 한다.

방송 네트워크 단말기 기술 혁신·스마트 TV의 운영시스템인 TVOS·DCAS·차세대 방송망인 NGB 등 기술표준에 대한 시범을 추진하고 스마트 TV 단말기 등 다양한 단말기의 기술개발과 산업화를 촉진하여 방송 단말기의 표준화·스마트화 수준을 향상시킨다.

인터넷 소셜기술을 통해 소셜화 커뮤니케이션, 서비스 루트를 확대한다. 소셜류 앱과 기술에 관심을 가지고 중점적으로 발전시키며 소셜 플랫폼과 개방업무 클라우드 플랫폼 사이의 유효한 연결을 촉진하여 플랫폼에 대한 충성도를 강화하고 더 많은 이용자를 확보한다. 비즈니스 사이트의 웨이보, 위챗 등 기술적인 플랫폼을 통해 법인계정을 구축하고 이용자 규모를 확대하며 커뮤니케이션과 서비스 효과에서 질적 향상을 가져온다.

네트워크 안전 관리통제를 강화한다. TV방송은 안전적인 방송에 대한 의식을 강화하면서 유선방송 네트워크와 인터넷 마인드를 결부시켜 유선방송 네트워크의 발전을 계획하고 추진해야 한다. 관련 기구의 인력관리, 정보데이터, 설비, 기술문건, 소프트웨어 시스템 등 능력을 강화하고 정보보안 관리제도를 완벽화해야 한다. 모니터링과 경고, 운영 심사평가 등에서 고효율적인 정보보안 운영 시스템을 구축해야 한다. 정보시스템 등급 보호 업무를 적극 추진하고 네트워크 안전의 예측가능성 강화에 대한 연구와 검토를 추진한다.

IPTV 산업 발전 동향

　IPTV는 광대역 유선방송망을 기반으로, 가정용 TV를 주요단말로 하여 인터넷프로토콜을 통해 TV프로그램을 비롯한 다양한 디지털미디어서비스를 제공한다. 2014년, IPTV는 3가지 방면의 영향으로 급격하게 발전하였다. 첫째, 정부의 광대역 정책 추진으로 말미암아 고화질·4K 콘텐츠가 이용자의 시청경험을 대폭 향상시켰다. 둘째, 각 지방 성급(省级) 방송플랫폼이 구축됨에 따라 지방의 IPTV가 규범화 된 추진단계에 들어섰다. 셋째, 통신사는 OTT정책의 긴축과 더불어 인터넷동영상으로의 전환속도를 늦추고 IPTV 시장에서 발전을 도모하였다. 그에 따라 2014년 많은 성(省)에서 IPTV시비스 관련 각종 촉진전략을 제시하였다. 이러한 정책적인 지원으로 IPTV 이용자규모는 급격히 증가하였으며, 그 중 허베이·광둥·쓰촨지역의 IPTV발전이 두드러졌다. 비디오·게임·교육 등 전통적인 콘텐츠 이외에도, IPTV를 통한 스마트가정과 산업역시 통신사의 새로운 사업으로 등장하였다. 공업정보화부의 통계자료에 따르면 '3망 융합'의 안정적인 추진에 따라 2014년 IPTV 이용자수는 2013년 동기대비 454만 8천 가구가 증가한 3,297만 3천 가구에 달하였다.(그림1)

　IPTV는 전반적으로 좋은 발전양상을 보였지만, 발전과정에서 일부 문제점이 나타났다. 일부 새로운 지역의 화면에 모자이크가 발생하고 신호가 갑자기 끊기거나 하는 등 불안정한 점을 예로 들 수 있다. IPTV

발전에 필요한 자금이 4G의 영향을 받아 축소되었으며, 시스템의 폐쇄 문제가 해결되지 못하고, 방송사와의 협력과정에서 나타난 일부 실시간 방송 채널이 적법하지 않게 방송되는 등의 문제점도 발생하였다.

그림1. 2014년 중국 IPTV 가입자 현황 (단위: 만 명)

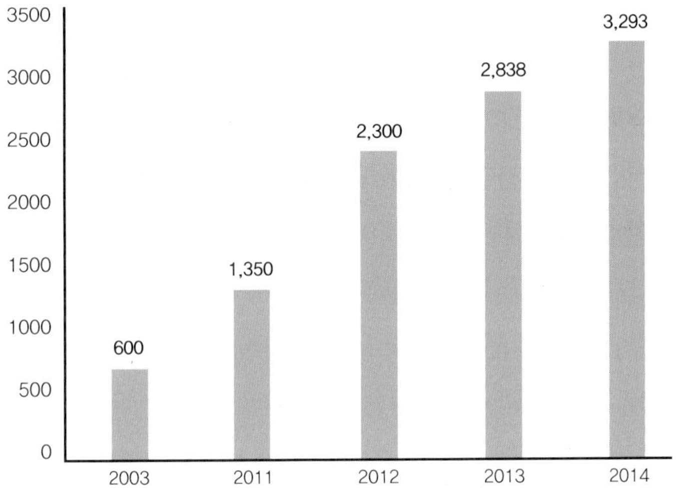

연도	가입자 수
2003	600
2011	1,350
2012	2,300
2013	2,838
2014	3,293

*자료출처: 국가광전총국 청서

2014년은 IPTV산업의 희비가 교차하는 한 해였으며, 전반적으로는 안정적인 발전단계에 들어섰다. 수년간의 운영경험을 거쳐 통합방송플랫폼·기술표준·운영모델건설 및 이용자와 시장 확장등은 새로운 발전을 가져왔으며, 산업이 체계적이고 안정적으로 발전하는 새로운 단계에 들어섰다.

1. IPTV 관리정책

2010년 1월에 발표된「국무원의 3망 융합추진에 관한 방안 통지(国办发, 2010-5호)」를 통하여 방송부문이 IPTV의 통합방송을 담당하고, 통신사가 IPTV 전송을 담당하는기본적인 정책가이드라인을 확정하였다.

2010년 6월에는「국무원판공청의 3망 융합시범방안 촉진관련 통지(国发, 2010-35호)」를 발표하여 방송국이 IPTV 통합방송플랫폼의 구축과 관리를 담당하고 프로그램에 대한 통일적인 통합과 방송모니터링을 책임지며, 전자프로그램가이드(EPG)·고객·요금·저작권 등에 대한 관리를 담당한다고 명확히 규정하였다. 그 중 고객과 요금에 대한관리는 제휴사와 협의한 후 결정하는 것으로 하였다. 통신사는 프로그램과 EPG 조항을 정할 수 있지만, 방송국의 심사를 거쳐야만 프로그램소스와 EPG안에 포함될 수 있다.

3망 융합시범지역(도시)에서의 IPTV 전송업무는 원칙적으로 1개통신사에서 운영한다. 이 지침의 규정에 따르면 방송주관부서는 IPTV업무를 안전방송관리 범위에 포함시켜 감독관리를 강화하여, 프로그램소스에 대한 IPTV 통합플랫폼의 통제와 콘텐츠의 방송 안전성과 전송 안전성을 확보한다. 2011년 9월, 국무원 '3망 융합공작 협조팀'은 회의를 개최하여 IPTV 통합방송플랫폼과 전송시스템에 대해 아래와 같은 의견을 제출하였다.

IPTV의 모든 콘텐츠는 방송국의 IPTV 통합방송플랫폼을 통해 취합된 후 단일의 인터페이스를 통해 일괄적으로 통신사의 IPTV 전송시스템에 공급하기로 하고, IPTV 고객과 요금관리는 '양자인증, 양자요금

(双认证, 双计费)' 방식을 채택하기로하였다. 요구에 부합되지 않는 플랫폼과 전송시스템 사이의 연결을 표준화해야 한다. 또한 새로 추진되는 IPTV업무 역시 규정에 따라 표준에 맞게 발전시켜야 한다.

2010년 7월 1일, 국무원은 최초로 3망 융합 시범 도시대상을 발표하였다. 여기에는 베이징(北京), 상하이(上海), 항저우(杭州), 다롄(大连), 하얼빈(哈尔滨), 난징(南京), 샤먼(厦门), 칭다오(青岛), 우한(武汉), 선전(深圳), 몐양(绵阳), 후난창주탄(长株潭, 창사(长沙)-주저우(株洲)-샹탄(湘潭)) 지역 등 12개 지역(도시)이 포함되었다. 2011년 12월 31일에는 「3망융합의 두 번째 단계의 시범지역(도시) 대상에 대한 국무원판공청의 통지」를 발표하여 톈진(天津), 충칭(重庆), 닝보(宁波), 스자좡(石家庄) 등 42개 지역(도시)을 3망 융합의 시범도시로 확정하였다. 3망 융합 시범지역은 거의 전국 각지에 고루 분포되어 있는 것으로 나타났다.

2010년 7월, 「3망 융합 시범지역의 IPTV 통합방송플랫폼 구축에 대한 광전총국의 통지」를 발표하여 3망융합 최초 12개 시범지역(도시)의 IPTV 통합방송플랫폼에 대한 구체적인 요구를 제출하였으며, 3망 융합 시범도시와 지역의 IPTV 통합방송플랫폼에 대한 '중앙-지방'의 가이드라인을 확립하였다. 즉 중앙방송국(중국인터넷방송국)이 IPTV 통합방송 전체플랫폼을 구축하고 중앙방송국과 지방방송국이 공동으로 3망 융합 시범지역과 도시의 IPTV 통합방송 서브플랫폼(Sub-platform)을 구축하는 것이 바로 그것이다. 과거 상하이 방송국은 국가광전총국의 허가를 받고 여러개의 도시에 IPTV 통합방송플랫폼을 구축하였는데 새로운 규정에 따라 경영관리 메커니즘을 조정한 후 계속하여 운영할 것으로 알려졌다.

2012년 6월, 국가 광전총국은 「IPTV 통합방송플랫폼 건설 관련 문제에 대한 통지(广发 2012-43호)」를 발표하였다. 이에 따르면 중국의 IPTV 통합방송플랫폼을 구축함에 있어 전국 IPTV 플랫폼은 통일된 계획, 통일된 표준, 통일된 조직을 형성해야 한다. 국가 광전총국의 의견에 따르면 상하이 방송국이 각 지방에 건설한 IPTV 통합방송플랫폼 역시 중앙과 성급 방송플랫폼관리 시스템 내에 포함시켜야 한다.

이 지침은 중국 IPTV 통합방송플랫폼 건설의 구체적인 규범화 방침이 되었다. 3망 융합이 홍보단계에 들어섬에 따라 전국 각 성, 자치구, 직할시의 IPTV 플랫폼건설은 해당 지침에 따라 규칙적으로 건설될 것으로 예상된다.

2. IPTV 발전현황

방송행정부서와 각급 방송국이 공동으로 추진하여 중국의 IPTV 통합방송플랫폼 시스템은 날로 완성되었고, 기술도 지속적으로 발전하고 서비스가 다양해짐으로써 이용자도 일정 규모에 도달하였다.

1) 통합방송플랫폼 구축 현황

IPTV 통합방송플랫폼 기능이 점차적으로 강화되었다. CCTV 소속인 중국인터넷방송국(CNTV)은 IPTV 전체플랫폼의 건설과 운영자로서 2008년과 2010년 두 차례 비교적 큰 규모의 설비투자를 통해 핵심네트워크시스템, 방송통제시스템, 생방송 디코딩시스템, 운영관리시스템 등을 구축하여 디코딩과 방송통제, 운영관리, 안전모니터링등 기본적인 기능을 갖추었다.

2012년 국가의 요구에 따라 CNTV는 전체 플랫폼의 3기 건설을 완성하였는데 시스템 안전성, 소스 도입능력, 안전 백업메커니즘, 플랫폼 접속능력, 상호 인증, 상호 요금제 및 EPG 성능등을 완벽하게 구축하였다.

설비에 대한 3차례의 대규모적인 투자를 통해 2012년 말 기준으로, 전체 플랫폼은 ① 250개의 각기 다른 유형의 고화질 및 표준화질 프로그램의 디코딩·중계전송 능력 확보, ② 약 40개 지역의 4갈래 155M 대역폭 네트워크 지원, ③ 100개의 생방송 채널 송출 능력을 갖추었다. 기술의 향상과 더불어 전체 플랫폼은 프로그램 콘텐츠를 강화하였다. 2012년말 기준 전체 플랫폼은 총 7만 시간이 넘는 방송데이터베이스를 구축하였으며, 콘텐츠는 뉴스·영화·드라마·아동류·과학기술·다큐멘터리·예능프로·스포츠 등이 포함되었다.

2012년, 전체 플랫폼의 주문형 방송 총시간은 27만 7,600시간에 달하고 총 485개의 전문프로그램이 제작되었다. 저작권 협력에 있어 CNTV는 150여 개 국내외 콘텐츠공급 회사와 긴밀한 협력관계를 맺었으며, 2012년에는 1만 편의 영화저작권과 4,000편의 고화질콘텐츠, 1만시간의 애니메이션·교육·다큐멘터리·오락콘텐츠를 구입하였다. 부가서비스와 관련하여 10개사와 협력관계를 구축하여 음악, 애니메이션, 게임, 도서, 쇼핑몰 등을 비롯한 12가지 응용서비스를 제공하고 있다.

IPTV 통합방송 플랫폼건설은 상당한 발전을 가져왔다. CNTV와 각 시범지역의 방송국이 협력하여 서브플랫폼의 건설을 공동 추진하였다.

2010년 9월 25일 쓰촨 IPTV 서브플랫폼이 전국에서 최초로 전체 플랫폼과 원활하게 연결된 이후 후난(湖南), 베이징(北京), 랴오닝(辽宁), 장쑤(江苏) 등 3망 융합 시범지역에서 서브플랫폼을 건설하였고 전체 플랫폼과 연결하였다. 프로그램 콘텐츠에 있어 서브플랫폼은 일반적인 TV 실시간 방송·재방송·주문형 방송업무 이외에도 서비스능력의 향상·정부정보와 편의서비스·온라인교육 및 온라인 쇼핑 등 인터랙션 부가 서비스제공에 주력하고 있다.

2012년 장쑤 라디오TV 방송총국(江苏广播电视总台)은 IPTV 서브플랫폼에 대한 업그레이드와 확장을 추진하여 재방송채널을 20개에서 40개로 증가시켰고, 신규 디코딩·모니터링 설비를 통해 방송신호의 안정성을 확보하였다. 고화질 EPG 전환기술과 고화질 EPG의 빠른 이동(Fast sliding) 및 투명한 방송통제 등의 기술을 자체 연구개발하고 IPTV 통합방송플랫폼 기반의 소셜 TV제품인 'IPTV 파트너'를 연구개발하며, iOS와 안드로이드시스템의 단말개발과 테스트를 완성하였다. 아울러 EPG 기반 광고 관리기능을 자체개발하여 전송기법 광고, 비디오 광고 퍼블리싱 기술을 개발하였다.

2012년 12월 15일 기준으로 7만 시간의 IPTV 프로그램을 제작하였는데 그 중 서브플랫폼의 온라인프로그램이 4만 4,600시간(그 중 고화질프로그램이 5만 180시간), 온라인앨범이 약 1,203개로 알려졌으며 16개 분야의 주문형 방송프로그램이 포함되었다. 2012년 연말기준, 윈난(云南) IPTV 서브플랫폼의 실시간 방송 채널수는 121개(고화질채널 6개)로 증가하고 프로그램 방송시간은 3만 시간을 초과하였다. 2012년에 산시(山西) IPTV 서브플랫폼은 성능테스트를 마치면서 콘텐츠 도입, 콘텐츠 관리, 제품관리, EPG관리, 부가서비스, 통계분석 등의 기능을 갖추고 130개 고화질 생방송채널, 1시간의 타임시프트, 72시간의 재방송, 6,000시간의 표준화질프로그램 주문형 비디오 능력을 확보하였다.

2012년 후베이(湖北) IPTV 서브플랫폼은 EPG 관리, 가입자관리, 요금관리 등의 시스템을 완성하여 콘텐츠 보유량이 큰폭으로 증가하였다. 2012년 말을 기준으로 쓰촨(四川) IPTV 서브플랫폼은 약 90개의 생방송채널을 확보하였고 주문형 비디오플랫폼의 이용콘텐츠가 10만 시간을 초과하였는데 그 중 약 2만 시간은 쓰촨 현지 특성을 가진 콘텐츠이며, 매주 업데이트한 새로운 콘텐츠가 600시간을 넘는 것으로 알려졌다. 허베이(河北) IPTV 서브플랫폼은 100개 실시간 방송 채널과 1만 시간의 신작영화·드라마·예능프로·스포츠 등 주문형 비디오 프로그램을 포함하며, 60여 개 TV프로그램에 대한 3일간의 재방송 기능을 제공할 수 있다. 산둥(山东) IPTV 서브플랫폼의 실시간 방송채널은 110개에 달하며 영화·드라마 주문형비디오 프로그램은 2만 시간을 넘는 것으로 나타났다.

2) IPTV 경영 및 이용자 발전추이

정부의 3망 융합관련 정책규정에 따라 방송산업과 통신산업의 협력을 통해 IPTV서비스를 추진하는 과정에서, 방송시스템 내부에 점차적으로 '통일된 시스템, 두 단계로 나뉜 가이드라인'의 방송시스템이 형성되었고 방송산업과 통신산업 사이에 '방송업이 주도하여 공동협력'하는 운영모델이 형성되었다. 이를 통해 개별 방송국은 물론 방송산업과 통신산업 전체에 이익이 창출되었다. 중앙방송국, 각 지방의 방송국 및 통신사는 각자의 주요 서비스와 자원에 기반하여 IPTV서비스발전과 상품확장을 공동으로 추진하였다. 2013년 2월 상반기 기준, CNTV는 윈난·쓰촨·후난·선전·허베이·랴오닝·산둥·베이징·장쑤 등 9개지역의 서브플랫폼 운영업체 및 통신사와 IPTV 서비스를 둘러싼 3자간 협력관계를 맺었으며 중국 국정에 부합되는 IPTV 사업발전 모델을 모색하였다.

앞서 제시된 서비스발전 모델에 따라 관련 참여자는 적극적으로 IPTV 사업의 발전을 추진하였다. IPTV는 전통TV의 실시간 방송과 주문형 비디오 서비스 기능을 갖추었을 뿐만 아니라 인터넷과 통신업무의 각종 응용과 융합되어 있기 때문에 이용자의 홈 엔터테인먼트와 문화수요를 충족시킬 수 있다. 최근들어, IPTV 이용자규모는 안정적인 발전세를 보였다.

리우매체망(流媒体网)의 통계에 따르면 2010년 말을 기준으로 중국 IPTV 이용자규모는 약 300만 가구에 달하였고, 2011년말에는 3망 융합시범지역의 상업용 이용자 규모가 350만 가구에 달하였으며, 2012년말 기준전국 IPTV 이용자는 2,300만 가구에 달하여 비교적 큰 폭으로 증가하였다. 2012년말 기준 윈난 IPTV 이용자는 40만 가구, 상하이는 170만 가구(동기대비 20만 호 증가), 장쑤는 103만 가구, 랴오닝은 50만 가구, 후난은 60만 가구에 달하였다.

3) IPTV 기술발전추이

수년간의 발전을 거쳐 중국의 IPTV는 국제수준의 기술을 기반으로 자체 특성에 맞는 통합방송플랫폼과 전송시스템으로 구성되어, 콘텐츠의 관리통제가 가능하고 서비스가 원활한 기술 시스템구조를 갖추었다. IPTV 통합방송플랫폼은 프로그램콘텐츠 통합통제, EPG, 이용자관리, 요금관리, 디지털저작권보호(DRM) 등 기술표준 시스템을 형성하였다.

업무수요와 기술발전 현황에서 볼때, IPTV 기술발전은 아래와 같은 몇 가지 뚜렷한 특징을 나타내고 있다. 첫째, 통합방송 플랫폼의 운영능력이 증대되었다. 콘텐츠에 대한 관리통제가 가능하다는 전제하에서 통합방송 플랫폼은 점차 등급별 운영능력을 갖추었으며, 웨이보(중국 대표 인터넷 포탈) 인터랙션과 동영상 쉐어링 등 기술과 결합하여 콘텐츠와 앱의 통합을 이루었다. 둘째, EPG는 Flash·HTML5 등 웹사이트기술을 지원하며 다양한 형태를 보이고 있는데 이를 통해 풍부한 부가서비스 앱을 지원할 수 있다. 셋째, 고화질·3D 동영상이 점차 증가하고 있다. IPTV는 새로운 인코딩기술을 활용하여, 디코더·CDN·셋탑박스 등은 모두 720P·1080I 등 동영상 및 돌비 5.1·7.1 비디오를 지원하며 이용자를 위해 높은 품질의 시청경험을 가져다 줄 수 있다. 넷째, CDN는 스마트화로 발전하고 고화질 미디어의 전송 서비스를 지원하며 멀티미디어 융합서비스를 지원한다. 다섯째, 플랫폼 시스템 사이의 접속이 더욱 체계화 되었다. 통합방송 전체플랫폼과 서브플랫폼, 방송플랫폼과 전송시스템사이의 접속인터페이스가 더 뚜렷해지고 EPG와 CDN의 결합이 풀렸으며 인터페이스가 더욱 체계화 되었다. 그 외 클라우드 컴퓨팅기술이 IPTV 플랫폼과 네트워크건설에 활용되어 업무 운영 능력과 이용자 경험을 향상시켰다.

4) 통신사의 영업노하우가 빠른 성장에 기여

2014년 각 지방의 통신사는 명절과 여름, 겨울방학에 수많은 판촉 행사를 진행하였다. 2014년 연말크리스마스 기간 중에 장쑤텔레콤은 창립기념을 맞이하여 광대역 사용 재계약시 충전카드(充值)를 선물하는 이벤트를 개최하였다. 주로 815위안의 '8M 광대역+표준화질 iTV비용 1년+iTV셋탑박스 1대'(난징, 수저우, 우시, 창저우는 1,015위안), 1,215위안의 '20M 광대역 1년+고화질 iTV비용 1년+iTV셋탑박스'(난징, 쑤저우, 우시는 1,515위안)를 출시하였다.

12월 18일에 후난텔레콤은 '신광대역 · 신TV' 프로모션에서 IPTV에 대해 많은 우대정책을 펼쳤는데, 원가 1,780위안/년 '10M광대역+iTV세트'제품은 1,140위안/년, 원가 2,980위안/년 '20M광대역+iTV' 제품은 1,530위안/년, 원가 2,980위안/년 '50M광대역+iTV세트'제품은 1,930위안/년, 원가 3,380위안/년 '100M 광대역+iTV세트'제품은 2,530위안/년으로 대폭 할인하여 판매하였다. 그 외 신장(新疆) · 안후이(安徽) · 푸젠(福建) · 광둥(广东) · 저장(浙江) · 허베이(河北) 등 지역의 통신사 역시 많은 판촉행사를 개최하였다.

5) IPTV 시장의 안정화

2014년 4월, 시장정보와 컨설팅연구소인 MIC의 최신 연구에 따르면 2014년 전세계 IPTV 이용자수는 9,270만 가구에 달하였고 연말에는 1억 가구를 돌파할 것으로 예상하였다. 2014년 1분기는 2013년 동기대비 23.7% 증가하였다. 중국의 IPTV 이용자 확대에 힘입어 아태지역의 이용자수가 빠른 증가세를 나타내 아태지역의 IPTV 이용자수는 4,560만 가구에 달하였으며, 전세계 IPTV 시장이용자의 49.2%를 차지하였다.

중국은 2004년에 IPTV사업을 시작하여 10여년의 기간 동안 큰 발전을 하였다. 3대 통신사 중에서 차이나텔레콤이 3,000만 가구 내외의 가장 큰 규모의 이용자를 확보하였을 뿐만 아니라, 그 사용률이 80% 내외를 유지하고 있으며, 일 평균 시청시간 또한 5시간을 초과하는 것으로 나타났다. 부가서비스 수입은 2013년에 약 8억 위안에 달하여 동기대비 100% 증가하였으며, 2014년에도 계속하여 높은 증가율을 보였다. 부가서비스와 관련해서는 소비이용자가 더 활성화된 것으로 파악됐다. 자료에 따르면 부가서비스를 사용한 이용자의 월 사용률이 95%를 초과하여 전체 이용자 활성화 수준을 상회한 것으로 나타났다. 10여년의 발전과정에서 첫 2~3년은 시작 단계로 네트워크의 건설과 기술과 단말기의 적용을 위주로 하였으며, 최근 5년은 네트워크건설이 향상되고 각 지방의 방송플랫폼이 완벽해짐에 따라 IPTV는 안정적인 발전단계에 들어서고 있다.

6) IPTV 부가서비스 발전동향

IPTV 산업에 있어 기본 비디오서비스와 부가서비스는 서로 의존하는 관계를 형성하고 있다. 그 중 부가서비스는 이용자의 다양한 욕구를 만족시킬 수 있을 뿐만 아니라 서비스의 다원화를 통해 IPTV서비스의 롱테일 효과를 발휘할 수 있다. IPTV 운영업체에 대해 IPTV 부가서비스의 발전은 이용자 충성도를 향상시키고 고소비층 이용자를 축적하여 IPTV 전체 산업가치를 향상시킬 수 있다. 아울러 IPTV는 안정된 전용 네트워크를 형성하였는데, 2014년은 통신사가 스마트가정을 발전시키는 중요한 전환점이 되었다.

2013년에 차이나텔레콤 iTV 부가서비스 운영센터가 설립되어, 스마트 가정 서비스의 운영사업을 담당하였다. 2014년에 차이나텔레콤 스마트가정플랫폼이 구축되었고, 해당 플랫폼은 개방적인 플랫폼으로 주로 CP·SP를 위해 표준인터페이스를 제공하여 다른 응용서비스의 빠른 발전을 촉진한다.

기존 IPTV 부가서비스는 아래 형식을 포함한다.

① 게임. 비디오 이외 게임은 IPTV의 가장 중요한 서비스이자 수익성 전망이 가장 좋은 서비스이다. 전통적인 인터넷 게임 이외에 네트워크 광대역의 향상, 단말의 스마트화 및 클라우드기술의 빠른 발전에 힘입어 클라우드 게임 및 체감게임이 빠른 증가세를 보였다. 비즈니스모델에 있어 게임무료+도구유료의 방식을 사용하는데, 이는 이용자의 진입문턱을 낮췄다고 볼 수 있다. 향후 스마트 TV게임 서비스 분야에서 빠른 발전이 나타날 것이며, 성능을 향상시키는 동시에 원활한 운영·

인터랙션·소셜 쉐어링 등이 이용자로 하여금 가상공간과 현실공간에서 인터랙션을 할 수 있게 만들 것이다.

② 교육. 기존 IPTV의 교육콘텐츠는 기본적으로 영유아교육 및 오락방식의 교육제품인데 향후 온라인교육은 초등학생, 중학생등의 콘텐츠를 비롯한 모든 연령대를 커버할 것으로 예상된다.

③ 전자책. 기존의 상황을 보았을 때, 스마트 단말기에서 어떻게 전자책 경험을 늘리릴 수 있을 것인가에 대해 운영업체는 깊이 생각해야 한다. 업무추진 초기에 운영업체는 애니메이션과 잡지를 선호하였지만, 실제 운영과정에서는 소설이 더 환영받았다. 이러한 기반을 토대로 새로운 제품을 개발할 때 스마트 단말기술에 따른 사운드, 이미지, 텍스트 결합 제품(예컨대 음성소설 등)의 혁신이 새로운 발전추세가 될 것이다.

④ 음악. 음악에 있어 가정 음악시장을 중점적으로 개발할 수 있으며, 이용자의 시각·청각 수요가 늘어나고 기술적으로 음질이 높아짐에 따라 스마트 단말의 음악효과도 더 향상될 것이다.

⑤ 쇼핑. 무선인터넷을 통한다면 스마트폰으로도 쇼핑할 수 있다. 하지만 스마트폰을 통한 쇼핑은 이용자, 판매자, 콘텐츠 응용 등 PC를 통한 쇼핑모델과 별반 차이가 없다. 이러한 상황에서 IPTV를 미디어플랫폼으로 구축하여 실물상품과 가상상품을 관리하도록 할 수 있다. 예컨대 TV에서 〈혀끝으로 만나는 중국〉 프로프로그램 방송될 때 일부 음식을 같이 판매하는 등 프로그램 맞춤형 제품을 출시할 수 있다. 아울러 애니메이션에 있어, 예컨대 〈시양양과 후이타이랑〉이 방송 될 때 관련 장난감을 판매하면 좋은 효과를 볼 수 있을 것으로 예상된다.

3. IPTV 발전과정에서 직면한 주요 문제점

2003년 IPTV 사업이 가동된 후 중국의 IPTV 이용자 규모와 발전속도는 세계 최고 수준에 달하였다. 하지만 전반적으로 중국의 IPTV발전은 여전히 시작 단계에 불과하다. 참여자 사이의 협력이 원활하지 못하고 업무유형이 다양하지 못하며 기술표준이 명확하지 않는 등의 문제가 상존하는데, 이는 IPTV 발전을 제약하는 중요한 요인이 될 수 있다.

1) 주체자 간의 조화를 이루는 기간필요

IPTV 운영은 중앙방송방송국·지방방송국·통신사 3개 주체가 필요하지만, 이러한 주체들 사이의 점유한 자원·관점 등의 차이로 인해서 각자 장점을 충분히 발휘하지 못하는 실정이다. 방송산업과 통신사업은 체제메커니즘, 경영마인드, 운영방식등에서큰 차이를 보이고 있는데 이로 인해 양자간 협력이 원활하지 못하다. 방송 내부에서도 중앙과 지방방송 역시 출발점이 다르기 때문에 완전히 일치한 입장을 보이지 못하고 있는 실정이다.

2) 서비스유형의 단일화

현재 IPTV가 제공하는서비스는 ① 실시간 방송, VOD, 타임시프트, 재방송 등 기본적인 시청서비스와 ② 온라인교육, 전자상거래, 금융정보, TV쇼핑 등 부가서비스에 국한되어 있다. 그 중 전자는 기본적인 서비스에 대한 비용을 수금하는 것이고, 후자는 이용자가 주문을 통해 발생하는 비용을 수금하는 것이다.

기본 시청서비스는 IPTV의 주요서비스로서 그 중 실시간 방송 콘텐츠가 상당한 비중을 차지하는 반면, VOD 프로그램은 충분하지 못한 실정이다. 수입 구성을 보면, 기본 서비스 비용이 절대다수를 차지하고 부가서비스의 수입은 상당히 낮은 비중을 차지하는 것으로 나타났다. 기존 IPTV 전체 플랫폼은 아직 부가서비스를 제공하지 않고 있다. 부가서비스를 제공할 경우 IPTV의 기능이 분산되어 IPTV의 인터랙션과 개성화 특징이 두드러지게 나타날 수 없기 때문에 IPTV이용자의 충성도 제고에 영향을 미칠 것으로 판단된다.

3) 기술표준에 대한 명확한 통일 필요

산업간의 경쟁과 발전이 심화됨에 따라 산업표준의 필요성이 부각되고 있다. IPTV는 뒤늦게 발전하였기 때문에 국내외적으로 관련표준, 특히 매우 중요한 디코딩 표준이 통일되지 못한 실정이다. 중국 국내에서 IPTV 비디오 디코딩기술은 국제표준인 MPEG4, H264와 중국표준인 AVS를 동시에 적용하고 있는 것으로 나타났다. 그 중 H.264 표준은 선진적인 비디오 디코딩기술을 대표하기 때문에, 통신사·설비공급업체의 지원을 받았다. 표준이 명확하지 않고 통일되지 않아 셋탑박스 등 설비 생산업체는 규모적인 효과를 형성하기 어려우며, 따라서 셋탑박스의 비용은 높은 수준을 유지하고 있다. 아울러 각각 다른 표준에 따라 생산된 설비는 서로간의 연결성이 약하기 때문에 운영유지의 어려움과 비용 증대로 이어진다. 산업의 지속적인 발전을 촉진하기 위해 산업기술 표준을 명확히 규정하고 관련 표준을 통합해야 한다.

4. IPTV 미래발전방향

중국정책이 완벽해지는 상황에서 IPTV는 지속적인 노력을 통해 산업 체인의 완벽화, 프로그램 형태의 다양화, 커버리지 범위 확대 등을 실현해야 한다.

1) IPTV 산업의 지속적인 성장

IPTV 산업은 시스템 설비공급업체, 콘텐츠 공급업체, 통합방송 플랫폼 운영업체, 통신사, 단말설비 제조업체, 이용자로 구성된 서로 연결되고 협력하는 일체이다. 그 중 통합방송 플랫폼 운영업체는 전체 산업체의 핵심이라 할 수 있다. 국가광전총국이 「IPTV 통합방송플랫폼 건설 관련 문제에 대한 통지」 등 일련의 정책성 지침을 발표함에 따라 산업체의 주체별 직책과 분업이 더 명확해졌으며, 산업에 참여한 각 주체는 수년간의 경험을 통해 막강한 실력을 축적하였다. 이를 토대로 각 참여주체는 정책규정에 따라 중국 IPTV 발전환경에 적합한 윈윈(win-win)효과를 얻을 수 있는 협력모델을 모색해야 한다.

2) IPTV 서비스형태의 다양화

IPTV 통합방송 플랫폼의 건설에 따른 통신사 광대역의 최적화에 따라 IPTV는 기반시설로서의 기능을 충분히 발휘하고, 산업형태를 다양하게 발전시켜 기타 방송업무와 차별화된 서비스모델을 형성해야 한다. 콘텐츠에 있어 기본적인 실시간 방송·VOD·타임시프트·재방송 등 이외에도 도서·잡지·신문·생활서비스 등 서비스와 응용 모델을 추가해야 한다. 프로그램 콘텐츠는 전통적인 TV 콘텐츠와 차별되어야 하고 방송국에서 방송하지 않은 프로그램, 팟캐스트 콘텐츠 등을 모두 IPTV를 통해 방송할 수 있다. 아울러 인터넷 광대역의 향상으로 인해 동영상 비트레이트가 제고될 것이다. 이를 기반으로 하여 고화질과 3D 콘텐츠의 방송비중을 늘려 이용자를 위해 더 좋은 시청경험과 소비가치를 제공해야 한다.

서비스형태에 있어 과거처럼 간단한 브라우징과 시청에 국한되어 있는 것이 아닌 인터랙션 상품이 출시되고 있다. 따라서 IPTV 서비스는 인터랙션을 강조하고 게임체험·원격통신·온라인교육·여행컨설팅 등의 업무비중을 높여 프로그램에 대한 이용자의 다원화·개성화 수요를 충족시켜야 한다.

TV 광고시장 현황 및 추이 전망

1. TV광고시장 증가폭의 둔화 및 분화 격화

CTR의 관련 조사에 따르면, 2014년 1~3분기 중국 광고시장은 동기대비 4.1% 증가한 것으로 나타났다. 그 중 TV와 인쇄광고 증가율은 2%로 2013년 동기대비 증가율(11%)보다 훨씬 낮은 수준을 보였다. 하지만 광고방송에 대한 조사결과를 보면, TV광고는 여전히 광고방송의 1위를 차지한 미디어임을 알 수 있다. 중국 전매대학(中国传媒大学) 광고주 연구소의 연속 10년간의 통계자료를 보면 모든 광고주가 상이한 미디어 유형에 대한 광고집행 비율이 모두 하락하였지만, TV는 계속 1위를 차지한 것으로 나타났다.

TV 광고수입의 양극화는 심화된 것으로 나타났다. 2014년 광고수입이 증가되거나 하락한 TV의 비중이 모두 상승하였으며, 양극화 추이도 심화되었다. 2014년에 피조사 TV미디어 중 55.8%는 실제 광고수입이 상승한 것으로 나타났는데 동 비중은 2013년 대비 10.3% 증가된 수준이다. 하지만 평균 증가폭은 2013년 대비 4.6% 하락하였고, 피조사 TV 미디어 중 30.2%는 광고수입이 하락한 걸로 나타났는데 동 비중은 2013년 대비 9% 증가된 수준이다.

TV 현황을 보면, 성급 지상파 채널의 광고수입은 동기대비 6%, 성급 위성TV 광고 수입은 4% 증가하였으나, CCTV는 11% 하락하였으며, 성도(省会城市)TV는 6% 하락한 것으로 나타났다. 광고시간을 보면 각급 채널은 모두 감소하였는데 그 중에서도 CCTV와 성급 위성TV의 하락폭이 두자릿 수인 −16%와 −11%를 기록하였다.

TV 광고 산업분포를 보면 식품, 음료수, 화장품, 욕실용품, 교통, 우편통신은 여전히 안정적인 광고비 집행을 유지하였다. 하지만 집행 광고비는 보다 질적인 콘텐츠 자원을 확보한 CCTV와 성급 위성TV에 집중되는 경향을 보였다. 중국 전매대학 광고주연구소의 연구보고서에 따르면, 2015년 광고주가 예측한 TV미디어 광고예산 분포 중에서 CCTV와 성급 위성TV 가 각각 29.1%와 29.6%로 여전히 가장 높은 비중을 차지하는 것으로 나타났다. 그 중 성급 위성TV에 대한 예산비중은 2014년 동기대비 1.9% 상승하였다.

2. CCTV: 어려움속에서 발전을 도모하는 광고 경영

1) CCTV 주요 광고 고객구조의 불변, 인터넷 산업에 대한 집행 확대

3년 연속 조사대상인 광고주의 TV 광고 비용 지출에 대한 각급 TV별 상황을 보면 CCTV에 대한 광고집행이 여전히 1위를 차지하고 있지만, 매년 하락세를 보이고 있는 것으로 나타났다. 최근들어 인터넷 신흥미디어와 강세적인 성급 위성TV의 이중적인 도전 앞에서 CCTV의 어려움이 가중되었다.

광고주 업종별 구조를 보면, CCTV 광고입찰 기준으로 2014년은 식품·음료수·가전제품·자동차가 톱3을 차지하였고, 2015년 역시 식품음료수 · 가전제품 · 자동차 · 일회용 화학제품 등이 CCTV의 가장 큰 광고주인 것으로 나타났다. 2014년에 월드컵의 영향을 받아 CCTV 광고자원은 티몰(天猫)을 대표로 하는 인터넷기업을 유치하였다. 텐센트, 바이두, 시나, 알리바바 등 날로 많은 인터넷 대기업이 CCTV에 광고를 집행하고 있다.

2) 우위적 콘텐츠 위주로 개방적인 조치 채택

CCTV는 뉴스, 다큐멘터리, 스포츠 등 프로그램에서 질적우위를 확보하고 있다. 예컨대 시청률이 높고 열렬한 토론 붐을 일으켰던 〈혀끝으로 만나는 중국(舌尖上的中国)〉 등 프로그램을 제작하였다. 2014년 CCTV는 광고시장 점유율 확대를 위해 우수 콘텐츠 제작을 강화하였다. 예컨대 2014년 월드컵 기간에 CCTV는 위성TV에게 중계방송권과 인터넷 생방송권을 판매하지 않았고 재생방송권만 동영상 사이트에 판매하였다. 이러한 CCTV의 경영전략으로 독점적 방송자원은 CCTV광고경영의 향상에 풍부한 수익을 가져다주었다.

그 외에도 CCTV는 예능프로그램에 있어 개방적인 조치를 통해 사회자원을 최대한 활용하고 콘텐츠 제작사와 함께 협력하여 시청률과 평가가 높은 프로그램을 제작하였다. CCTV는 2015년에도 계속하여 개방을 확대하여 우수한 프로그램을 출시할 것이며, 〈도전불가능(挑战不可能)〉 · 〈대개연계(大开演界)〉 · 〈최야가기(最野假期)〉 · 〈딩거룽둥창(叮咯咙咚呛)〉 · 〈일인일세계(一人一世界)〉 등 예능프로그램은 광고주와 산업의 광범위한 주목을 끌었다.

3) 인터넷 등 신흥미디어와의 협력 강화

인터넷 미디어가 급격히 발전함에 따라 CCTV는 적극적으로 인터넷 미디어와의 협력을 도모하고 있다. 한편으로는 신흥미디어 광고제품을 적극 선보이고 있는데, 일례로 2015년 CCTV 광고입찰 중 신흥미디어를 입찰자원 범위에 포함시켰다. 또 다른 한편으로는 자체 프로그램 콘텐츠에서도 적극적으로 전자상거래 기업 등 인터넷 기업과의 협력을 도모하고 있다. 예컨대〈혀끝으로 만나는 중국2〉는 티몰 산하의 티몰 식품과 독점적 플랫폼으로 제휴하여〈혀끝으로 만나는 중국2〉의 프로그램에서의 식재료와 음식메뉴는 프로그램 시청과 동시에 바로 구입할 수 있게하였다.

4) 지역시장 발굴의 심화

극심한 경영압력으로 인해 CCTV는 광고 채널을 적극적으로 조정하고 '직영, 도급, 지역대리' 채널전략과 지역시장 발굴 노력을 통해 새로운 시장 개발에 노력을 아끼지 않았다. 2014년 CCTV3·CCTV8·다큐멘터리 채널 등은 광고경영의 지역대리제도를 출시하였고, 도급대리에서 지역대리 경영모델로 전환하였다. 이로써 5개 채널, 34개 대리지역, 30여개 지역대리회사로 구성된 지역 경영구조가 형성되었고 '직영, 도급, 지역대리'의 채널 경영시스템이 구축되었다. 지역대리 제도 실시 이후 CCTV 각 채널의 광고효과가 현저하게 호전되었으며, 각 채널의 가격을 통일적으로 관리할 수 있게 되었다.

3. 성급 위성TV: 개방적·수용적 전략하에서 콘텐츠와 광고시장의 윈윈효과 달성

1) 1선 위성TV의 지위 확고, 예능프로그램이 자금유치 수단으로 부상

2014년에 전국 성급 위성TV의 경쟁구조는 여전히 안정성을 유지하였으며, 후난 TV·저장 TV·장쑤 TV의 지위가 확고하고 특히 후난 TV의 우위가 현저하였다. 2·3선 성급 위성TV와 비교할 때 1선 위성TV는 프로그램의 질과 시청자 관심도 등의 면에서 모두 앞섰으며, 랭킹 톱3는 앞으로 단기내에 큰 변화가 생기지 않을 것으로 예상된다. 광고시장에 있어 1선 위성TV의 황금광고 시간은 광고주가 서로 쟁탈하는 상황으로 발전되어 수차례 고가를 기록하였는데 그 중에서도 예능 프로그램이 위성TV 광고수입 창출의 핵심으로 부각되었다. 2015년 위성TV 광고자원 입찰정보 중에서 예능 프로그램의 타이틀 스폰서 비용이 연속 최고치를 기록하였다. 저장TV의 〈런닝맨(奔跑吧!兄弟)〉·〈아빠 왔어요(爸爸回来了)〉가 각각 2억 1,600만 위안과 1억 3,800만 위안 유치하였고, 장쑤 TV의 〈비성물우(非诚勿扰)〉·〈최강대뇌〉는 각각 5억 위안과 2억 5천만 위안 유치하였으며, 후난TV의 〈나는 가수다(我是歌手)〉·〈쾌락대본영(快乐大本营)〉·〈아이돌이 왔어요(偶像来了)〉·〈아빠 어디가(爸爸去哪儿)〉의 타이틀 스폰서 비용만 총 15억 5천만 위안을 유치하였다.

2) 미디어와 기업간 협력활성화

경제가 둔화되면서 미디어와 기업 사이의 협력이 더 밀접해지고 공동 이익을 도모하는 요구가 증대되었다. 예컨대 〈보이스 오브 차이나(中國好声音)〉는 자둬바오(加多宝)와 제휴하여 프로그램을 통해 자둬바오를 위해 홍보하고 자둬바오 역시 제품 포장에 〈보이스 오브 차이나〉가 적혀진 관련 도안을 인쇄하였으며 공식홈페이지에 〈보이스 오브 차이나〉 프로그램 관련 내용을 전재하여 마케팅과 홍보를 통합하였다.

그 외에도 광고주는 TV와 협력하는 과정에서 참여범위가 지속적으로 확대되었으며 작품의 제작 단계에도 점차 참여하고 있다. 예컨대 〈어메이징 레이스(极速前进)〉는 바로 선전TV와 인피니티회사가 공동 제작한 프로그램으로, 인피니티회사가 프로그램의 전체 제작에 참여하였다.

광고주와 미디어기업 간의 협력 수요를 충족시키기 위해 각 위성TV는 프로그램의 메커니즘과 체제에 대해 적극적인 변화를 취하였다. 예컨대 2014년에 상하이 동방TV는 프로그램과 연결하는 전문부서를 설립하여, 프로그램의 전국적인 홍보 및 프로그램 매니저 제도 도입 등을 시행하고 있다. 프로젝트 매니저의 주요 업무는 업무부서의 광고주 고객정보와 수요를 파악한 후 프로그램 팀과 소통하여 고객요구에 대한 타당성 여부를 논의하는 것이다. 만약 요구를 들어줄 수 없을 경우 프로젝트 매니저는 고객권리 보호차원에서 기획팀에 고객자료를 전달해 기획팀에서 가격평가, 협상 등 일련의 업무를 통해 궁극적으로 동 프로그램과 광고주 간의 협력여부를 결정하게된다.

3) 신흥 미디어와의 융합 심화, 인터넷 요인 강화

2014년에 각 위성TV는 신흥미디어와의 융합을 도모하였으며, 콘텐츠·편성·홍보·광고 등 면에서 모두 TV와 인터넷 사이의 연동을 추진하였다. 과거 위성TV와 인터넷이 협력할 경우, 일반적으로 인터넷을 마케팅 홍보 플랫폼으로 간주하여 더 많은 관람객을 유치하고 콘텐츠 가치를 발휘하도록 하였다. 2014년에 위성TV와 인터넷 사이의 융합은 더욱 심층적으로 추진되었으며, 인터넷 요인이 강화되었다. 예컨대 시나망(新浪网)과 텐진TV가 공동 제작한 리얼리티 쇼 〈백만 팬(百万粉丝)〉은 인터넷 협력사측인 시나망과 시나웨이보가 프로그램의 투자, 제작, 판매 단계에 깊이 참여하였다. 이는 '포털사이트의 콘텐츠 우위와 웨이보 빅데이터 융합을 통해 최초로 자원통합, 공동 판매를 실현한 새로운 형식'인 것이다.

4) T20 모델 개발, 커뮤니케이션에서 판매로의 직접적인 전환 강화

2014년에 중국경제는 구조적 감속이 나타났으며, 광고주는 판매효과가 뚜렷한 직접적인 광고형식을 더 선호하였다. T20모델은 프로그램 방영과 상품 판매를 직접적으로 연결시켜 TV 광고로부터 판매로의 전환을 강화하였다. 여행채널(旅游卫视)은 최초로 T20모델을 제시하였다. 즉 시청자가 프로그램을 시청하는 과정에서 상품에 관심이 있을 경우, 전국에 분포된 중국 항공업그룹의 판매 네트워크를 통해 제품을 배송한다. 2014년에 상하이 동방TV에서 방영된 〈여신의 새옷(女神的新衣)〉에서는 TV를 시청하는 동시에 주문하는 새로운 모델을 선보였다. 동 프로그램은 높은 시청률로 전국 주말 예능 프로그램에서 여러 차례 1위의 시청률을 기록하였을 뿐만 아니라 제휴기업에 가져다준 비즈니스 효과도 만족스러웠다. 통계에 따르면 첫 방송 당일 랑시(朗姿), 인만(茵曼), 이피니(伊芙麗)와 Asobio 등 4개 브랜드 여성의류의 티몰 방문자 수는 모두 일상 방문자 수의 10배에 달하였고 제2회 방송 이후 약 7일 내에 상기 4개 브랜드의 검색자 수가 모두 30% 이상 상승한 것으로 나타났다.

4. 성급 지상파 채널과 도시TV방송국: 자원통합, 광고의 플랫폼가치 제고

1) 단합을 통한 출로 모색

2014년 경제의 하락세가 지속되면서 성급 지상파 채널과 도시 TV방송국의 경영난이 증대되었다. 따라서 단합을 통한 자원과 자본의 확대가 2014년 성급 지상파 채널과 도시 TV방송국의 대응방안으로 제기되었다. 2014년 7월 하얼빈·선양·창춘·광저우·난창·정저우·우한·청두·칭하이·허베이·광시 등 전국 30여 개 성시의 지상파 TV방송국은 '전국 지상파채널 드라마 방송연맹'을 구축하였다. 이 연맹은 '구입·편성·출시'의 통합을 추진하여, 통일적으로 드라마를 구입, 편성, 출시하였으며, 효과를 평가하여 회원 방송국의 드라마 방송에 필요한 인력·자금비용을 절감시켰다. 또한 지상파 채널이 드라마 시장에서의 자금과 데이터분석 기술과 인력 등에서 부족한 단점을 보완하였다. 이와 동시에 각성시의 지상파 채널 연맹은 광고자원의 통합을 통해 더욱 광범위하고 가치가 높은 광고 방송네트워크를 구축하여 광고주의 주목을 끌수 있다는 점에서 매력적이다.

2) 프로그램의 현지화, 공공서비스 플랫폼 구축

프로그램의 현지화는 성급 지상파 채널과 도시 TV방송국의 장점이라고 할 수 있다. 쑤저우 TV방송국을 예로 들면, 〈현재 뉴스〉를 중점적으로 방송하는 동시에 쑤저우판(苏州版)의 〈두근두근 스위치(非诚勿扰)〉와 〈무동중국(舞动中国)〉을 출시하여 현지인의 호평을 얻었다. 또 다른 한편으로는 공공서비스 플랫폼을 구축하여 정부부서와 현지인을 위해 날씨, 건강, 보양, 관광, 음식 등 생활서비스류 콘텐츠를 제공하며 고객이 현지 특색에 어울리는 광고서비스를 제공한다.

3) 광고시장의 둔화는 성급 지상파 채널과 도시 TV방송국 경영을 위한 기회를 제공

신세대 시장 모니터링 기관의 분석에 따르면 기존 중국에 1,200여개 현급(县级) 3선 도시, 3만 4,400개 향진(乡镇, 규모가 작은 지방 도시, 한국의 읍에 해당)과 61만 4천 개 행정촌(村)의 소비수요가 여전히 충분하지 못한 상황이며, 중국 도시화 진척에 따라 이러한 도시 소비자의 소비력이 폭발적으로 증가세를 보일 것으로 판단하여 각 산업의 광고주는 적극적으로 3·4선 시장 발굴에 나서고 있다. 중국 광고생태 조사연구 자료에 따르면 조사에 참여한 광고주는 '향후 1년간 지방의 현급(县级) 3선, 4선, 5선

도시 시장에 대한 마케팅을 강화할 것'이라는 입장을 밝힌 것으로 나타났다. 큰 광고주가 현급시장으로 유입됨에 따라 위성TV 외의 성급 TV방송국과 현급 TV방송국에 대한 광고 집행이 증가세를 보일 것으로 판단되며, 이는 지상파 채널의 발전을 위해 기회를 제공하게 될 것이다.

5. 전망: 개혁과 혁신의 지속적 심화, 기회와 도전의 병존

앞으로 1년간은 경제하락 추이가 계속 지속될 것이고, TV 광고시장 역시 극심한 생존난에 직면할 것으로 예상된다. TV 광고시장의 개혁과 혁신은 계속하여 심화될 것이다. 첫째, 광고주의 광고 예산이 줄어들면서 주요미디어의 콘텐츠에 대한 투입이 증대되고 TV 광고시장의 프로그램 콘텐츠와 광고 제품 사이의 융합과 혁신이 지속될 것이다. 둘째, 온라인 시청 및 소비 행위의 빠른 발전으로 인해 TV매체와 PC 인터넷, 모바일 인터넷의 융합이 계속하여 도모하고 있다. 미디어 융합은 TV의 중요한 발전방향으로 부상하였고, 시장과 체제의 이중적인 배경하에서 TV와 신흥미디어 사이의 융합·혁신 등은 새로운 갈등을 겪고 있다. 셋째, 광고시장이 둔화됨에 따라 소비자와 가까운 성급 지상파 채널과 도시 TV 방송국은 여전히 발전할 여지가 있다. 하지만 광고가격과 퍼블리싱에 대한 규범화 및 더 큰 범위의 퍼블리싱 네트워크의 형성 등에는 어려움이 따를 것이다. 넷째, 경제의 지속적인 하락세 속에서도 산업기회를 잘 파악하여 식품음료·화장품 등 광고집행이 안정적인 옛 고객을 도모하고, 인터넷게임과 전자상거래 등 신흥산업을 유지·관리하는 것이 필요하다.

TV 프로그램 VOD 시청에 대한 분석

1. VOD 시청 상황

1) VOD 시청 개념

TV 방송국의 고정된 시간이 아닌 시간대에 다시보기, 주문방송을 통해 TV 방송국에서 이미 방송하였던 프로그램을 시청하는 것을 VOD 시청이라고 한다. 다시보기 기능을 통해 지난 7일 내, 일정 방송 기간 내의 TV 프로그램을 시청할 수 있다. 구체적인 시간범위는 운영자가 제공하는 다시보기 기능에 의해 결정된다. 주문방송은 날짜와 상관없이 더 많은 프로그램을 시청할 수 있다. 예컨대 이미 방송되었던 모든 내용을 시청하거나 종영한 드라마나 예능 프로그램의 모든 내용을 시청하거나, 심지어 수년전에 방송되었던 드라마나 TV 방송국에서 방송되지 않았던 영화나 다큐멘터리 등을 시청할 수 있다.

2) VOD 시청 여건

VOD 시청은 인터넷, 셋탑박스, 이용자 등 하드웨어와 소프트웨어의 조건이 갖추어진 상태에서만 실현 가능하다. 우선 하드웨어적인 조건은 디지털 유선 혹은 광대역 인터넷의 양방향 전송이 가능해야 하고 TV 이용자가 사용하는 셋탑박스(디지털 TV 셋탑박스 혹은 IPTV 셋탑박스 등)

는 양방향 인터렉티브 기능을 가져야 한다. 즉 인터렉티브 셋탑박스여야 한다. 소프트웨어적인 조건으로 운영자는 다시보기와 주문방송 기능과 상응한 프로그램을 제공해야 하며 이용자는 이러한 서비스를 개통해야만 '인터렉티브 이용자'와 'VOD 이용자'가 될 수 있다.

수년간의 디지털 유선 인터넷의 업그레이드와 광대역 보급을 통해 대다수 지역에서 인터넷의 양방향 전송이 가능해진 상태이다. 따라서 VOD 가입률은 주로 각 지방의 인터렉티브 셋탑박스 보급률에 의해 결정된다고 해도 과언이 아니다. 일부 지역은 인터렉티브 셋탑박스 1대를 무료로 제공하지만 대다수 지역은 이용자가 인터렉티브 셋탑박스를 별도 구입해야 한다(1대당 수백 위안 내지 수천 위안에 달함). 지역별로 쌍방향 기능에 차이는 있다. 이용자는 VOD를 개통하기 위해 별도로 요금을 지급해야 하지만, 일부 지역에서는 셋탑박스 구입비에서 상쇄하기도 한다. 기존 각지방의 쌍방향 셋탑박스 보급률은 큰 격차를 보이고 있으며 대다수 지역은 여전히 낮은 수준을 보이고 있다. 비록 아직 대중적으로 보급되지는 않았지만 다시보기와 주문방송을 통해 VOD 시청자는 자유롭게 시청시간을 정할 수 있기 때문에 시청행위 변화와 TV 프로그램의 시청시간 연장 등의 변화를 가져왔다.

3) VOD 시청에 대한 이용횟수와 시청률 계산

TV 방송국이 리니어(Linear) 채널로 방송하는 프로그램을 '생방송'이라고 하는데 여기에는 '첫 방송'과 '재방송'이 포함된다. 시청자가 TV 방송국의 고정된 프로그램 방송시간에 프로그램을 시청하는 것을 '생방송

시청률'이라고 하며, 시청자가 다시보기와 주문방송을 통해 이미 방송되었던 TV 프로그램을 시청하는 것을 'VOD 시청'이라고 하고 이러한 시청률을 'VOD 시청률'이라고 부른다. 국제적인 규칙에 따르면 VOD 시청률은 일반적으로 프로그램이 방송된 후 7일 내의 VOD 시청행위를 말하며, 시청자가 시청한 프로그램과 TV 방송국이 7일 내에 방송한 프로그램을 연결시켜 7일 내의 TV 프로그램에 대한 VOD 시청률을 계산할 수 있다.

시청총량 이외 VOD 시청률은 7일 내 시청자의 VOD 시청행위가 발생한 구체적인 날짜별로 나타낼 수 있다. 즉 프로그램 방송 당일 저녁, 프로그램 방송 1일 내, 2일 내, 7일 내의 VOD 시청률을 나타낼 수 있다. 10월 19일 〈차이니즈 아이돌(中国梦之声)〉을 예로 들면, 상하이 지역에서 7일 내의 VOD 시청 중 60%의 시청률은 프로그램 방송 다음날에 집중된 것으로 나타났다.

본 보고서는 CSM의 베이징, 상하이, 톈진, 충칭 등 4개 직할시에 대한 2015년 1월 데이터를 활용하여(표1) VOD 기능의 셋탑박스를 보유한 이용자(VOD 이용자라고 함)의 VOD 시청행위에 대한 특징을 보여주고 있다.

표1. 4개 직할시의 일부 프로그램 타임시프트 시청

(단위: %)

지역	프로그램	채널	프로그램 유형	시청률 (%)			
				생방송 (생방+재방)	VOD (7일 내)	시청총량	VOD 시청 점유율
베이징	노농민(老农民) 칼날(锋刃)	베이징 TV CCTV 종합채널	드라마 드라마	13.44 2.01	0.94 0.32	14.37 2.33	7% 14%
충칭	기약없는 만남 (后会无期) 빛의 그림자 (光影)	CCTV6 충칭 TV1	영화 드라마	3.2 3.85	1.85 2.01	5.04 5.86	37% 34%
상하이	새 외삼촌 (新老娘舅) 이포수(二炮手) 신문방(新闻坊)	상하이 TV 오락채널 상하이 동방TV 상하이 TV 뉴스 종합채널	생활서비스 드라마 뉴스/시사	4.11 3.89 3.96	1.56 0.52 0.55	5.68 3.89 4.51	28% 13% 12%
텐진	특수요원의 그림자(特工迷影) 너 아니면 안돼 (非你莫属)	텐진 TV3 텐진 TV	드라마 예능 프로그램	1.13 5.78	0.7 0.85	1.82 6.63	38% 13%

*자료출처: CSM, 프로그램 첫방송 기간은 2015년 1월 4일~10일, VOD 이용자 대상

2. VOD 시청 특징

1) VOD 시청 총량

프로그램 방송 시간표에 따라 TV방송국이 실시간으로 방송하는 생방송 프로그램을 시청하는 것이 여전히 시청자의 주된 습관이며, 대부분의 시청시간은 모두 생방송 프로그램 시청시간이다. 도시별로 VOD 이용자가 다시보기·주문방송 기능을 통해 TV 프로그램을 시청하는 시간에는 차이가 있으나, 상하이의 VOD 시청시간이 가장 긴 것으로 나타났다(하루 시청 총량의 약14% 차지, 표2).

표2. 4개 직할시 생방송 시청과 VOD 시청시간

(단위: 분, %)

도시명	매일 1인 평균 시청시간	생방송 시청		VOD 시청	
		시간	점유율	시간	점유율
베이징	195	187	95.9%	8	4.1%
충칭	203	190	93.6%	13	6.4%
상하이	143	124	86.1%	20	13.9%
톈진	201	183	91.5%	17	8.5%

*자료출처: CSM, 2015년 1월 4일~17일, VOD 이용자 대상

시청자가 VOD 기능을 활용하는 경우는 일반적으로 특정 프로그램을 시청하기 위한 것으로 강렬한 목적성과 선택성을 가지고 있으며, 수시로 시청하거나 중단할 수 있다. VOD 시청의 연속시청 시간은 생방송 프로그램보다 더 짧은 것으로 나타났다. 이와 관련해서 도시별로 일정한 차이가 있지만, 동일한 추세를 보였다.

2) VOD 시청의 시간대 분포

VOD 시청과 생방송 시청은 현저한 시간대 차이를 나타내고 있다. VOD 시청자가 가장 많은 시간대는 21:40 전후이고, 생방송 시청자가 가장 많은 시간은 20:50 전후로 나타났다.(그림1) 시청 시간대 분포에서 알 수 있듯이, 시청자는 저녁 시간에 당일 TV프로그램을 우선적으로 시청하고, 그 다음 시간의 흐름에 따라 VOD를 시청하며 VOD 시청은 더 늦은 밤까지 지속되는 특징을 보였다.

그림1. 4개 직할시의 VOD 시청 시간대 분포

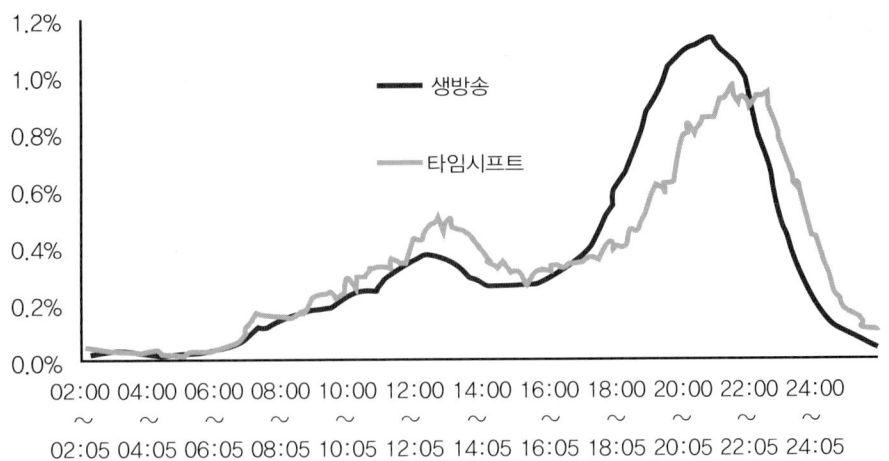

*자료출처: CSM, 2015년1월 4일~17일, VOD 이용자 대상

3) VOD 시청 요일별 변화

요일별로 VOD 시청이 시청총량에서 차지하는 비중을 통해 시청량 규모를 살펴보면, 비록 작은 차이가 있지만 대체적으로 토요일이 가장 많고 그 다음으로 일요일과 월요일인 것으로 나타났다. 기타 요일의 VOD 시청은 작은 규모로 나타났다. 상하이의 경우 토요일 VOD 시청량이 시청총량에서 차지하는 비중이 15.5%에 달하였고, 토요일~월요일 사이의 비중은 14%를 초과하였으며, 화요일~목요일 사이는 12~13%를 유지한 것으로 나타났다.(표3)

표3. 4개 직할시 요일별 VOD 시청량이 시청총량에서 차지하는 비중

(단위: %)

요일	베이징	충칭	상하이	톈진
월요일	4.7%	5.9%	14.1%	9.2%
화요일	4.3%	8.3%	12.9%	6.6%
수요일	3.6%	4.0%	12.5%	9.0%
목요일	3.6%	7.7%	12.6%	8.6%
금요일	3.8%	6.0%	13.7%	8.6%
토요일	4.7%	8.7%	15.5%	9.5%
일요일	4.4%	4.7%	14.7%	9.4%

*자료출처: CSM, 2015년 1월 4일~17일, VOD 이용자 대상

4) VOD 시청의 시효성

TV 프로그램 방송 이후 VOD 시청은 3일 내에 가장 많이 발생하며 4일째부터 현저하게 줄어든 양상을 보였다. 상하이와 톈신지역의 VOD 시청을 분석해 보면 80%는 3일 내에 집중되었다.(그림2) 시청자는 놓친 프로그램을 시청하거나 이미 시청하였던 프로그램을 재시청하기 위해 VOD를 시청하는 경우가 많기 때문에 VOD 시청은 높은 시효성을 보였다.

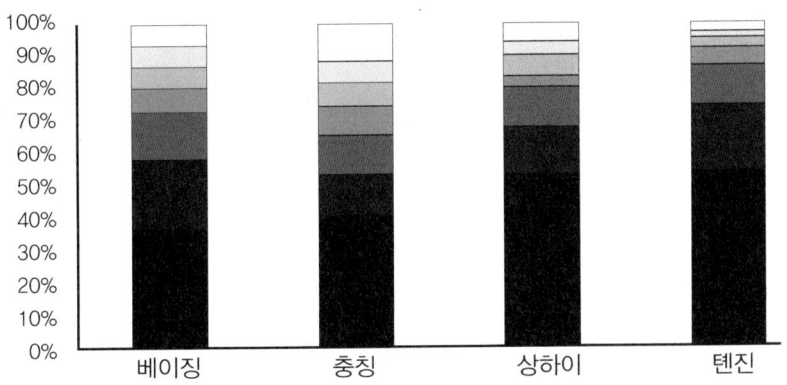

그림2. 4개 직할시의 일별 VOD 시청 비중

	베이징	충칭	상하이	톈진
7일 내	7.4%	11.5%	5.7%	3.7%
6일 내	5.8%	7.0%	3.9%	2.1%
5일 내	6.6%	7.6%	3.6%	2.4%
4일 내	7.5%	8.2%	4.2%	5.7%
3일 내	14.8%	12.7%	15.4%	12.2%
2일 내	21.5%	12.8%	14.9%	20.2%
당일	36.5%	40.3%	52.4%	53.7%

*자료출처: CSM, 2015년1월 4일~17일, VOD 이용자 대상

3. VOD 시청 프로그램 유형 구성

VOD 시청 프로그램 중에서 영화와 드라마가 차지하는 비율은 생방송에서 차지하는 비율보다 높게 나타났다. 특히 드라마는 VOD 시청의 절대적인 지위를 차지하였다. 베이징, 충칭, 톈진은 VOD 시청의 50%가 드라마로 나타났다. 드라마는 생방송 시청에서도 가장 큰 비중을 차지하는 프로그램이지만 그 비중은 40% 정도이다. VOD 시청 중 영화의 점유율은 그다지 높은 수준은 아니지만, 각 도시의 VOD 시청에서

영화의 점유율은 생방송 시청 점유율을 상회한 것으로 나타났다. 예능 프로그램의 경우 베이징에서 VOD 시청 점유율이 생방송 시청 점유율을 초과하였다.(그림3)

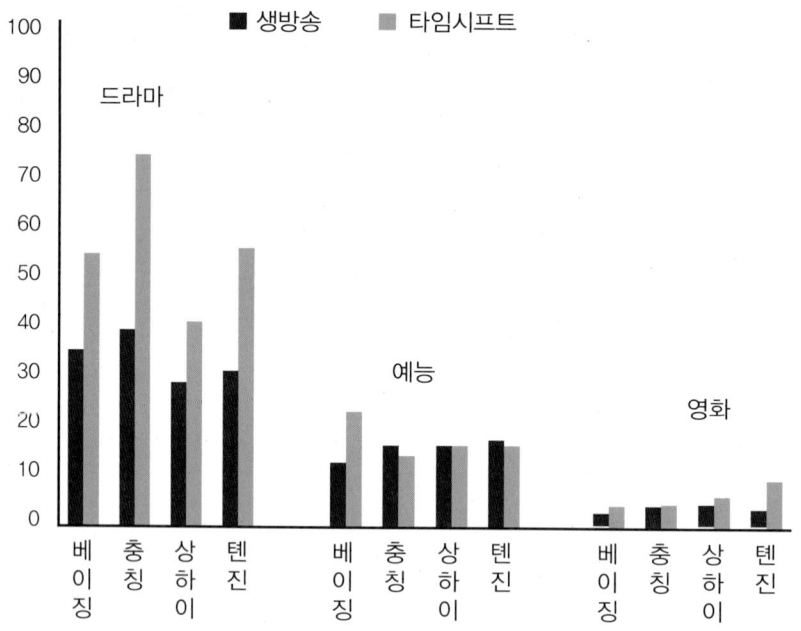

그림3. 드라마, 예능, 영화 시청이 전체 프로그램 시청에서 차지하는 비중

*자료출처: CSM, 2015년1월 4일~17일, VOD 이용자 대상

오락성이 강한 TV프로그램이 VOD 시청에서 인기를 끄는 항목이 된 반면 시효성이 강한 뉴스시사·테마·생활서비스 프로그램의 VOD 시청은 극히 적었으며, 생방송 시청량과 비교할 때 시청자의 VOD 시청 점유율 또한 현저하게 낮게 나타났다. 그 중 뉴스시사에서 이러한 현상

은 더욱 현저하게 나타났다. 뉴스의 VOD 시청은 상하이가 8.7%로 가장 높은 점유율을 보였지만 생방송 시청에서 차지하는 17.4%의 점유율과 비교하면 절반에 불과한 것으로 나타났으며, 베이징·충칭·톈진의 뉴스시사 VOD 시청 점유율은 모두 3% 미만으로 나타났다.(그림4)

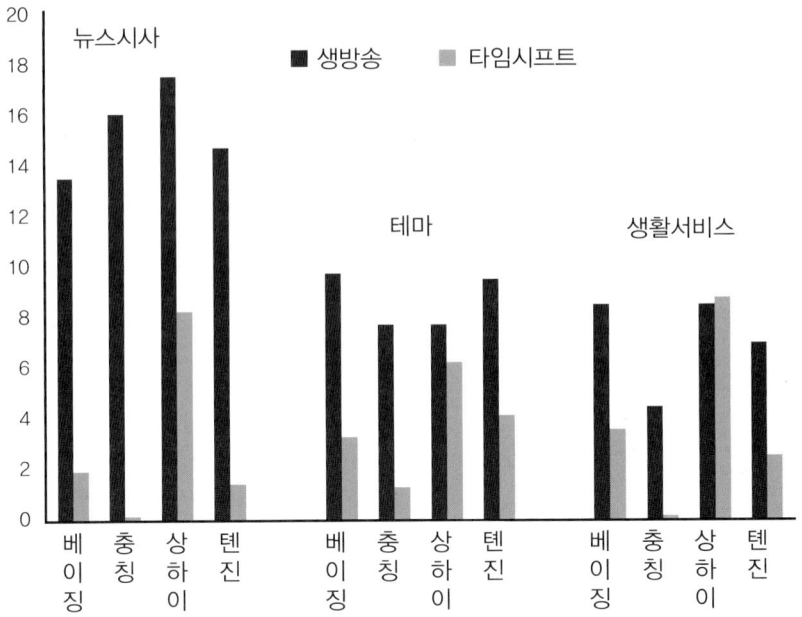

그림4. 뉴스시사, 테마, 생활서비스 프로그램 시청이 전체 프로그램에서 차지하는 비중

*자료출처: CSM, 2015년1월 4일~17일, VOD 이용자 대상

4. VOD의 채널별 시장점유율

성급 위성 채널은 VOD 시청에서의 시장점유율이 생방송 시청에서의 점유율보다 높은 것으로 나타났다. 베이징·충칭·톈진의 VOD 시청 중, 성급 위성 채널이 60%의 시장점유율을 차지하는데 이는 생방송 시청에서 차지하는 40%의 점유율보다 높다. 시청자의 VOD 시청은 대다수 성급 위성 채널에서 최근에 방송되었던 프로그램을 시청하는 것으로 나타났다.(그림5)

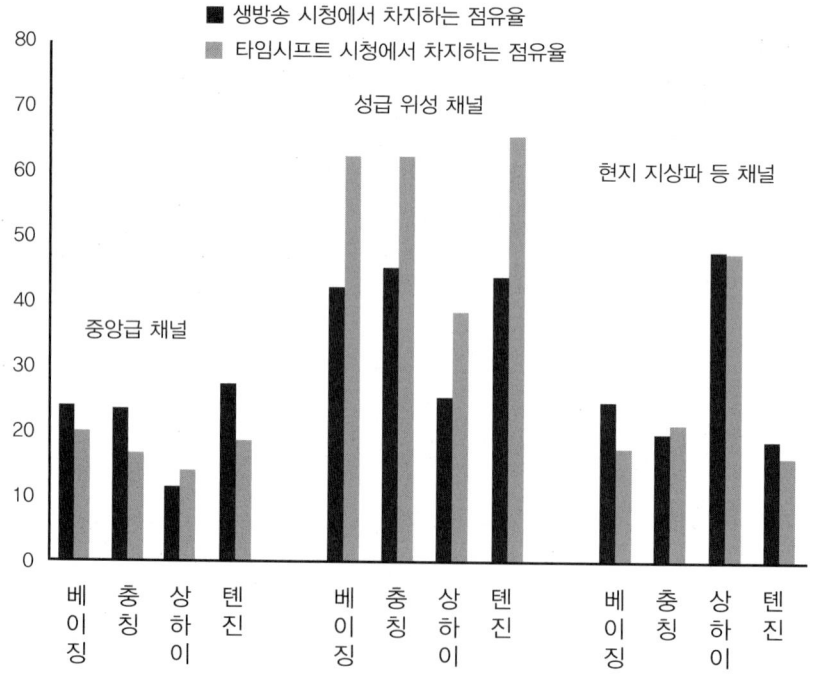

그림5. 4개 직할시의 채널별 시장점유율

*자료출처: CSM, 2015년1월 4일~17일, VOD 이용자 대상

5. VOD 시청의 시청자 특징

교육수준: VOD 시청자는 대학 이상 교육을 받은 시청자의 비중이 높게 나타났다. 이러한 사실은 비록 각 도시별로 일정 차이가 있지만 동일한 추세를 보이고 있었다. 자체적으로 선택할 수 있는 VOD 시청 기능은 대다수 교육수준이 높은 시청자에 의해 사용되고 있는 것으로 나타났다.

연령대: 각 도시별로 VOD 시청자의 연령대는 모두 생방송 시청자와 큰 차이가 있는 것으로 나타났다. 일례로 베이징과 충칭의 15~24세 TV 시청자가 VOD 시청자 중에서 차지하는 비중은 그들이 생방송 시청자 중에서 차지하는 비중보다 무려 2배 높은 수준이고, 톈진의 25~34세와 55~64세 시청자가 VOD 시청자 중에서 차지하는 비중은 그들이 생방송 시청자 중에서 차지하는 비중보다 현저하게 높은 것으로 나타났다.

가구당 TV 대수: 여러 대의 TV를 보유한 시청자보다 집에 1대의 TV만 보유한 시청자의 VOD 시청 비중이 현저하게 더 높은 수준을 보였다. 예컨대 베이징의 생방송 시청자 중 1대와 여러 대 TV를 보유한 시청자 비중은 각각 50.4%와 49.6%로 비슷한 수준을 보였지만, VOD 시청자 중에서 1대의 TV를 보유한 시청자의 비중은 61%로 증대되었다. 톈진의 VOD 시청자 중 72%는 1대의 TV만 보유한 것으로 나타났으며, 대부분의 가정은 일반적으로 1대의 쌍방향 셋탑박스가 TV 1대와 연결되어 있으며, 2대 이상의 TV를 보유한 경우 전반적으로 생방송을 시청하는 가족구성원이 더 많은 것으로 나타났다.

VOD 시청시간은 저녁~밤늦은 시간까지 연장되고 레저와 오락시간이 충분한 주말과 주말 예능프로를 시청할 수 있는 월요일에 더 집중된 것으로 나타났다. VOD 시청 중에서 드라마와 영화가 가장 인기가 높았고 특히 드라마가 높은 비중을 차지하였으며, 드라마 방송량이 큰 성급 위성 채널의 VOD 시청 시장점유율이 높은 것으로 나타났다. VOD 시청자는 대학 이상의 교육을 받은 경우가 많고, 시청환경과 시청설비 역시 프로그램 선택과 시청행위에 영향을 미치는 것으로 나타났다. TV가 1대인 경우 VOD 시청 기능을 통해 고정된 시간에 볼 수 없는 프로그램을 시청할 수 있기 때문에 집에 1대의 TV를 보유한 시청자가 VOD 시청의 주된 지위를 차지한 것으로 나타났다.

드라마방송과 시청시장 분석

1. 드라마 제작 총수와 제작사 분포

1) 2014년에 심의방영된 드라마: 총 429편, 15,983회

중국의 드라마는 정책과 시장의 이중적인 영향 아래서 10여년간 연간 400~500편에 12,000~18,000회 사이의 방영 수준을 유지하였다. '시장의 역할'이 지나칠 경우 제작수가 급증하며(예컨대 2012년의 제작수는 506편, 17,703회에 달함), '정책적 역할'이 약화될 경우 제작수가 감소하는 것으로 나타났다(예컨대 2009년에 402편, 12,910회로 감소됨).(그림1)

정책과 시장의 이중적인 조정으로 2014년 드라마시장은 과다한 버블을 해소하였다. 총 편수가 지속적으로 하락하였지만 총 회수는 여전히 높은 수준을 유지하였다. 2014년 중국의 '국산 드라마 발행허가증'을 획득한 드라마는 총 429편, 15,983회에 달하였다. 그 중 현실 소재 드라마가 총 243편(56.64%), 8,335회(52.15%)를 차지하였고, 역사 소재 드라마가 178편(41.49%), 7,383회(46.19%)를 차지하였으며, 중요 소재 드라마가 8편, 265회로 각각 1.86%와 1.66%를 차지하였다. 이를 통해 정부는 여전히 현실 소재 드라마를 권장하고 시대극을 제한함을 알 수 있다.

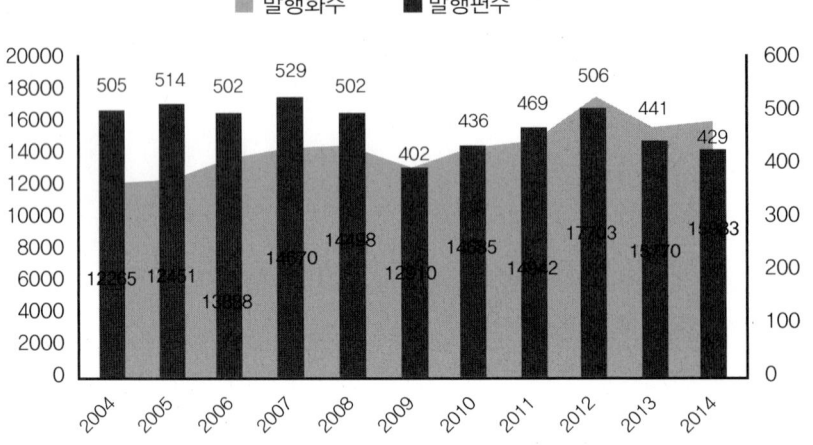

그림1. 2004~2014년 심사를 거쳐 발행된 드라마 편수

*자료출처: 국가신문출판 광전총국

드라마에 대한 핫머니 투자 붐이 지난 후, 드라마에 대한 투자는 이성적이고 소심해졌다. 드라마의 질과 투자수익을 더욱 중시하다 보니 전체 편수는 하락하였지만 총 회수는 증가한 것으로 나타났다. 2004년 1편당 평균 드라마 회수는 24.3회였지만, 2014년에는 2013년 대비 1.5회 증가한 37.3회로 나타났다. 이는 제작사의 정책리스크 회피, 1편당 이윤의 최대화를 추구하는 시장 분위기 변화를 엿볼수 있는 부분이다.

2) 제작사 분포의 분산화, '1편 드라마' 제작사가 약 80% 차지

중국의 드라마시장은 총편수가 세계1위의 수준에 달하였지만, '내부핵심'이 분산되어 있다. 중국의 드라마 제작사는 보편적으로 규모가 작고 제작능력이 약하며 연간 제작수가 안정적이지 못하다. 또한 발전

동력이 부족하여 80%의 제작사가 1년에 1편의 드라마밖에 제작하지 못하는 실정이다. 2014년에 총 301개 제작사의 드라마가 방영권을 획득하였지만 그 중 '1편 드라마' 제작사 비중이 76.7%로 약간 상승하였으며, 연간 2편의 드라마를 제작하는 회사가 12%로 감소하였고, 연간 3편의 드라마를 제작하는 제작사 비중이 7%로 증가하였다. 연간 4편 및 4편 이상 드라마를 제작하는 제작사 비중은 4.3%를 차지한 것으로 나타났다.

산업집중도(제작사의 방영허가증을 획득한 드라마의 회수가 전체 회수에서 차지하는 비중)를 보면, 중국의 드라마산업은 '고도 분산'된 양상을 보이고 있으며 대형 제작사가 부족한 실정이다. 즉 전형적인 '분산 경쟁형'(CR8 〈20%〉)에 속한다. 2009년 이후 매년 방영허가증을 획득한 드라마 수가 톱8인 제작사의 비중을 집계한 결과 CR8의 비중은 줄곧 낮은 수준을 유지하였고, 2013년에는 4%에 불과한 것으로 나타났다. 2014년에 대폭 제고되었지만, 여전히 11.2%에 불과하였다.(표1)

표1. 2009~2014년 연도별 중국 제작사 산업집중도(CR8)

(단위: %)

연도	톱8 제작사의 회수	총 회수	CR8
2009년	1,003	12,910	7.8%
2010년	1,199	14,685	8.2%
2011년	574	14,942	3.8%
2012년	1,263	17,703	7.1%
2013년	623	15,770	4%
2014년	1,794	15,983	11.2%

*자료출처: 국가신문출판광전총국

중국의 드라마는 수많은 작은 나룻배처럼 소규모 제작사에 의해 제작되고 있으며, 30여 년의 고속 발전에도 불구하고 여전히 작은 규모와 낮은 차원의 발전수준에 머물러 있다. 이러한 문제를 심사숙고해 개편할 필요가 있다.

2. 드라마 시장의 방송 및 시청 규모

1) 2014년 본방송된 새 드라마는 350편, 그 중 35%가 성급 위성TV에서 방송

드라마가 제작된 다음, TV방송국은 가장 중요한 방송 및 원가 회수의 채널이라고 할 수 있다. TV채널 수와 드라마 구입자금에 한계가 존재하고, 뉴미디어 발전 등의 여러 가지 원인으로 인해 제작된 모든 드라마가 방송되는 것은 아니기 때문이다. CSM TVPRIS 시스템의 통계에 따르면, 최근 3년간 80개 도시에서 매년 방송되는 새 드라마 수는 지속적인 하락세를 보였다. 2012년에 391편의 새 드라마가 방송되었지만, 2013년에는 368편, 2014년에 351편으로 하락하였다.(그림2) 이로부터 TV방송국의 드라마 방송량은 이미 포화상태에 달하였음을 알 수 있다.

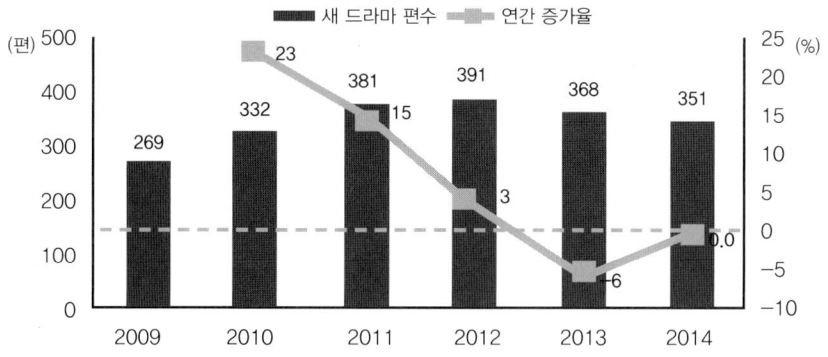

그림2. 2009~2014년 매년 본방송 드라마 편수(하루, 80개 도시)

*자료출처: CSM미디어연구

　전체 방송채널 중에서 성급 지상파 채널이 새 드라마 본방송의 주요 플랫폼(약 45%)이고, 그 다음으로는 위성채널(35%, 그 중 CCTV가 10%, 성급 위성TV가 25%)이며 성회 도시의 TV와 지방급 도시의 TV방송국이 총 19%를 차지한 것으로 나타났다. 2013년과 비교해 보면 2014년에 더욱 많은 새 드라마가 성급 위성TV와 지방도시 TV방송국에서 방송되어 약 3% 증가하였지만, CCTV에서 방송된 드라마는 약 2% 감소하고, 성급 지상파 채널에서 방송된 드라마는 약 5% 감소하였다.

2) 드라마 방송과 시청 비중이 모두 하락하였지만, 여전히 TV시장의 버팀목으로 작용

　2000~2014년 통계에 의하면, 드라마 방송과 시청규모는 이미 포화상태에 달하였고 상대적으로 안정적인 구조를 형성한 것으로 알려졌다. CSM의 모든 도시에 대한 조사자료에 따르면, 드라마는 프로그램

방송 총량의 1/4을 차지하고 시청총량의 1/3를 차지하여 TV시장에서의 비중이 이미 전환점에 달한 것으로 나타났다.

2014년 드라마의 방송비중은 25%, 시청비중은 31.1%를 차지하여 2013년 대비 모두 하락세를 보였지만 콘텐츠자원의 활용률은 향상되었다. 드라마는 여전히 TV시장에서 핵심적인 역할을 하며 TV방송국에서 가장 안정적이고 중요한 가치를 확보하고 있는, 시청자가 가장 선호하는 오락 콘텐츠라고 할 수 있다.

3. 각 소재별 드라마의 방송과 시청 총량

1) 인기 방송과 인기 드라마 소재의 고도 집중

2014년 저녁 황금시간대 중국 TV에서의 인기방송과 인기드라마 소재는 모두 근대 전기(传记), 첩보, 군사전쟁, 도시생활 소재에 집중되어 있는 것으로 나타났다. 상기 4가지 소재의 방송비중은 각각 16.0%, 15.9%, 13.5%, 12.6%를 차지하였으며, 상위 20위권 내에서의 시청비중은 각각 13.0%, 20.1%, 19.4%, 11.9%를 차지한 것으로 나타났다. 이러한 소재는 총 방송량의 58%를 차지하고 시청량의 64.4%를 차지하였다.

기존 중국의 방송 제작 시장은 수년간의 공급과 수요 조정 및 탐색을 거쳐 이미 선순환 단계에 들어섰는데, 이는 중국 드라마 시장의 총편수가 안정성을 유지할 수 있는 중요한 원인 중의 하나라고 할 수 있다. 하지만 소재의 집중은 유행에 따르는 맹목적인 창작, 집중적 방송 등의 문제점을 초래하여 프로그램의 혁신과 발전에 불리한 영향을 미친다.

근대 전기극과 첩보극은 2014년에 TV방송국에서 가장 많이 방송된 소재이며, 첩보극과 군사전쟁극은 2014년의 '톱20 인기드라마 클럽'에서 가장 큰 호응을 얻었다. 이러한 사실은 이야기 줄거리가 풍부하고 긴장감이 많은 '맵고 얼얼한' 드라마가 관객의 호평을 얻고 있음을 보여주었다.

2) 성급 위성TV와 성급 지상파 채널의 소재 선택 차별화

비록 각 플랫폼별로 주요 소재에 대한 선택은 유사한 점이 많지만, 플랫폼의 포지셔닝·능력·선호도가 다름에 따라 성급 위성TV와 성급 지상파 채널은 일정한 차별점을 가지고 있다.

2014년 저녁 황금시간대에 CCTV는 우선적으로 거창하고 무게감이 있는 군사전쟁극을 주요 소재로 선정(10.1% 차지)하였고, 그 다음으로 신선·요괴 판타지와 연애물을 선정하였는데 방송비중이 모두 8%를 초과하였다. 성급 위성TV는 도시생활을 소재로 한 드라마의 방송편수가 15.9%로 가장 많이 차지하였고, 연애물이 그 다음인 12.9%, 군사전쟁극과 근대 전기극이 12.5%와 12.4%를 차지하였다. 성급 위성TV채널과 비교하면 성급 지상파 채널의 소재는 더욱 집중되었으며, '억센' 소재를 선호하는 경향을 보였다.(표2)

표2. 2014년 각 채널별 주요 드라마 방송비중(80개 도시)

(18:00~24:00/단위: %)

CCTV		성 위성TV		성급 지상파		시현급 채널	
소재	비중	소재	비중	소재	비중	소재	비중
군사전쟁	10.1	도시생활	15.9	첩보	18.2	근대 전기	18.1
신선, 요괴 판타지	8.2	연애물	12.9	군사전쟁	17.2	첩보	16.6
연애물	8.1	군사전쟁	12.5	근대 전기	15.4	도시생활	13.1
첩보	7.4	근대 전기	12.4	도시생활	10.3	군사전쟁	12.6

*자료출처: CSM미디어연구

4. 드라마 시장의 인기드라마

1) 다양한 소재를 다룬 인기드라마

2014년에 각종 소재별로 모두 자체의 '인기 드라마'가 탄생했다. 80개 도시 시청률 상위 20개의 드라마를 살펴보면, 인기드라마는 소재의 제한을 받지 않고 소소한 소재에도 '대박 드라마'가 나타났다.

표3. 2014년 각 지방의 톱20랭킹 소재별 드라마(80개 도시)

(18:00~24:00 /단위: 개)

소재	드라마 명칭	톱20랭킹의 도시 수	채널총수
시대적·변천극	부모사랑(父母爱情)	26	18
첩보극	화삿 종횡(利箭纵横)	21	46
경찰극	메콩강 대안(湄公河大案)	19	2
중요혁명극	역사전환 속의 덩샤오핑 (历史转折中的邓小平)	18	5

군사전쟁극	절지창왕(绝地枪王)	18	28
근대 전기극	페이거 대영웅(飞哥大英雄)	18	41
연애물	사랑에 기이한 인연이 있기 때문에 (因为爱情有奇缘)	16	1
사극	무미랑전기(武媚娘传奇)	13	1
기타	고향(原乡)	12	1
농촌극	마향양 하향기(马向阳下乡记)	12	8
도시생활	대장부(大丈夫)	12	13
연극연출	궁쇄연성(宫锁连城)	11	1
군대생활	신견기병(神犬奇兵)	11	7
신선,요괴 판타지	봉신영웅방(封神英雄榜)	10	18
사회논리	두부서시 양치차오 (豆腐西施杨七巧)	9	15
당대 전기극	천당은 눈물을 믿지 않아 (天堂不相信眼泪)	5	23
추리극	사도행자(使徒行者)	4	14
무협극	소림사전기 장경각 (少林寺传奇藏经阁)	4	4
분투격려	그녀의 일생: 매화향 (她的一生之梅花香)	3	9
비즈니스	명문암전(名门暗战)	2	14
인물전기	가오산칭(高山青)	2	8
탐정	소년 명탐정 디런제 (少年神探狄仁杰)	2	13
청춘	쓴 커피(苦咖啡)	1	2
민간 전기극	설정산과 번이화 (薛丁山和樊梨花)	1	7

*자료출처: CSM미디어연구

2) 〈부모사랑父母爱情〉, 〈절지창왕绝地枪王〉이 성급 위성과 성급 지상파 채널에서 선두 차지

2014년 전국 80개 도시 위성 TV의 저녁 본방송 시간대 시청률(당해 방송이 끝나지 않은 드라마도 포함)이 1.5% 이상을 차지한 드라마는 소재가 다양할 뿐더러 경쟁이 치열하였다. 그 중 CCTV1이 10편, 산둥(山东) TV가 2편, 후난(湖南) TV가 6편을 차지하였다. CCTV1의 〈부모사랑(父母爱情)〉·〈메콩강대안(湄公河大案)〉·〈역사 전환 중의 덩샤오핑(历史转折中的邓小平)〉, 후난 TV의 〈무미랑전기(武媚娘传奇)〉·〈사랑에 기이한 인연이 있기 때문에(因为爱情有奇缘)〉는 당해 평균 시청률이 모두 2%를 상회하였으나, 그 중 〈부모사랑〉은 2.61%의 평균 시청률로 성급 위성 TV 채널의 '연도 챔피언'을 차지했다.(표4)

성급 지상파 채널을 통해 방송된 드라마 중, 전국 각 방송국으로부터 인정을 받은 드라마는 군사전쟁극·첩보극·근대 전기극 위주였으며, 전반적으로 소재가 집중되고 억세며 선명하다는 특징을 가지고 있다.

성급 위성채널과 성급 지상파 채널의 인기 드라마 소재에는 다소 차이가 있다. 그 내재적인 원인을 살펴보면 다음과 같다. 우선 성급 위성 채널은 자금이 충분하기 때문에 드라마 선택범위가 넓고 '소재보다 줄거리를 더 중요시'하는 경우가 있다. 성급 지상파 채널은 드라마 구입에 있어서 전반적으로 열세에 처해 있기 때문에 상업적 분위기가 짙다. 따라서 일정한 시청자를 확보한 '멜로드라마'를 선택할 수 밖에 없는 상황이다. 시장조사에 따르면 시청자는 군사전쟁, 첩보극, 근대 전기극 등 억센 멜로드라마 소재를 선호하는 것으로 나타났다.

표4. 2014년 위성채널 시청률≧1.5%의 드라마(80개 도시)

(19:00~22:00/단위: %)

채널	드라마 명칭	소재	시청률
CCTV1	부모사랑(父母爱情)	시대적 변천	2.61
	메콩강 대안(湄公河大案)	경찰극	2.29
	역사 전환 중의 덩샤오핑(历史转折中的邓小平)	중요혁명극	2.04
	마오쩌둥(毛泽东)	중요혁명극	1.8
	나는 베이징에서 잘 지내(我在北京挺好的)	시대적 변천	1.8
	철혈홍안(铁血红安)	군사전쟁극	1.74
	개국공신 주더(开国元勋朱德)	중요혁명극	1.65
	마향양 하향기(马向阳下乡记)	농촌극	1.63
	대하의 자녀(大河儿女)	근대 전기극	1.54
	고향(原乡)	기타	1.52
산둥 TV	붉은 수수(红高粱)	근대 전기극	1.63
	용감한 마음(勇敢的心)	군사전쟁극	1.5
후난 TV	무미랑전기(武媚娘传奇)	사극	2.53
	사랑에 기이한 인연이 있기 때문에(因为爱情有奇缘)	연애물	2.24
	궁쇄연성(宫锁连城)	연극연출	1.89
	신견기병(神犬奇兵)	군대생활	1.62
	사랑에 기적이 있기 때문에(因为爱情有奇迹)	연애물	1.59
	행복애인(幸福爱人)	연애물	1.5

*자료출처: CSM미디어연구

3) 성급 위성TV의 본방송 드라마 중 55%가 독점방송

중국 정부는 2015년 1월 1일부터 매일 저녁 황금시간(저녁 7:30~10:00) 방송시간대에는 1편의 드라마를 2곳 이상 성급 위성채널에 방송하지 못하도록 규정하였다. 사실상 지난 몇 년 간 제작 역량이 막강한 성급 위성TV는 경쟁력을 향상시키기 위해 우수한 드라마 자원에 대한 독점을 강화하기 시작하였다. 독점으로 본방송하는 드라마는 가격이 상당히 높지만, 시청률도 눈에 띄게 높으며 자원의 독점성·마케팅의 융통성 등이 모두 공동 방송 드라마보다 훨씬 뛰어난 것으로 알려졌다. 2014년 성급 위성채널 저녁 황금시간대의 본방송 드라마 중, 독점으로 방영된 드라마가 약 138편으로 드라마 전체 편수의 55%를 차지하였다. CCTV1의 〈부모사랑〉·〈메콩강 대안〉·〈역사전환 중의 덩샤오핑〉, 후난 TV의 〈무미랑전기〉·〈사랑에 기이한 인연이 있기 때문에〉 등 독점적인 본방송 드라마가 높은 시청률을 기록하였다.

공동 본방송 드라마는 드라마 구입 비용을 공동 부담할 수 있는 장점은 있지만, 콘텐츠 동질화·플랫폼 자원 낭비·방송진척 조율 등의 문제점이 야기되고 있다. 2014년의 공동 본방송 드라마는 약 111편에 달하였는데 2개 채널에서 공동 본방송된 드라마가 32편, 3개 채널에서 공동 본방송된 드라마가 32편, 4개 채널에서 공동 본방송된 드라마가 47편이었다. 그 중 〈붉은 수수〉(저장, 베이징, 상하이 동방, 산둥 등 4개 성급 위성채널에서 공동 본방송), 〈용감한 마음〉(장쑤, 베이징, 톈진, 산둥 등 4개 성급 위성채널에서 공동 본방송), 〈대장부(大丈夫)〉(안후이, 저장, 베이징, 상하이 동방 등 4개 성급 위성채널에서 공동 본방송)가 높은 호응을 얻었다.

독점 본방송과 공동 본방송을 비교해볼 때, 독점 본방송 드라마가 방송량도 많고 우수한 드라마의 편수도 많은 편이다. 2014년 성급 위성TV의 저녁 본방송 시간대 시청률이 1%를 돌파한 드라마는 67편이었으며, 그 중에서 독점 본방송 드라마가 58%를 차지하였다. 5편의 독점 본방송 드라마의 시청률은 2%를 초과하였고, 공동 본방송 드라마 중에서 4개 채널에서 방송된 드라마는 약 39편(33% 차지)으로, 높은 시청률을 보였으며, 3개와 2개 채널에서 공동 본방송된 드라마는 각각 3편에 불과하여 기대에 미치지 못한 성적을 거두었다.

표5. 성급 위성TV 저녁 본방송 시간대, 시청률≧1% 드라마(80개 도시)

(19:00~22:00/단위: 편, %)

본방송모델	2014년 성급 위성TV의 본방송 드라마	본방송 드라마가 차지하는 비중	시청률 1%의≧본방송 드라마	시청률≧1% 드라마가 본방송 드라마에서 차지하는 비중	시청률≧1% 드라마가 각 모델에서 차지하는 비중
독점 본방송	138	55%	39	58%	28%
2개 채널 공동 본방송	32	13%	3	4.5%	9%
3개 채널 공동 본방송	32	13%	3	4.5%	9%
4개 채널 공동 본방송	47	19%	22	33%	47%

*자료출처: CSM미디어연구

독점 본방송 드라마 중에서 28%의 드라마가 1%의 시청률을 기록하였고, 4개 채널에서 공동 본방송된 드라마 47%는 1%의 시청률을 돌파하였으며, 2개와 3개 채널에서 공동 본방송된 드라마 중에서 9%가 1%의 시청률을 돌파한 것으로 나타났다.(표5) 이러한 데이터를 보면, 4개 채널에서 공동 본방송된 드라마는 '데이터 가치'가 있으며 시청효과도 나쁘지 않은 것으로 나타났다. 사실상 이는 여러 TV 방송국에서 드라마를 공동 구입할 경우 단체 의사결정을 통해 방송플랫폼이 위험부담을 피하는 효과를 얻을 수 있음을 보여준다.

어떠한 방송모델을 취하든 TV 방송국의 우수한 드라마 자원에 대한 수요는 날로 증대되고 있으며, 명품 드라마가 증가할 수 있는 여지도 상당히 크다고 할 수 있다.

5. 전국 드라마 시장의 경쟁 추이

1) 성급 위성채널의 시청점유율 상승, 지상파 채널의 지속적 둔화

드라마의 산업화 추진 이후 전국 시장에서의 점유율 경쟁은 끊이지 않았다. 중앙급 채널은 2012년 전에 성급 위성채널과 극심한 경쟁을 벌여 시청점유율이 매년 하락세를 보여왔으며, 경쟁력 또한 크게 하락하였다. 하지만 2012년 이후 시청점유율이 매년 상승세를 이어 2014년에는 16.1%를 확보하였다. 성급 위성채널의 전체 시청점유율은 수년 연속 안정적인 상승세를 보였으며, 2012년에 48%를 돌파한 후 2014년에는 50%에 가까운 49.8%의 점유율을 기록하였다.

성급 위성채널의 강력한 경쟁력 때문에 성급 지상파채널은 하락세를 보이며 점유율이 점차 축소되고 있다. 2010년 성급 지상파채널의 시청점유율은 27.8%에 달하였지만, 2014년에 23%로 하락하였다. 시현급 채널의 시청점유율은 연속 수년간 하락세를 지속하여 2010년의 13.3%에서 2014년의 10.3%로 하락하여 5년 사이에 3%가 축소되었다.(표6)

표6. 각 채널별 드라마 시청점유율(하루)

(단위: %)

드라마	2009년	2010년	2011년	2012년	2013년	2014년
중앙급 채널	20.0	16.2	14.4	15.0	15.8	16.1
성급 위성채널	38.4	40.9	44.9	48.0	48.4	49.8
성급 지상파채널	26.8	27.8	27.2	24.7	24.1	23.0
시현급 채널	12.5	13.3	12.0	11.0	10.7	10.3
기타 채널	2.2	1.9	1.5	1.3	1.0	0.9

*자료출처: CSM미디어연구, 지난 해 모든 도시 조사

2) 1/4 미만의 성급 위성채널, 드라마 시청률 1% 돌파

성급 위성채널의 드라마는 모두 중요하다고 할 수 있지만, 모든 드라마가 우수할 수 있는 것은 아니다. 본 보고서에서는 시청률 1% 돌파 여부를 기준으로 각 성급 위성채널의 우수 드라마 자원에 대한 능력을 강약으로 평가하였다(1%를 돌파할 경우 '기준 도달'로 간주).

2014년 전국적으로 저녁 황금시간대에 시청률이 1%를 돌파한 드라마는 10개 성급 위성 TV에 분포되었는데 그 중 후난 TV 15편, CCTV1 13편, 산둥 TV 10편, 장쑤 TV 8편, CCTV8과 저장 TV가 각각 6편, 베이징 TV 5편, 상하이 동방 TV 2편, 톈진 TV와 안후이 TV가 각각 1편을 차지하였다. 각 성급 위성채널 사이에는 '기준 도달' 비율의 차이가 크게 나타났는데 CCTV는 모든 드라마가 1%를 돌파하였고, 후난 TV는 75%, 장쑤 TV는 40%, 산둥 TV · 저장 TV · 베이징 TV는 20%, CCTV8은 14%의 드라마가 기준에 도달하였으며, 상하이 동방 TV · 톈진 TV · 안후이 TV는 10%의 드라마만 기준에 도달한 것으로 나타

났다. 기타 3/4에 달하는 위성채널은 시청률이 1%를 돌파한 드라마가 단 1편도 없었다.(표7)

표7. 2014년 위성채널 우수드라마의 '기준 도달 비율'(80개 도시)

(19:00~22:00시/단위: 편, %)

위성채널	시청률이 1%를 돌파한 편수	방송 편수	기준 도달 비율
CCTV1	13	13	100%
후난 TV	15	20	75%
장쑤 TV	8	20	40%
산둥 TV	10	37	27%
저장 TV	6	26	23%
베이징 TV	5	24	21%
CCTV8	6	43	14%
상하이 동방TV	2	26	8%
톈진 TV	1	24	4%
안후이 TV	1	38	3%

*자료출처: CSM미디어연구

요컨대 이처럼 냉혹한 현실은 중국 드라마시장에서 우수한 드라마가 극히 드물고 소중함을 보여준다 할 수 있다.

다큐멘터리 산업 발전 동향

1. 2014년 중국 다큐멘터리 산업의 새로운 발전 형태

1) 영화, TV작품 관련 다큐멘터리가 보편적인 작품으로 발전

동영상 사이트가 인터넷의 대용량 저장능력에 힘입어 영화·TV산업의 중요한 채널로 발전하면서, 많은 영화·TV 작품들이 방영·출시되기 전에 이와 관련된 다큐멘터리를 발표하고 있다. 이러한 다큐멘터리는 소재적 장점을 갖고 있을뿐만 아니라, 영화·TV작품의 파생작품이기 때문에 일반적으로 시청자의 많은 관심을 모으고 있다.

영화 관련 다큐멘터리: 2002년 장이머우(张艺谋)가 감독한 영화 〈영웅(英雄)〉은 영화와 다큐멘터리를 이어주기 시작하였다. 간루(甘露) 감독이 4년이란 시간을 걸쳐 〈영웅〉의 촬영과정을 지켜보면서 〈연기(缘起)〉라는 다큐멘터리를 제작한 것이다. 이로부터 영화 관련 다큐멘터리의 방영은 중국 영화산업에서 비교적 보편적인 현상이 되었다. 2014년에 영화 〈디어리스트(亲爱的)〉·〈백발마녀전(白发魔女传)〉·〈황금시대(黄金时代)〉·〈구화영웅(救火英雄)〉 등의 영화는 영화관에서 상영되는 동시에 사이트를 통해 관련 다큐멘터리를 출시하였다.

TV프로그램 관련 다큐멘터리: 2013년 써우후(搜狐) 동영상 다큐멘터리 채널과 〈보이스 오브 차이나(中国好声音)〉 프로그램 제작진은 〈최강전대 급습(突袭最强战队)〉이라는 다큐멘터리를 공동 제작하였는데, 이 동영상은 상영된지 10여일 만에 연인원 50만 명의 클릭수를 돌파하였다. 2014년 〈춘절 완후이〉(春节晚会, 설 전의 그믐날 저녁에 방송되는 프로그램)와 관련하여 써우후 동영상은 〈〈당신 민폐 끼쳐요〉 탄생기(《扰民了您》诞生记)〉를 독점적으로 방송했는데 방영 후 10일 만에 클릭수가 41만 명을 돌파하였다. 예능·리얼리티 프로그램 관련 다큐멘터리는 사회자·제작팀·참가 연예인 등 다차원적으로 프로그램의 비하인드 스토리를 방송하여 원래 주목을 받던 프로그램의 영향을 더욱 확대시켰다.

2) 슈퍼급 다큐멘터리의 재출현

〈대국궐기(大国崛起)〉·〈혀끝으로 만나는 중국(舌尖上的中国)〉(아래 혀끝(舌尖)으로 약칭)〉부터 시작하여 사회의 관심을 모으는 '초대형' 다큐멘터리가 재출현하였다. 2014년에 나타난 초대형 다큐멘터리는 바로 〈혀끝2〉이다. Nielsen-CCData에 따르면 〈혀끝2〉의 시청률은 베이징·항저우·광저우·청두에서 각각 3.08%·4.09%·2.53%·4.51%로 나타났고, 또한 평균 시청점유율이 9%로 〈혀끝1〉 대비 56% 증가하였으며 〈아빠 어디가2〉 등 인기 프로그램에 육박하는 높은 시청률을 기록하였다.

3,000만 위안 내외를 투자한 〈혀끝2〉는 총 7회(1회당 50분)로 나누어 본방송되었으며, 중국 국내 다큐멘터리로는 최초로 매주 1회 방송되는 방식으로 변경되었다. CCTV 종합채널과 CCTV 다큐멘터리 채널에서

동시 방영되었는데 타이틀 스폰서비가 약 9,000만 위안에 달하였고, 해외 저작권은 1회당 6만 달러의 가격으로 중국 다큐멘터리의 해외 판매 사상 가장 높은 기록을 수립하였다.

광고, 전자상거래 기업과의 협력, 해외저작권, 도서와 인터넷 저작권 판매 등 모든 분야에서 높은 수익을 창출하였다. 브랜드효과도 점차 나타나기 시작하여, 2015년 〈혀끝3〉의 타이틀 스폰서비는 1억 1,800만 위안에 달하였다.

3) 방언 다큐멘터리의 탄생

2014년 1월에 상하이 다큐멘터리 채널은 매일 방송하는 다큐멘터리 프로그램인 〈한담 상하이탄(閑话上海滩)〉을 출시하였다. 이 다큐멘터리는 상하이 방언을 사용하여 상하이 민속습관, 도시 생활을 묘사하였다. 프로그램은 TV를 통해 방송되는 동시에 동영상 사이트와 웨이보 등 뉴미디어를 통해 시청자와의 효과적인 커뮤니케이션 체제를 구축하였다.

2. 다큐멘터리 산업 분석

1) 다큐멘터리 산업의 제작, 방송 주체

CCTV 각 채널: CCTV는 중국 다큐멘터리 제작방송 기관 중에서 가장 큰 주체이다. CCTV 다큐멘터리 채널은 전문적으로 다큐멘터리를 방송하는데 본방송 시간대가 18:00~23:30으로 매일 5시간 30분의 본방송 시간을 확보하고 있다. 2014년 CCTV의 24개 채널(6개 외국어채널 포함)의 시청현황을 살펴보면 다큐멘터리 채널이 10위를 차지하였을 정도이다. CCTV의 모든 프로그램 시청 순위에서 다큐멘터리 프로그램인 〈탐색발견(探索发现)〉·〈과학에 가까이 가다(走进科学)〉·〈지리중국(地理中国)〉 등이 상위 50위에 들었으며, 다큐멘터리 채널의 시청점유율은 개국한 2011년부터 2014년까지 연간 55%의 증가율로 지속적인 성장세를 보이고 있다. 처음에는 광고가 없었지만 최근에는 매년 4~5억 위안의 광고 매출도 창출하는 등 놀라운 발전변화를 보이고 있다.

다큐멘터리는 전용 채널 이외에도 CCTV의 과학교육 채널, 농업군사 채널, 중문국제채널, 종합채널에서 비교적 높은 비중으로 방송되고 있다. 소수 전문적인 채널 이외 절대다수 채널은 모두 다큐멘터리를 방송한다.

성급 다큐멘터리 전문 채널, 성급 위성 및 지상파 채널: 성급 위성 채널은 중국 다큐멘터리 제작방송의 또 하나의 중요한 주체라고 할 수 있다. 현재 중국의 성급 다큐멘터리 전문 채널은 중국 교육TV 방송국 3채널, 충칭 과학교육 채널, 후난 금영 다큐멘터리 채널, 상하이 다큐멘터리 채널, 베이징 다큐멘터리 채널, 톈진 과학교육 채널, 랴오닝 북방 채널 등 7개를 보유하고 있다. 2014년 국가신문출판 광전총국은 베이징 다큐멘터리 채널, 상하이 다큐멘터리 채널의 위성방송을 허가하였다. 전국적 차원에서 볼 때 세계지리(世界地理), 옛이야기(老故事), 선봉기록(先锋记录) 등 3개의 유료 다큐멘터리 채널도 있다.

2014년 국가신문출판 광전총국의 새로운 정책으로 인해 성급 위성 채널은 매일 반드시 30분 이상의 다큐멘터리를 방송해야 하는데, 이로 인해 약 6,000분의 방송시간이 증가한 것으로 추산된다. 많은 성급 위성채널은 자체의 다큐멘터리 프로그램 브랜드를 확보하였는데, 예컨대 베이징 TV의 〈당안(档案)〉, 윈난 TV의 〈경전인문지리(经典人文地理)〉, 장시 TV의 〈경전전기(经典传奇)〉 등이 있다.

시급 TV 방송국: 다큐멘터리 방송의 세 번째 주체인 대도시 TV방송국은 다큐멘터리 제작과 방송현황에 있어 복잡한 국면에 처해있다. 중국 다큐멘터리 연구센터의 조사연구에 따르면 최근 몇 년간 전국적으로 약 절반에 달하는 시급 TV방송국이 다큐멘터리 제작을 중단했고, 20%만이 어렵게 유지하고 있는 것으로 나타났다. 하지만 국가신문출판 광전총국의 정책변화 요인으로 40%의 도시 TV방송국이 다큐멘터리 분야에서 새로운 발전을 모색하고 있는 것으로 알려졌다.

민영제작기구: 중국에는 최소 200여개의 민간기업, 스튜디오가 다큐멘터리의 제작에 참여하고 있다. 규모가 큰 제작사의 연간 영업액은 1억 위안에 육박하며, 규모가 작은 제작사의 연간 영업액은 100만~200만 위안 정도이다. 현재 유명한 민간 제작사는 싼둬탕(三多堂), 레이허 미디어(雷禾传媒), 둥팡량유(东方良友), 다루차오(大陆桥), 신잉스지(新颖世纪) 등이다. 이러한 민간 제작사의 다큐멘터리 프로젝트는 일반적으로 TV방송국, 동영상 사이트 및 기타 뉴미디어 플랫폼과 다차원적인 협력을 통해 이루어진다.

동영상 사이트: 자체제작 프로그램이 점점 많아짐에 따라 동영상 사이트는 급격히 발전하는 다큐멘터리 제작, 방송 주체로 부상하였다. 기존 다큐멘터리 동영상을 제공하는 사이트는 유쿠 다큐멘터리 채널(优酷纪录片频道), 투더우 다큐멘터리 채널(土豆纪实频道), 아이치이 다큐멘터리 채널(爱奇艺纪录片频道), 쉰레이 다큐멘터리보기 채널(迅雷看看纪录片

频道), 써우후 동영상 다큐멘터리 채널(搜狐视频纪录片频道), 넷이즈 동영상 다큐멘터리 채널(网易视频纪录片频道), 텐센트 동영상 다큐멘터리 채널(腾讯视频纪录片频道), 펑황 동영상(凤凰视频)에 집중되었다. 그 외 러스(乐视)·쿠류(酷六)·시나(新浪)·56망(56网) 등 사이트에서도 일부 다큐멘터리 동영상을 제공한다.

2) 2014년 중국 다큐멘터리 방송 현황

(1) 전국 다큐멘터리 방송총량

2014년 전국 TV채널을 통한 다큐멘터리 방송 총량은 7,683,328분으로 그 중 CCTV가 1,216,613분, 성급 위성채널이 964,939분 방송한 것으로 나타났다.

(2) 각급 표본도시별 다큐멘터리 TV방송 점유율

다큐멘터리 방송점유율은 2014년 전국의 지역 단위별 TV방송국 프로그램 방송현황에 대한 Nielsen-CCData의 모니터링에 따라 4개 등급으로 나누어 도출하였다.

베이징·상하이·광저우·청두를 대표로 하는 1선 표본도시에서 CCTV의 다큐멘터리 방영총량(시간)이 선두그룹을 형성하였고, 그 다음은 성급 위성채널인 것으로 나타났다. 베이징의 경우 CCTV의 다큐멘터리 방송점유율은 무려 51%에 달하였다. 앞선 4개 도시 성급 위성채널의 다큐멘터리 방송점유율은 모두 30~40% 내외를 차지하였으며, 4개 도시 중 광저우 성급 지상파채널과 광저우 시급 TV채널의 다큐멘터리 점유율이 가장 높은 수준으로, 20%에 육박하였다.

난징·항저우·정저우·우한·시안을 대표로 하는 2선 도시에서도 CCTV와 성급 위성채널의 다큐멘터리 방송점유율 합계가 전체 다큐멘터리 방송점유율의 88%를 차지한 것으로 나타났다. 상술한 5개 도시의 시급 TV채널과 성급 지상파 채널의 방송시간은 각각 5%와 7%로 극히 작은 비중을 차지하였다.

양저우(扬州市)·자싱(嘉兴市) 등 지방급 도시를 대표로 하는 3선 도시는 성급 지상파 채널의 점유율이 5%이고 대도시 TV방송국의 점유율은 1%에 불과하며, CCTV와 성급 위성채널이 94%를 차지한 것으로 나타났다. 4선 현급 도시의 현급 TV채널은 다큐멘터리 시청률이 0으로, 다큐방송을 하지 않는 것으로 나타났다.

(3) 각 주체별 다큐멘터리 방송시간 및 분포

2014년 중국 위성채널을 통해 방송된 다큐멘터리는 835편이며, 전체 방송 프로그램에서 13%를 차지하였다. 2014년 1~11월 사이 CCTV채널의 다큐멘터리 방송시간은 2013년 동기대비 69% 증가하였고, 매월 방송시간은 약 2,000시간에 육박하였다. 다큐멘터리 방송시간이 가장 긴 채널은 CCTV 다큐멘터리 채널로 일평균 방송시간이 1,299분에 달하였고, 그 다음은 CCTV과학교육 채널로 일평균 892분에 달하였다. 앞서 언급한 2개 채널을 합산할 경우 다큐멘터리 총 방송시간의 2/3를 차지하는 수치이다.

성급 위성채널의 경우 광전총국의 새로운 정책으로 인해 34개의 성급 위성채널에서 약 6,000분의 방영시간이 증가하였다. 모든 프로그램 중에서 다큐멘터리가 약 6%의 비중을 차지하였다. 다큐멘터리 방송시간이 가장 긴 성급 위성채널은 쓰촨 TV · 헤이룽장 TV · 윈난 TV · 장쑤 TV이며, 그 중 상위 3위권 방송국의 일평균 방송시간은 4시간에 육박한다. 또한 하루 방송시간이 60분 미만인 위성채널이 전체 위성채널의 절반 정도를 차지하였다.

다큐멘터리 방송 시간대를 보면, CCTV는 방송 시간 분포가 고르게 나타났다. 성급 위성채널은 취침 시간대에 집중되었으며, 특히 밤 2:00~4:00시 사이의 방송량 비중이 29%에 달하는 것으로 나타났다.

(4) 다큐멘터리의 인터넷방송 현황

17개 동영상 사이트의 데이터 정보에 대한 메이란더정보회사(美兰德信息公司)의 통계에 따르면, 기존 사이트에 저장된 다큐멘터리는 1만 여 편에 달한다. 모든 동영상 사이트 중에서 중국인터넷TV(中国网络电视)가 가장 많이 저장되었다(3,700여 편). 다큐멘터리 동영상 클릭수는 연인원 153억 명을 넘어섰고 그 중 생활류 다큐멘터리의 클릭수가 가장 많았는데, 이로부터 네티즌들은 실용적인 목적 위주로 다큐멘터리를 시청함을 알 수 있었다.

동영상 사이트별로 다큐멘터리 채널도 각각 다른 특징을 보였다. 투더우 동영상은 국내 다큐멘터리에 중점을 두어 주로 〈라오량이 얘기하다(老梁讲故事)〉·〈라오량이 세계를 보다(老梁观世界)〉·〈절대경전(绝对经典)〉 등을 선보였으며, 유쿠 동영상은 〈계록(季录)〉·〈경전전기(经典传奇)〉·〈변형기(变形记)〉·〈유쿠영상록(优酷影像录)〉 등 자체제작한 다큐멘터리를 중점적으로 출시하였다. 아이치이는 '정품'이란 태그를 달고 〈전기 이야기(传奇故事)〉·〈진상(真相)〉 등을 출시하였고 쉬레이는 〈디스커버리(探索)〉·〈인간과 자연의 대결(荒野求生)〉 등 해외 다큐멘터리를 중점적으로 출시하였다.

한편 최근에는 모바일 단말기가 다큐멘터리의 중요한 플랫폼으로 부상하고 있다. 2014년에 〈혀끝2〉와 관련된 웨이보 발표에서 다큐멘터리 시청 단말기 중 PC 단말기가 40.1%를 차지하였고 모바일 단말기가 59.9%를 차지한 것으로 집계되었다.

(5) 영화 다큐멘터리

〈천추백련(千錘百炼)〉·〈나는 나다(我就是我)〉·〈골든타임(金色时光)〉·〈이지모닝(飞鱼秀)〉은 2014년 영화관에서 방영된 주요 영화 다큐멘터리로 흥행수입은 과거와 마찬가지로 부진하였다. 중국에서 첫번째로 오디션 프로그램의 뒷얘기를 보여준 다큐멘터리 영화 〈나는 나다〉는 총 670만 위안의 흥행수입으로 기대치에 미치지 못하였다. 약 7억 위안의 높은 흥행수입을 올린 〈아빠 어디가〉는 다큐멘터리 영화라는 태그가 붙었지만 다큐멘터리로 인정할 수 있는지의 여부에 대해서 더 검토할 필요가 있다.

2) 2014년 중국 다큐멘터리 투자 및 수익 현황

2012년 중국 다큐멘터리 투자액은 13억 위안을 초과하였고 2013년의 다큐멘터리 투자액과 수익총액은 각각 15억 5천만 위안과 22억 7,800만 위안으로 집계되었다. 국가신문출판 광전총국이 출범한 이후, 다큐멘터리에 대한 새로운 정책과 다큐멘터리 형태 확장에 힘입어 2014년 중국의 다큐멘터리 투자총액은 17억 3,200만 위안(CCTV, 성급 위성채널, 성급 다큐멘터리 전문채널, 관련 부서 및 민간제작사 등 투자주체를 포함)을 기록하였다.

〈혀끝2〉는 2014년 중국의 다큐멘터리 광고시장에서 가장 큰 수익을 얻은 승자로 추정에 따르면 3억 위안을 초과하는 수익을 창출하였다.

현재 아이치이 다큐멘터리 채널, 써우후동영상, 유쿠 다큐멘터리 채널은 주로 HULU모델을 통해 운영되고 있다. 즉 정품 고화질 영화저작권을 구입할 경우 이용자가 무료로 시청할 수 있는 형태다. 따라서 주로 광고수입을 통해 인터넷을 운영한다. 기타 유형의 채널과 비교하면 동영상 사이트의 다큐멘터리 채널은 광고시장 규모가 작고 여전히 적자 운영상태에 있다.

다큐멘터리는 양호한 성장세를 보였지만, 뉴미디어를 통해 실질적으로 눈에 띄이는 이익을 창출하지는 못했다. 유쿠, 써우후동영상, 아이치이 다큐멘터리 채널은 현재 회원제와 개인유료 모델을 시범적으로 운영하고 있지만 아직 탐색단계에 불과하다.

상업적 주문제작은 일정한 수익을 창출하는 모델로 많은 동영상 사이트에서 시도하고 있다. 예컨대 2011년 아이치이는 룽웨이(荣威)와 공동으로 대형 고급 주문제작 다큐멘터리인 〈몽회전면(梦回滇缅)〉을 출시하였고 조니워커(Johnnie Walker) 브랜드와 협력한 〈어로(语路)〉라는 소형 다큐멘터리 시리즈 작품을 출시하였다. 펑황 동영상 역시 소형 다큐멘터리를 주문 제작하였으며, 2014년에 유쿠가 자체제작한 〈여행(侣行)〉에는 메르세데스-벤츠 간접광고가 들어가기도 했다.

3. 다큐멘터리 산업 생태

다큐멘터리 정책환경: 중국은 수년간 정책적으로 다큐멘터리 산업 발전에 유리한 환경을 조성하였는데, 거기에는 시장활성화·산업주체 지원 등 목적성이 뚜렷이 나타났다. 2011년 중국(광저우) 국제 다큐멘터리제에서 국가신문출판 광전총국은 처음으로 우수 다큐멘터리에 대해 500만 위안의 상금을 수여하였고, 2014년에 이 상금은 1,000만 위안으로 인상되었다. 2014년 국가신문출판 광전총국은 34개 위성채널에 매일 6:00~24:00사이에 최소 30분의 다큐멘터리를 방송하라는 요구를 하기도 했다.

다큐멘터리 산업의 자원환경: 다큐멘터리 프로그램의 취합, 거래는 주로 배급사 및 각종 축제와 전시회에 의존하고 있다. 다큐멘터리의 일상적인 배급사는 CCTV국제TV(央视国际电视总公司)와 다루차오(大陆桥), 량유원화(良友文化), 레이허 미디어(雷禾传媒), 위안춘 미디어(元纯传媒) 등을 포함한다.

각종 다큐멘터리 축제와 전시회는 각각 다른 특징을 갖고 있다. 그 중 영향력이 큰 중국(광저우) 국제 다큐멘터리제 프로젝트는 국무원에서 '2013~2014년 국가문화 수출 중점기업과 중점프로젝트 목록'에 수록했다. 2014년 중국(광저우) 국제 다큐멘터리제 조직위원회는 전 세계 85개 국가와 지역으로부터 받은 약 3,054편의 작품에 대해 수상작 선발·방영·사전 판매 등을 추진하였는데, 이는 아시아권의 다큐멘터리제 출품 기록을 갱신한 것이었다.

현재 일부 다큐멘터리 전문 사이트(예컨대 중국 다큐멘터리망(中国纪录片

网))와 광저우 국제 다큐멘터리 축제는 수상작 선발 · 사전판매 · 시장거래 · 전문포럼 · 국제교육 · 시상식 · 공공 커뮤니케이션 등의 중요한 산업운영 플랫폼으로 부상하였다.

애니메이션 영화·드라마 산업 분석

2014년 중국의 애니메이션 게임산업은 급격한 발전을 하였으며, 생산액은 2013년 대비 14.83% 증가하여 1,000억 위안을 돌파하였다. 아울러 동영상 사이트의 국산 애니메이션과 수입 애니메이션 방송기록이 연속 최고치를 갱신하였다. 2014년 중국 애니메이션산업 생산총액은 GDP 대비 0.24%를 차지하였으나, 일본의 GDP 대비 애니메이션산업 생산총액 비중과 비교하면 여전히 발전 필요성이 큰 편이다.(그림1)

그림1. 2010~2014년 중국 애니메이션산업 생산총액

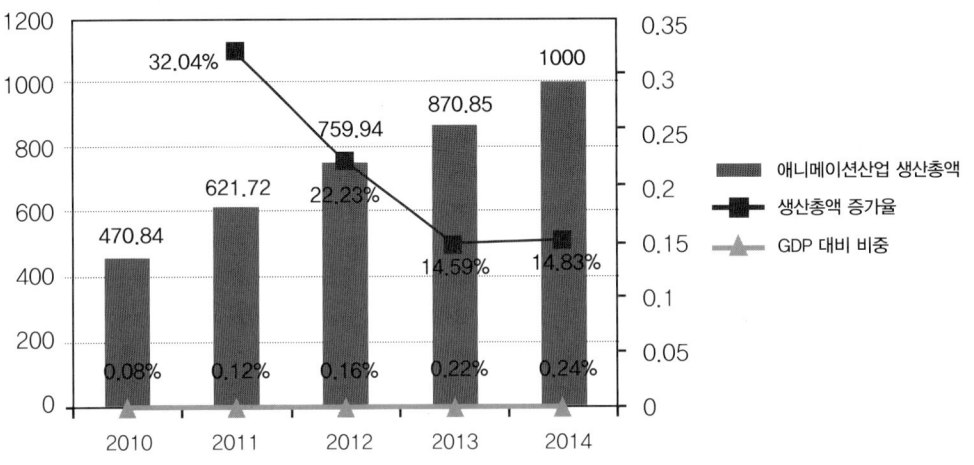

*자료출처: '중국 애니메이션산업 발전보고서'(2014), 2014국가통계국 홈페이지

1. TV 애니메이션의 안정적인 발전

1) TV 애니메이션 제작수의 하락

2014년 중국 국산 TV애니메이션(등록된 누적 제작수)은 425편, 271,133분에 달하여 2013년의 465편, 327,955분보다 40편 감소하고 총 시간은 17.32% 줄어들었다. 평균 매월 35.42편 제작한 것에 해당된다.

2014년 전국 애니메이션 제작수 상위 5위권에 든 성시는 광둥성, 저장성, 베이징시, 푸젠성, 장쑤성으로 나타났다.(그림2)

그림2. 2014년 톱5 성시의 애니메이션 제작수

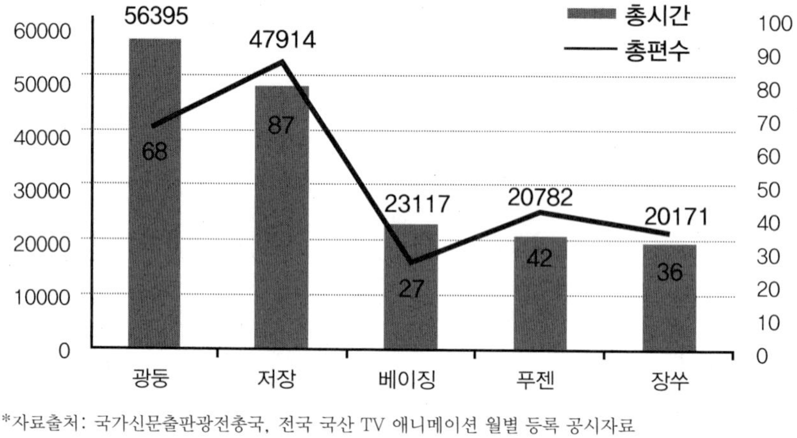

*자료출처: 국가신문출판광전총국, 전국 국산 TV 애니메이션 월별 등록 공시자료

국산 애니메이션 제작편수를 중심으로 중국의 10대 오리지널 애니메이션 제작사를 살펴보면, 둥관수목애니메이션파생품 발전유한회사(东莞水木动画衍生品发展有限公司)(13,716분), 베이징먀오인 애니메이션예술설계유한회사(北京妙音动漫艺术设计有限公司)(8,352분), 광둥원창동력문화전

파유한회사(广东原创动力文化传播有限公司)(7,200분), 벙부수목이카툰문화전파유한회사(蚌埠水木易卡通文化传播有限公司)(7,032분), 푸젠신화시대디지털애니메이션 유한회사(福建神话时代数码动画有限公司)(7,014분), 광저우 링둥촹샹문화과기 유한회사(广州灵动创想文化科技有限公司)(6,500분), 허난 쥔란영화·TV 애니메이션유한회사(河南君兰影视动画有限公司)(6,000), 닝보 카쿠 애니메이션제작유한회사(宁波卡酷动画制作有限公司)(6,000), 베이징 진린지예문화발전유한회사(北京金鳞基业文化发展有限公司)(4,212분), 광저우 아오페이애니메이션문화전파회사유한회사(广州奥飞动漫文化传播有限公司)(3,858분)로 나타났다.

2) 국산 TV 애니메이션이 주도적인 방송지위 확보

지난 3년간을 되돌아보면, 중국 국산 TV 애니메이션의 방송시간은 전체 애니메이션 방송 시간의 95%를 차지하였다. 2014년에 중국 국산 TV 애니메이션 산업의 발전을 지원하기 위해 국가신문출판 광전총국은 정책적으로 각 위성TV의 국산 애니메이션 방송시간을 매일 30분 이상으로 규정하였다. 2011~2013년 사이 중국 국산 애니메이션과 수입 애니메이션 방송시간을 비교해 보면, 2011년에는 국산과 수입 애니메이션이 각각 265,433시간과 14,822시간에 달하였고, 2012년에는 292,814시간과 12,063시간, 2013년에는 279,125시간과 14,015시간에 달하였다.

3) TV 애니메이션의 수출입 현황

중국의 TV 애니메이션 수입량과 수출량은 모두 증가세를 보였다. 2013년 중국의 TV 애니메이션은 수입이 2,879시간(2012년 대비 약 648% 증가), 수출이 2,507시간(2012년 대비 약 49% 증가)으로 나타났다. TV 애니메이션의 수출입 총액이 전체 TV 프로그램의 수출입 총액에서 차지하는 비중 역시 지속적인 상승세를 보이고 있다. 2013년 TV 애니메이션의 수입총액은 4,432만 3,800위안으로 2012년 대비 약 198% 증가하였고 수출총액은 4,894만 2,400위안으로 2012년 대비 약 58% 증가하였다.

최근 3년간 미국의 TV 애니메이션이 여전히 중국에서 상당히 큰 시장을 차지하고 있는 것으로 나타났으며, 중국이 그 외 아시아국가로부터 수입하는 TV 애니메이션 총액 또한 증가하고 있다. 그 중 일본으로부터의 TV 애니메이션 수입총액이 현저하게 증가하여 2012년의 821만 2,400위안에서 2013년에 1,970만 900위안으로 급속 증가하였다.

유럽으로부터의 수입총액은 419만 6,100위안, 미국으로부터의 수입총액은 1,159만 1,800위안, 아시아국가로부터의 수입총액은 2,853만 5,900위안으로 각각 277%, 182%, 195% 증가하였다. 최근 5년 사이에 오세아니아와 아프리카로부터는 TV 애니메이션을 수입하지 않았다.

중국의 애니메이션은 전 세계에서 모두 환영받을 것으로 예상된다. 중국의 TV 애니메이션은 홍콩과 한국에 대한 수출총액이 둔화되고 있으며 미국에서의 영향력은 큰 변화가 없지만, 일본은 매년 증가하고 있기 때문이다.

2. 애니메이션 영화 흥행수입의 급증

2014년에 총 53편의 애니메이션 영화가 개봉되었고 흥행수입 총액은 30억 2,800만 위안으로 전체 흥행수입의 10.22%를 차지하였다. 2013년 대비 애니메이션 영화 흥행수입은 101.87%라는 도약적인 발전을 가져왔다. 그 중 32편의 중국 국산 애니메이션과 2편의 중국·해외 공동제작 애니메이션 영화의 흥행수입이 11억 5천만 위안으로, 2014년 애니메이션 흥행수입 총액의 36.49%를 차지하였다. 이는 2013년 5억 위안의 흥행수입보다 130% 증가한 것이다.

19편의 수입 애니메이션 영화 흥행수입은 2013년보다 91.72% 증가한 19억 2,300만 위안으로 애니메이션 영화 흥행수입 총액의 63.51%를 차지하였다. 수입 애니메이션 영화의 흥행수입은 전체 수입 영화 흥행수입 총액(134억 8,400만 위안)의 14.26%에 달하였다. 중국 국산 애니메이션 영화는 중국 국산 영화 흥행수입 총액(161억 5,500만 위안)의 7.12%를 차지한 것으로 나타났다.

2014년 12월 31일 기준으로 2014년도 애니메이션 영화 흥행수입이 억 위안대를 초과한 톱5는 〈드래곤 길들이기2(驯龙高手2)〉·〈슈퍼배드2(神偷奶爸2)〉·〈겨울왕국(冰雪奇缘)〉·〈마다가스카의 펭귄 시즌3(马达加斯加的企鹅)〉·〈부니 베어: 롤라 구출 대모험(熊出没之夺宝熊兵)〉 순으로 나타났다. 그 중 〈부니 베어: 롤라 구출 대모험〉을 제외한 4편은 모두 할리우드 작품이다.

2014년에 중국에서 방영된 할리우드 애니메이션 영화는 더우반(豆瓣网) 사이트에서 평균 7.57점이란 점수를 얻었다. 그 중 디즈니의 〈겨울왕국〉이 관객들에게 큰 호평을 받았는데, 8.3점이란 최고 점수를 획득하였다. 앞서 소개된 미국 애니메이션 영화의 흥행수입 합계는 17억 3,500만 위안으로 수입 애니메이션 영화의 90.22%, 전체 애니메이션 흥행수입 총액의 57.30%를 차지하였다. 이를 통해 미국의 애니메이션 영화는 여전히 중국 애니메이션 영화시장에서 주된 자리를 차지하고 있음을 알 수 있다.

수입 애니메이션 영화 흥행수입이 지속적으로 상승함과 동시에 중국의 국산 애니메이션 영화 역시 일정한 성과를 이루었다. 2014년, 국산 애니메이션 영화 〈부니 베어: 롤라 구출 대모험〉이 중국 영화사에서 최초로 2억 위안의 흥행수입을 돌파한 중국산 애니메이션 영화로 부각되었다. 뿐만 아니라 일부 우수한 국산 애니메이션 영화가 국제무대에 등장하기 시작하였다. 예컨대 2014년 칸 영화제에서 〈바이시클 보이3D(龙骑侠3D)〉가 두각을 나타냈으며, 국경절 기간에 개봉한 〈괴발3: 전신굴기(魁拔3: 战神崛起)〉는 제10차 중국 국제 애니메이션 금후상(金猴奖)을 수상했다. 국산 애니메이션 영화 〈진나라 전설(秦时明月之龙腾万里3D)〉은 실시간 탄막(弹幕)기술을 활용하여 외부와의 상호작용성을 늘렸고, 이를 통해 영화의 인기도를 높여 이상적인 흥행수입을 얻었다. 이는 중국 국산 애니메이션 영화 마케팅의 새로운 혁신이라고 할 수 있다.

'6.1'아동절과 여름방학 성수기는 중국 국산 애니메이션 영화의 핵심 시기라고 할 수 있다. 2014년, 같은 기간에 개봉된 애니메이션 영화 흥행수입 총액은 1억 4,500만 위안과 3억 7,700만 위안에 달하였다. 여름방학 성수기에 8편의 국산 애니메이션 영화가 개봉되었는데 그 중 5편이 5,000만 위안을 초과하였다. 이는 시청자가 여름방학 성수기에 개봉된 중국 국산 애니메이션에 대해 품질을 인정하고 있음을 보여준다.

3. 모바일과 인터넷 등 뉴미디어가 애니메이션 산업에 일조

모바일 애니메이션 시장이 빠르게 성장하고 있다. 통계에 의하면 2014년도 차이나모바일 통신 애니메이션 회사의 이용자는 9,000만 명을 초과하였고 20억 위안의 수입을 돌파하였으며 1,000개에 육박하는 기업과 협력관계를 체결하였다. 2014년에 차이나모바일은 4G 모바일 인터넷의 발전에 힘입어 애니메이션 기업과의 협력을 촉진하였고 해외 애니메이션 영화 도입을 확대하였다. 예컨대 〈페어리 테일(妖精的尾巴)〉·〈현호전기(玄皓战记)〉·〈봉수황(凤囚凰)〉·〈스페이스 차이나 드레스(宇宙旗袍)〉 등이 그것이다.

동영상 사이트 역시 모바일 단말기로 접근하고 있다. 아이치이는 혁신적으로 새로운 모바일 앱인 만화방(动画屋)을 출시하였는데, 매우 적극적인 이용자가 연간 수백만 명을 돌파하였고, 일평균 이용자 수도 1,000만 명을 초과하였으며, 1인당 일 평균 방송 이용시간이 80분 이상에 달하였다. 그 중 0~6세 아동 및 보호자가 차지한 비율이 88%를 넘었다. 아이치이의 동화방 모바일 앱의 빠른 발전에서 볼 수 있다시피 중국의 모바일 애니메이션 동영상 시장은 상당히 큰 잠재력과 막대한 소비층을 가지고 있다.

투더우, 유쿠, 아이치이, 텐센트 등 인터넷 뉴미디어는 애니메이션 도입과 오리지널 창작에서 강력한 발전양상을 보이고 있다. 투더우 사이트는 2014년에 새로운 애니메이션 산업 전략을 시행하여 1억 위안을 '애니메이션 창업계획'에 투자하였다. 아이치이의 애니메이션 채널은 출시된 이후 중국 국내 10대 애니메이션 콘텐츠 제작사와 전략적 협력관계를 구축하여, 현재 1,000여 편에 40,000여 회의 국내외 애니메이션 저작권을 확보하였다. 구체적으로 상위 200위권에 포함된 애니메이션 중 95%를 확보하였다.

각 동영상 사이트는 전통적인 마케팅 틀에서 벗어나 빅데이터 분석을 도입하여, 빅데이터 분석을 토대로 맞춤형 마케팅과 홍보를 추진하고 있다. 인터넷의 롱테일 법칙을 통해 애니메이션 이용자의 데이터를 다각도로 분석하고 소비습관과 선호도를 분석하여 애니메이션 작품의 개별적 맞춤 서비스를 제공하고 있다. 〈십만개 냉소화(十万个冷笑话)〉 애니메이션 영화의 경우가 동영상 사이트의 만화 팬에 대한 데이터 분석을 통해 막대한 소비층을 발견한 후 만화·애니메이션 동영상을 영화화 한 것이다. 이 영화는 방영된 이후 좋은 성과를 거두었다. 팬 데이터 분석을 통해 선호도를 파악하는 것은 국산 애니메이션 영화의 발전 추이라고 할 수 있다.

4. 애니메이션 파생상품의 막대한 발전 가능성

2014년 중국의 애니메이션 파생상품 시장규모는 약 316억 위안에 달하였다. 2012년과 2013년의 시장규모는 각각 220억과 264억 위안이었다. 비록 기존 중국 애니메이션 파생상품의 생산액이 차지하는 비중은 약 30%에 불과하고, 애니메이션 산업이 발전한 국가의 70~80%와는 여전히 큰 격차가 있지만 시장의 육성 여지가 크며, 현재 매년 평균 20% 정도씩 성장하고 있다.

2014년 애니메이션 파생상품에 있어 아오페이 애니메이션(奧飞动漫)

과 쿠만쥐(酷漫居)가 업계에서 선두를 달리고 있고, 〈시양양과 후이타이랑(喜洋洋和灰太狼)〉 시리즈의 파생상품이 여전히 시장에서 많은 인기를 끌었다. 2014년에 〈부니 베어: 롤라 구출 대모험〉 영화는 높은 흥행수입을 올렸으며, 파생상품 역시 소비자의 인기를 끌었다. 〈십만개 냉소화〉 파생상품은 영화 개봉 전에 사전 판매되었는데 역시 큰 수익을 올렸다.

5. 국제협력 추세의 강화

2014년 중국 애니메이션 산업에서의 국제협력 추세가 점점 부각되었다. 애니메이션 영화 협력에 있어 2014년 중일·중미는 2편의 영화를 공동으로 제작하였다. 2014년 11월 디즈니와 상하이 문화방송 영화&TV 그룹(上海文化广播影视集团) 산하의 쉬안둥카툰(炫动卡通)과 협력하기로 합의하였으며, 중국에서 가장 환영받는 문화상징요소 위주로 애니메이션 작품을 제작할 계획이다.

광둥 아오페이 애니메이션(广东奥飞动漫文化股份有限公司)은 국제협력을 적극 추진하여 뉴욕 451 미디어그룹의 주주가 되고, 관련 영화의 중화권지역에서의 배급권과 IP(이미지 저작권) 상품화 권리를 획득할 계획이다. 아울러 중국 소년아동신문출판총사는 프랑스의 유명한 애니메이션 기업인 다르고(达高) 그룹과 손잡고 〈꼬마 돼지 퍼퍼페이(小猪波波飞)〉 시리즈에 대해 전면적으로 협력할 예정이며, 관련 애니메이션을 공동으로 투자하여 제작하고 파생상품을 함께 개발할 계획이다.

6. 모바일 게임이 애니메이션 산업에 일조

2014년 모바일 애니메이션 게임의 시장규모는 230억 위안으로 2013년 대비 약 1배 증가한 것으로 나타났다. 게임산업과 애니메이션 융합 속도가 가속화되고 애니메이션 제작 과정에서 게임이 일정한 시각적 효과와 기술지원을 제공하였다. 〈대길 성장기(大吉成长记)〉는 중국 국산 애니메이션 창작사가 게임의 스토리텔링 방식으로 애니메이션을 제작하였다. 이 3D 애니메이션은 게임의 기술과 만화의 줄거리를 교묘하게 결부시켰다. 최근 들어 애니메이션 영화의 흥행수입이 다소 증가하였지만, 중국 국산 애니메이션 영화 콘텐츠의 오리지널 창조력에는 병목현상이 나타났다. 이로 인한 장기간의 동질적인 콘텐츠는 시청자로부터 거부감을 살 수 있다. 따라서 애니메이션의 기술발전을 추구하는 것도 이 난관을 극복하는 효과적인 방법이라고 할 수 있다.

라디오산업 발전 추이

1. 2014년 중국 라디오산업 발전

1) 라디오산업의 새로운 발전 양상

2014년 5월, 애플 아이폰의 APP Store가 출시된지 3년 반이 되었다. '잠자리FM(蜻蜓FM)'의 이용자가 8,000만 명에 달하였고, 주목을 끌었던 '히말라야FM(喜马拉雅FM)'이 1,150만 달러의 시리즈 A 투자를 받았으며, 라디오 프로그램 총수가 약 300만 개, 창작자가 8,500명, 활성 사용자가 8,000만 명을 초과한 것으로 나타났다. 뉴미디어의 우위에 힘입어 급격히 발전한 모바일 플랫폼은 억을 넘는 시장(전통 청취자 포함)을 개척하였다. '히말라야FM'은 심지어 "라디오를 새로 발명하다"를 슬로건으로 하고 있다. '라디오'가 새롭게 정의되고 있는 것이다.

2014년 6월 9일, 상하이 라디오·TV방송국·상하이 문화방송그룹(上海文化广播影视集团有限公司) 산하의 12개 라디오 채널을 통합되어 동방라디오센터가 설립되었다. 동질적인 경쟁에서 벗어나 자원배치의 합리화, 관리계층 감소, 업무효율 향상 등이 인수합병의 가장 직접적인 요인으로 작용하였다. 이는 상하이 라디오산업이 뉴미디어로의 구조조정 과정에서 중요한 한걸음을 내디뎠음을 의미한다. 인수합병을 통한 자원통합은 빠른 효과를 보였으며 2014년 11월 7일 기준, 상하이 라디오의 광고주문은 7억 위안을 초과하였으며, 12월 말까지 2104년 한 해의 광고주문은 7억 3천만 위안을 초과하였다.

2014년 10월 10일에 신화사는 본격적으로 오디오 시장에 진출함을 선포하였고, 이를 통해 탄생한 '신화사발표(新华社发布)'는 자동차 온라인 채널을 통해 청취자에게 공신력 있는 콘텐츠와 스마트서비스 및 독점적인 내용을 대량으로 제공하였다. 아울러 막강한 연구개발 실력을 확보한 신화사는 오디오 APP시장을 선점한 강력한 경쟁자로 활약하고 있다.

향후 장시간이 걸리더라도, 라디오미디어의 발전은 여전히 뉴미디어와의 결합 위주로 체제개혁과 산업 구조조정 등을 심화 시킴으로써 진행되어야 한다.

표1. 2014년 1~10월 전국 라디오/TV 광고수입의 지역별 분포현황

(단위: 억 위안, %)

프로젝트	라디오/TV 광고수입	비중(%)	라디오 광고수입	비중	TV 광고수입	비중	기타 광고수입	비중
전국 합계	1123.09		124.95		897.30		100.84	
중앙급	270.32	24.07	5.10	4.08	261.29	29.12	3.93	3.90
동부지역	531.55	47.33	69.96	55.99	375.26	41.82	86.32	85.60
중부지역	223.24	19.88	31.89	25.52	185.44	20.67	5.91	5.86
서남지역	97.99	8.72	18.00	14.40	75.31	8.39	4.68	4.64

*자료출처: '중국 라디오영화TV(中国广播影视)' 2014년 12월 하반기

2) 라디오광고

2014년 10월말 기준, 전국 라디오·TV 광고수입은 1,123억 9백만 위안으로, 그 중 라디오 광고수입은 124억 9,500만 위안인 것으로 나타났다.(표1)

CTR의 최신 연구에 따르면, 2014년 1~3분기 중국의 광고시장은

전년 동기대비 4.1% 증가하였다. 그 중 전통미디어의 광고비용이 동기대비 0.5% 증가한 것을 감안하면, 라디오 광고비의 동기대비 증가폭은 계속하여 기타 전통미디어를 초월하였다.(표2)

표2. 2014년 1~3분기 미디어 광고비 및 자원

(단위: %)

매체	광고비용 전년대비	자원량 전년대비
TV	2%	-7%
신문	-16%	-19%
잡지	-9%	-19%
라디오방송국	12%	1%
전통적 야외	10%	-3%

2014년 상반기 라디오 광고 중 69%는 상위 5개에 해당하는 자동차 산업(광고점유율 20%로 1위 차지), 소매와 서비스업, 문화오락 레저산업, 금융투자 산업, 부동산산업에 집중되어 있다. 특히 주목해야 할 점은 광고점유율이 9%로 상위 5위에 진입한 부동산 산업은 2013년까지는 7.4%로 8위를 차지했었다는 사실이다.

Nielsen-CCData의 전체 미디어 광고 모니터링(AIS) 데이터에 따르면, 2014년 상반기 라디오의 산업별 광고는 자동차 산업이 가장 높게 나타났고 광고 또한 3% 증가하였다. 라디오 광고를 가장 많이 하는 상위 10개 브랜드는 통신·자동차·금융산업 위주이고, 2014년 상반기 상위 10개 브랜드는 거의 모두 라디오 광고를 확대하였다. 자동차 보유량의 포화에 따라 최근들어 라디오 광고 증가세가 다소 완화되었지만, 자동차 운전자의 수입이 안정적이고 구매력이 막강하며 라디오 청취횟

수가 높은 것으로 나타났다. 따라서 기타 전통 미디어와 비교할 때, 라디오 광고는 효과가 더 뚜렷하여 단시간 내에 여전히 다른 전통 미디어를 앞서 갈 것으로 예상된다.

2. 2014년 중국 라디오산업의 발전 특징

1) 전문화, 유형화의 발전 속도

라디오 주파수의 전문화는 라디오 방송국이 청취자의 특정한 수요와 시장의 내부적인 규칙을 감안한 상황에서 형성된 것이다. 구체적인 라디오 주파수를 단위로 라디오 내용을 구분할 경우, 특정한 분야 청중의 수요를 집중적으로 충족시킬 수 있다. '유형화'는 '전문화'로부터 기인해 혁신된 것으로 '전문화'의 심층적인 발전이라고 할 수 있다.

중국의 첫 번째 유형화 라디오 프로그램은 2002년 12월에 방송을 시작한 중앙인민방송국의 '음악소리(音乐之声)'이다. 2014년은 윈난라디오방송국이 유형화 개혁을 추진한지 10년째 되는 해로, 10개 주파수는 모두 유형화를 실현하였다.

라디오는 소리를 주요 콘텐츠로 하는 단일한 커뮤니케이션 미디어이기 때문에 전문화와 유형화는 향후의 발전방향이다. 현재 각각의 라디오 미디어가 새롭고 다양한 운영방식과 업무를 적극 개척하는 시점에서, 라디오 자체의 본래 업무를 제대로 추진하는 것도 매우 중요하다.

2) 디지털화, 네트워크화의 융합이 현저

라디오 미디어와 인터넷은 지역성, 이동성, 수반성 등의 면에서 모두 공통적인 커뮤니케이션 속성을 가지고 있다. 인터넷 시대에 오디오는 가장 쉽게 모바일 인터넷에 진입할 수 있는 것이기 때문에, 오디오와 인터넷은 효과적으로 융합될 수 있다. 오디오와 인터넷의 융합은 간편하고 비용이 낮으며, 비즈니스와 수익모델이 뚜렷하여 우위를 가지고 있다. 따라서 라디오 미디어의 디지털화, 네트워크화 융합 추이는 전통적인 라디오 미디어의 발전에 기회가 될 수 있다.

2014년 '저장교통소리(浙江交通之声)'는 새로운 업무를 개척하는 동시에 혁신적으로 새 미디어와 브랜드 홍보를 융합시켰다. 브랜드 홍보에 있어 '저장 교통 소리(浙江交通之声)'는 전자상거래 플랫폼을 통해 '함께 하기(在一起)' 산소 음악제 등 인기 많은 행사를 홍보하였을 뿐만 아니라 전자상거래 업체와 협력하여 '산소 쿠키, 산소 친환경 가방' 등 파생상품을 제작하였다. 또한 유명한 인사를 초청하여 플랫폼에서 음악수업을 개설하고 공익활동을 홍보하였다. 이러한 방법을 통해 라디오 청중과 전자상거래 고객을 효과적으로 결부시켜 브랜드 홍보에서 큰 영향력을 발휘하였다.

3) 안정적인 산업화, 시장화 추이

2014년 6월 25일, CNR미디어회사(央广视讯传媒(北京)有限公司)가 주식제 회사로 변경되었다. 먼저 2009년에 CNR(중앙인민라디오방송국) 산하의 중국 라디오망은 제도개편을 시작하였고, 2010년에 중국라디오망과 중앙인민라디오 미디어 유한회사가 동시에 하던 것을 2014년에 CNR미디어회사(央广视讯传媒(北京)有限公司)의 설립을 통해 완성하였다. 이를 통해 중앙미디어는 산업화와 시장화 개혁에서 좋은 본보기를 보여주었다.

지방 라디오의 경우 헤이룽장 라디오방송국은 산업구조의 조정과 업그레이드에서 우수한 성과를 이루었는데, 상반기에만 1억 7,500만 위안의 광고수익을 창출하였다. 헤이룽장 라디오방송국은 창의적인 기획팀의 구축을 중요시하였으며 더 많은 오프라인 마케팅활동을 개최하고 신흥 사업모델을 적극 개척하였다. '4+2'의 운영 모델을 통해 헤이룽장 라디오방송국은 '2014년 전국 라디어산업 종합실력 대형 조사연구' 중에서 '가장 우수한 종합실력을 갖춘 성급 라디오방송국'이라는 평가를 받기도 했다.

라디오의 산업화 구조조정과 시장의 점검을 받는 것은 대세적 흐름이라고 할 수 있다. 체제의 장벽이 개혁과정에서의 애로사항이기는 했지만, 한편으로 상기간 라디오가 시장을 선점하도록 보호역할을 해온 것 또한 사실이다. 라디오는 개혁과정에서 관점을 넓히고 혁신능력을 강화하여 체제적인 우위를 잘 활용해야 발전을 지속할 수 있을 것이다.

3. 2014년 중국 라디오산업 발전에 관한 분석

1) 뉴미디어를 배경으로

향후 10년간은 전통 미디어와 신흥 미디어 병존 국면에 변화가 나타나지 않을 것으로 예상된다. 라디오 미디어는 중국에서 수년간의 고속

성장을 거친 후 역시 청취자 규모 확장의 어려움, 경영수익 증가 부진 등의 곤경에 직면하고 있다. 이와 동시에 '히말라야FM', '잠자리FM', '코알라FM', '게으른 자의 책듣기(懶人听书)' 등 인터넷 라디오방송국이 청취자에게 점점 익숙해지고 있다. 인터넷과 모바일 단말기를 통해 라디오는 새로운 활력소를 얻게 되었으며, 수많은 인터넷 라디오 APP이 나타났다.

기타 전통 미디어와 비교할 때, 라디오는 이용자 수에 한계가 없고 분포 범위가 넓으며 제작원가가 낮은 특징이 있다. 이러한 라디오의 커뮤니케이션 특징을 기반으로 인터넷 플랫폼을 잘 활용한다면 발전을 도모할 수 있는 것이다. 라디오와 인터넷 사이의 협력은 라디오의 영향력을 확대하여 대량의 청취자를 확보하도록 하였다. 인터넷 라디오 방송 APP의 발전은 라디오 산업과 인터넷의 '물리적' 결합을 촉진하였는데, 이러한 결합을 통해 전통적인 라디오는 인터넷 미디어에 '정보원'을 제공하게 되었다.

단기적 관점에서는 라디오의 청취율이 증가되겠지만, 커뮤니케이션에 있어서 이용자와 미디어 사이의 관계를 잘 구분하여 라디오와 인터넷 사이의 '화학적 반응'을 일으키지 못할 경우 이러한 협력은 일시적인 현상에 불과하게 될 것이다. 라디오의 디지털화 과정에서 디지털 라디오 시스템은 사실상 빠르고 값싼 시스템을 완성하였다. 라디오 분야에서의 인터넷은 청중의 수요에 의해 변화가 나타나게 된다.

2) 내로캐스팅의 향후 발전방향

'내로캐스팅(narrow casting, 지역적/계층적으로 제한된 시청자를 대상으로 하는 방송)이 라디오방송'이라는 개념은 이미 업계에서 광범위한 논증을 거쳤다. 새로운 복잡한 커뮤니케이션 환경에서, 정확하고 전문적인 커뮤니케이션 효과를 이루려면, 특정 고객을 위해 맞춤형 서비스를 제공하고 그들의 개성화된 수요를 충족시킬 수 있는 전문화 서비스를 제공하는 것이 중요하다. 라디오를 통한 맞선 프로그램, 임산부와 아기 프로그램 등은 전문화 경영과정에서 성공을 이루었다.

2014년 11월 27일 중국 최초의 라디오방송 형식의 리얼리티 프로그램인 '러창멍공장(乐创梦工厂)'이 '저장의 소리(浙江之声)'에서 방송되었다. 프로그램 사회자는 청중을 위해 혁신·창업 프로그램을 소개하고, 투자·융자 멘토가 해당 프로그램에 대해 타당성 논증을 진행하는 것이다. 저장성의 민간경제는 중국 평균치보다 높은 수준에 있는데 '저장의 소리'는 투자, 융자 업계의 청취자들을 상대로 맞춤형 서비스를 제공한 것이다. 이 프로그램은 첫 방송 이후 많은 주목을 이끌었다.

'내로 캐스팅'의 근본적인 핵심은 '특정 청중을 사로잡는' 것이다. 뉴스·교통·음악 방송은 라디오 청취율을 견인하는 3대 버팀목인데, 이러한 3대 채널도 내로 캐스팅을 강화할 필요가 있다. 교통 방송은 자동차를 상대로 하는 방송, 택시를 상대로 하는 방송, 자가용을 상대로 하는 방송 등으로 나누거나 연령과 성별에 따라 채널과 프로그램을 세분화 할 수 있다. 마찬가지로 뉴스와 음악 방송 역시 특정 청취자층에 따라 채널과 프로그램을 세분화할 수 있다. 모바일인터넷 시대에는 청취자와 소비자를 엄격히 구분하지 않고 모두 '이용자'로 표현하는데 이에 따라 이용자체험, 이용자 관계유지, 이용자 서비스 중시 등의 내용을 포함시켰다. 내로 캐스팅은 능동적으로 수요를 창출하여 이용자의 요구를 적극 충족시키며, 소비를 유도해야 한다.

3) 콘텐츠 마케팅 위주로

이용자의 라디오 미디어 이용 패턴을 분석하여 라디오 프로그램의 콘텐츠와 마케팅방식을 확정할 수 있는데, 이를 통해 라디오 프로그램의 수익을 증대시킬 수 있다. 2014년 이용자가 각각 8,000만 명과 7,000만 명에 달한 '히말라야FM'과 '코알라FM'은 두 가지 상이한 콘텐츠 제작모델을 활용하였다.

먼저 '히말라야FM'은 UGC(User Generated Content) 위주로 '이용자를 위한 개성에 따른 맞춤형 라디오방송국'을 구축하였다. 개인이나 기관 이용자가 자신의 라디오방송국을 구축할 수 있고, 취미에 따라 시청하고 싶은 라디오방송을 온라인으로 청취할 수 있으며, 오프라인에서 다운로드 받을 수도 있다. 기존 '히말라야FM'는 총 300만 개의 프로그램을 확보하였고 8,500명의 창작자가 있다. UGC 모델은 일방향의 커뮤니케이션 문제를 해결하였으며, 지상파 라디오 주파수의 자원이 제한되어 있다는 한계를 보완할 수 있었다.

'코알라FM'은 PGC(Professionally-generated Content) 위주로 중화권에서 가장 크고 영향력 있는 오디오 콘텐츠를 만드는 플랫폼 구축을 취지로 하였다. '코알라FM'의 콘텐츠 제작팀은 80여 명이 넘는데, 장르별로 뉴스·토크쇼·음악 등 프로그램을 갖추었다. AutoRadio(车语传媒)의 자회사인 '코알라FM'은 성숙된 청취자들을 기반으로 하고 있으며, 풍부한 저작권을 확보하였다. 2014년에 '코알라FM'은 iTunes 중국어 상위 100위 순위권 중 절반에 육박하는 프로그램의 저작권을 확보하였다.

상호교류적 체험의 가입을 통해 이용자는 콘텐츠의 창조자이자 소비자인 프로슈머가 되며, 이 때문에 제품품질과 광고판매 문제는 해소된다. 이러한 이유로 뉴미디어와 융합된 라디오방송국은 전통미디어 방식의 라디오방송국보다 앞서 가고 있다.

라디오 청취시장 분석

1. 중국 라디오 청취자 규모

2014년 중국 라디오 청취율은 59.6%에 달하였고, 청취자는 2013년 대비 1.33% 증가하여 약 6억 8,100만 명에 달한 것으로 나타났다. 2009년부터 라디오 청취율은 줄곧 59.5~60.0% 사이를 유지하였는데 이는 라디오 청취시장이 비교적 안정적임을 의미한다. 하지만 뉴미디어의 영향력이 확대됨에 따라 라디오 청취시장에도 충격을 가져다줄 것으로 보인다.(그림1)

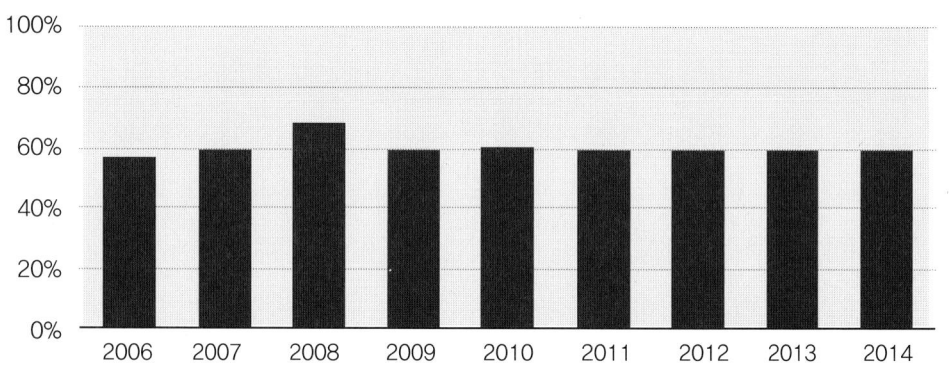

그림1. 2006~2014년 중국 라디오 접촉률

자료출처: SMR미디어연구, 2006~2014

차량장착 이동, 위챗, 웨이보, APP, 온라인 라디오 등 새로운 플랫폼을 통한 다차원적이고 다양한 단말기를 사용한 라디오는 커뮤니케이션 채널을 확대·연장시켰을 뿐만 아니라 라디오의 미디어 영향력을 대폭 향상시켰다. 특히 젊은 세대에 대한 영향력이 확대되었다. 2013년과 비교할 때 2014년에도 지속적으로 청취자의 저연령화, 수입 증가 추이가 유지되었다. 25~45세 청취자가 2013년보다 8.17% 증가하고, 월 수입 또한 5,000~9,999위안 및 10,000위안 이상인 비중이 각각 2.57%와 11.64% 증가하였다. 이는 라디오 미디어 청취자의 소득수준이 지속적으로 향상되고 있음을 의미한다.

2. 라디오 청중의 청취습관 특징 및 변화추이

1) 이동 청취가 주도적 지위 차지

연속 3년간의 장소별 청취량 점유율을 보면, '차량이용 청취량' 비중이 지속적으로 상승세를 보이는 반면 '집에서의 청취량' 비중은 매년 하락세를 나타냈다. 2014년 '차량이용 청취량'은 총 청취량의 약 40%를 차지하였으며, 베이징·상하이·톈진·광저우 등 대도시에서는 40%를 초과하였다. 여기서 주목해야 할 점은 '옥외 청취량'의 비중 역시 상승세를 보이고 있다는 점이다. 연속 3년간의 데이터를 비교하면 '차량이용 청취량'과 '옥외 청취량'의 비중이 상승세를 지속하면서 '이동 청취'가 라디오 청취시장의 주도적 지위를 차지하고 있음을 알 수 있다.(그림2)

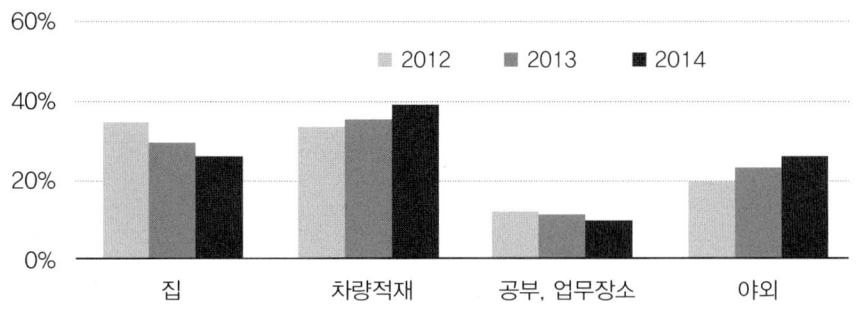

그림2. 2012~2014년 장소별 청취량 비중 변화추이

자료출처: SMR미디어연구, 2012~2014

2) 라디오 청취 단말기의 다양화, 스마트화, 모바일화

다양한 커뮤니케이션 채널을 통해 라디오 청취 단말기도 다양화 특징을 보이기 시작하였다. 2014년에 모바일·차량이용 FM시스템이 청취자가 가장 많이 사용한 수단이며, 전통적인 라디오 청취수단(예컨대 휴대형 라디오, 음향, 탁상형 라디오 등)의 사용률은 매년 하락세를 보이고 있다. 2013년과 비교하면 차량이용 FM시스템의 사용률은 12.8% 상승하여 사용률이 가장 큰 폭으로 상승한 것으로 나타났다. 아울러 모바일의 사용률은 연속 2년간 40%를 초과하여 수많은 청취수단중에서 1위를 차지하였는데, 이는 청취 단말기의 모바일화·스마트화 특징이 부각되고 있음을 의미한다.(그림3)

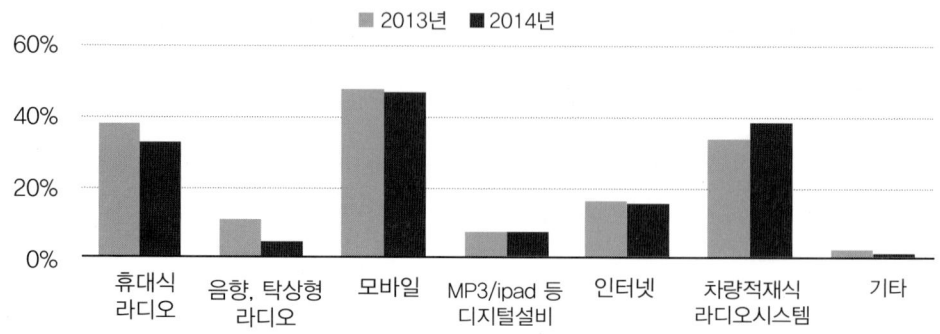

그림3. 2013~2014년 청중의 청취수단

자료출처: SMR미디어연구, 2013~2014

스마트 단말기 커뮤니케이션 플랫폼에서의 라디오 사용이 날로 증가하고 있으며 청중은 라디오 방송내용에 대한 관심도가 날로 높아지고 있다. WIFI의 보급과 데이터 비용의 하락으로 인해 모바일 라디오의 청중규모는 계속하여 확대될 것으로 예상된다. 모바일을 통해 라디오를 청취하는 청중 중 20% 이상은 평소 모바일 인터넷을 통해 라디오를 청취하는 것으로 나타났으며, 모바일 라디오 청중은 향후 몇 년 간 큰 폭으로 증가될 것으로 예상된다.

3. 전국 라디오 청취시장의 특징

1) 3개 등급의 라디오 방송국 경쟁구조 안정세 유지, 성급 라디오 방송국의 경쟁력 다소 상승

전국 라디오 청취시장에서 중앙급 라디오 방송국, 성급 라디오 방송국, 시현급 라디오 방송국의 시장점유율은 각각 10.0%, 35.9%, 54.1%로 시현급 라디오 방송국이 여전히 50% 이상의 시장점유율을 확보한 것으로 나타났다. 직할시에서 직할시 라디오 방송국의 우위가 상당히 현저하며, 성도(省会城市)에서의 주된 시장은 여전히 성급 라디오 방송국과 성도 라디오 방송국이다. 그 중 성급 라디오 방송국의 우위가 더 현저하여 50% 이상의 시장점유율을 차지한 것으로 나타났다. 성도가 아닌 시현(市县)급 라디오 방송국의 영향력이 확대되면서 시현급 라디오 방송국의 시장점유율은 70%를 초과하여 지역적 우위가 부각되었다. 직할시에서의 중앙급 라디오 방송국의 시장점유율은 15% 이상으로 직할시에 대한 영향력이 가장 크지만, 성회도시가 아닌 도시에서의 시장점유율은 10% 미만으로 영향력이 상대적으로 작은 것으로 나타났다.

2) 교통, 뉴스, 음악 채널이 라디오 청취시장 주도

2014년 뉴스, 음악, 교통 등 3개 채널의 누적 시장점유율은 80%를 초과하여 라디오 청취시장에서 여전히 주도적 자리를 차지하고 있는 것으로 나타났다. 그 중 교통 채널이 30%를 상회하는 시장점유율로 1위를 차지하였다. 여기서 주목해야 할 점은 2013년과 비교하면 기타 채널의 프로그램 포지셔닝과 스타일이 점점 운전자의 취미에 접근하고 있으며, 교통 관련 소식을 얻는 루트도 다양해져 교통방송의 시장점유율이 다소 하락하였다는 것이다.

2013년과 비교할 때 뉴스방송의 시장점유율이 다소 하락하였지만, 많은 성급 라디오방송국의 뉴스방송 유형이 다양하게 개편된 이후 쓰촨 라디오방송국의 뉴스방송, 후베이성의 후베이 소리(湖北之声), 장쑤 뉴스방송 등의 뉴스 채널은 개편 이후 청취율이 상승세를 보였다. 2013년 뉴스방송의 시장점유율은 최근 3년간의 최고치를 기록하였다. 2014년에 새로운 도전 앞에서 뉴스방송은 많은 청중을 사로잡았지만 청중의 청취시간이 짧은 원인으로 인해 뉴스방송 청취율의 상승이 다소 억제되었다.

2014년 음악방송의 시장점유율은 2013년 대비 다소 상승하였다. 이는 음악은 여전히 청중으로부터 인기가 많은 프로그램임을 말해주고 있지만, 주의해야 할 점은 많은 인터넷방송, 예컨대 더우반(豆瓣) 등 뮤직 APP이 유행됨에 따라 향후 전통적인 음악방송의 우위가 대폭 하락하게 될 것으로 예상된다.

4. 주요 도시별 라디오 청취시장 경쟁상황

1) 베이징北京

베이징에서 베이징 라디오방송국의 시장점유율은 60%를 상회하였으며 베이징 지역에서 경쟁력이 가장 강한 채널로 자리매김 하였다. 중앙급 라디오방송국의 근거지인 베이징에서 중앙급 라디오방송국은

27.48%의 시장점유율로 베이징 라디오방송국을 점점 따라잡고 있다. 2014년 중국 국제라디오 방송국은 베이징 지역에서의 영향력이 현저히 상승하여 5% 내외의 시장점유율을 확보하였다.

베이징 라디오방송국은 하루종일 대다수 시간대에서 절대적인 우위를 확보하고 있으며 시장점유율이 거의 모두 50% 이상에 달하였다. 하지만 그 중 7:00시 전에 비교적 낮은 시장점유율을 나타냈다. 중앙급 라디오방송국은 18:00~20:00시 이후에 비교적 높은 시청점유율을 보였으며, 동 시간대에 30% 이상 달하였다. 하지만 하루 평균 시장점유율은 20% 이상을 유지하고 있다.

베이징 교통라디오 방송국은 베이징지역 라디오방송국 중에서 가장 좋은 채널이며, 시장점유율은 20%를 초과하고 있다.(표1)

표1. 베이징지역 주요 라디오방송국 채널의 청취율과 시장점유율

(단위: %)

순위	라디오방송국 명칭	평균 청취율	시장점유율
1	베이징 교통 방송(北京交通广播)	1.57	22.52
2	베이징 음악 방송(北京音乐广播)	0.95	13.56
3	베이징 문화 예술 방송(北京文艺广播)	0.78	11.23
4	베이징 뉴스 방송(北京新闻广播)	0.65	9.25
5	CNR 중국의 소리(中央电台中国之声)	0.59	8.50
6	CNR 도시 소리(中央电台都市之声)	0.37	5.26
7	CNR 음악 소리(中央电台音乐之声)	0.29	4.22
7	CNR 문화 예술 소리(中央电台文艺之声)	0.29	4.15
9	베이징 체육 방송(北京体育广播)	0.28	3.95
10	CNR 경제 소리(中央电台经济之声)	0.24	3.45

자료출처: SMR미디어연구, 2014

2) 상하이上海

상하이 문광뉴스미디어 그룹(SMG, 上海文广新闻传媒集团)은 상하이지역의 라디오 청취시장에서 주도적 지위를 차지하고 있는데, 시장점유율이 90%에 육박한다. 중앙급 라디오방송국은 상하이지역에서 3개 채널이 방송되는데 시장점유율은 합계 10%에 달한다. 그 외 기타 라디오방송국의 영향력은 상당히 작기 때문에 고려하지 않아도 된다. SMG는 하루종일 각 시간대에 모두 절대적인 우위를 확보하고 있다. 중앙급 라디오방송국은 상하이지역에서의 영향력이 크지 않으며, 각 시간대에서의 시장점유율 또한 미미하다.

표2. 상하이지역 주요 라디오방송국 채널의 평균 청취율과 시장점유율

(단위: %)

순위	라디오방송국 명칭	평균 청취율	시장점유율
1	상하이 유행음악 방송(리듬101) (上海流行音乐广播[动感101])	0.81	13.23
2	상하이 990뉴스방송(上海990新闻广播)	0.72	11.79
3	상하이 교통 방송(上海交通广播)	0.65	10.64
4	상하이 동광뉴스 콘텐츠 방송(上海东广新闻资讯广播)	0.53	8.56
5	상하이 제일재경 방송(上海第一财经广播)	0.47	7.59
6	상하이 유행음악 방송[LOVE RADIO] (上海流行音乐广播[LOVE RADIO])	0.46	7.42
7	상하이 동방도시 방송(上海东方都市广播)	0.44	7.20
7	상하이 오페라설창 방송(上海戏剧曲艺广播)	0.37	6.04
9	CNR 중국의 소리(中央电台中国之声)	0.35	5.77
10	상하이 클래식음악 방송(上海经典音乐广播)	0.33	5.45

자료출처: SMR미디어연구, 2014

청취율 상위 10위를 랭킹을 차지한 채널 중에서 중앙급 라디오방송국의 '중국의 소리'가 9위를 차지하였고, 나머지는 모두 SMG 산하 채널들이 차지하고 있으며, 음악·뉴스·교통 등 3대 채널이 시장을 점유하고 있다.

3) 선양沈阳

선양지역에서는 랴오닝 라디오방송국이 성, 시 라디오방송국의 합병에 힘입어 80%에 육박하는 시장점유율의 압도적인 우위로 시장의 주도적 지위를 차지하였다. 중앙급 라디오방송국은 선양지역에서 약 20%의 시장점유율을 차지하여 기타 도시보다 좋은 발전양상을 보였다. 시간대별로 볼 때, 랴오닝 라디오방송국은 하루종일 모든 시간대에서 선두적인 지위에 있을뿐 아니라, 시간대별 시장점유율도 모두 60% 이상을 유지하고 있어 강력한 경쟁력을 보였다.

채널별로 볼 때, 랴오닝 도시방송(辽宁都市广播)이 좋은 발전 양상을 보여 시장점유율이 23.02%에 육박함으로써 선양지역의 다른 채널보다 훨씬 앞섰다. 랴오닝 도시방송은 선양지역에서 경쟁력이 가장 높고 청취량이 많은 채널 중 '음악, 교통, 뉴스'에 속하지 않는 흔하지 않은 채널이다.(표3)

표3. 선양지역 주요 라디오방송국 채널별 평균 청취율과 시장점유율

(단위: %)

순위	라디오방송국 명칭	평균 청취율	시장점유율
1	랴오닝 도시 방송(辽宁都市广播)	1.57	23.02
2	랴오닝 음악 방송(辽宁音乐广播)	1.03	15.14
3	랴오닝 교통 방송(辽宁交通广播)	0.85	12.50
4	랴오닝 종합 방송(辽宁综合广播)	0.59	8.62
5	CNR 음악 소리(中央电台音乐之声)	0.50	7.36
6	랴오닝 선양뉴스 방송(辽宁沈阳新闻广播)	0.50	7.33
7	CNR 중국의 소리(中央电台中国之声)	0.43	6.34
7	CNR 경제 소리(中央电台经济之声)	0.39	5.75
9	랴오닝 마을 방송(辽宁乡村广播)	0.27	3.93
10	랴오닝 경제 방송(辽宁经济广播)	0.23	3.44

자료출처: SMR미디어연구, 2014

4) 우한武汉

우한지역의 전체 라디오시장 경쟁구조를 보면 후베이 라디오방송국과 우한 라디오방송국이 동 지역의 라디오 청취시장을 독점하였다. 그 중 후베이 라디오방송국이 70%로 1위를 차지하고 우한 라디오방송국은 23% 내외를 차지한다. 중앙급 라디오방송국은 약 7%의 시장점유율로 우한지역에서의 영향력이 미미하다. 각 라디오방송국의 시단대별 시장점유율 경쟁상황을 보면 후베이 라디오방송국은 하루종일 시간대에서 모두 선두적 지위를 차지하고 있으며 시장점유율이 60% 이상 달하였다.

우한지역의 라디오 청취시장에서는 교통 채널이 강세를 보였으며, 후베이 추톈교통방송(湖北楚天交通广播)이 13.9%의 시장점유율로 1위를 차지하였다.

표4. 우한지역 주요 라디오방송국 채널의 청취율과 시장점유율

(단위: %)

순위	라디오방송국 명칭	평균 청취율	시장점유율
1	후베이 추톈 교통 방송(湖北楚天交通广播)	0.86	13.90
2	후베이 추톈 음악 방송(湖北楚天音乐广播)	0.74	11.87
3	후베이 클래식 음악 방송(湖北经典音乐广播)	0.47	7.53
4	우한 클래식 음악 방송(武汉经典音乐广播)	0.46	7.43
5	후베이 생활 방송(湖北生活广播)	0.42	6.73
6	후베이의 소리(湖北之声)	0.40	6.36
7	후베이 부녀와 아동 방송(湖北妇女儿童广播)	0.39	6.28
7	우한 교통 방송(武汉交通广播)	0.39	6.21
9	후베이 경제 방송(湖北经济广播)	0.36	5.79
10	우한 인민라디오 방송국(武汉人民广播电台)	0.35	5.57

자료출처: SMR미디어연구, 2014

5) 광저우广州

광저우는 30여 개 라디오방송국 채널이 있는데, 라디오 방송 경쟁이 가장 치열한 지역 중의 하나이다. 전반적으로 광둥 라디오방송국이 절반 이상의 시장점유율로 1위를 차지하고 광저우 라디오방송국은 31.84%로 그 뒤를 달리고 있으며, 성과 시 두 개 라디오방송국의 시장점유율이 점점 가까워지고 있다. 그 외 기타 라디오방송국의 실력 역시 홀시해서는 안 될 영향력을 미치고 있다. 중앙급 라디오방송국의 시장점유율은 7.76%, 광저우 주변의 포산(佛山) 라디오방송국이 7.27%를 차지하였다. 시간대 경쟁 변화추이를 보면, 광둥과 광저우의 라디오 방송국이 서로 보완하는 관계를 보였고 중앙급 라디오방송국과 포산 라

디오방송국은 치열한 저항관계를 나타냈다.

평균 청취율과 시장점유율을 분석해 보면 광저우지역 라디오채널 사이의 경쟁이 상당히 치열함을 알 수 있다. 광둥 음악 소리, 광둥 양청교통방송대가 톱2를 차지하고 광저우 뉴스방송국의 경쟁력이 지속적으로 강화되어 3위로 상승하였다. 상술 3개 채널 이외에 순위가 상위권에 있는 채널로는 광둥 주장 경제방송국, 광저우 금곡음악 방송 및 광저우 교통 방송 등 채널이 있다.(표5)

표5. 광저우 주요 라디오방송국 채널의 평균 청취율과 시장점유율

(단위: %)

순위	라디오방송국 명칭	평균 청취율	시장점유율
1	광둥 음악소리(广东音乐之声)	0.74	12.00
2	광둥 양청교통방송국(广东羊城交通台)	0.72	11.65
3	광저우 뉴스방송국(广州新闻电台)	0.64	10.26
4	광둥 주장경제방송국(广东珠江经济台)	0.61	9.87
5	광저우 금곡음악방송(广州金曲音乐广播)	0.61	9.78
6	광저우 교통방송(广州交通广播)	0.53	8.48
7	CNR 중국의 소리(中央电台中国之声)	0.28	4.49
7	광둥 남방생활방송(广东南方生活广播)	0.27	4.38
9	광둥 뉴스방송(广东新闻广播)	0.26	4.20
10	광저우 청소년방송[도시|88](广州青少年广播[都市88])	0.21	3.32

자료출처: SMR미디어연구, 2014

영화산업 발전 동향

1. 데이터분석: 지속적인 성장의 기적 창조

1) 영화제작 편수: 2년 연속 마이너스 지속, 조정국면 돌입

2014년 제작된 중국 극영화는 618편으로 동기대비 20편이 감소함으로써 연속 2년간 조정적인 하락세가 나타났다. 이는 2012년의 최고점 대비 127편이 감소한 것이다(그림1). 영화 제작 총 편수는 인도·미국과 거의 비슷한 수준을 보였으며, 세계 3위에 위치하였다. 연간 250여 편의 영화가 영화관에서 방영되었으므로, 영화는 여전히 공급이 수요를 초과한 상태이다.

그림1. 2001~2014년 국산 극영화 제작 편수

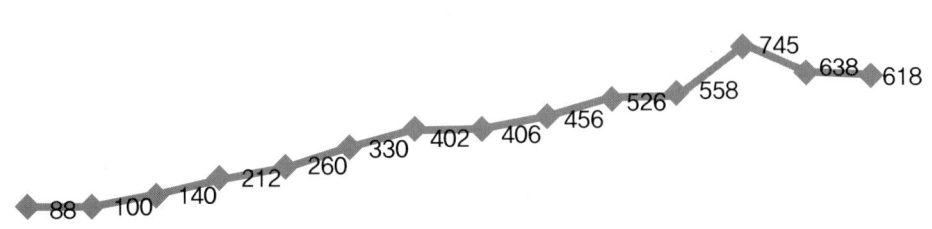

2) 영화 흥행수입: 전 세계에서 가장 빨리 확대되는 영화시장

2014년 중국의 영화 흥행수입은 총 296억 3,900만 위안으로 동기 대비 36.15% 증가하였다. 달러로는 48억 달러 내외로 전 세계 최대 흥행시장인 북미지역의 50%에 육박하였다. 영화 저작권과 관련해서 중국 국내 수입이 20억 위안, 해외 판매수입이 18억 7천만 위안에 달하였다. 영화로 인한 영화관, TV, 인터넷광고 등 관련 수입은 63억 위안에 달하였다. 영화산업에 대한 비흥행시장의 기여도가 다소 향상되었지만, 유럽과 미국 등의 국가와 비교할 때 흥행수입이 영화수입 총액에서 차지하는 비중은 여전히 높은 수준이다. 이는 중국 영화의 저작권에 따른 경제 효과가 충분히 나타나지 못했음을 의미한다(그림2).

그림2. 2005~2014년 중국 영화시장의 주요 수입 (단위: 억 위안)

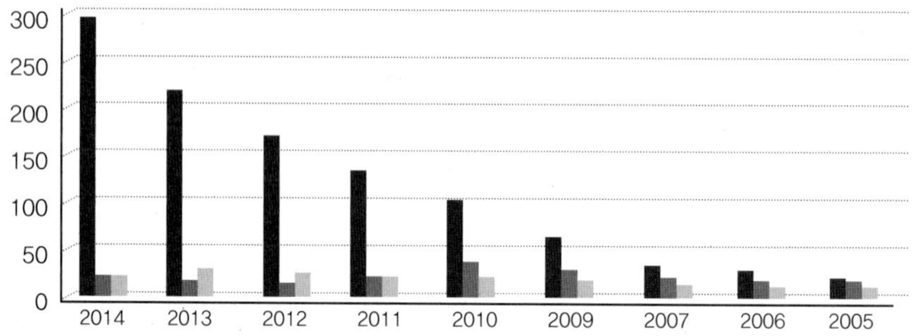

	2014	2013	2012	2011	2010	2009	2007	2006	2005
영화 흥행수입	296.4	217.7	170.7	131.2	101.7	62.06	33.27	26.2	20
국산영화의 해외판매수입	18.7	14.14	10.63	20.46	35.17	27.7	20.2	19.1	16.5
국내 영화저작권 수입	20	26	24	22	20.32	16.89	13.79	12	11

3) 영화 관람객: 영화 관람료 안정세 유지, 관람객 수의 지속적 증가

2014년 중국의 영화 관람객 연인원 수는 8억 3,300만 명으로 36.6% 증가하였다. 영화 관람료 평균가격은 36위안 내외이고, 일인당 연평균 영화 관람횟수는 0.6회였다. 도시인구를 기준으로 하면 일인당 연평균 영화 관람횟수는 1회를 초과하였는데, 영화 관람객 연인원 수의 증가는 영화시장의 발전을 촉진하였다(그림3).

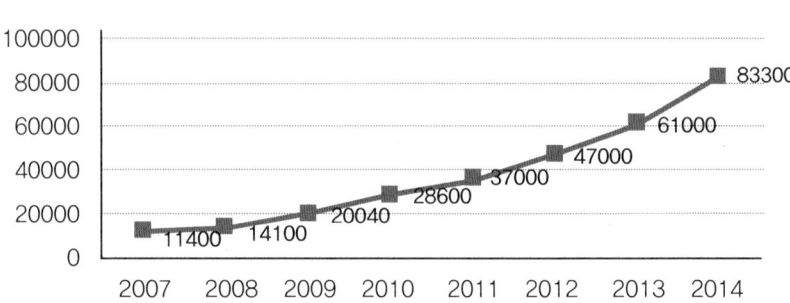

그림3. 중국 영화시장 관람객 연인원 증가 추이 (단위: 만 명)

4) 영화 스크린: 총 스크린 수 2만 개 돌파

2014년 중국 대륙에 1,015개의 영화관이 새로이 문을 열었고 5,397개의 스크린이 새롭게 증가되어 일평균 15개의 스크린이 증가되었다. 중국의 스크린 총수는 약 23,600개로 북미지역보다만 낮은 수준이나, 관람객 수와 스크린 수의 동시 증가는 영화관 흥행수입의 증가를 위한 기반을 제공하였다.(그림4)

그림4. 중국 영화관과 스크린 수의 양적 증가 추이

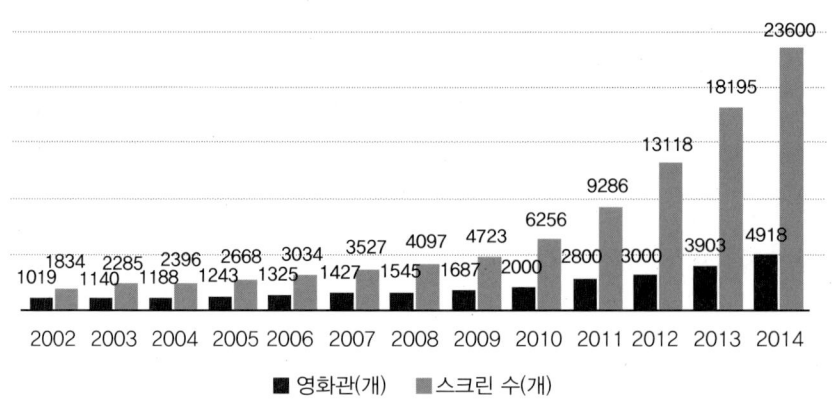

5) 영화제품: 매월 흥행수입 1억 위안대 이상의 중국 영화 3편 출현

중국 대륙 영화관은 388편의 영화를 방영하였는데, 그 중 66편이 1억 위안대의 흥행수입을 기록(중국 국산이 36편)하였고 평균 매월 6편의 1억 위안대 흥행수입을 기록한 영화가 방영되었다(그림5). 아울러 중국 영화의 매출액은 161억 5,500만 위안으로 전체의 54%를 차지하고 수입 영화는 46%를 차지하는 걸로 나타났다(그림6). 쿼터제한과 시장조정 배경하에서 중국 국산 영화의 점유율 우위가 간신히 유지되었다. 2014년에 할리우드 영화 〈트랜스포머: 사라진 시대(2014)〉가 19억 8천만 위안의 흥행수입으로 흥행수입 랭킹 1위를 확보하였는데, 이 영화의 중국 흥행수입은 북미시장을 뛰어넘어섰고, 중국의 영화시장에서 가장 뛰어난 수익을 낸 영화로 부상하였다.

그림5. 중국 흥행수입 1억 위안 초과 영화 편수 증가 추이

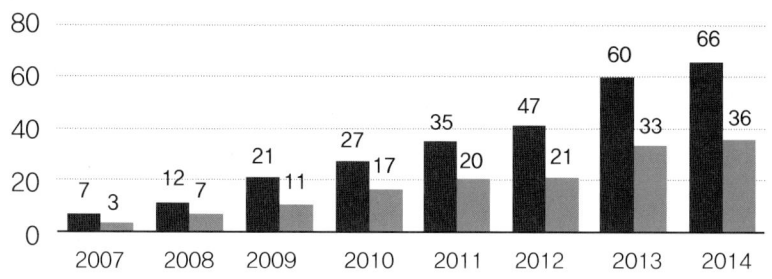

그림6. 중국 영화와 수입 영화 시장점유율

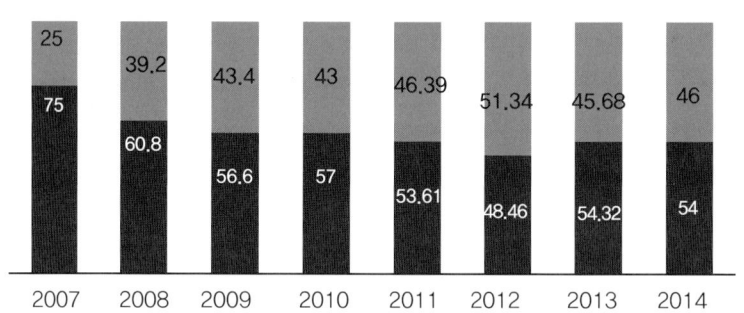

2014년 전 세계 영화시장은 활기 없는 무기력한 추이를 보였으며, 세계에서 가장 큰 영화시장인 북미지역의 흥행수입도 다소 하락하였다. 하지만 중국의 영화시장이 활성화되면서 높은 흥행성적을 냈을 뿐만 아니라, 시장요소가 비약적으로 발전하면서 세계 영화시장에서의 영화 강

대국의 지위를 확보하였다. 전 세계 영화시장은 중국의 영화시장을 더욱 중요시하게 되었고 중국은 전 세계 영화산업 중에서 가장 역동적인 지역으로 부상하였다.

2. 산업구조: '영화+인터넷'의 뉴노멀 구조

현재 중국은 상당히 시장화된 영화산업과 국가주도적이고 '시장화준비'상태에 있는 미디어산업 사이에서 자본융합·자원통합의 제도적 여건이 결핍한 실정이다. 중국 영화산업과 전통적인 라디오·TV산업·신문과 정기간행물 산업 사이의 융합이 이루어지기 어려우며 이러한 상태로 인해 중국에서는 영화·TV·인쇄 미디어를 통합시킨 '타임워너, 디스니, 뉴스코프레이션, 비아콤' 등과 유시한 미디어그룹이 나타나기 어려운 상황이다.

하지만 고도로 시장화된 인터넷산업은 빠른 발전을 보이고 있다. 바이두, 알리바바, 텐센트(즉 소위 말하는 'BAT') 3대 인터넷 기업의 시장가치는 중국의 모든 전통 미디어업체를 초월하였을 뿐만 아니라, 전 세계 최고의 미디어기업 대열에 들어섰다. 신자본·신채널을 필수로 하는 시장화된 중국의 영화산업은 새로운 콘텐츠·새로운 이용자를 필수로 하는 고도로 시장화된 인터넷과 유사점이 많다. 따라서 중국의 영화산업은 전 세계 다른 국가보다 더 빠르고 원활하게 인터넷시대에 들어설 수 있었다. '인터넷 요소'가 영화산업에 침투되면서 인터넷기업은 적극적으로 영화사에 투자하고, 영화제작에 참여하였다. 또한 인터넷기업이 영화 마케팅에 본격적으로 영향을 미치기 시작하였으며 '인터넷에 의해 생존하는 세대(网生代)'라는 새로운 영화 개념이 창조되었다. '영화+인터넷'이 중국 영화산업의 뉴노멀 구조가 되고 있다.

1) 영화관리: 산업정책 효과의 약화, 시장 감독관리 부족

영화산업이 점차 시장화됨에 따라 대량의 사회자금이 영화산업에 투입되었고, 이로 인해 영화산업에 대한 정책의 영향이 점차 약화되고 있다. 반면 투자관리, 제작관리, 영화관관리, 흥행수입 관리, 정보관리, 심사와 등급관리 등 측면에서 행정법규의 부족과 협회관리의 부실이 부각되었으며 악의적 경쟁이 지속되어 부정적 사회영향이 나타나고 있다.

2014년 4월 16일 국무원판공청은 「문화체제 개혁 중 경영성 문화사업기관을 기업으로 변경하는 규정」, 「문화기업 발전을 지원하는 규정」을 발표하였고, 6월 19일에 국가 발전개혁위원회와 국가신문출판 광전총국 등 7개 부서는 「영화발전 지원 관련 약간의 경제정책 통지」를 발표하여 우수한 영화 작품에 대한 전문 자금지원을 확대하기로 하였다. 아울러 매년 1억 위안의 자금을 통해 5~10편의 영향력을 갖춘 중점 테마영화를 지원하고, 문화산업발전 전문자금을 통해 영화산업 발전을 지원하며, 영화산업에 대해 조세우대 정책을 실시하기로 하였다. 또 중서부지역 현급도시의 영화관 건설 자금 보조금 정책을 실시하고, 영화산업에 대한 금융지원 정책을 실시하며, 영화관 건설 지원의 차별화 정책을 실시하는 등 다양한 방안을 제시하였다.

11월 27일 재정부, 세관총서, 국가세무총국은 「문화기업 발전을 지원하는 조세정책을 계속하여 실시할 때에 관한 통지」를 공동 발표하였다. 해당 자료에 따르면 영화 제작사가 영화 복사본 판매·저작권 양도를 통해 얻은 수입, 영화 배급사가 취득한 배급수입, 영화방영기업이 농촌에서 방영한 수입에 대해 부가가치세를 면제한다. 아울러 국가에서 중점적으로 권장하는 문화제품의 수출에 대해 부가가치세를 면제하고 국가에서 중점적으로 권장하는 문화서비스의 수출에 대한 영업세를 면제한다. 그 외에 경영성 문화사업기관은 기업으로 전환된 후 일정한 유효기간 내에 기업소득세를 면제받는다. 문화산업 핵심기술 등 분야에 종사하는 문화기업이 하이테크기업으로 인정될 경우 15%에 따라 징수되는 기업소득세도 감면한다. 이러한 정책은 영화산업의 조세부담을 경감시켜 산업의 수익수준을 어느정도 향상시킬 수 있지만 영화산업에 대한 중대한 추진체 역할을 한다고 보기는 어렵다.

중국 영화 산업에 있어서 영화 제작·배급·방영 단계에서 계약분쟁이 지속적으로 나타나고, 흥행수입을 속이는 현상이 발생하며, 제작 자금에 대한 관리감독이 합리적이지 못하고, 영화 저작권을 보호하기가 어려우며, 영화관의 비용절감을 위해 영화 상영의 질이 떨어지는 등의 문제점이 많다. 한편, 사회적으로 영화 심의가 지나치게 엄격하여 작품의 예술성에 영향을 미쳤다는 불평이 있는 반면 심사가 지나치게 느슨하여 청소년에게 부정적 영향을 미친다는 비평도 지적되고 있다. 이러한 두 가지 대립 의견은 영화 심의가 등급을 나누지 않고 성인표준과 아동표준이 섞여 있기 때문에 나타난 것이라고 할 수 있다. 중국 영화산업에 대한 관리는 정책에서 법제화, 시스템적인 관리로의 전환이 필요하다.

2) 산업추이: 빈번한 자본운영, 인터넷과의 통합화

영화는 막대한 사회영향력과 시장의 고속 발전에 힘입어 전체 문화 분야중에서도 자본에 대한 선호도가 가장 높다. 2014년 풍부한 자금이 영화 제작, 영화관 건설에 투입되었을 뿐만 아니라 대량의 자본이 영화 산업에 유입되어 영화산업의 자본운영이 활성화되었다.

언론 통계에 따르면, 2014년에 중국은 영화와 TV·게임·광고·출판·유선과 위성TV 등 다양한 문화미디어 산업의 인수합병이 총 169건이 발생하였으며, 관련 자본총액이 약 1,605억 위안에 달하였다. 그 중 영화와 TV산업의 인수합병이 거의 40%를 차지하여 평균 6일에 1건의 인수합병이 발생했고, 관련 금액은 650억 위안을 넘어섰다. 상악정(湘鄂情, 中科云网으로 개명), 중국 호남류양폭죽(熊猫烟花), 중남중공(中南重工) 등의 기업은 연이어 영화·TV산업에 진출하였다. 원래 산업이 하락세를 보인 상장기업은 영화·TV기업에 대한 호감을 보였으며, 영화 산업에 진입할 수 있기를 희망하고 있다.

게임자본과 달리 인터넷기업과 영화산업의 통합은 각자 수요를 충족시키기 위한 것이라고 할 수 있다. 텐센트는 '범오락(泛娱乐)' 전략 출시 이후 영화산업에 본격적으로 나섰으며 게임 IP를 개편한 애니메이션 영화를 제작하고 〈종규복마: 설요마령(钟馗伏魔: 雪妖魔灵)〉을 비롯한 6편 영화 제작에 투자하였다. 알리바바는 62억 4,400만 홍콩달러로 문화중국(文化中国)에 대한 인수합병을 통해 영화기업을 설립하였고, 바이두 산하의 아이치이(爱奇艺) 역시 새로운 영화 TV기업을 설립하였다. 최초로 인터넷 투자자본을 확보하였음을 대외에 발표한 러스(乐视影业)의 뒤를 이어 알리바바 영화제작사, 아이치이 영화제작사, 유쿠투더우 영화제작사, 텐센트 영화+ 등이 출시되었다.

'영화회사가 인터넷을 위해 서비스를 제공'하는 것과 '인터넷이 영화회사를 위해 서비스를 제공'하는 것은 겉으로 보기에는 서로 대립되는 것 같지만, 사실은 양자가 원해서 하는 일종의 '연애관계'라고 할 수 있다. 즉 인터넷은 영화를 통해 실속을 추구하고 플랫폼 가치를 향상시키며, 영화는 인터넷을 통해 자원을 획득하고 영향력을 확대하며 가치를 확장시킬 수 있다. 이러한 환경에서 중국의 영화산업은 세계의 다른 어떤 나라보다 더 일찍 인터넷과의 융합을 실현하였으며, 이로 인해 중국의 영화산업은 본격적으로 인터넷시대에 접어들기 시작하였다.

3) 영화기업: 전통적인 구조의 동태적 변화, 새로운 영화기업의 성장

2014년 인터넷 미디어의 충격때문에 과거 성공가도를 달리던 민간 영화기업인 화이브라더스(华谊兄弟)의 활동이 하락세를 보였다. 흥행수입은 수년에 거쳐 처음으로 4위로 밀려났으며, 대외적으로 회사의 전반적인 전략중에서의 '영화'의 비중을 낮추겠다고 발표하였다. 광셴미디어(光线传媒), 보나 영화그룹(博纳影业)은 계속하여 자체적 핵심경쟁력을 강화하고 경쟁 문턱을 높이고 있으며, 새로운 인터넷 기업은 전면적으로 영화산업에 진출하기 시작하였다.

2014년에 제작·공동제작된 영화 편수와 흥행수입을 보면 인터넷 요소를 갖춘 인터넷 영화기업 중에서 러스, 유쿠와 투더우 산하의 허이필름그룹(优酷土豆合一影业)이 탁월한 실적을 이루었다. 그 중 러스는 〈5

일의 마중(归来)〉, 〈소시대3(小时代3)〉 등 6편의 영화를 제작하여 14억 7,700만 위안의 흥행수입을 창출하였다. 유쿠와 투더우 산하의 허이필름그룹은 11편의 영화를 공동제작하여 33억 1,800만 위안의 흥행수입을 창출하였는데 그 중 6편의 영화 흥행수입이 14억 위안을 초과하고, 3편의 영화가 5억 위안을 초과하였다. 앞선 2개 기업을 비교해 보면 러스는 영화의 주요 제작사이고 유쿠와 투도우 산하의 허이필름그룹은 공동제작사이며, 러스는 인터넷 요소를 갖춘 영화기업이지만 유쿠와 투더우 산하의 허이필름그룹은 아직 인터넷기업에서 영화기업으로 전환하고 있는 과정에 있다고 할 수 있다.

아이치이 영화(爱奇艺影业)와 텐센트 영화+는 2014년에도 여전히 시범단계에 있었다고 할 수 있다. 아이치이 영화는 인터넷 마케팅 위주로 영화산업에 참여하고 있는데 유일하게 공동 제작한 영화가 바로 흥행수입이 기대치에 미치지 못한 〈일보지요(一步之遥)〉였다. 텐센트 영화+는 기본적으로 인터넷 게임 IP를 갖춘 영화 육성에 주력하고 있다.

전반적으로 앞서 제시한 4개 인터넷 기업이 제작하거나 공동 제작한 영화 편수는 중국 국내 영화 총편수의 3%인 20편에 불과하다. 하지만 해당 영화는 중국영화 흥행수입 총액의 38%를 차지하였다. 특히 러스가 제작·공동 제작한 6편의 영화 중 5편의 흥행수입이 14억 7,700만 위안을 초과하였다. 이로써 인터넷기업과 영화시장의 연관성을 알 수 있다.(표1)

표1. 인터넷기업의 영화제작

기업 명칭	제작/공동제작 편수(편)	흥행수입 (억 위안)	흥행수입이 억 위안을 초과한 영화 편수(편)	국산영화 흥행수입에서 차지하는 비중
아이치이 영화	1	5.13	1	3.3%
허이필름그룹	11	33.18	6	22%
텐센트 영화+	2	3.6	2	2.6%
러스	6	14.77	5	9.9%

향후 영화산업의 구조를 살펴보면 인터넷과 영화사이의 관계가 더 밀접해질 것으로 예상된다. 인터넷 마인드 · 인터넷 특징 · 클라우딩 · 빅데이터 · 팬 · 소셜 · 통합 마케팅 등 개념이 영화산업에 침투될 것이고, '인터넷에 의존하는 세대'의 영화사 · 영화감독 · 영화소재 · 영화 관람객에 의해 중국의 영화산업은 새로운 발전양상을 보일 것으로 예상된다. 향후 어떻게 인터넷 경영마인드를 영화 제작방식과 논리적으로 결합할 것인가가 중국 영화산업의 발전에 큰 도전이 될 것이다. 지나친 인터넷화는 영화의 예술가치와 비즈니스 가치에 영향을 미칠 수 있기 때문에 인터넷이라는 양날의 칼을 잘 활용하는 것이 영화산업과 인터넷 산업의 전례없는 새로운 도전이라고 할 수 있다.

3. 영화제작: 대작이 강하지 않고 소작이 약하지 않음

중국의 영화제작 모델은 상당히 다양하다. 그 중 각종 당정부서의 홍보를 위해 투자제작한 영화, 기업이 협찬하여 투자 제작한 영화, 각종 여유 자금을 통해 투자 제작한 영화 등이 있다. 이러한 영화는 수입창출에 대해 명확한 계획을 설정하거나 예측하지 않으며, 대부분 영화관에서 상영되지 않는다. 또 영화 투자규모는 백만 위안대이며, 천만 위안대 이상의 투자가 적을 뿐만 아니라 영화의 산업가치가 작다.

진정한 영화는 여전히 화이브라더스·인라이트 미디어·러스·보나 영화그룹·완다 영화그룹(万达影业) 등 5대 민간 영화기업과 중국 영화그룹(中影股份)·샤오마번텅(小马奔腾) 등 전문 영화기업에 의해 제작된다. 바이두, 알리바바, 텐센트 등 3대 인터넷기업은 일부 영화의 제작과 발행에 참여하였다.

1) 제작기구: 민간 영화기업의 점진적 분화, 인터넷기업 등 진출

2014년에 화이브라더스, 인라이트미디어, 러스, 보나, 완다 영화그룹 등 5대 민간 영화기업이 주도하여 제작한 영화가 중국 국내 영화 흥행수입의 58%를 차지하였다. 그 중 인라이트 미디어가 19%, 보나 영화그룹이 15%, 러스가 11%로 상위 3위권을 차지하였다.

인라이트 미디어가 제작한 자국영화의 흥행수입은 2014년에 2013년 대비 약 50% 증가한 31억 위안에 달하였다. 비록 2014년 연초에 대외적으로 발표한 40억 위안 목표치에는 미달하였지만, 인라이트 미디어는 처음으로 다른 기업을 제치고 1위를 차지하였다. 보나 영화그룹은 24억 위안의 흥행수입을 창출하여 최근 3년 간 처음으로 2위를 차지하였으며, 제작한 영화는 주로 자체적으로 개발해 투자한 프로젝트 위주였다. 러스는 19억 위안의 흥행수입을 달성하였는데, 주로 젊은 세대를 대상으로 한 여름방학 기간의 영화가 흥행하였다. 완다 영화그룹은 영화산업의 업스트림에 주력하기 시작하였으며 1분기에 중국 국산영화의 50%를 독점하는 놀라운 점유율을 보였다. 완다 영화그룹이 발행한 〈베이징 러브스토리(北京爱情故事)〉, 〈십만개 냉소화(十万个冷笑话)〉는 모두 2014년에 주목받은 영화이다. 반면에 펑샤오강(冯小刚)이 떠난 화이브라더스는 2014년에 중소규모 투자의 영화와 수입산 영화를 위주로 하여 제작하였으며, 그 중 〈살교여인 최호명(撒娇女人最好命)〉, 〈미애(微爱)〉 등 영화가 이상적인 흥행수입을 창출하였지만, 전체적으로 국산영화의 배급수입은 마이너스 증가세를 보였다.

기타 민간영화기업, 예컨대 화처미디어(华策影视)·허리천광(和力辰光)·러스가 공동 제작한 〈소시대3〉이 좋은 성적을 거두었고 푸젠헝예(福建恒业)가 제작한 〈경성81호(京城81号)〉, 배급한 황전전(黄真真)감독의 〈절친(闺蜜)〉이 2억 위안을 넘는 좋은 성적을 거두었으며, 샤오마번텅의 〈총총나년(匆匆那年)〉이 연말에 좋은 성적을 거두었다. 텐위미디어(天娱传媒)는 〈쾌락남성(快乐男声)〉의 다큐멘터리인 〈나는 나다(我就是我)〉를 출시하였으며, 광셴미디어와 공동으로 〈아빠 어디가(爸爸去哪儿)〉 영화를 제작하여 TV 예능 프로그램에 대해 영화를 제작하는 방식을 사용하였다. 스텔라 메가(星美)가 제작에 참여한 〈섹스 어필(不能说的夏天)〉, 〈태평륜(상)〉은 모두 기대 목표치에 달하지 못하였다. 신리미디어(新丽传媒)의 〈내 여친은 조기갱년기(我的早更女友)〉는 적은 투자로 좋은 성적을 거두었다. EDKO(安乐影业)가 공동제작한 〈라이즈 오브 더 레전드(黄飞鸿之英雄有梦)〉, 미디어 아시아그룹(寰亚)이 제작한 〈부재설분수(不再说分手)〉, 미디어 아시아그룹과 EEG(英皇)가 공동 제작한 〈구화영웅(救火英雄)〉, 은도기구(银都机构)가 공동 제작한 〈애버딘(人间小团圆)〉·〈절청풍운3(窃听风云

3)〉·〈마경(魔警)〉·〈Z풍폭(反贪风暴)〉·〈도마기(盗马记)〉·〈백변애인(百变爱人)〉 등 영화는 모두 홍콩회사에서 제작한 것으로 규모가 크지 않지만 자체의 특색을 살렸다.

2014년에는 중국의 국유 영화제작기업의 실적이 부진하였다. 중국 영화그룹이 제작에 참여한 영화는 대다수가 주도적으로 제작한 것이 아니었다. 팔일영화제작사(八一电影制片厂)가 남수북조(南水北调, 남방의 물을 북방으로 이끌어 오기)를 소재로 제작한 영화 〈천하(天河)〉는 베이징의 정책적인 홍보를 통해 3,000여만 위안의 흥행수입을 창출하였는데 이는 2014년에 거둔 가장 좋은 성적이었다. 상하이 영화제작사(上影), 창춘 영화제작사(长影), 서부 영화제작사(西影) 등은 2014년에 큰 영향력을 가진 작품을 제작하지 못하였다. 이와 같이 민간영화 기업 위주의 영화제작 국면이 본격적으로 형성되었다.

2) 창작인재: 세대 교체, 크로스 오버 인재의 활약

중국의 5세대 감독은 중국 영화산업 개혁 이후 가장 믿을만한 창작자원이라고 할 수 있다. 하지만 영화 관람객의 저령화, 인터넷 요소의 영향 하에서 5세대 감독과 그 시대 영화인은 영화산업의 핵심적 지위에서 점차 물러나기 시작하였고 더 젊은 영화인, 심지어 다른 분야로부터 직업을 바꾼 영화인이 영화산업의 핵심지위에 들어서기 시작하였다.

중국국산 영화 〈삼국연의(三国演义)〉에서 펑샤오강(冯小刚)과 천카이거(陈凯歌)가 자리를 비우고 장이머우(张艺谋)가 〈5일의 마중〉을 통해 겨우 버티고 있는 상황이다. 이 영화는 평론가로부터 높은 평가를 받았지만 흥행수입은 그리 좋지못하였다. 1960년대에 태어난 6세대 감독인 장원(姜文)의 작품 〈일보지요〉 역시 기대하였던 흥행수입을 창출하지 못하였다. 2014년 36편의 억 위안대 국산 영화 중에서 1970~1980년대에 태어난 젊은 새 감독의 작품이 16편에 달하였다.

베스트셀러 작가인 한한(韩寒)이 최초로 감독한 〈기약없는 만남(后会无期)〉은 6억 3천만 위안의 높은 흥행수입을 창출하여, 이는 국산 영화 데뷔작 중에서 가장 높은 흥행수입을 올린 작품으로 기록되었다. 1978년에 태어난 천스청(陈思成)은 배우에서 각본 작가와 감독으로 변신하였으며, 드라마 〈베이징 러브스토리〉를 영화로 제작하여 4억 6백만 위안의 흥행수입을 창출하였다. 궈징밍(郭敬明)이 감독한 〈소시대3〉은 5억 2,200만 위안이라는 높은 흥행수입을 냈으며, 〈소시대〉 시리즈의 3편의 총 흥행수입은 12억 위안을 돌파하여 시리즈 영화 흥행수입에서 1위를 확보하였다. 배우 덩차오(邓超)가 감독한 〈분수대사(分手大师)〉는 〈트랜스포머: 사라진 시대〉와의 경쟁 속에서 여전히 6억 위안이라는 높은 수입을 올렸다. 청년 감독인 루양(路阳)의 작품인 〈수춘도(绣春刀)〉는 흥행수입이 미미하였지만, 한결같은 호평을 얻었다. 중국 국내 영화의 흥행수입 최고는 1970년대 출생인 청년 감독 닝하오(宁浩)의 〈브레이크업 버디즈(心花路放)〉였다. 배우·작가에서 감독으로 변신한 청년감독들의 활약을 통해 2014년 중국의 영화산업은 더 젊은 양상을 보였다.

중국 대륙은 경험이 풍부한 감독이 좋은 성적을 거두지 못하였지만 홍콩은 경험이 풍부한 감독이 여전히 좋은 성과를 이루었다. 쉬커(徐克) 감독의 〈타이거 마운틴(智取威虎山)〉은 제작수준과 창작수준에서 남들이 뛰어넘기 어려운 높은 수준을 보였으며, 천커신(陈可辛) 감독의 〈디어리스트(亲爱的)〉는 예술영화지만 상업영화 수준의 성적을 거두었다. 하지만 우위썬(吴宇森) 감독의 〈태평륜(상)〉과 쉬안화(许鞍华) 감독의 〈황금시대(黃金时代)〉는 시장의 선호도가 높지 않았다. 〈태평륜(상)〉의 유명한 스타가 많이 등장하는 제작모델은 이미 시대에 걸맞지 않았고, 〈황금시대〉는 지나치게 문학적으로 서술하여 관객이 외면했기 때문이다.

중국 영화인의 교체는 기본적으로 주류적 흐름이라고 할 수 있다. 1970년대 출생인 닝하오(宁浩), 장이바이(张一白), 정바오루이(郑保瑞), 저우셴양(周显扬), 천스청(陈思成), 덩차오(邓超) 및 1980년대 출생인 새 영화인인 한한(韩寒), 궈징밍(郭敬明), 궈판(郭帆), 천정다오(陈正道), 샤오양(肖央), 톈위성(田羽生) 등이 억위안대 흥행수입 클럽에 들어섰다. 이러한 젊은 영화인의 전문적인 능력은 선배 예술가에 미치지 못하지만 문화 가치관, 생활방식, 친화적 인터페이스, 마케팅 관계 등 방면에서 젊은 영화 관람객에 더 쉽게 접근하고 있다.

3) 영화제품: 대작의 약세, 가벼운 영화의 흥행

〈영웅(英雄)〉으로부터 시작하여 대작 영화가 줄곧 중국 국산영화 시장을 지탱하였지만, 〈실연 33일(失恋33天)〉, 〈로스트 인 타일랜드(泰囧)〉 이후 변화가 나타나기 시작하였다. 2014년 흥행수입 상위 30위권에 있는 중국 국산영화 중, 중소규모 투자의 사랑·코미디·액션 등 3가지 유형이 약 70%의 흥행수입을 차지하였고, 무협·스릴러·판타지 등 유형도 일정한 점유율을 확보하였다. 즉 중국의 대작 영화는 시장을 이끄는 리더 역할을 발휘하지 못하였고 가벼운 소재, 스타일, 유형의 영화가 좋은 성적을 이루었다. 이는 중국 국산 영화 제작모델에 변화가 나타났음을 보여주고 있다.

2014년에 제작된 618편의 중국 국산 극영화 중에서, 17편은 억 위안을 초과하여 투자되었고, 3,000만~1억 위안 투자 영화는 16편, 1,000만~3,000만 위안 투자 영화는 34편, 나머지 551편 영화는 모두 1,000만 위안을 초과하지 않은 것으로 나타났다. 중국 국산 영화의 흥행수입 상위 10위에 포진되어 있는 영화 중 〈몽키킹: 손오공의 탄생(西游记之大闹天宫)〉, 〈도성풍운(澳门风云)〉, 〈일보지요〉, 〈타이거 마운틴〉 등 4편만 투자가 1억 위안을 초과하였다. 투자가 천만 위안 이하인 영화는 TV 예능 프로그램을 영화로 제작한 〈아빠 어디가〉이다. 오히려 궈징밍과 한한이 감독한 영화 〈소시대3〉과 〈기약없는 만남〉은 모두 보통 투자수준이지만, 흥행수입은 모두 5억 위안을 초월하였다.

2014년에 대작의 부진현상이 더 부각되었다. 〈태평륜(상)〉, 〈황금시대〉 등의 투자액은 막대하였지만 시장으로부터 얻은 수익은 미미하였다. 자오바오강(赵宝刚)이 감독한 대작인 〈촉불가급(触不可及)〉은 더욱 여지없이 참패하였다. 〈빙봉협: 중생지문(冰封: 重生之门)〉, 〈라이즈 오브 더 레전드〉, 〈마경〉, 〈구화영웅〉 등 대작 액션영화의 흥행수입 역시 이상적이지 못하였다. 가장 시장을 실망케 한 것은 바로 투자액이 5,000만 달러(약 3억 위안)를 초과한 장원 감독의 새 작품인 〈일보지요〉이다. 이러한 영화는 제작규모, 제작수준 등 면에서 중국 영화의 최고 표준을 대표하며, 이미지가 생동적이고 화면이 아름답지만 이야기 줄거리가 서툴기 때문에 결국은 〈대작 부진〉 결과를 가져오게 되었다. 쉬커 감독의 〈타이거 마운틴〉만이 영화 유형과 줄거리 구성이 좋아서 대작중에서 드물게 높은 흥행수입을 나타냈다.

2014년에 중소규모로 투자한 영화가 좋은 성적을 이루었다. 〈동탁적니(同桌的你)〉의 투자는 1천만 위안에 불과하였지만, 4억 5천만 위안이라는 거액의 흥행수입을 창출하였다. 〈베이징 러브스토리〉, 〈디어리스트〉, 〈대 최면술사(催眠大師)〉, 〈살교여인 최호명〉 등 영화는 모두 적은 투자로 높은 수익을 만들어냈다. 인터넷 단편 영화 〈올드보이(老男孩)〉 시리즈인 〈올드보이의 맹룡과강(老男孩之猛龙过江)〉은 투자액이 1천만 위안도 미치지 않았지만 2억 위안의 흥행수입을 창출하였고, 영화의 주제곡인 〈작은 사과(小苹果)〉는 폭발적인 인기를 얻었다. 〈십만개 냉소화〉는 인터넷에서 지속적으로 뜨거운 인기를 유지하였고, 개봉당일의 흥행수입이 1천만 위안을 돌파하였다. 이러한 중소규모 투자의 영화는 흥행수입의 새로운 기록을 지속적으로 갈아치우고 있다. TV 예능 프로그램을 영화로 제작한 〈아빠 어디가〉는 10억 위안에 육박하는 천문학적 흥행기록을 보여주었다. 구체적으로 살펴보면 ① 코미디 영화, 예컨대 〈분수대사〉, ② 상쾌한 러브 스토리, 〈총총나년〉이 인기영화로 부상하였다. 물론 그 중에서도 가장 인기를 끈 영화는 바로 코미디와 러브스토리가 결합된 영화, 〈브레이크업 버디즈〉이다.

영화계에는 팬 영화, 인터넷 소설 영화, 게임 영화 등이 나타났다. 〈경성81호(京城81号)〉는 4억 천만 위안의 흥행수입을 통해 스릴러 영화에 확신을 가져다 주었으며, 〈대 최면술사〉는 2014년에 가장 환영받는 중국 국산 스릴러 영화로 부상하였다. 다양한 중국식 영화를 통해 2014년 중국의 유형 장르영화의 발전추이를 볼 수 있었다.

물론 2014년에 더 주목해야 할 것은 바로 중국 영화작품의 풍부함과 다양성이다. 영화시장은 10여년 전의 흥행수입이 10억 위안에도 미치지 못하였던 '작은 과자'에서 지금 약 300억 위안에 육박하는 '큰 케이크'로 발전하였다. 시장이 확대됨에 따라 독특한 예술가치와 개성을 가진 작품이 제작되었을 뿐만 아니라, 수천만 위안 내지 수억 위안의 흥행수입을 창출하는 작품도 나오고 있다. 그 중 아동 유괴와 관련된 현실적인 사회문제를 다룬 〈디어리스트〉, 1930년대 격변의 중국에서의 지식인의 감정생활을 다룬 〈황금시대〉, 국제상을 수여받은 인간의 선과 악을 적절히 보여준 〈백일염화(白日焰火)〉, 황당한 정치 배경하에서 개인적 비극을 만들어낸 〈5일의 마중〉, 해외 유명한 감독이 제작에 참여한 향수(乡愁)와 가족사를 다룬 〈나이팅게일(夜莺)〉, TV 예능 프로그램을 기반으로 제작한 다큐멘터리 영화인 〈아빠 어디가〉는 대표적인 사례다. 심지어 칭화대학교 칭잉스튜디오(清影工作室)에서 제작한 중국국제라디오방송국의 유명 사회자에 대한 저비용 다큐멘터리 〈이즈 모닝(飞鱼秀)〉마저도 인터넷을 통해 10여개 도시의 팬을 집중시켰고, 연속 21일동안 영화관에서 방영되었다. 예술영화의 원가와 이익 사이의 균형이 잘 통제된다면, 향후 중국 영화작품에서 중요한 자리를 차지할 수 있을 것으로 예상된다.

4) 3D와 만화영화: 기술과 미학적으로 더 큰 돌파를 기대

전 세계적으로 3D영화가 대세적 흐름이라고 할 수 있다. 할리우드의 전 세계 흥행수입의 상위 30위권에 속해 있는 영화 중 3/4이 3D영화이다. 3D영화는 할리우드가 전 세계 영화시장을 목표로 만들어낸 것으로, 뛰어넘을 수 없는 기술력을 바탕으로 미국 영화의 패권적 지위를 지키고 있다.

이에 2014년, 중국은 3억 위안을 투입하여 6개 핵심적인 국유제작사를 지원하였다. 그 중에는 신기술에 대한 업그레이드와 개조가 포함된다. 아울러 하이테크를 활용한 영화에 대한 보조금 제공을 추진하였다. 과거와 비교해 보면 2014년의 하이테크 영화는 양적이나 질적으로 모두 큰 발전을 가져왔다. 흥행수입이 상위 10위권 안에 있는 중국 국산영화 중 하이테크 영화가 처음으로 절반을 넘어섰다.

만화영화는 '가족영화' 성격의 작품으로 전 세계 영화 흥행수입 중에서 줄곧 중요한 자리를 차지하여 왔다. 최근 들어 중국 국산 만화 영화가 지속적으로 증가하고 있는데 그 중 〈시양양과 후이타이랑(喜洋洋与灰太狼)〉 시리즈 작품이 뛰어난 성적을 거두었다. 2014년에 35편의 중국 국산 만화영화가 개봉되었는데 흥행수입은 누적 11억 위안에 달하였다.

TV 영향력을 빌어 제작한 3D 만화영화인 〈부니 베어: 롤라 구출 대모험(熊出没之夺宝熊兵)〉가 〈시양양과 후이타이랑〉 시리즈를 뛰어넘어 최근 몇 년간 흥행수입이 가장 높은 국산 만화영화로 부상하였다. 〈유고와 라라: 신비의 숲 어드벤처(神秘世界历险记2)〉, 인터넷 게임을 영화로 제작한 〈성마의 전투(赛尔号4: 圣魔之战)〉, 만화 시리즈를 개편한 〈진시명월의 용등만리(秦时明月之龙腾万里)〉가 국산 만화 영화 흥행수입 상위 5개에 들어섰다.

2014년에 중국은 18편의 만화 영화를 수입하였는데 그 중 6편의 흥행수입이 1억 위안대를 초월하였다. 〈드래곤 길들이기2〉는 4억 위안의 흥행수입으로 다른 만화영화의 흥행수입을 훨씬 뛰어넘었다. 결과적으로 중국 국산 영화 흥행수입 상위 10위권에는 중국 국산 만화영화가 1편도 포함되어 있지 않아 만화영화는 여전히 중국의 주요 영화 분야가 아님을 알 수 있다.

2014년에 중국과 해외제작사의 공동제작 영화가 안정적인 발전 양상을 보였다. 중국 대륙 제작사는 홍콩·타이완·프랑스·미국·한국·일본 등 국가와 같이 공동으로 영화를 제작하였는데 그 중 홍콩과 공동제작한 영화가 여전히 주류를 차지하였다. 공동제작 영화 유형은 판타지·코미디·액션·미스터리·사랑·시대극 등을 포함하고 있으며, 그 중 코미디·경찰극·무협영화 등 3가지 유형의 인기가 가장 높았다. 예컨대 코미디의 경우 황전전 감독의 〈절친〉, 구더자오(谷德昭)의 〈육복희사(六福喜事)〉, 리즈이(李志毅)의 〈도마기〉가 있다. 경찰극의 경우 〈절청풍운3〉, 〈마경〉, 〈Z풍폭〉 등이 있고 무협영화의 경우 〈사대명포 3: 종극대결전(四大名捕大结局)〉, 〈백발마녀전: 명월천국(白发魔女传之明月天国)〉 등이 있다. 〈몽키킹: 손오공의 탄생〉, 〈도성풍운〉 및 천커신 감독의 〈디어리스트〉, 쉬커 감독의 〈타이거 마운틴〉은 모두 2014년에 성공을 거둔 공동제작 영화라고 할 수 있다.

사실 진정한 중국 외 공동제작 영화가 많지 않지만, 중국기업은 적극적으로 외국영화에 대한 투자에 참여하기 시작하였다. 2014년에 중국 대륙에서 1위 흥행수입을 차지한 〈트랜스포머: 사라진 시대〉에 중국 자금의 투자가 포함되어 있으며, 화이브라더스는 〈퓨리〉 등 전쟁유형 영화에 투자하였다. 중국과 기타 국가 사이의 공동제작 영화가 새로운 돌파구가 되었는데, 중국과 프랑스가 공동 제작한 〈나이팅게일〉과 〈울프 토템(狼图腾)〉은 모두 프랑스인이 감독하였다. 그 중 〈나이팅게일〉은 중국 대륙을 대표하여 오스카 외국어영화상 경쟁에 나서기도 하였다.

한국과 중국 공동제작 영화 역시 새로운 계기를 마련하였는데, 양국은 '한중영화 공동제작 협정'을 체결하였고, 화처미디어·뉴 클래식 미디어 등이 한국의 CJE&M 등 회사와 전략적 협력관계를 구축하였다. 아울러 중일 양국의 공동제작 영화는 〈총명한 이큐(聰明的一休哥)〉의 영화판, 〈고양이 소년 표류기(猫星少年漂流記)〉 등 만화 영화를 위주로 하고 있다.

전반적으로 2014년에 중국영화는 시장과 관객에 더 접근하였다. 영화의 제작방식 역시 인터넷의 영향을 받아 변화가 나타나고 있으며, 영화제작 마인드와 영화인의 세대교체 역시 추진되고 있다. 대작의 부진과 소작의 활약은 2014년도 영화계를 설명하는 중요한 표현이 되었다. 과거 주도적 지위를 차지하였던 대도시 화이트칼라 관람객의 취미가 서민과 대중적인 인터넷 이용자에 의해 변화했다. 이에 따라 영화가 상품에는 더 가까워졌지만 예술적 가치와는 거리가 더 멀어진듯 보인다.

4. 영화시장: 내수적 경제특성의 지속적 강화

2014년의 중국 영화시장은 역동적으로 발전했다. 스크린과 관람객이 증가하고, 영화시장에 대한 2·3선 도시의 영향이 강화되었다. 새로운 관객은 새로운 영화 소비습관과 취미를 가져오고, 새로운 마케팅 방법은 새로운 시장변화와 시장기적을 초래하였다. 중국 대륙시장의 소비력과 인터넷 소셜화의 이중적인 영향속에서 중국 영화는 수입 영화의 쿼터와 점유율을 제한하고, 동시에 국내시장 수요를 위주로 하는 경제모델을 강화하고 있다. 이러한 시장은 중국 영화산업의 발전추이를 좌우하고 있다.

1) 영화배급사와 영화관

2014년 중국 대륙의 영화관은 4,918개, 스크린 수는 23,592개에 달하며 영화배급사는 기본적으로 안정적 지위를 유지하였다. 전국 상위 10개에 속한 영화관의 흥행수입 총액은 전체 흥행수입의 66%를 차지하는 196억 7천만 위안으로 2013년 대비 63% 증가하였다. 완다 영화그룹이 42억 위안의 흥행수입으로 1위를 차지하였고, 다디영화관(大地院线)의 2014년도 흥행수입은 48% 증가하여 가장 크게 증가했다. 과거 전국 1위였던 베이징 신잉롄(北京新影联)은 5년 연속 순위가 하락하여 2014년에는 10위로 하락하였다. 중국영화그룹 디지털영화관(中影数字院线)의 흥행수입은 동기대비 47% 증가하여 증가율은 다디영화관보다 낮은 수준이었지만, 전국 7위로 상승하였다. 기타 대다수 영화관의 순위에는 큰 변화가 없었다.

영화관 사이의 경쟁은 교착상태에 있다. 일부 영화관은 매출액이 이상적이지 못하고 자산관계가 복잡하기 때문에 집중도를 향상시키기 어려운 측면이 있다. 이는 일부 영화관 사이에 지역적 경쟁을 격화시켰고 이로 인해 악성 경쟁이 대두되었다. 또한 영화배급사 사이의 차별성이 없어지는 문제가 초래되었다. 영화배급사 집중도 강화는 중국 국유자산 개혁이 심화되는 정도에 따라 다르게 나타난다.

2) 영화 관람객: 팬 관객의 대규모 출현, 청년학생이 주요 관객으로 부상

2014년에 영화 관람객 수는 2013년 대비 연간 2억 2천만 명 증가하였으며 증가율은 36%에 육박하여 흥행수입의 증가폭과 거의 일치한 수준을 보였다. 최근 2년간 중국의 영화 관람객 구성을 보면 청소년이 대폭 증가하였다. 19~40세의 관람객이 총 관객수의 87%를 차지하고 그 중 19~30세의 관람객이 절반이상을 차지한 것으로 나타났다. 여름방학과 휴가일에 영화 관람객의 저연령화 현상이 더 두드러지게 나타났다.

중국의 영화는 '인터넷' 특징이 점점 더 명확하게 나타나고 있다. 2014년에 〈기약없는 만남〉, 〈소시대3〉 등 수억 위안의 흥행수입을 창출한 '팬 영화'가 나타났을 뿐만 아니라 〈올드보이의 맹룡과강〉, 〈분수대사〉, 〈브레이크업 버디즈〉 등 영화처럼 이야기 줄거리가 분산적이고 대본이 인터넷 미디어의 특징을 갖는 영화가 나타났다. 이런 영화는 심미적 가치가 부족하지만, 가치관이 서민 대중적인 감성에 영합하는 특징을 가지며, 이에 따라 청소년 관객의 인기를 모으고 있다.

3) 영화의 흥행수입: 160편 영화의 흥행수입은 천만 위안대를 초월

2014년 중국의 영화시장은 연초부터 발전 양상을 보였으며 흥행수입이 억 위안대를 초월한 영화가 빈번히 나타났다. 2014년에 흥행수입이 천만 위안대를 넘는 영화는 2013년의 100여 편을 초월하여 161편에 달하였고, 흥행수입이 5,000만 위안대를 넘는 영화는 총 89편으로 매월 평균 7.4편에 달하였다. 흥행수입이 1억 위안대를 넘는 영화는

66편으로 월평균 5.5편에 달하였다. 2014년에 총 388편의 영화를 제작하였는데 그 중 41.5%의 영화가 천만 위안대 흥행수입에 달하였다. 이는 중국 영화시장의 막대한 소비력을 보여주고 있다.

2014년 수입 영화의 흥행수입은 여전히 국산영화보다 낮은 수준이었다. 하지만 흥행수입 1위를 차지한 영화는 〈트랜스포머: 사라진 시대〉로 약 20억 위안에 육박하는 놀라운 성적을 거두었다. 34편의 흥행수입을 배분하는 수입영화 중에서 30편이 억 위안대 이상의 수입을 창출하였고, 7편이 5억 위안대를 기록하였다. 30편의 억 위안대를 넘는 수입 영화 중에서 29편은 3D 영화 혹은 대형 스크린이나 IMAX 영화에 속하였다.

하이테크 영화 시장에 있어 수입 영화는 현저한 우위를 갖고 있다. 방영여건이 제한적임에도 불구하고 수입 영화의 평균 흥행수입은 중국 국산 영화보다 훨씬 높은 수준을 보였다. 중국 국산영화의 경쟁력, 특히 하이테크 영화는 경쟁력을 더 높여야 할 필요성이 있다.

2014년에 5억 위안대를 초월한 영화는 15편으로 전체 흥행수입에서 42%를 차지하였다. 흥행수입이 1억 위안~5억 위안대인 영화는 51편으로 46%를 차지하는데, 앞선 2가지를 합산할 경우 발행총수의 17%, 전체 흥행수입의 88%를 차지한다. 이는 미국 영화관 구조와 유사한 것으로 나타났다. 2014년 미국 영화시장에서 흥행수입이 1억 달러를 넘는 영화는 29편으로 전체 흥행수입의 50%를 차지하였고 흥행수입이 5,000만~1억 달러인 33편의 영화는 20%를 차지하여 이 두가지를 합산할 경우 약 70%를 차지한 것으로 나타났다.

미국 영화시장의 다양화 수준은 중국보다 다소 높은 수준에 있지만, '28규칙(80%의 상품판매액은 20%의 제품에 의해 실현되고 20%의 상품판매액은 80%의 제품에 의해 실현됨)'은 영화시장에도 적용되는 것으로 예상된다.

4) 소비유형: 수입산 영화는 대작, 국산 영화는 사랑·코미디·아이돌 소재 선호

2014년 억 위안대의 흥행수입을 창출한 영화를 보면, 사랑·코미디·액션 등 3가지 유형을 통해 약 70%에 육박하는 중국 영화의 흥행수입 점유율을 지탱하고 있음을 알 수 있다. 이는 미국과 전혀 다른 양상을 보인 것이다. 미국은 SF영화가 45%를 차지하며 장르가 집중되어 있다. 중국의 수입 영화는 SF영화·액션영화 위주로 75억 위안의 흥행수입을 창출하였지만, 국산 영화시장을 살펴보면 '러브+코미디+아이돌'의 유형조합이 가장 큰 수익을 얻었다. 이러한 영화는 약 68억 위안에 달하는 흥행수입을 창출하였고, 상위 10위권에 있는 영화 중에서 〈몽키킹: 손오공의 탄생〉·〈일보지요〉만이 전통적인 대작에 속한다. 국산 액션영화와 엄숙한 분위기의 극영화는 일정한 시장규모를 갖추었지만 관람객 수가 상대적으로 낮은 편이었다. 중국의 국산영화는 홀가분한 분위기와 오락화 추이로 발전하고 있다.

이러한 현상은 수입 영화가 제작이나 창작면에 있어 중국 국산영화를 앞서 가고, 이에 따라 관객들이 할리우드 대작을 선호하기 때문에 나타난 것이다. 또 한편으로는 중국 영화는 러브·코미디·아이돌 등 방면에서 현재 사람의 생활환·감정상태에 대한 인정과 소통을 찾아내어 할리우드 영화가 대체할 수 없는 지역 친화성을 형성하였기 때문이다. 물론 중국 국산 영화의 산업화 수준이 영화발전 속도를 추격하지 못하면 할리우드 영화에 의해 영화시장이 위기를 겪을 수도 있다.

5) 영화 마케팅: 인터넷 마케팅의 활성화

마케팅이 영화의 흥행수입을 결정함에 있어서 점점 더 중요한 역할을 발휘하고 있다. 통계에 따르면 2014년 중국의 영화 마케팅비용은 36억 위안(전국 흥행수입 총액의 12%)으로 동기대비 24% 증가한 것으로 나타났다. 영화 마케팅의 중심점은 전통미디어에서 인터넷 등 뉴미디어로 변화하고 있으며 위러바오, 크라우드 펀딩, 온라인 표구입 사이트, 위챗 지불 결제 등은 모두 영화 마케팅과 관련된다.

인터넷 마케팅은 과거의 추상적이고 신비로우며 충격적인 마케팅에서, 알뜰하고 정확하며 화제성이 있는 마케팅 및 인터넷 유통 등의 단계로 발전하였으며, 바이럴 마케팅(viral marketing, 누리꾼이 이메일이나 다른 전파 가능한 매체를 통해 자발적으로 어떤 기업이나 기업의 제품을 홍보하기 위해 널리 퍼뜨리는 마케팅 기법)과 오락 마케팅으로 새롭게 혁신하고 있다. 현재 핫이슈인 '크라우드펀딩' 역시 투자 플랫폼을 통해 영화 마케팅을 추진하고 있다. 알리바바는 '위러바오'를 출시하여 처음에 〈소시대3〉·〈소시대4〉·〈울프 토템〉·〈임파서블(非法操作)〉 등 4편의 영화와 〈모범학원(模范学院)〉 등 인터넷 게임을 선보였는데 모금 총액이 7,300만 위안에 달하였으며, 두 번째는 100시간 내에 〈노수홍안(露水紅顔)〉·〈아웃캐스트: 절명도망(绝命逃亡)〉·〈전성수배(全城通缉)〉·〈올드보이의 맹룡과강〉·〈괴발3(魁拔3)〉 등 5편의 영화를 위해 9,200만 위안을 모금하였다. 바이두 산하의 크라우드펀딩 플랫폼인 '바이두 유시(百度有戏)'는 출시된 하루 만에 〈황금시대〉를 위해 약 1,800여만 위안을 모금하였다. 이러한 크라우드펀딩 모델은 자금을 확보한다는 의미보다 마케팅적 의미가 훨씬 크다고 볼 수 있다.

　BAT(바이두, 알리바바, 텐센트)를 대표로 하는 인터넷기업은 영화 마케팅을 위해 점점 더 많은 아이디어를 제공하였으며, 온라인 영화표 판매에서 홍보·영화관람 후기 공유 등을 통해 점점 더 큰 범위의 네트워크를 구축하였고 전통적인 배급 마케팅 모델에 타격을 주었다.

　업계 관련 자료에 따르면, 2014년 총 296억 3,900만 위안의 흥행수입 중 40%는 모바일 소프트웨어 단말기나 인터넷 사이트를 통한 영화표 구입에서 나온 것이었다. 마오엔 메이퇀(猫眼美団), 타오바오 영화(淘宝电影), 거와라(格瓦拉), 스광왕(时光网), 바이두 뉘미(百度糯米) 등 수많은 제3자 티켓판매 종합사이트를 위주로 하는 온라인 영화표 판매 시스템이 형성되었다. 〈기약없는 만남〉·〈브레이크업 버디즈〉·〈일보지요〉 등은 모두 온라인 티켓판매 방식을 통해 좋은 효과를 이루었다. '11.11' 기간에 알리바바 산하의 타오바오 영화(淘宝电影)·알리바바 영화(阿里巴巴影业)는 웨이보 영화·시나 오락과 공동으로 11편의 허수이당(贺岁档, 새해를 맞이하여 개봉하는 영화) 영화를 저가로 사전 판매하였는데 4일 만에 68만 5,900장의 영화표가 판매되는 놀라운 수치를 기록하였다.

　쓰촨 태평양영화관의 업무부 경리 치리웨이(秦立为)는 다음과 같이 말했다. "인터넷으로 인한 영화 배급사의 충격이 가장 크다. 오랜시간 동안 영화배급사는 도시의 언론 및 영화관과 교류하였지 관람객과 교류하지는 않았다. 하지만 전자상거래 업체는 정확한 데이터 분석 능력을 확보하면서 효과적인 마케팅과 신속한 지불능력을 확보할 수 있었다. 이에 향후에는 인터넷기업이 영화 배급의 주도적 지위를 차지하게 될 가능성도 있다." 기존 영화 산업 체인에 대한 인터넷의 주요 영향력은 온라인 영화표 판매로, 이러한 변화속에서 영화의 새로운 배급모델이 형성되면 영화 산업 체인의 업스트림과 다운스트림을 밀접하게 연결할 수 있을 것이다.

6) 성수기 변화: 허수이당의 부진, 명절과 휴일의 폭발적 소비

2012년부터 여름방학 성수기에 개봉하는 영화가 점차 지난 10여년간 폭발적 증가세를 보였던 연말 성수기 허수이당을 대체하기 시작하였다. 2013년의 허수이당은 12년만에 최초로 흥행수입의 동기대비 하락현상이 나타났고, 2014년의 허수이당은 여전히 부진하였다. 반면 명절과 휴일에는 영화소비의 폭발적인 증가세가 나타났다.

2014년 영화 상영시기를 보면 신정(1월 1일), 노동절(5월 1일)은 영향력이 있는 대작이 없었을 뿐만 아니라 호평을 받는 가벼운 코미디 영화도 없었기 때문에 동기대비 하락세가 나타났다. 신정에는 63%, 노동절에는 16.3%가 하락하였다. 하지만 그 외 기타 명절에는 모두 상승세를 보였다. 부녀절(3월 8일)에는 동기대비 125% 증가하였고, 구정·단오·칠석(음력 7월 7일)·국경절(10월 1일) 등은 동기대비 증가율이 모두 70%를 상회하였다. 특히 구정기간의 〈몽키킹: 손오공의 탄생〉·〈아빠 어디가〉가 높은 흥행수입을 올렸는데 가족이 같이 즐길 수 있는 영화의 소비가 막대한 잠재력을 갖고 있음을 보여주고 있다. 국경절 기간에 개봉한 〈브레이크업 버디즈〉 코미디 영화도 많은 소비자들의 주목을 끌었다.

2014년에 〈트랜스포머: 사라진 시대〉에 의해 중국의 영화 흥행기록에 변화가 나타났다. 6월 28일에 개봉된 이 영화는 하루에 2억 8,300만 위안이라는 최고 수익 기록과 19억 8천만 위안에 달하는 총 흥행수입의 기록을 썼다. 적절한 시간에 적절한 영화가 개봉되고 적절한 마케팅과 적절한 관람객 포지셔닝이 이루어질 경우 영화 흥행수입이 폭발적으로 증가할 수 있음을 보여주는 사례다.

7) 큰 영화 시장: 영화 저작권 경제는 어려움에 직면

'다창구'는 전 세계 영화산업의 대체적인 발전추이라고 할 수 있다. 하지만 중국의 '다창구' 시장은 원활하지 못하고 지적재산권을 보호하기 어렵다. 또 중국 영화의 국제경쟁력이 약하기 때문에 지금까지 대륙 영화관은 흥행수입을 통해 투자를 회수하는 방법에 과도하게 의존할 수 밖에 없었다.

영화국에 의하면 2014년에 중국은 해외 44개 국가와 홍콩·마카오·타이완 지역에서 63차례 중국 영화제 행사를 개최하였으며, 452편의 영화를 방영하였다. 총 345편의 국산영화(공동제작 영화 포함)가 29개 국가와 홍콩·마카오·타이완 지역의 99개 국제영화제에 참가하였고, 그 중 70편의 영화가 22개 영화제에서 117개 상을 수상하였다. 국산 영화의 해외 흥행수입과 판매수입은 18억 7천만 위안으로 동기대비 32.25% 증가하였다. 그럼에도 중국 영화 전체가 해외에서 벌어들인 수입은 국내 영화 흥행수입의 6.6%에 불과하며, 그 때문에 이를 전략적 가치가 있는 영화 창구라고 하기 어려운 실정이다.

북미지역은 세계에서 가장 큰 영화시장이다. 할리우드 흥행수입 공식 홈페이지(boxofficemojo.com)의 통계에 따르면 2014년에 총 10여 편의 중국어 영화가 북미영화관에서 상영되었지만, 그 중 8편의 중국 영화는 중국대륙에서 개봉한 지 1주일도 안되어 북미영화관에서 상영되었음에도 불구하고 3,327억 달러(약 2,000만 위안 해당)밖에 안되는 흥행수입을 보였다. 중국영화는 북미의 외국어 영화 시장에서 인도·멕시코·한국·폴란드·프랑스 다음으로 6위를 차지하였는데, 이러한 흥행수입은 대부분 해외에 거주하는 중국인으로부터 기인한 것으로 나타났다.

중국영화는 아시아지역 주변국가에서도 크게 흥행수입을 올리지 못하고 있다. 〈일생일세(一生一世)〉의 흥행수입이 100만 달러를 넘긴 것 이외에 다른 영화들은 모두 20만 달러 미만의 흥행수입에 그쳤고, 전체 영화산업에 대한 기여도 역시 상당히 작은 것으로 알려졌다.

이러한 '국내 흥행, 국외 부진'의 가장 큰 원인은 영화의 제작과 창작 수준이 보편적으로 높지 못할 뿐만 아니라 소재선택, 감정표현, 국제화의 유형결핍 등에서 찾을 수 있다. 중국영화는 국제화 추세를 반영하지 못했을 뿐더러 국내판매를 유일한 수요로 생각하는 내수성 추이를 보였다.

중국 국산영화는 해외영화 시장에서 미미한 발전세를 보였고 TV와 인터넷 시장에서도 이상적인 저작권 수익을 얻지 못하였다. 인터넷 동영상 산업이 빠르게 발전했지만 국내 영화 저작권 판매수입은 20억 위안에 불과하였는데, 이는 영화 저작권의 다창구 가치 및 충분한 가격 협상능력이 부족함을 보여준다. 이는 영화의 저작권 가치가 높지 않음과 관련될 뿐만 아니라 영화 지적재산권에 대한 효과적인 보호가 여전히 부족하기 때문으로 볼 수 있다. 기존 중국의 영화산업은 기본적으로 로컬 영화관에 의존하고 있는데 이는 중국영화의 발전을 제약하고 있다.

8) 홍콩과 타이완지역: 할리우드영화의 독점적 확대, 중국어 영화시장의 분열

홍콩 영화시장은 최근들어 다소 상승하였다. 2014년 흥행수입은 16억 4,700만 홍콩 달러로 2013년의 16억 2,600만 홍콩달러 대비 1.3% 상승하였다. 또한 310편의 영화가 개봉되어 2013년과 거의 비슷한 수준을 유지하였다. 그 중 홍콩영화의 방영수가 큰 폭으로 증가하여 2013년의 43편에서 51편으로 18.6% 증가하였다.

그러나 로컬 영화 편수의 증가는 흥행수입 증가를 가져오지 못하였다. 로컬 영화 중 〈금계(金鸡SSS)〉·〈도성풍운2(澳门风云2)〉만이 흥행수입 상위 10위권에 들었다. 2012년과 2013년도와 마찬가지로 홍콩영화는 할리우드 영화와 비교할 때 경쟁우위가 부족한 실정이다. 홍콩시장의 흥행수입 상위 5개 영화는 모두 할리우드 영화로 나타났다. 일례로 홍콩에서 세계 첫 시사회가 열린 〈트랜스포머: 사라진 시대〉는 9,820만 홍콩 달러의 성적으로 흥행수입 1위를 확보하였다.

홍콩시장의 중국어 영화 상위 10위권에는 대륙 영화가 1편도 없다. 홍콩 로컬 영화 이외 대부분은 대륙과 홍콩이 공동 제작한 영화로 이런 종류의 영화는 대륙의 흥행수입이 홍콩을 훨씬 초월한 것으로 나타났다. 예컨대 〈도성풍운2〉의 홍콩 흥행수입은 3,360만 홍콩 달러, 대륙에서는 5억 3천만 위안을 기록하여 홍콩에서의 흥행수입은 대륙의 5.6%에 불과한 것으로 나타났다. 이 사례를 통해서 홍콩 영화산업의 대륙 시장 의존도를 알수 있다.

타이완의 영화시장은 부진한 상태로, 타이베이 영화시장의 흥행수입은 -2.55%로 소폭 감소되었다. 타이베이 이외의 현시에 3개 영화관, 110개 스크린 수가 새로이 증가되었다. 타이완의 영화 흥행수입은 기본적으로 2013년 수준을 유지하거나 2% 미만으로 소폭 성장하여 전체 흥행수입 규모가 90억 타이완 달러에 이를 것으로 나타났다. 할리우드 영화의 상영비중은 전체의 15.2%만 차지하였으나, 흥행수입은 58.3%를 차지한 것으로 나타났다. 영국·미국 등 국가로부터의 수입영화까지 합산할 경우 수입영화의 시장점유율은 75.7%에 육박하였다.

2014년 타이베이에서 로컬 중국어 영화가 33편 개봉되었는데 이는 2013년 대비 11편 감소한 것이며, 흥행수입은 3억 8천만 타이완 달러로 전체 흥행수입의 10.2%를 차지한 것에 불과하다. 홍콩과 대륙 영화를 12편 상영하였으나 1억 2천만 타이완 달러의 흥행수입을 올리는 데 그쳤다. 타이완 로컬영화는 할리우드 영화와 맞설 수는 없지만, 중국대륙영화와 홍콩영화보다는 현지 시장으로부터 선호도가 높은 것으로 나타났다. 타이완에서 영화 흥행수입 상위 10위권에 올라 있는 영화를 보면, 〈트랜스포머: 사라진 시대〉가 1위를 차지하였고 중국어 영화는 〈KANO〉·〈등일개인가배(等一个人咖啡)〉가 상위 10위에 들었다.

홍콩과 타이완영화 시장에서는 할리우드 영화의 우위가 현저하였다. 비록 정치적 제도·문화 전통·심의방식·시장상황이 다르지만, 중국 대륙과 홍콩·타이완의 영화기업·영화인 사이의 융합이 강화되면서 공동제작 영화수가 늘어나고 있다. 그러나 중국어 영화시장은 여전히 분할되어 있다. 중국어 영화가 제한적임에도 불구하고 관객은 로컬영화를 더 선호하는 것으로 나타났다. 즉 이러한 3개 지역의 영화시장 통합이 아직 이루어지지 못한 실정이다.

전반적으로 중국 대륙의 영화시장은 여전히 고속 확장하는 황금기에 들어서 있다고 할 수 있다. 중국 국산영화는 친화력, 접근성 등에서 일정한 지역적 우위를 확보하고 있다. 하지만 할리우드 영화의 제작수준과 글로벌 요소는 중국 국산영화에게는 큰 도전이다. 아울러 중국의 영화는 영화관에 지나치게 의존하는 상황에 변화가 생기지 않았다. 대륙, 홍콩, 타이완 등 3개 지역의 중국어 영화시장은 여전히 분할되어 있다. 중국 영화는 주로 내수 발전모델을 보이고 있으며, 전 세계 영화시장에서의 발언권이 거의 없다. 이러한 자급자족의 내향성 상황은 세계화 추세 속에서 발전가능성이 잠복되어 있다고 할 수 있다.

9) 맺음말: 영화 대국에서 강국까지

지난 1년간 흥행수입이 높은 중국 국산영화가 적지 않게 나타났지만, 소비자에게 깊은 인상을 남기고 한결같은 호평을 얻은 영화는 많지 않았다. 중국 영화시장의 번영은 일정 정도 중국 영화의 산업화 수준 향상과 영화의 내재적 예술, 문화가치의 향상에 기여했다고 할 수 있다. 적지 않은 영화는 줄거리가 텅 비어있지만, 지금 젊은이들의 다양한 수요를 충족시키고 있다. 그러나 이러한 '품위없는 내용'을 다룬 영화는 사회여론의 압력 때문에 관객으로부터 버림을 받게 될 것이다. 인터넷 문화로 인해 지난 1년간 중국에 높은 흥행수입을 올린 영화가 적지 않게 나타났지만, 진정으로 문화적 가치를 갖춘 영화작품은 극히 적었다.

영화에 있어 시장과 미학은 반드시 대립적인 입장을 가지는 것은 아니다. 지원, 격려, 관리에 능숙할 경우 시장은 다양한 영화제작을 위한 필요한 토양으로 작용할 수 있다. 미국의 영화산업은 완전히 시장화되어 있지만, 〈반지의 제왕〉·〈해리포터〉·〈트랜스포머〉 등 첨단 기술의 비즈니스 오락영화를 제작할 뿐만 아니라 〈포레스트 검프〉·〈행복을 찾아서〉·〈링컨〉·〈노예12년〉 등 수많은 엄숙한 주제와 인문적 감성을 다룬 우수한 작품을 제작한다. 따라서 중국의 영화는 고속 발전의 배경에서 영화창작을 위한 자유로운 창작환경을 마련하고, 영화의 제작과 창작의 다양성을 위한 유리한 시장여건을 제공할 필요가 있다. 이것이 바로 중국 영화시장의 번영에서 창작의 번영으로 접어드는 중요한 여건이라고 할 수 있다.

향후 중국의 영화산업에 있어 행정관리의 임무는 구체적으로 어느 한 영화의 흥행수입을 높이는 것이 아니라, 영화의 시장규칙을 확립·보장하는 것이다. 이를 통해 영화산업이 건전하고 질서있는 환경에서 경쟁하도록 하여 영화산업에 대한 악성 경쟁의 영향을 줄이는 것이다. 영화에 대한 법제화 관리를 강화하고 중국 특성에 맞는 영화 등급관리 시스템을 조속히 구축하여 일반급, 지도급, 불가급 등 각각 다른 심의 표준을 확정해야 한다.

아울러 제한적인 영화 기금을 국제화 및 고급인력과 영화 기술인력의 육성에 활용하며, 시장화된 디지털 영화제작 기지를 구축하는데 사용해야 한다. 영화의 공동제작 규칙을 개선하여 중국과 전 세계 영화산업 사이의 광범위한 협력을 촉진하며, 영화에 대한 다양한 비판을 청취하여 완화된 영화산업 정책과 여론이 중시되는 좋은 환경을 마련해야 한다.

중국의 영화산업은 여전히 세대 교체 과정에 있으며, 창작자가 새롭게 교체되고 있다. 새로운 시장과 새로운 관객에 따른 영화 미적 관점의 조정 역시 탐색 과정에 있다. 아울러 시장 메커니즘이 아직 성숙되지 않았고 영화 가치관에 대한 탐색과 표현이 아직 서툴며 영화 창작에 대한 하이테크의 충격에 대해 아직 완전 적응하지 못하였다. 때문에 중국이 영화 대국에서 영화 강국으로 발전하는 것은 아직 요원하다. 등급별 심의·고급인력·하이테크·저작권 보호·시장규칙은 향후 중국의 영화가 넘어야 할 5개 고비이자, 영화대국에서 영화강국까지의 격차라고 할 수 있다.

Ⅳ. 중국 PC 인터넷 및 모바일 인터넷 산업발전 동향

인터넷 미디어산업 발전 동향

1. 2014년 인터넷 미디어 산업의 발전

1) 정보 획득 분야

2014년 뉴스 포털사이트의 이용률은 하락세를 보였지만, 뉴스 클라이언트·소셜 사이트·위챗 뉴스 공식계정의 사용량은 대폭 상승하였으며, 뉴스 포털사이트의 일평균 방문자수는 4,645만 8천 명, 유효한 검색시간은 8,852.7시간에 달하였다. 일평균 방문자수와 네티즌 방문 비중이 상위 3위에 든 사이트는 각각 인민망(人民网), 중국청년망(中青网), 광명망(光明网) 순으로 나타났다.

베이징대학 미디어 시장 조사연구센터가 발표한 보고서에 따르면 뉴스 클라이언트에서 포탈 뉴스 클라이언트의 인지도는 집합 사이트보다는 높고, 전통 미디어 산하의 뉴스 클라이언트 인지도는 낮은 것으로 나타났다. 예컨대 넷이즈(网易)·텐센트(腾讯)·써우3후의 인지도는 모두 65% 이상에 달하였지만, 집합 뉴스 클라이언트를 대표하는 '투데이 헤드라인(今日头条)'의 인지도는 48.1%로 나타났으며, 고객의 사용시간 톱4는 넷이즈·텐센트·시나·봉황망 순으로 나타났다.

2) 교류, 소통 분야

2014년 소셜 사이트의 전체 이용자 보급률은 61.7%로 2013년과 거의 비슷한 수준을 유지하였다. 네티즌의 '즉각적인 커뮤니케이션'(카카오톡 처럼 바로바로 문자를 주고 받는 커뮤니케이션을 말함) 사용률이 여전히 1위를 차지하였다. 2014년 12월 기준으로 중국의 즉각적인 커뮤니케이션 네티즌 규모는 5억 8,800만 명에 달하여 네티즌 총수의 90.6%를 차지하였다. 즉각적인 커뮤니케이션은 단일한 커뮤니케이션 어플에서 모바일 지불·O2O 등 부가서비스 기능을 가진 것으로 확장되었으며, 비즈니스 가치 또한 점점 더 많이 개발되고 있다. 텐센트가 공개한 재무보고서에 따르면 2014년 말 위챗의 활약적인 이용자 수는 월 5억 명에 달하였으며, 이미 비즈니스 방향으로 발전하고 있다고 하였다.

웨이보(微博) 이용자는 2014년 12월 기준, 2억 4,900만으로 하락세를 보였다. 2013년 말 대비 3,194만 명이 감소하였고, 사용률은 38.4%로 7.1% 감소하였다. 그 중 모바일 웨이보 이용자는 1억 7,100만 명으로 2013년 말 대비 2,562만 명 감소하였고 사용률은 30.7%였다. 2014년에는 웨이보 시장의 집중화 추이가 더욱 심해졌다. 시나웨이보(新浪微博)가 절대적인 선두자리를 굳혔지만, 그 뒤를 이은 텐센트와 넷이즈는 이 분야에서 물러나는 것을 검토하고 있다. 2014년 7월 텐센트는 웨이보 사업부를 취소하고 기본적인 운영만을 유지하였다. 11월에는 넷이즈웨이보를 정식으로 중단시켰고 원래 이용자 모두를 로프터(LOFTER, 블로그와 웨이보의 중간형식)란 플랫폼으로 이전시켰다.

3) 인터넷 동영상 분야

CNNIC의 데이터에 따르면 2014년 12월 기준으로 중국 인터넷 동영상 이용자 규모는 4억 3,300만 명에 달하였고 사용률이 66.7%로 알려졌다. 2014년 중국 온라인 동영상 산업의 시장규모는 동기대비 76.4% 증가한 239억 7천만 위안에 달하였다. 온라인 동영상의 모바일 고객 이용자 규모는 빠른 증가세를 보여 2014년 11월 3억 천만 명을 달성하여 2013년 11월 동기대비 83.4% 증가하였다. 온라인 동영상 PC 단말기의 이용자 수는 모바일 고객의 1.6배인 5억 백만 명에 달하였지만, 증가속도는 현저하게 둔화되었다.

짧은 동영상이 2014년 소셜 미디어의 새로운 특징으로 나타났다. 메이파이(美拍) 동영상이 위챗의 친구그룹(朋友圈, 카카오스토리 유사 서비스)에서 발전하기 시작하여 2014년 9월부터 위챗의 짧은 동영상 기능을 선보인 이후 짧은 동영상은 '소셜'의 힘을 빌어 폭발적인 발전을 가져왔다. 그 외 2013년 동영상 분야의 인수합병과 협력을 지속하여 2014년에는 산업통합이 초보적인 성과를 거두었으나 인터넷 TV에 대한 국가의 감독관리로 인해 온라인 동영상 기업은 새로운 발전방향을 모색하고 자체제작 콘텐츠를 대대적으로 개발하고 있다.

4) 인터넷 게임 분야

2014년 12월, 중국 인터넷 게임 이용자는 3억 6,600만 명, 네티즌 사용률은 56.4%에 달하였다. 그 중 모바일 게임이 게임산업의 성장을 견인하는 핵심동력으로 부상하였고, 원래의 웹게임 이용자는 모바일 게임 이용자로 전환되고 있으며, 모바일 게임 이용자 규모는 2억 4,800만 명을 기록하였다. 2014년 중국 인터넷게임 시장규모는 최초로 천억 위안을 돌파하여 동기대비 24.3% 증가한 1,108억 천만 위안을 기록하였다. 그 중 모바일 게임이 24.9%를 차지하여 최초로 웹게임을 상회하였다.

시장추이를 보면 2014년 중국의 인터넷게임 산업은 아래와 같은 3가지 특징이 나타났다. 첫째, 4G 인터넷 등 하드웨어 여건의 발전에 힘입어 모바일 게임이 빠르게 발전하였다. 둘째, 게임 정책의 완화로 인해 일부 게임설비(예컨대 PS4)를 중국 국내에서 판매할 수 있게 되었고, 이는 게임 이용자의 플랫폼 선택여지를 확대하였다. 셋째, 게임산업은 문화산업의 일부로 기타 산업과의 결합이 날로 밀접해지고 있으며 완벽한 산업 체인을 형성하고 있다.

5) 기타 분야

2014년 말을 기준으로 중국의 검색 이용자 규모는 5억 2,200만 명으로 2013년 대비 3,257만 명 증가하고, 연 증가율은 6.7%로 사용률이 80.5%에 달한 것으로 나타났다. 그 중 모바일 검색의 증가속도가 현저히 빨랐으며 이용자수는 4억 2,900만 명으로 2013년 대비 17.6% 증가하였다.

중국의 온라인 쇼핑 이용자 규모는 3억 6,100만 명으로 온라인 쇼핑 사용률은 55.7%로 향상되었다. 2014년 5월 22일 징동상청(京东商城)이 나스닥에 상장하였고, 9월 19일에는 알리바바 그룹이 뉴욕 증권거래소에 상장하며 전 세계에서 두 번째로 큰 인터넷기업으로 부상하였다.

중국의 온라인 지불 이용자 규모는 3억 400만 명에 달하였고, 2013

년 12월 말 대비 중국 네티즌의 온라인 지불 비중은 42.1%에서 46.9%로 상승하였다. 모바일 지불 이용자는 2억 1,700만 명이며, 증가율은 73.2%에 달하였다. 네티즌의 모바일 지불 사용률은 25.1%에서 39.0%로 상승하였다. 그 중 즈푸바오(支付宝)가 88.2%의 점유율로 1위를 차지하였고 인롄즈푸(银联支付)가 41.9%의 점유율로 2위를 차지하였다.

중국의 블로거 이용자 규모는 1억 900만 명, 사용률은 16.8%로 2013년 말 대비 2.6% 증가하였다. 인터넷 문학 이용자 수는 2억 9,400만 명, 사용률은 45.3%로 2013년 연말 대비 0.9% 증가하였다.

2. 2014년 인터넷 미디어 산업 분석

1) 자본 요소를 통한 전체 산업배치의 강화

산업이 빠르게 발전함에 따라 점점 더 많은 자본이 인터넷미디어 분야에서 비즈니스를 하기 위해 적극적으로 진출하고 있으며, 국유 미디어기업 역시 신흥시장에 진출하였다. 2014년 중국 인터넷미디어 산업 구조는 지속적인 변화 중에 있으며, 산업 집중도가 심화되고 자본의 발언권이 더 강화되었다. 이는 인터넷 시청 분야에서 더 부각되었다.

2014년 4월 18일 시나 웨이보가 나스닥에 상장되었고 4월 28일에는 알리바바와 윈봉기금(云峰基金)이 12억 2천만 달러로 7억 2,100만 위안에 달하는 유쿠 투더우의 A 일반주식(알리바바의 지분비중이 16.5%, 윈봉기금이 2%)을 구입하였다. 6월 24일에는 쉰레이(迅雷)가 미국 증권시장에 상장하였는데 개장가격은 14.21달러, 시장가치가 약 9억 8,600만 달러에 달하였다. 7월 29일에 유쿠 투더우는 중국 국제라디오방송국 뉴미디어 서비스 운영업체인 국광동방(国广东方)에 투자하여 16.67%의 지분을 확보하였다. 10월 29일 써우후(搜狐)는 런런망(人人网) 산하의 동영상 사이트 56망(56网)을 인수합병 하였고, 11월 12일 샤오미(小米)는 유쿠 투더우에 천만 달러를 투자하였다. 11월 19일에는 샤오미와 순웨이자본(顺为资本)이 전략적으로 아이치이에 투자하였으며, 바이두 역시 아이치이에 대한 투자를 확대하였다. 12월 12일에는 모모(陌陌)하이테크가 미국에 상장하였다.

2014년 5월 28일, 45억 위안의 등록자본을 보유한 국유기업 중국 광전인터넷 유한회사(中国广播电视网络有限公司)가 설립되었는데 이는 전통적인 광전인터넷회사가 시장경쟁에 참여하였음을 의미한다. 11월 21일 상하이 원광(文广) 산하의 바이스퉁(百视通)과 동방명주(东方明珠)는 제휴관계를 통하여 중국 국내 최초의 천억 위안대 A주식 시장의 신형 인터넷미디어 그룹으로 부상하였다. 합병 후의 회사는 원광그룹의 관련 자산을 재편성하여 새로운 인터넷미디어 시스템을 구축하고 전통미디어와 뉴미디어 사이의 융합을 촉진하도록 하였다.

2014년 4월에는 디지털 음악 분야의 쿠거우(酷狗)·쿠워(酷我)가 합병되었고, 하이양음악(海洋音乐)과 새로운 온라인 음악그룹(하이양음악그룹, 海洋音乐集团)을 공동으로 구성하였다. 알리바바 그룹은 2014년 7월에 샤미망(虾米网)과 톈톈둥팅(天天动听)과의 전략적 인수합병을 마쳤으며, 11월에 텐센트 QQ음악은 워너뮤직과 독점 저작권에 대한 전략적 협력을 달성하였고 12월에 한국 YG 엔터테인먼트 및 소니뮤직과 전략적 협력협의를 체결하였다. 이로써 온라인 음악은 자본의 추진하에서 하이양(海洋), 텐센트, 알리바바의 3자 병립 구도가 형성되었다.

전통적인 TV 콘텐츠의 인터넷방송 구조에도 일부 변화가 나타났다. 2014년 5월 9일 후난 TV는 완벽한 지적재산권을 가진 자체제작 프로그램의 인터넷 콘텐츠를 모두 '망고TV' 플랫폼을 통해 방송할 것이라고 발표하였고, 이로부터 TV 방송국 자체의 인터넷 비디오 플랫폼을 구축하기 시작하였다. 또한 안후이 TV의 〈아위가광2(我爲歌狂2)〉의 저작권도 양도하지 않음을 발표하였다. CCTV 역시 월드컵과 관련된 뉴미디어 저작권 양도를 취소하여 CNTV에서만 방송하도록 하였다. 이러한 일련의 결정은 주류 동영상 사이트의 프로그램 자체제작 붐을 야기하였다. TV 프로그램에 대한 인터넷 저작권 쟁탈 관련 대표적인 사례는 바로 〈아빠 어디가2〉에 대한 아이치이와 망고 TV, 360영화·드라마(360影視) 사이에서 벌어진 쟁탈전이라고 할 수 있다.

그 외 인터넷기업은 전통적인 영화·드라마 미디어에 대한 자본투자가 더 활발한 것으로 나타났다. 2014년 3월에 알리바바 그룹은 문화중국(文化中國)의 지분 60%를 인수하여 알리영화사(阿里影業)로 개명하였다. 6월에 텐센트는 여러 편의 영화 촬영계획을 발표하였고, 7월에 아이치이는 영화사 설립을 통해 본격적으로 영화산업에 진출하였으며, 8월에 유쿠 투더우는 '허이필름(合一影業)'을 설립하였다. 이러한 행보는 전통적인 영화·드라마 산업구조에 큰 변화와 막대한 영향을 가져왔다.

2) 기술진보를 통한 산업발전

2014년도 2013년과 마찬가지로 모바일 인터넷이 급속도로 발전했으며, 4G 인터넷의 상용화에 따라 중국의 모바일 네티즌 수가 PC사용 네티즌 수를 훨씬 추월하였다. 아울러 국가의 '광대역 중국' 전략의 전면적인 추진에 의해 인터넷 속도가 업그레이드 되었다. 이러한 기술적 변화는 모바일 앱, 스마트 단말기, 운영체계, 칩산업 등 전체 산업의 빠른 발전을 촉진하였다.

통계에 따르면 2014년 중국 모바일 기기의 보급률은 100인당 94.5대, 총 사용자수가 12억 8,600만 명에 달하며, 그 중 2G 이용자 비중은 2013년의 67.3%에서 54.7%로 하락한 것으로 나타났다. 새로 증가한 4G와 3G 이용자는 각각 9,728만 4천 명과 8,364만 4천 명에 달하고, 4G와 3G 이용자의 모바일에서의 점유율은 7.6%와 37.3%로 나타났다.

모바일 네티즌은 기술적 발전으로 나날이 활성화되고 있다. 2014년 12월 중국의 모바일 네티즌 규모는 5억 5,700만 명으로 2013년 대비 5,672만 명 증가하였으며, 모바일 네티즌은 안정적으로 증가하는 시대에 들어섰다.

2014년 4월 30일 공업정보화부·국가 발전개혁위원회 등 14개 부서는「광대역 중국 실현에 관한 2014 전문행동 의견」을 제출하였고, 2014년 10월 9일 기준으로 39개 도시가 '광대역 중국' 시범도시로 확정되었다. '광대역 중국' 전략의 전면적 실시는 중국 광대역 네트워크의 지속적인 강화와 광대역 접속의 안정적인 향상을 의미한다.

모바일 인터넷의 접속과 관련하여 가장 중요한 수단 중의 하나인 Wi-Fi에 대한 의존도가 날로 높아지고 있으며, 더 많은 기업이 Wi-Fi

의 비즈니스 가치를 발굴하기 시작하였다. 가정용 Wi-Fi 라우터가 스마트화로 발전하고 있으며, 비즈니스 Wi-Fi는 무료 Wi-Fi의 '광고미디어 운영' 모델을 추진하고 있으며, 또 스마트 도시에서는 공공 Wi-Fi가 발전하고 있다.

그 외 공업정보부는 2013년 12월 26일에 최초로 11개 가상망 사업자(VNO; Virtual Network Operator) 영업허가증을 발급하였으며, 2014년 12월 기준 총 42개 기업이 가상망 사업자 영업허가증을 획득하였다. 이러한 가상망 사업자의 진입은 중국의 모바일 비즈니스용 어플, 금융지불, 단말기 채널, 통신산업, 인터랙션 엔테테인먼트, 클라우딩 등의 분야에서 다중적인 변화를 가져올 것으로 예상된다.

예컨대 2014년에 시범운영된 가상망 사업자 중 '징둥 통신(京东通信)'은 '패키지 계약, 최저 소비에 대한 요구가 없고 이용자가 사용한만큼 소비하는' 것을 특징으로 부각시켰으며, '알리통신(阿里通信)'은 간단하게 '게으른 자의 비용계산' 모델을 사용하였다. 쑤닝윈상(苏宁云商)은 산하의 PPTV와 묶음형 무료 데이터 및 휴대전화에 대한 데이터 비용 면제 등의 특징을 가진 서비스를 선보였다. 스네일 게임(蜗牛游戏)은 자체 주요업무인 게임과 가상망 사업자를 연결시켜 젊은 이용자로부터 호평을 받았다. 이를 통해 2015년은 가상망 사업자가 빠르게 발전하고 변혁으로 가득찰 한 해임을 알 수 있다.

3) 혁신을 통한 미디어 어플의 업그레이드

2014년은 '미디어융합의 원년'으로 평가되었다. 국가가 전면적으로 전통미디어와 뉴미디어의 융합발전을 권장하는 정책을 폈고, 상이한 유형의 미디어가 앞다투어 전략을 조정하고 융합발전을 추진하였다. 과거 각 미디어는 유행의 변화에 따라 자체의 공식 웨이보나 위챗 공식계정을 이미 구축하였지만, 2014년은 미디어 분야의 혁신이 더 직접적으로 나타났다.

2014년 1월 신화사 총편집실 융합발전센터가 시범 운영되었는데, 이 센터는 뉴스정보 통합 서비스를 통해 콘텐츠·채널·플랫폼·관리 등 면에서 전통적인 보도와 뉴미디어 보도 간의 심도 깊은 융합을 목표로 하고 있다. 6월 11일에는 '신화사 발표'라는 클라이언트가 출시되었는데 이는 신화사가 전 사회의 힘을 빌어 전국에서 가장 큰 '당정(党政) 클라이언트'를 구축하고 있음을 보여주었다. 6월 12일에는 '인민일보' 모바일 클라이언트가 출시하였다.

CCTV의 'CCTV 뉴스'는 2012년 11월에 웨이보 형식을 통해 뉴미디어 보도를 추진한 후, 2013년 4월에 위챗 공식계정을 구축하였다. 2013년 12월 CCTV 뉴스센터와 CCTV는 공동으로 인터넷 뉴스부서를 설립하였다. 아울러 2014년 5월 1일에는 써우후 구독플랫폼을 통해 'CCTV 뉴스'클라이언트를 출시하고 7월 23일에 자체 플랫폼을 토대로 한 독립 클라이언트를 출시하였다. 2014년 12월 기준 'CCTV 뉴스'의 뉴미디어 이용자 총수는 1억 명을 초과하였으며, 그 중 클라이언트 이용자가 5,215만 명, 시나웨이보 이용자가 4,655만 명, 위챗 이용자가 234만 명에 달하였다. 'CCTV 뉴스'의 뉴미디어는 주요 미디어와 인터넷 이용자 사이의 융합과 인터랙션을 촉진하는 중요한 플랫폼으로 발전하고 있다.

2014년 7월 22일에 선보인 '펑파이 뉴스(澎湃新闻)'는 웹·Wap·APP

클라이언트·위챗 공식계정 등 다양한 형식을 사용하였으며, 엄숙한 시사뉴스와 독특한 언어 스타일로 시청자의 호평을 얻었다. 역시 상하이 신문업그룹 산하에 있는 또 다른 뉴미디어 브랜드인 '계면(界面)'뉴스는 샤오미, 치후(奇虎) 360, 하이퉁 증권(海通证券), 궈타이쥔안(国泰君安), 롄샹훙이(联想弘毅), 줘얼미디어(卓尔传媒) 등과 제휴하여 2014년 9월 22일부터 '전국민이 참여'하는 새로운 메커니즘과 방식을 구축하여 경제지 미디어를 만들어냈다.

정기간행물과 관련해서는 2014년 4월, '대중 소프트웨어(大众软件)'가 '중국몽망(中国梦网)'이란 플랫폼에서 크라우드 펀딩을 통해 모바일 단말기로의 전환에 투입될 100만 위안의 자금을 모집하는 프로젝트를 개시하였다. 이 프로젝트는 2014년 6월 21일에 마감되었는데 총 5,120명의 이용자로부터 목표치의 200%에 달하는 2,031,367위안의 자금을 확보하였다. 2014년 8월에 스샹그룹(时尚集团)은 티몰과 전략적 제휴관계를 맺었으며, 10월에는 '레이리 의류미용(瑞丽服饰美容)'에서 국내외 미용품 브랜드·예술계와의 협력을 통해 미용업 미디어 마케팅 플랫폼을 선보였다.

2014년 중국의 1인 미디어 역시 빠른 발전을 가져왔으며, 신문·라디오·TV·인터넷으로부터 독립되는 뉴미디어로 부상하였다. 2013년에 최초로 '1인 미디어연맹 자율 협약'이 발표된 후 2014년 11월의 위챗 공식계정 수는 800만 개를 돌파하였고, 하루에 만 5천 개의 놀라운 증가세를 보였다. 이처럼 위챗은 1인 미디어 분야에서 가장 빠르게 성장한 플랫폼이라고 할 수 있다. 월 4억 6,800만 명의 적극적인 사용자를 보유한 위챗의 경우 일평균 1명이 5.86편을 열독하고, 약 절반에 달하는 사용자의 일평균 열독수는 3편 이상에 달한 것으로 집계되었다.

인터넷 광고 산업 새로운 추이 예측

1. 시장규모 발전추이

2014년 중국의 인터넷광고 시장규모는 2013년 대비 440억 위안 증가한 1,540억 위안에 달하였고 동기대비 증가율은 2013년의 42.3%보다 소폭 하락한 40.0%였다. 2018년이 되면 중국 인터넷 광고 시장규모는 약 4,000억 위안을 돌파할 것으로 예상된다.(그림1)

그림1. 2012~2018년 중국 인터넷 광고 시장규모 예측

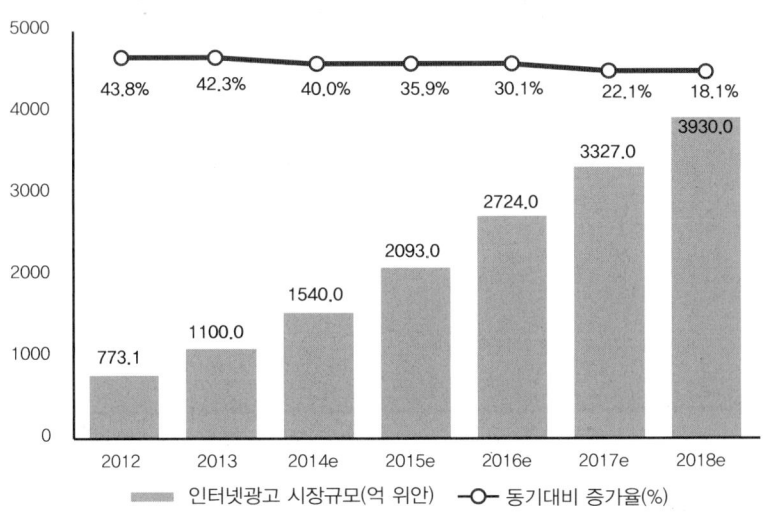

*자료출처: 아이루이 컨설팅그룹(艾瑞咨询集团) 예측모형에 따라 추산, 기업이 공개한 재무보고서 자료

인터넷 광고 시장에서는 미세하게 인터넷 미디어에 대한 표현에 차이가 나타났다. 일부 전통적인 분야는 성숙되고 발전속도가 둔화되었지만, 일부 분야는 새로운 광고기술과 광고형식의 이중적인 역할로 인해 강력한 증가세를 보였다. 이와 동시에 브랜드 광고주는 디지털미디어를 선호하였는데, 이러한 상황으로 인해 인터넷 광고 시장규모는 새로운 최고 기록을 수립하였다.

단기적으로 볼 때 인터넷 광고가 증가한 요인은 첫째로 검색엔진 광고의 안정적인 증가세 유지와 모바일 검색의 빠른 발전을 들 수 있다. 둘째는 포털사이트의 차별화 발전에 따른 중점 마케팅 서비스 및 제품을 통한 광고수입 증가이다. 셋째는 스포츠 경기 및 인기를 끄는 예능 프로그램을 통한 동영상 사이트의 광고수입 증가 등을 원인으로 꼽을 수 있다. 장기적으로 볼 때 중국의 인터넷광고 시장은 이미 성숙기에 들어섰다고 할 수 있다. 10여 년의 발전을 거쳐온 중국의 인터넷광고는 막대한 시장규모를 형성하였고, 이후에도 과거의 빠른 증가세를 유지하기 어려울 것이다.

중국 경제가 전반적으로 구조적 개혁 단계에 들어섰고, '뉴노멀'시대의 경제성장 속도는 둔화될 것이며, 인터넷광고 시장 역시 거시경제의 영향을 받을 것으로 전망된다. 이러한 두 가지 요인의 영향으로 향후 중국의 인터넷광고 시장은 안정적인 증가세를 유지할 것이며, 인터넷광고는 여전히 가장 중요한 마케팅 수단 중의 하나일 것으로 판단된다. 시장발전 증가속도가 다소 둔화될 것이지만 전반적으로 여전히 안정적인 추이를 유지할 것으로 예상된다.

2. 구조 세분화 발전추이

아이루이 컨설팅그룹이 발표한 2014년 인터넷광고 시장 통계에 따르면, 중국의 인터넷광고 시장에서 키워드 검색 광고(검색 연합 미포함)가 28.5%로 가장 큰 비중을 차지하는 것으로 나타났으며, 전자상거래 광고(약 26.0%)와 브랜드 이미지 광고(21.2%)가 그 뒤를 이어 2위와 3위를 차지하였다.

증가속도를 보면, 포털사이트와 소셜미디어 광고가 급격히 증가하였다. 특히 텐센트 광덴통(腾讯广点通)과 시나웨이보 광고가 가장 빠르게 증가하였다. 그 외 동영상의 방송전 광고 역시 높은 증가세를 유지하였다. 2013년과 비교할 때 중국의 인터넷광고 세분화 구조 중에서 전자상거래 광고의 점유율이 소폭 축소되고, 검색엔진 광고와 브랜드 이미지 광고가 다소 증가하였다. 전반적으로 2014년에는 검색엔진 광고가 가장 현저한 증가세를 보였고 온라인 쇼핑과 온라인 관광시장의 빠른 발전에 힘입어 인터넷 마케팅에 대한 전자상거래 광고주의 수요가 지속적으로 확대되었으며, 전자상거래 광고수입이 인터넷 광고 분야의 광고수입 증가를 견인하였다.

3. 핵심기업의 발전추이

기업 광고수입에 대한 아이루이 컨설팅그룹의 최신 데이터를 보면, 2014년 바이두의 광고수입은 동기대비 53.5% 증가한 490억 4천만 위안으로 1위를 차지하였다. 그 다음으로는 타오바오가 375억 천만 위안으로 2위를 차지하였다(그림2). 바이두와 타오바오의 광고수입은 전체 인터넷 광고수입에서 56.2%를 차지하고 있는데, 이 두 업체는 중국 인터넷 광고시장의 핵심역할을 하는 주된 주체라고 할 수 있다. 아울러 아이치이 피피에스(爱奇艺PPS), 치후360(奇虎360)과 텐센트(腾讯) 등 기업의 광고수입도 빠른 증가속도를 보였다.

그림2. 2014년 중국 미디어별 인터넷광고 톱10시장규모

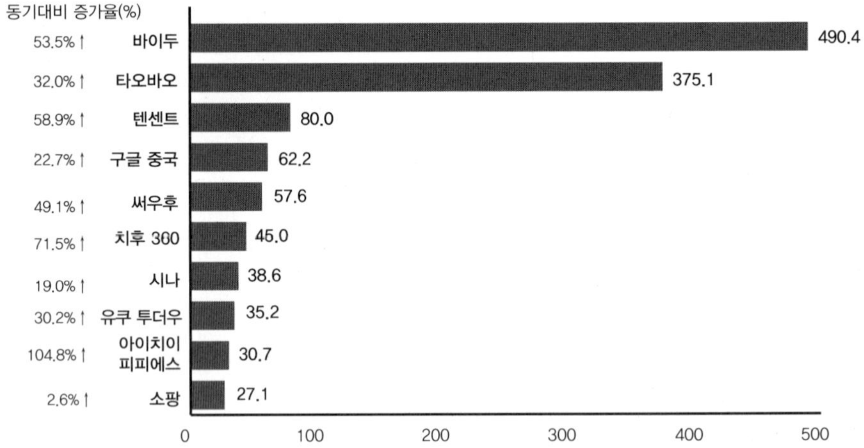

동기대비 증가율(%)	미디어	규모
53.5% ↑	바이두	490.4
32.0% ↑	타오바오	375.1
58.9% ↑	텐센트	80.0
22.7% ↑	구글 중국	62.2
49.1% ↑	써우후	57.6
71.5% ↑	치후 360	45.0
19.0% ↑	시나	38.6
30.2% ↑	유쿠 투더우	35.2
104.8% ↑	아이치이 피피에스	30.7
2.6% ↑	소팡	27.1

*자료출처: 아이루이(艾瑞) 통계예측모형에 따른 추산자료.

향후 발전추이를 보면 선두기업이 '말을 타고 달리는만큼 자기 땅을 확장(跑马圈地)'하는 마태효과(사회·경제적 빈익빈 부익부 현상)가 증대될 것으로 예상된다. 인터넷시장의 선두주자인 바이두·알리바바·텐센트는 우위를 확보 하기 위해 서비스 범위를 확장하고, 신흥시장을 선점하기 위해 2014년에 대규모 투자와 인수합병을 추진하였다. 조사에 따르면 2014년에 바이두는 20억~30억 달러를 15개 회사에 투자 또는 인수합병 한 것으로 알려졌다. 알리바바는 약 60억~79억 달러를 투입하여 360개 기업에 투자·인수합병 하였으며, 텐센트는 약 70억~80억 달러로 44개 기업에 투자·인수합병 하였다. 물론 이러한 투자나 인수합병의 타깃이 모두 마케팅과 관련되는 것은 아니지만, 대량의 O2O(Online To Offline)·게임·문화오락 기업이 포함되어 있으며 바이두·알리바바·텐센트의 기업발전에 중요한 영향을 미칠 것으로 예상된다. 또한 향후 이러한 기업의 인터넷 마케팅 수입에 촉진역할을 하게 될 것으로 기대된다.

4. 모바일 마케팅의 발전추이

2014년 중국의 모바일 광고 시장규모는 296억 9천만 위안에 달하였고, 증가속도는 122.1%로 같은 기간대의 중국 인터넷광고 시장의 전체 증가속도를 초과하였다.(그림3)

모바일 마케팅의 부상은 모바일 인터넷의 고속발전, 모바일 설비에 대한 네티즌 의존도의 지속적인 증대와 앱의 증가, 모바일 광고 플랫폼의 흥행, 모바일 광고 비즈니스 제품형식의 지속적인 진화, 모바일 마케팅 가치에 대한 광고주의 인지도 확대 등의 요인과 밀접한 관계가 있다. 따라서 이러한 요소들이 향후 지속적으로 모바일 마케팅시장의 발전에 촉진역할을 하게 될 것으로 기대된다. 중국 전체 인터넷광고 시장과 비교할 때 모바일 광고 시장규모의 절대치는 아직 작은 수준이지만

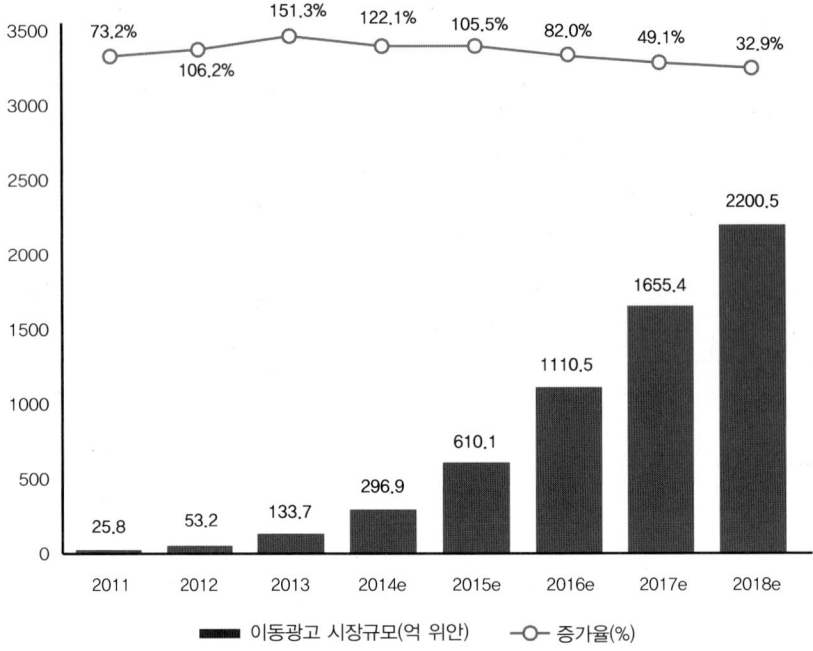

그림3. 2011~2018년 중국 모바일 광고 시장규모

발전추이와 발전 잠재력은 무시할 수 없을 정도로 막대하며, 전체 시장발전에 중요한 요인으로 작용하고 있다. 향후 모바일 마케팅은 전체 인터넷 마케팅의 생태에 중대한 영향을 미칠 것이며, 앞으로 계속하여 개선될 것으로 예상된다.

5. 인터넷광고 기술의 발전추이

인터넷광고 기술이 높은 인기를 모으고 있다. 2014년 중국 인터넷 마케팅 시장에서 '빅데이터'와 '프로그램 구매(Programmatic Buying)'라는 두 가지 개념은 업계에서 가장 활발하게 논의되고 있는 전문용어이다. 이러한 두 가지 개념을 위주로 형성된 인터넷 광고 기술혁신은 전체 인터넷 마케팅 산업체의 발전에 중요한 역할을 하게 될 것으로 예상된다.

최근 1~2년 사이에 빅데이터의 발굴과 응용은 점점 더 많은 주목을 받고 있는데, 그 중에서도 인터넷 마케팅은 빅데이터 응용의 핵심 방향 중 하나로 손꼽힌다. 기존 전체 인터넷 마케팅 시장에서 활용 가능한 데이터는 아래와 같은 3가지 데이터 소스로 나뉜다. 첫 번째 데이터는 광고주 내부 데이터 및 공식 홈페이지 등 사이트 코딩 레이아웃을 통해 얻은 데이터이고, 두 번째 데이터는 대행사 혹은 플랫폼 측에서 광고 퍼블리싱을 통해 얻은 이용자와 방송 데이터이며, 세 번째 데이터는 리서치 회사·미디어 및 운영자 등이 제공한 이용자 데이터이다. 빅데이터에 대한 발굴과 분석을 인터넷광고에 효율적으로 이용함으로써 중요한 역할을 발휘할 수 있으며, 시청자대상·지역·횟수·시간·콘텐츠에 대한 확정을 통해 광고 퍼블리싱의 목적성과 정확성을 대대적으로 향상시켰다.

현재 일부 광고주는 비즈니스 데이터 보호차원에서 첫 번째 데이터의 공개에 대해 보수적인 입장을 보이고 있다. 하지만 사실상 첫 번째 데이터의 공개는 소비자 확정에 유리하며, 특히 중점적인 소비자 확정에 대해 상당히 중요한 역할을 한다. 광고주의 경우, 점차적으로 첫 번째 데이터를 공개하거나 자체적인 DMP(Data Management Platform) 구축 혹은 제3자 DMP를 통해 전문적인 DMP를 보유하는 것이 향후 광고 퍼블리싱의 수익률을 향상시키는 적절한 해법이라고 할 수 있다. 두 번째 데이터는 주로 과거 광고 퍼블리싱을 통해 누적된 데이터인데 이는 DSP(Demand Side Platform) 운영업체가 비교적 많이 사용하는 데이터유형이다. 미디어 및 거래 플랫폼은 대량의 이용자 데이터를 보유하고 있지만 기존 프로그래머틱 바잉 환경에서의 미디어 데이터 개방수준은 한계적이다. 세 번째 데이터 제공자는 광고 모니터링 회사, CRM 회사, 운영업체의 데이터를 확보한 회사 등의 업체를 포함한다. 세 번째 데이터는 광고 퍼블리싱 효과에 대해 일정한 보완역할을 할 수 있다.

프로그램 구입은 빅데이터와 서로 보완하면서 발전하였다. 프로그램 구매의 발전으로 인해 중국 인터넷 마케팅 산업체의 참여자가 상당히 늘어났다. 광고주, 4A광고업체(The American Association of Advertising Agencies), 대행사, 광고 네트워크, 광고연맹 등 전통적인 참여자 이외에도 광고 거래플랫폼인 AdExchanege, 수요자 플랫폼인 DSP, 공급자 플랫폼인 SSP(Supply Side Platform), 데이터 관리 플랫폼인 DMP, 데이터 거래 플랫폼인 DataExchange 등 프로그램 구매과 관련된 참여자가 새롭게 나타났으며, 전통적인 인터넷 광고 산업체가 확장되면서 새로운 국면이 조성되었다.

프로그램 구매(Programmatic Buying)는 2014년 디지털 광고 마케팅 분야에서 가장 뜨겁게 논의되었던 개념으로, 이와 관련된 업체는 자본가들의 인기를 얻었다. 이와 동시에 전통적인 대행업체와 프로그램 구매에 나서지 않은 인터넷 미디어 업체는 투자, 지분소지, 인수합병 등의 방식을 통해 프로그램 구매 산업체인에 진출하여 해당 분야에서의 배치를 끝냈다. 2014년에 프로그램 구매와 관련된 융자 및 인수합병 사례는 10건을 넘어섰는데, 이를 통해 해당 분야의 향후 발전잠재력은 업계에서 환영받을 정도라고 볼 수 있다.

1) 프로그램 구매의 다양한 발전

과거에는 프로그램 구매라고 하면 RTB(Real Time Bidding)를 많이 언급하였지만, 시장의 지속적인 발전과 더불어 프로그램 구매에 더 많은 내용이 추가되고 확장되었다. 사실상 프로그램 구매는 일종의 과정이지만 RTB는 프로그램 구매의 거래 방식이라고 할 수 있다. RTB 이외에 non-RTB 방식이 발전되었고, 중요한 프로그램 구매 방식으로 자리매김하면서 프로그램 구매 시장은 점점 다양하게 발전하고 있다.

미디어 자원재고 유형과 입찰방식에 따라 프로그램 구매를 여러 가지 유형으로 나눌 수 있다. 입찰방식은 경매와 고정가를 포함한다. RTB는 실시간 경매방식을 취하는데, 판매자와 구입자는 사전에 고정판매 가격을 약정한다. 자원재고 유형은 예정재고와 비예정재고로 나뉘는데 예정재고는 구입자와 판매자가 사전에 특정된 광고게재위치의 고정된 노출량을 확정하는 것이고, 그렇지 않을 경우 비예정재고로 간주한다.

프로그램 구매와 우선 매수는 모두 고정된 가격을 취하는데, 양자 간의 주된 차이점은 바로 고정된 가격으로 구입하는 자원에 대한 사전 확정 여부이다. 공개 경매와 초청경매는 모두 경매방식을 통해 비예정재고를 구입하는 것으로, 두 가지 방식의 차이점은 바로 모든 참여자에 대한 시장의 개방 여부이다.

다양한 프로그램 구매 광고는 다양한 수요를 충족시킬 수 있으며, 광고주는 자체 마케팅 수요에 따라 한가지 혹은 여러 가지 적합한 프로그램 구매 방식을 선택하여 최적화된 이익을 얻을 수 있다. 경매를 기반으로 한 프로그램 구매 방식, 즉 RTB방식은 효과를 추구하는 광고주의 수요를 더욱 만족시킬 수 있고 고정가를 기반으로 한 프로그램 구매 방식은 브랜드 광고주의 수요를 만족시킬 수 있다.

실시간 경매, 즉 RTB 방식은 신속·고효율·융통성의 특징이 두드러지고 특히 공개경매 방식으로 광고게재 위치의 가격이 상대적으로 저렴하기 때문에 효과를 추구하는 광고주들의 ROI(투자자본수익률)에 대한 기대를 만족시킬 수 있다. 초청경매 방식은 공개경매보다 질적인 미디어 자원을 더 가져올 수 있다. 고정가를 기반으로 한 프로그램 구매는 광고 게재위치에 따라 가격이 상대적으로 높지만 경매방식보다 더욱 우수한 미디어자원을 확보할 수 있다. 특히 프로그램 예정구매를 통한 광고 게재위치는 미디어 단말에서 전통적인 퍼블리싱 방식과 같은 우선권을 가지고 있으며, 원래의 광고 퍼블리싱 체인에 변화 없이 브랜드 광고주의 수요를 충족시킬 수 있다.

2) 프로그램 구매에 대한 브랜드 광고주의 투자 증대

프로그램 구매의 방식이 다양한 것은 브랜드 광고주의 광고를 얻기 위해서이다. RTB시대에는 효과를 추구하는 광고주가 주된 고객이었고 브랜드 홍보를 위한 광고주는 프로그램 구매에 대한 우려가 컸다고 할 수 있다. 이러한 우려에는 광고의 위치와 효과에 대한 모니터링 여부, 광고가격과 예산의 통제가능 여부, 고급 미디어 자원의 퍼블리싱 여부, 브랜드 안전성의 보장 여부 등이 포함된다. 해외 프로그램 구매 시장의 발전과정을 보면, 브랜드 광고주가 프로그램 구매에 대한 인지도가 높아지면서 프로그램 구매에 대한 수요도 지속적으로 증대되었음을 알 수 있다. 브랜드 광고주의 시장은 프로그램 구매의 발전을 추동하였으며 프로그램 구매의 직접구입, 개인시장 PMP(Private Market Place) 등의 대두와 발전이 중요한 추세가 되었다.

3) 모바일 프로그램 구매의 중요성 향상, 멀티 스크린 프로그램 구매가 중요한 추이로 부상

전반적으로 PC와 비교하면 모바일의 프로그램 구매는 뒤늦게 시작되어 기존 발전수준이 아직 미미하지만, 발전속도가 빠르고 인터넷의 발전 붐에 힘입어 형식과 기술 모두 해외추이를 추격하여 PC 단말기를 따라잡고 있다. 그 외 단말기 별로 동일한 시청자를 식별하는 멀티 스크린 퍼블리싱 역시 프로그램 구매의 중요한 의제라고 할 수 있다. 현재 해당 목표를 실현하려면 UID(User Identification)에 의존해야 하지만 향후 기술적으로 더 발전할 여지가 있다.

모바일 미디어 산업 발전 동향

1. 추이1: 무선 인터넷 시대의 도래

2014년 중국 네티즌 중에서 모바일 네티즌의 비중이 최초로 PC 네티즌 비중을 초과하였다. 무선 인터넷은 네트워크·단말기에서 앱에 이르기까지 각종 발전지표가 모두 향상되었는데 이는 무선 인터넷시대의 도래를 의미한다.

첫째, 더 빠르고 강력한 무선 인터넷이 실현되었다. 4G 허가증을 발급받고 1년 밖에 되지 않았으나 4G의 가입자 증가속도가 3G를 초과하였으며, 2014년 4G 신규 증가 가입자 수는 9,730만 가구에 달하였다. 아울러 인프라 전자통신 업체는 무선 네트워크의 건설을 가속화하였다. 신규 이동통신 스테이션이 98만 8천 개, 신규 WLAN 공공운영 AP(access point)가 30만 9천 개에 달하였으며, 무선 인터넷의 서비스 질과 커버리지 범위가 지속적으로 증대되었다.

둘째, 더욱 스마트하고 풍부한 모바일로 발전하였다. Talking Data 보고서에 따르면, 2014년 중국의 모바일 인터넷 가입자 규모는 10억 6천만 명에 달해 2013년 대비 약 231.7% 증가하였다. 글로벌 모바일 증가속도가 둔화되었음에도 불구하고 중국의 시장은 여전히 빠른 발전양상을 보였다.

이동통신 가입자를 보면, 2014년 12월 기준 중국의 스마트폰 네티즌 규모는 5억 5,700만 명(같은 시간대 네티즌 총수는 6억 4,900만 명)에 달하였다. 모든 인터넷 이용방식 중에서 스마트폰을 사용한 인터넷방식이 83.4%로 1위를 차지하고, 데스크톱과 노트북을 사용한 네티즌 비중은 각각 69.6%와 43.7%를 차지하였다. 2014년 모바일 데이터 트래픽은 급격하게 증가하였는데 그 중 스마트폰으로 인한 원인이 86.8%에 달하였으며, 스마트폰의 인터넷 데이터 트래픽은 17억 9,100만 G로 동기대비 95.1% 증가하였다. 그리고 무선 인터넷의 데이터 트래픽 소비는 20억 6,200만 G로 동기대비 62.9% 증가하였다. 스마트폰의 발전은 데이터 트래픽에서 나타났을 뿐만 아니라 모바일 전자상거래, 모바일 게임 등 세분화된 분야에서도 나타났다. 또한 모바일 단말의 수입이 현저하게 증가하면서 일부 분야에서는 심지어 절반이상의 점유율을 차지한 것으로 나타났다.

2. 추이2: 미디어 융합, 모바일에 의해 승패 결정

2014년 중국 국내 미디어발전을 살펴보면, '미디어융합'이 2014년도의 대 주제이자 미래 발전방향이라고 할 수 있다. 2014년 8월에 중국정부는 「전통미디어와 뉴미디어의 융합발전 추진 관련 지도의견」을 심사하여 통과시켰다. 해당 지침이 마련되기 전에 '미디어융합'과 관련하여 각종 조치가 있었지만, 국가전략 차원에서 정책을 제시한 것은 이 조치가 처음이었다.

인터넷 미디어가 급격하게 발전추세를 유지하고 있는 한편 전통미디어의 구조전환과 업그레이드도 활발하게 추진되고 있다. 이러한 전통미디어와 뉴미디어의 심도 깊은 융합 단계에서 모바일은 정상으로서 전략적 고지로 인식되었다.

    미디어 속성이 가장 강한 뉴스를 예로 들면, 2014년 각 미디어는 각자의 장점에 입각하여 특정 융합루트를 모색하고 수많은 혁신적인 조치를 취하였다. 예컨대 2014년에 선보인 '신화사 발표(新华社发布)' 클라이언트는 반년 사이에 다운로드 수가 연인원 2,000만 명을 돌파하여 전통미디어와 주류미디어의 융합발전을 촉진하는 최고의 표본으로 부상하였다. 또 일례로 '인민일보(人民日报)'와 '인민신문(人民新闻)'의 모바일 고객 총 규모는 3,000만 명을 돌파하였고 웨이보 팬 수는 2,900만 명을 넘어섰으며, 위챗 공식계정(rmrbwx)은 장기간 뉴스·시사면에서 상위권을 차지하고 있다. 그 외 해외판 '학습소조(学习小组)'와 '협객도(侠客岛)', 평론부문의 '인민일보 평론(人日民报评论)'과 총 편집실의 '이페이나(一撇一捺)' 등 공식계정(everyone0711) 역시 이채로운 발전양상을 보였다. 요컨대 모바일은 '인민일보'의 새로운 커뮤니케이션 구조를 지탱하는 중요한 수단으로 발전하였으며, '광명일보(光明日报)'는 스마트폰을 통해 광명망(光明网)·광명일보 모바일 신문·광명일보 모바일 뉴스·광명 클라우드 미디어(光明云媒) 뉴스보기·시광푸(时光谱, PC나 모바일을 이용한 실시간 음성서비스 등) 뉴스 서비스 등을 연이어 출시하였고 2014년 10월에는 '융합미디어(融媒体)' 센터를 설립하였다.

    상하이 신문그룹(上海报业集团)은 2014년에 '상하이 관찰(上海观察)', '펑파이 뉴스(澎湃新闻)', '계면(界面, 사용자 인터페이스)' 등의 콘텐츠 제품을 선보였으며 전통미디어와 뉴미디어의 융합을 추진하였다.

    전통미디어는 낙후된 면모를 일신하였으며, 2014년에 모바일 미디어에서 이채로운 발전양상을 보였다. 그 중 웨이보, 위챗 등 모바일 고객이 융합의 승부를 결정하는 핵심으로 부상하였다. 향후 전통미디어는 지속적으로 인터넷 중심의 관점을 도입하여 시스템 내부와 외부의 자원을 통합하고 심도 깊은 융합을 추진할 것으로 예상된다. 중앙의 미디어는 새로운 기술개발과 제품, 새로운 어플을 충분히 활용해 정보 미디어의 고지를 선점하여 뉴미디어를 통해 전통 주류미디어의 혁신력을 활성화해야 한다. 지방 미디어그룹은 인터넷 마인드를 충분히 활용하여 시스템 내외자원을 통합하고 새 브랜드, 새 플랫폼, 새 서비스를 개척하여 뉴미디어 분야에서의 새로운 성장동력을 확보해야 한다.

3. 추세3: 대기업이 어플리케이션 생태를 좌지우지

무선 인터넷 네트워크와 단말기 등 기반시설을 고속도로로 비유한다면, 각종 어플리케이션은 고속도로에서 달리고 있는 자동차에 해당된다. 어플리케이션을 통해 사용자는 모바일 생태환경을 가장 체감적으로 느낄 수 있기 때문이다. 2014년 국내외 모바일 어플 시장을 살펴보면, H5(HTMl5)의 발전이 눈부셨지만 앱이 여전히 주류라고 할 수 있다. Talking Data 통계에 따르면 2014년 중국의 모바일 기기 1대당 평균 34가지 앱이 설치되어 있고 사용자는 평균 매일 20가지 앱을 사용하는 것으로 집계되었다. 각종 앱 스토어에서 수백만의 개발자가 가입자를 쟁탈하는 가혹한 전쟁이 벌어지고 있는 것이다.

앱 종류를 살펴보면 2014년에는 인스턴트 메시지, 도구형 앱이 계속하여 선두적 지위를 차지하였고 뉴스 콘텐츠 종류의 앱이 안정적으로 증가하였으며, 동영상·게임·음악 등 오락류 앱의 증가폭이 높았다. 특히 모바일 비즈니스류 앱이 폭발적 증가세를 보여 2014년의 가장 큰 성장동력으로 작용하였다. 구체적으로 공동구매(团购, 226.4%)·관광예약(115.8%)·지불결제(159.2%)·쇼핑(168.5%)·인터넷뱅킹(153.1%) 등 스마트폰의 앱 증가폭이 현저하였다. 모든 앱에서 스마트폰의 소셜 사이트(-31.6%)와 웨이보(-17.9%)만이 동기대비 하락하였다.

생태구조를 살펴보면, 기존 바이두·알리바바·텐센트 등 3개 선두업체의 이용자 점유율은 점점 더 커지고 있으며, 모바일 앱은 이 3개 업체에 의해 좌지우지되고 있다. TalkingData의 조사연구에 따르면, 안드로이드 플랫폼(전체 70% 차지)의 모바일통신 앱 가입자의 커버리지율 상위 20위권에 바이두·알리바바·텐센트의 모바일 앱이 16개에 달하는 것으로 나타났다. 텐센트 앱이 가장 다양하여 소셜·동영상·앱스토어·브라우저·음악 등 분야에 분포되어 있는데, 그 중 QQ·위챗·써우거우(搜狗) 휴대전화 입력기·텐센트 동영상·잉융바오(应用宝)·QQ브라우저·텐센트(手机管家)·QQ음악 등의 앱이 상위 20위권에 들었다.

특히 주목해야 할 점은 3년간의 발전을 거쳐 누적 등록 사용자가 11억 2천만 명, 월 적극적 사용자가 4억 4천만 명, 공식계정이 853만 명을 초과한 위챗이 '모든 것을 연결시킬 수 있는' 슈퍼 앱으로 부상하여 관련 모바일 앱의 발전에 막대한 영향을 미치고 있다는 점이다. 알리바바의 모바일 타오바오, 즈푸바오 전자지갑(支付宝钱包), 웨이보, UG브라우저, 유쿠 등의 앱이 상위 20위권에 들었으며 바이두는 바이두 지도·모바일 바이두만 20위권에 포함되었다.

모바일 앱이 다양한 혁신을 모색하는 새로운 단계로 들어섬에 따라

2014년에는 모바일 건강관리, 모바일 의료, 모바일 교육, 모바일 금융 등 새로운 분야에서 발전을 이루었으며, 2015년에는 더 큰 발전을 가져올 것으로 기대된다. 중요한 점은 모바일 미디어(모바일, ipad, 노트북 등)의 응용화와 모바일 앱의 미디어화 사이의 융합이 '새로운 현상으로' 부상했다는 점이다. 전통미디어는 인터넷에 힘입어 미디어 제품을 앱으로 전환시켜 발전을 모색하였다. 이와 동시에 점점 더 많은 공공기관·기업·개인 등 미디어 속성과 미디어 자원이 나타나기 시작하였는데, 이러한 융합과 실천 속에서 모바일 미디어는 실속적이고 확장적으로 개발될 것이라 예측된다.

4. 추세4: 모바일 광고의 기술선도

모바일 미디어에서 중요한 자리를 차지하는 모바일 광고와 관련해서 중국은 2014년에 급격한 발전을 이루었다. eMarketer데이터에 따르면, 2014년 중국의 모바일 광고 수입은 2013년 대비 대폭 증가하여 현재 영국과 일본을 초과해 전 세계에서 두 번째로 큰 모바일 광고 시장으로 비약적인 발전을 하였다. 뿐만 아니라 2014년 중국 인터넷 회사의 광고수입 시장점유율이 현저하게 향상되어 세계 인터넷 광고시장(1,460억 달러)에서 약 11%를 차지하는 것으로 나타났다. 그 중 중국의 알리바바·바이두의 모바일 광고가 전 세계 3위와 4위로 부상하면서, 마이크로소프트·야후·IAC·트위터를 초과하였다. 전 세계 모바일 광고 시장 1위를 차지한 구글의 시장점유율이 다소 하락한 반면 페이스

북이 18.4% 상승하였다.

    2014년 중국정부가 모바일 광고 시장과 관련된 조치를 연이어 발표하면서 업무혁신, 자본운영, 산업 관리감독 등이 모두 활성화되었다. 인터넷 대기업이 연이어 모바일 광고 시장에 진출하였는데 이는 모바일 광고 시장의 향후 발전가능성을 보여주는 것이다. 5월에 텐센트는 텐센트 '모바일광고연맹'을 발표하였다. 이는 텐센트가 본격적으로 모바일 광고 분야에 진출하였음을 의미하는데, 이를 통해 모바일 광고 생태 시스템이 확장되었다. 2015년부터 위챗은 '사용자에게 영향을 미치지 않는' 범위 내인 친구그룹(朋友圈)에서 광고를 내기 시작하였다. 9월에 바이두는 '직달호(直达号)'를 선보였으며 전통적인 서비스업에서 무선인터넷으로의 전환을 위해 솔루션을 제공하였다.

    인터넷 대기업이 연이어 모바일 광고 시장에 진입하였으며, 위챗 등의 앱이 상용화의 길을 모색하기 시작하였다. 이러한 요소는 중국 내 모바일 광고 시장구조에 막대한 변화를 불러올 것으로 예상된다.

    그 외 모바일 광고 플랫폼은 지난 1년 사이에 수차례 변화를 거쳐 경쟁이 격화되었다. 2014년 웨이펑(威朋)은 천만 달러에 달하는 시리즈B 융자를 유치하였고 바이스퉁(百视通)은 adSage로부터 약 1억 달러에 달하는 자금을 조달받았으며, 베이징 지우치소프트웨어(北京久其软件股份有限公司)는 인수합병을 통해 산하의 '뎬루플랫폼(点入平台)'을 성공적으로 상장시켜 중국에서 최초로 상장한 모바일 광고 플랫폼이 되었다. 모바일 광고회사는 산업의 자율적인 방식을 통해 공동으로 녹색생태 시스템을 구축하기를 희망하고 있는데 이는 정부의 관리감독을 다소 촉진할 것으로 예상된다.

    전 세계 모바일 광고의 발전추이를 살펴보면, 광고가치의 산정을 핵심으로 하는 기술혁신이 중요한 흐름이라고 할 수 있다. 2014년에 모바일 광고는 이러한 주제를 둘러싸고 새로운 가능성을 보여주었으며, 중장기적으로도 이러한 측면이 심도 있게 추진될 것으로 예상된다.

우선 프로그램 구매의 가속화를 손꼽을 수 있다. 2014년에 모바일 단말기의 DSP·SSP플랫폼이 지속적으로 출시되고, 모바일 광고가 점차 성숙하였으며 모바일 광고의 프로그램 구매 각 단계가 완벽해졌다. 이로 인해 향후 빠르게 발전할 것으로 전망된다.

다음으로 DMP(Data-Management Platform)에 기반을 둔 정확한 마케팅의 추진이다. 광고주, 앱 개발업체, 광고플랫폼 등의 모바일 광고효과에 대한 관심이 날로 증대되면서 DMP는 산업체에서의 지위가 향상될 것으로 예상된다.

마지막으로는 위치기반서비스(LBS)의 로컬 마케팅 모델로서, 일부 기업은 로컬 마케팅과 전통적인 브랜드 광고주와의 결합을 모색하기 시작하였다. 그로 인해 스마트폰 동영상·네이티브 광고·H5(HTML5의 약칭)마케팅 등 새로운 형태가 지속적으로 나타났으며, 모바일 광고 브랜드와 효과에 대한 평가 모니터링 시스템이 점차 완벽해지고 있다. 향후 모바일 광고의 전면적인 혁신도 장기간 지속될 것으로 예상된다.

5. 추이5: 모바일 벤처의 자본 인기

2014년 인터넷 분야 벤처에 대한 자본시장은 여전히 활발한 양상을 보였다. 무선인터넷과 관련된 분야는 상당히 넓지만 그 중에서 특히 스마트 하드웨어·O2O·원격의료·건강관리 등 분야가 특히 자본의 인기를 끌었다.

전반적인 추이를 살펴보면, 2014년 말까지 중국 인터넷 분야에 총 1,878건의 융자가 발생하였고 관련 융자총액은 1,000억 위안을 초과하였다. 투자유형별로 보면, 전자상거래·모바일 인터넷·금융서비스가 상위 3분야를 차지하였다. 융자구조를 보면, 무선인터넷 분야의 융자는 대체적으로 엔젤투자(42%)와 시리즈A 투자(정식 제품 또는 서비스로 만들어나가기 위한 과정에서 받는 투자, 38%) 등 초기 시작단계에 집중되어 있고 시리즈B(정식 제품 또는 서비스가 가능성이 인정되었을 경우, 시장에서 점유율을 높이기 위한 용도로 받는 투자, 15%), 시리즈C(추가적인 제품개발이나 기업인수에 용도로 받는 투자, 2%), 시리즈D(상장기업이 받는 후속적인 투자, 1%), IPO상장 이후(2%) 등 기타 단계의 투자비율은 상대적으로 낮은 수준을 보였다.

2014년에 가장 활약적인 5대 투자기구는 각각 IDG캐피탈(IDG资本)·세콰이어 캐피탈 차이나(红杉资本中国)·매트릭스 파트너스 차이나(经纬中国)·젠펀드(真格基金)·이노베이션 공장(创新工场)으로 꼽을 수 있다. 그 외 알리자본(阿里资本)·텐센트산업 공동펀드(腾讯产业共赢基金)·선전 캐피탈그룹(深圳创新投资集团) 등 업체도 무선분야의 발전에 많은 관심을 가지고 있는 것으로 알려졌다.

무선인터넷 분야의 프로젝트가 전체에서 차지하는 비중을 살펴보면, 이노베이션 공장의 투자프로젝트 중에서 무선인터넷 분야의 프로젝트가 차지하는 비중이 약 19%로 가장 높은 수준을 보였다. 그 중 투자액이 가장 큰 것이 바로 완더우자(豌豆荚)에 대한 1억 2천만 달러에 달하는 투자였다. 그 다음으로 세콰이어 캐피탈 차이나(12%), 매트릭스 파트너스 차이나(10%), 젠펀드(10%), IDG캐피탈(9%) 순으로 나타났다. 투자사례별로 살펴보면, 시나웨이보가 2014년 4월에 나스닥에 상장하였고, 모모(陌陌)가 IPO를 통해 3억 달러 규모 자금을 조달하였으며, 샤오미가 2014년 말에 11억 달러의 자금을 조달하는 등 사례가 핫이슈로 부상하여 전 세계 투자자의 관심을 모았다.

결론적으로 2014년의 인터넷 분야에 대한 대규모 투자는 전자상거래·금융서비스·무선인터넷·문화오락 등 산업의 변혁과 업그레이드, 소비추이 변화 등과 밀접한 관계를 가진 분야에 집중되었다. 아울러 인터넷 대기업은 전략적 배치 차원에서 디지털 엔터테인먼트·의료건강·소비생활 분야의 프로젝트에 집중적으로 투자하였다. 전반적으로 무선인터넷에 대한 투자는 엔젤투자와 시리즈A 등 초기단계의 투자를 위주로 하며 전체 무선시장은 여전히 많은 변수가 있기 때문에 성숙해지기 위해서는 아직 많은 시간이 필요하다.

6. 추이6: 정보보안의 급속 발전

모바일 미디어가 빠르게 발전하면서 정보보안 문제는 전례없는 난관에 부딪치고 있다. 최근 휴대전화 개인정보 절취·가입자정보 누설·바이러스 소프트웨어의 전파·정보내용의 왜곡 등으로 사회적으로 문제가 되는 사건이 반복적으로 발생하고 있다. 관련 통계에 따르면 2014년에만 새로운 휴대전화 바이러스 수가 128.75% 증가하였다. 그 외 라우터 안전·NFC지불결제안전·스마트 웨어러블 장치·빅데이터·사물인터넷·가상화·클라우드 컴퓨팅이 기존 정보보안에서 가장 약한 것으로 나타났다. 인터넷 보안사건은 점차 컴퓨터에서 휴대전화로 이전되고 있으며, 정보내용의 누설은 더욱 수월해져 무선인터넷의 정보보안은 시급히 해결해야 할 과제가 되었다.

이러한 난관이 있었음에도 불구하고 2014년은 정보보안이 빠르게 발전한 해였다. 2014년 2월에는 중국 '중앙 인터넷 안전 정보화 영도팀'이 설립되었고 베이징에서 1차 회의를 개최하였다. 시진핑 총서기는 회의에서 인터넷이 안전하지 않을 경우 국가가 안전하지 않다고 지적하였다. 그 해 10월에 중국공산당 제18차 4중전회에서는 전략적 배치를 하여 인터넷 공간에 대한 법적 건설을 전면적으로 추진하였으며, 11월에 1차 세계인터넷대회에서 인터넷 보안분야의 국제협력을 추진해야 함을 지적하였다. 2014년 말, 인터넷 안전에 대한 국민의 능력과 방안을 향상시키고 전체 국민의 인터넷 보안의식을 강화하며 유해정보에 대한 방어와 사고방지능력을 향상시키기 위해 위해 '1차 국가 인터넷 안전 홍보주간'을 시작하였다. 이와 동시에 정부와 기업은 공동으로 인터넷 공간의 성실신용 시스템을 적극 구축하여 사회신용 시스템의 점진적인 구축을 대대적으로 추진하였는데, 이는 2014년의 정보보안 분야의 중요한 과제였다.

정보보안 분야가 직면하고 있는 난관은 무선인터넷의 발전과정에 장기간 동반할 것으로 예상된다. 국가행정기관, 기업, 인터넷안전업체, 인터넷 콘텐츠 및 서비스 업체 등 산업체 모두가 이 현안을 중시하고 협력을 강화해야만 장기적으로 인터넷 보안을 확보할 수 있을 것이다.

모바일을 이용한 SNS발전 동향

모바일 SNS는 사용자가 휴대전화 등 모바일을 통해 온라인 가입자를 식별하고 정보를 교환하는 기술을 기반으로 하며, 데이터 사용량에 따라 비용을 징수한다. 무선 인터넷을 통해 소셜앱 기능을 실현하기 때문에 통화, 메시지 등 통신업무는 포함되지 않는다.

스마트폰의 보급과 4G시대의 도래로 인해 무선 데이터 사용량이 급격히 증가되면서 점점 더 많은 인터넷 이용자가 모바일 인터넷을 사용하기 시작하였다. Talking Data의 「2014 무선인터넷 데이터 보고서」에 따르면, 2012년에는 중국의 스마트폰 이용자 규모가 7천만 명에 불과하였으나, 2014년에는 10억 6천만 명에 달해 2013년 대비 231.7%의 급격한 증가세를 나타냈다. 소셜네트워크의 무선화는 대세의 흐름이라 할 수 있으며, SNS산업의 이용자 수와 사용시간이 지속적으로 확장되고 있다.

무선인터넷은 인터넷서비스의 업그레이드뿐만 아니라 정보전달 방식의 변화를 의미한다. 정보전달은 더이상 '채널'이나 '고속도로'가 아니라 하나하나의 접속점이라 할 수 있다. 개인이 하나의 정보자원이 되어 자신의 관계망을 통해 정보를 빠르게 전달할 수 있으며, 관계망 속에서의 기타 접속점 역시 유사한 정보를 계속하여 전달할 수 있다. 정보의 생산자와 전달자인 이용자는 개성화된 정보를 만들어 더 많은 이용자가 전달하도록 할 수 있다. 이러한 정보전달 메커니즘은 소셜미디어를 통한 공유를 촉진시켰다.

1. 현황: 위챗의 발전과 모모陌陌의 돌파

2011~2013년 사이 중국의 모바일 소셜플랫폼은 수차례의 인수합병을 거쳤다. 이러한 인수합병 결과 2014년에 궁극적으로 위챗이 즉각적 커뮤니케이션 분야에서 패권적 지위를 확보하였다. 2014년 위챗은 IM(Instant Messaging)에서 최고 점유율을 확보하여 그 영향력을 각 산업으로 확장시켰다. 택시·게임·위챗머니·웨이뎬(微店)·스마트 하드웨어·오프라인 지불결제 등 다양한 업무를 발전시켰는데, 단순한 소셜플랫폼 기능범위를 훨씬 초과하였다. 2015년 초에 위챗은 처음으로 친구그룹(朋友圈)에서 광고를 발표하기 시작하였다.

위챗이 모바일 소셜 분야에서 패권적 지위를 확보할 수 있었던 것은 개인의 친구그룹을 통한 소셜미디어의 최적화에 주력하였기 때문이라고 할 수 있다. 위챗은 이용자 사이를 서로 연결했기 때문에 이용자의 대부분이 소셜 관계를 형성하였다. 따라서 이용자가 위챗을 사용하지 않을 경우 그와 관계된 이용자 역시 기타 수단을 사용해야 한다. 따라서 이용자는 적극적으로 다른 소셜미디어로 바꾸지 않을 것이며, 이로 인해 일정기간 내에 위챗의 패권적 지위는 흔들리지 않을 것으로 예상된다.

위챗 외에 모바일 분야에서 모모(陌陌)가 비약적인 발전을 거두었다. 모모의 성공은 지인 사이의 소셜분야에서 위챗과 경쟁한 것이 아니라 낯선 사람 사이의 소셜분야에서 새로운 영역을 개척한 것에 기인하였다고 할 수 있다. 모모는 처음부터 낯선 사람 사이의 소셜에 초점을 맞췄는데, 인증번호 없이 상대방과 인사를 나눌 수 있다. 우선적으로 웨이보, 런런 등 SNS에 포함된 친구를 추천하는 기능을 가지고 있다.

사실상 지인 중심의 SNS에서는 자신의 관점과 감정을 완전히 표현하기 어려운 단점이 있다. 직장상사, 부모, 친척이 친구그룹에 추가된 후 친구그룹의 소셜기능이 다소 하락하게 된 것이다. 텐센트의 조사보고서에 따르면(그림1) 약 60%의 젊은이는 SNS에서 부모를 차단하였는데 이는 위챗의 지인 사이 소셜네트워크가 더 이상 젊은이들에게 신선감을 가져다줄 수 없거나 '귀찮'거나 '솔직한 자신을 표현할 수 없는' 느낌을 가져다주고 있기 때문이다. 이는 위챗 친구그룹의 사용자 경험을 약화시켰다. 젊은이의 소셜수요가 막대한 시장에서, 낯선 사람 위주로 SNS에 주력하는 모모는 위챗과 서로 보완하는 관계를 형성하였다.

그림1. 1995년 이후 출생세대가 SNS에서 부모의 존재를 받아들이는 정도

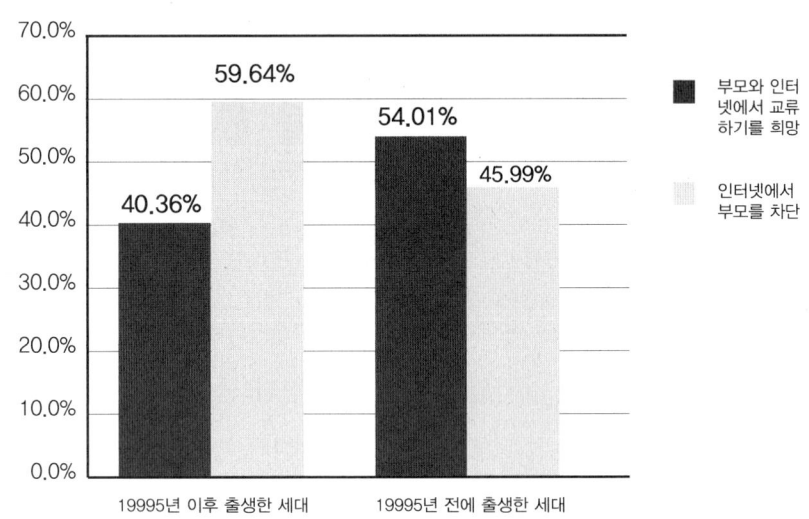

*자료출처: 텐센트 치어즈쿠(企鵝智酷)/ 조사샘플: 16,213명

「2014년 중국 모바일을 이용한 SNS 이용자 수요와 행위 조사연구 보고서」에 따르면(그림2), O2O 취미활동에 대한 모모 이용자의 참여율

은 50%를 상회하여 기타 소셜앱을 훨씬 뛰어넘은 것으로 나타났다. 취미공동체의 형성은 하나의 중요한 전환점으로 이는 향후 모바일 발전의 중요한 방향이라고 할 수 있다.

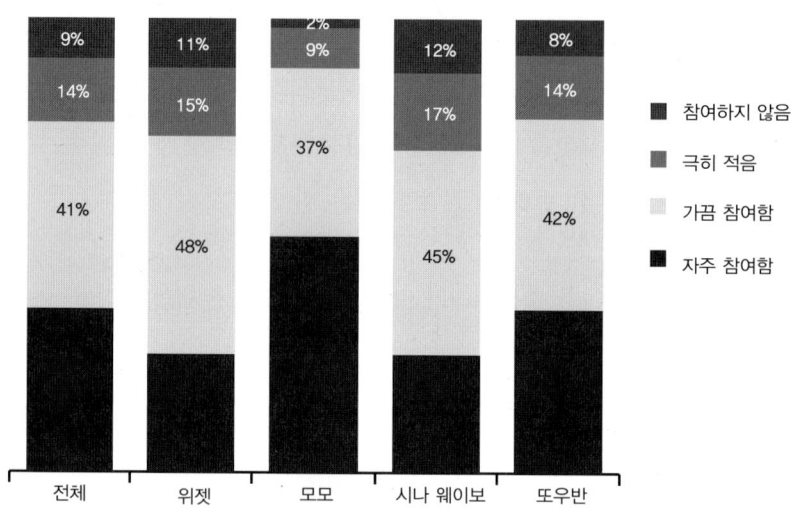

그림2. O2O취미활동에 대한 App별 이용자의 참여수준

*자료출처: Nielsen-CCData '2014년 중국 모바일 이용자 수요와 행위 조사연구 보고서'

런런망을 살펴보면, 새로운 모바일 플랫폼의 영향을 받아 이용자와 사용시간이 줄어들고 가치있는 콘텐츠가 점점 줄어들었다. 모바일 분야에서 빠르고 효과적인 발전전략을 확정하지 않고 다만 웹사이트에서 모바일로 전환하였을 뿐이었는데, 그 결과 런런망의 이용자는 점점 더 감소되는 추세를 보였다. 이와 같이 스마트폰을 특징으로 하는 모바일 플랫폼은 제품에 대한 사용자의 경험을 존중해야하며, 그렇지 않을 경우 시장선점 기회를 놓치게 될 것이다.

2. 발전: 버티컬^{Vertical} SNS와 상황에 따른 소셜

모바일 시장은 직장소셜·동성(同性)소셜·익명소셜·포토소셜 등으로 세분화될 수 있다. 최근 일부 버티컬 소셜제품이 출시되었는데 이러한 소셜제품은 백만 명, 심지어 천만 명의 이용자를 보유하기도 한다. 2014년 7월 기준으로 중국의 게이 소셜 플랫폼인 Zank의 총 가입자수는 500만 명, 일간 사용자가 100만 명, 월간 사용자가 300만 명에 달하였다. 커플 비밀 소셜 제품인 '소은애(小恩爱)'의 이용자 수는 1,500만 명에 달하였다. 버티컬 소셜 제품의 대규모적인 출현과 성공을 보면, 버티컬 SNS를 통해 기능과 관계가 복잡한 소셜 플랫폼 구축을 목표로 한 것이 아님을 알 수 있다. 무선 인터넷 시대에서 버티컬 SNS는 더욱 큰 발전을 가져올 것으로 기대된다.

직장 소셜의 대표로 마이마이(脉脉)와 후이후이(会会)를 손꼽을 수 있다. 마이마이는 '생활은 위챗, 업무는 마이마이를 사용'이란 관점을 제시하였다. 2014년 11월 기준 이용자는 150만 명에 달하였다. 마이마이를 통해 이용자는 실명제로 채팅할 수 있으며 '인맥'을 관리한다. 인맥을 통해 얻은 일자리와 이용자는 익명으로 발표한 구직정보를 찾아볼 수 있는데 소비 소셜, 실시간 소셜과 구인광고, 취직과 구직·연결 등 3대 기능을 확보하였다. 후이후이는 아직 창업초기에 있으며, 온라인에서 오프라인의 직장과 창업환경의 쉐어링 등을 시도하고 있다.

동성 소셜 앱의 대표로는 Blued·Zank 등이 있는데, 동성 소셜은 동질화 문제가 심각하다. 기본적인 기능은 LBS를 통해 낯선 동성을 사귀고 소식을 발표하며 나아가 오프라인 그룹을 발전시키는 것인데, 이는 모모(陌陌)의 게이모임과 유사한 기능이다. 이러한 플랫폼의 핵심은 바로 LGBT를 타겟으로 한 것이다. 2014년 9월 Blued 등록 이용자 수는 1,500만 명으로, 이는 1,200만 명의 중국내 이용자와 300만 명의 해외 이용자를 포함한 것이다.

익명 소셜제품은 아는 사람 사이의 익명 소셜과 낯선 사람 사이의 익명 소셜 두가지로 나뉠 수 있다. 아는 사람 사이의 익명 소셜을 대표하는 제품은 유미(友秘), 시크릿 중문버전(Secret中文版) 등이 있다. 유미를 예로 들면 주소록에 있는 아는 사람은 소프트웨어를 통해 익명 비밀을 발표하여 '근처에 있는 사람'과 '핫 이슈' 등으로 소셜 콘텐츠를 구성할 수 있고, 익명 이용자는 채팅하거나 익명 그룹을 구성할 수 있다.

낯선 사람 사이의 소셜을 대표하는 제품은 비밀(秘密)·Whisper·지자(叽喳) 등이 있으며, 이들은 낯선 사람의 소셜 네트워크와 지리적 위치에 기반한다. 비밀은 그 중에서 가장 혁신적인 제품으로 UGC(User Generated Content)의 길이에 가장 큰 차별점을 두고 있다. 일반적으로 모바일 상의 콘텐츠는 특별히 길지 않지만, 비밀은 그림을 추가하지 않고 모바일에서 길게 털어놓는 특징을 살렸다. 비밀의 CEO 장하오(张昊)는 "대다수 소셜제품은 짧고 분산된 시간을 사용하지만, 비밀(秘密)은 이불 안에서 시간을 보내는 것이다."라고 하였다. 이러한 방식은 이 소셜의 엄숙성을 유지하면서 매력을 느끼도록 하였다.

버티컬 사이트의 장점은 특정한 소셜수요를 위해 서비스를 제공하고 이용자는 위챗 등 복잡한 사회관계에서 벗어나 간단하고 빠르게 특수 소셜 목적을 완성하는 것이다. 이는 신형 소셜이 위챗과 차별화되는 중요한 전략이다.

모바일의 또 하나의 발전은 바로 상황에 따른 소셜이다. 닐 포스트먼(Neil Potsman)은 『죽도록 즐기기(Amuse Ourselves to Death)』란 책에서 "그림과 사진의 삽입과 무제 언어의 사용으로 인해 언어환경이 철저히 파괴되었다."라고 지적한바 있다. 이 책은 1890년대부터 시작된 변화를 묘사한 것인데, 현재의 이미지, 동영상 등을 정보 매체로 하는 '상황에 따른 소셜'에 더욱 잘 적용되고 있다.

스마트폰이나 테블릿PC를 통한 게임 놀이나 동영상 시청은 사용자로 하여금 다양한 콘텐츠를 많이 경험하도록 한다. 모바일은 이미지, 동영상을 통해 전달하는 정보가 문자나 언어보다 훨씬 많기 때문에 '몰입된 경험'을 더 많이 느낄 수 있기 때문이다. 현재 이미지와 동영상 위주의 소셜 앱이 상당히 많이 출시되었는데, 그 중에서 메이파이(美拍)·Instagram 등이 성공을 거두었다.

특히 최근에 출시된 Blink는 순식간의 상황에 따른 소셜 앱으로 각광받고 있다. Blink를 열면 바로 촬영 인터페이스에 들어가는데 연락인을 클릭하면 즉시 상대방에게 이미지 또는 15초의 짧은 동영상을 보낼 수 있으며, 그곳에 언어·문자·낙서를 추가할 수도 있다. Blink의 채팅기록은 제일 마지막으로 정보를 받는자의 휴대전화에 나타나는데 만약 상대방이 24시간 내에 회신하지 않을 경우 정보는 자동적으로 삭제된다.

SNS에서 사진을 보낼 때는 심사숙고해서 보내지만, Blink는 즉시 발송과 '받은 이후 자동 삭제'되는 특징으로 인해 '사용자는 스팸 정보를 부담없이 창조'할 수 있다. Blink의 창시자인 스카이원(施凯文)에 따르면, 이 앱을 출시한 목적은 바로 '위챗이 점점 더 많은 콘텐츠를 담아내기 때문에 사용자 생활속에서 발생하는 쓸모없는 대화를 Blink를 통해 그대로 반영하기 위한' 것이다. 이러한 '상황에 따른 표현'과 무선인터넷의 결합은 진실하고 풍부한 정보를 전달할 수 있으며, 향후 모바일의 중요한 발전방향으로 자리매김 할 것으로 예상된다.

2014년을 되돌아보면, 신흥 기술과 빅데이터가 급속히 발전하는 환경 속에서 모바일을 이용한 SNS는 개체성과 공공성이 균형을 이루어야 하며, 사회책임과 비즈니스 수익의 유효관계를 잘 유지해야 한다는 것을 알 수 있다. 소셜미디어가 생활에 가져다 준 영향에 대한 조사에서 68%(2013년 대비 5% 하락)의 이용자는 소셜미디어는 더 좋은 생활을 만들 수 있다는 입장을 밝혔다. 무선인터넷 시대에 가상 소셜과 현실 소셜 사이의 관계는 더욱 합리화 되었다. 2014년은 소셜 앱의 잠재력이 점진적으로 향상했으며, 2015년에는 SNS가 더욱 성숙된 비즈니스 모델을 구축하게 될 것으로 예상된다.

소비자 행동변화를 일으키는 인터넷 광고의 새모델

아이루이 컨설팅이 발표한 모니터링 데이터에 따르면 2013년 중국의 인터넷 시장규모는 동기대비 46.1% 증가한 1,100억 위안에 달하였다. 같은 기간 중국의 라디오·TV 광고수입은 약 1,302억 위안으로 증가폭은 2.52%에 불과하였으며, 2012년의 13% 대비 약 11% 하락하였고, 신문업의 광고수입은 8.0% 하락한 것으로 나타났다.

그림1. 인터넷광고의 높은 전환율 실현 방법

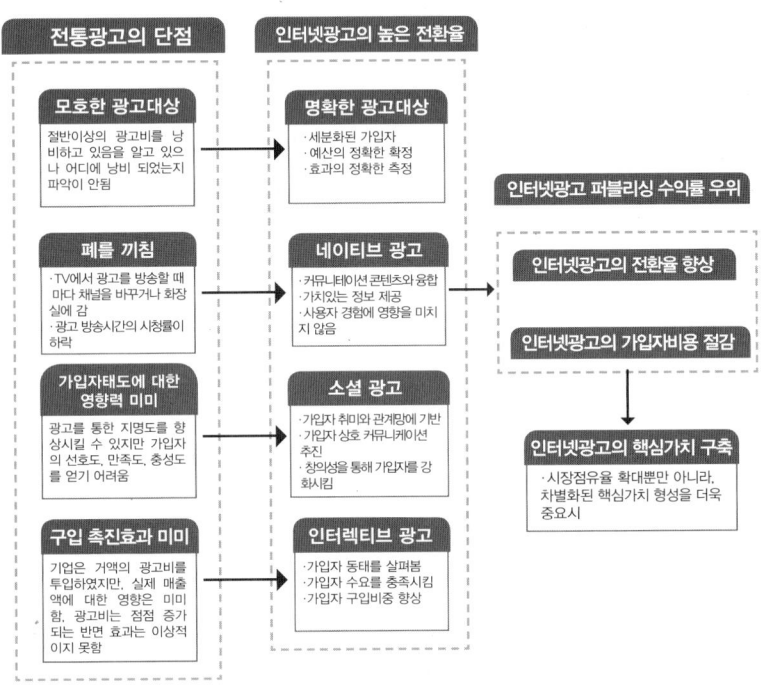

시장규모를 보면, 인터넷 미디어가 광고시장에서 가장 큰 점유율을 차지하였으며, 특히 인터넷 광고는 정확한 퍼블리싱·네이티브 광고·SNS광고·인터랙티브 광고 등의 방식을 통해, 전통적인 광고의 모호성과 시청자에게 시청 불편 제공, 소비자의 구입 촉진 효과 미미 등의 단점을 보완하였으며 이용자의 구입행위를 촉진하였고 광고의 높은 전환율을 실현하는 혁신적인 루트를 형성하였다. 결과적으로, 전통적 광고와는 전혀 다른 핵심가치를 구축하였다.(그림1)

1. 정확한 광고를 통해 목표 고객 확정

전통적인 광고는 광고정보를 정확하게 목표 고객에게 전달하여 효과없는 광고에 따른 기업예산을 줄이는 방법을 꾸준히 모색해 왔지만, 실질적인 해결책을 마련하지는 못하였다. 부정확한 발행량, 시청률 등이 광고효과에 영향을 미치는 중요한 문제점으로 부각되었다. 초기 포털사이트의 광고경영은 전통적인 광고방식을 계승하여 클릭수나 이용자 수 정보를 고객에게 판매하였으며, 출시한 배너광고·텍스트 링크 광고 등은 전통적인 광고와 실질적인 차이 없이 시간과 전시량에 따라 비용을 받았다. 예를 들면 시작페이지의 첫번째 스크린의 배너광고에 대해 시간당 비용을 받는데 이러한 광고는 데이터 폴로 낭비, 제3자 데이터 분쟁 등의 문제점을 야기하였다.

SNS·무선 인터넷이 발전함에 따라 정보 커뮤니케이션의 자발성과 개체화 특징이 더욱 뚜렷해졌으며, 이용자는 정보 발표자·정보 전달자·정보 접수자 등 다중 역할을 하고 있다. 데이터발굴 기술을 통해 대규모의 이용자 정보를 분석할 경우, 이용자의 개인정보에 맞춰 적절한 수요를 충족시킬 수 있기 때문에 인터넷 광고의 정확도는 지속적으로 향상된다. 인터넷 이용자의 온라인 행위에 대한 추적, 분석을 통해 기업은 이용자별 특징에 대한 정확한 광고를 집행할 수 있다.

중국 국내의 많은 인터넷기업이 cookies를 이용해 태그를 만들어 이용자의 행위를 추적하고 대량의 분석과 저장을 통해 매개 cookies에 대한 종합 데이터를 얻고 있으며, 매개 cookies에 수백·수천 개의 태그를 붙일 수 있다. 광고 고객은 이러한 태그를 통해 목표 소비자를 확정할 수 있는 것이다. 2014년에 바이두는 최초로 고객을 위해 지방 시급의 정확한 마케팅 기능을 선보였는데, 지역 포지셔닝 기능은 34개 성시구에서 375개 지방급 도시로 확장되었고 중소기업은 자체 소재지에서 더욱 융통성 있게 검색 홍보 솔루션을 수립할 수 있었다.

인터넷 광고는 기획·집행단계에서 정확도를 높였을 뿐만 아니라 비용과 효과 평가단계도 개선되어 클로즈드 서클(Closed Circle)의 정확한 광고 집행 관리시스템이 형성되었다. 전통적인 광고는 일반적으로 집행주기가 길고 집행주기가 끝난 후에야 효과평가 보고서를 얻을 수 있었기 때문에, 기업은 광고비를 지불한 후에 광고 집행효과에 대해 즉시적인 조정을 하기 어려웠다. 페이스북, 구글, 바이두 등은 셀프식 집행관리 플랫폼을 구축하여 광고대행사가 적은 중소기업이 자체적으로 광고예산과 시청 대상자를 확정하도록 하였다. 예컨대 페이스북의 광고 집행은 최소액 제한이 없으며, 셀프 시스템을 통해 광고주 스스로 일별 광고 집행 예산을 확정할 수 있다. 아울러 광고주는 이미 확정한 행사를 언제든 일시 정지시키나 취소할 수 있으며, 일별 광고예산을 수시로 변경할 수 있다. 다양한 시청자를 설정하여 최적화된 광고효과를 얻을 수 있으며, 다양한 버전의 광고창 테스트를 통해 광고창의성의 선호도·클릭수 등에 대한 비교를 거친 후 광고 콘텐츠와 집행 예산액을 조정할 수 있다. 광고주는 페이스북 광고관리 백 오피스를 통해 신규 증가·감소된 팬 수·신규 증가된 팬·팬의 기본 인구통계지표(연령, 성별, 국가 등)를 파악할 수 있으며, 광고활동의 사용자 그룹·클릭률·전환율을 파악하여 광고효과가 기대치에 달하였는지 여부를 수시로 평가할 수 있다.

인터넷 광고는 이용자 세분화·예산 집행·예산관리·효과에 대한 평가 등 관리시스템을 형성하여 광고자원의 낭비를 해소함으로써 전통적인 광고 집행에 중대한 영향을 미쳤을 뿐만 아니라, 정확도 수준이

그림2. 인터넷 광고 관리시스템

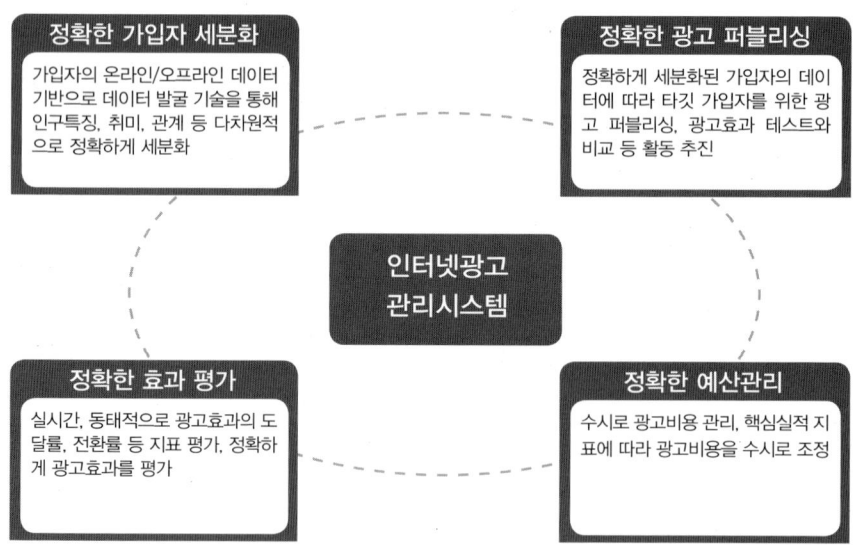

낮은 포털사이트의 광고운영에도 영향을 끼쳤다.(그림2) 이에 따라 포털사이트의 브랜드 이미지 광고 점유율은 점차 축소되고 있다. 시장점유율은 2008년 50%에서 2011년 36%, 2013년 11.8%로 하락하였다.

2. 네이티브 광고: 사용자 경험 최적화

PwC의 연구결과에 따르면 69%의 사용자는 모바일 광고에 불만을 가지지 않으며, 광고로 인해 피해를 느끼는 정도가 크지 않은 것으로 알려졌다. 따라서 정보와 융합된 네이티브 광고가 발전 추세가 될 것이다. Adobe가 발표한 「분기보고서: 2013년 디지털 미디어 추이」에 따르면 광고 고객사는 콘텐츠 마케팅을 가장 중요한 과제로 설정하였으며 55%의 마케팅인력과 58%의 광고대행사가 콘텐츠 마케팅 전략을 수립하였고, 93%의 B2B마케팅 인력은 콘텐츠 마케팅 활용에 평균 30%의 예산을 편성하고 있다. 미국 인터랙티브 광고협회의 예측에 따르면 2017년 미국의 소셜미디어 광고시장 규모는 100억 달러에 달할 것으로, 그 중 네이티브 광고가 40%를 차지할 것으로 예상하였다.

네이티브 광고 콘텐츠와 범위에 대해서는 통일된 인식이 형성되지 않은 실정이다. 하지만 우수한 네이티브 광고는 ① 제품과 콘텐츠가 고도로 관련되고 융합되어야 하고(위치 네이티브), ② 사용자의 사용기대에 부합되면서 사용자의 사용과정에 참여해야 하며(형식 네이티브), ③ 사용자에게 정확한 가치(콘텐츠 네이티브)를 가져다주어야 한다. 동영상 광고회사인 쉐어스루(Sharethrough)와 시장 연구기관인 IPG가 공동 발표한 연구보고서에 따르면, 소비자가 네이티브 광고를 시청하는 횟수는 CPM광고보다 53% 높은 것으로 나타났으며, 32%의 피조사자가 가족과 같이 네이티브 광고를 쉐어링하고 싶다는 입장을 밝혔다.

미국에서는 트위터가 최초로 네이티브 광고를 시작하였으며 2010년에 프로모티드 트윗(Promoted Tweets)을 수익창출의 핵심업무로 출시하였다. 페이스북의 네이티브 광고제품인 뉴스피드(Newsfeed)는 사용자의 정보흐름 속에 광고를 삽입한 후 사용자의 반응을 살펴보며 수시로 정보를 조정함으로써 사용자가 쉽게 받아들일 수 있었다. 네이티브 광고의 발전은 많은 인터넷 기업의 관심을 끌었으며, 워싱턴 포스트나 뉴욕 타임스 등 전통적인 미디어의 사이트에서도 네이티브 광고 서비스를 제공하기 시작하였다.

중국 시나웨이보와 텐센트웨이보는 트위터와 유사한 네이티브 광고제품을 선보였으며 시나망과 봉황망 등 포털사이트의 '네이티브 정보흐름 광고'가 출시되었다. 또한 바이두와 넷이즈유다오(网易有道) 등 검색엔진 역시 네이티브 광고 서비스를 제공하기 시작하였다. 2014년 초 넷이즈유다오 사전은 웹사이트 시작페이지의 '매일영어(每日英语)'에 영어로 "최근 새로운 스포츠 카를 출시한 BMW회사 본부는 ……에 위치" 등 제목을 통해 일련의 영어 단어를 선보였는데, 유다오사전의 기능을 빌어 BMW 자동차 광고를 선보였다. 이 광고 퍼블리싱 기간에 매일 BMW를 홍보하는 유효 대답 인수는 10만 명에 달하였고 신규 유효조회 횟수가 연인원 5,000명에 달하였다. 봉황망은 지멘스와의 광고제휴 중 지멘스를 위해 '공업의 영혼 찾기'라는 네이티브 광고방안을 설계하였는데, 중국 현대공업 발전 역사를 기획해 소비자가 '공업의 추억'을 떠올리게 하였다. 이 다큐멘터리에 지멘스의 발전과정을 추가하였으며, 중국공업에 대한 지멘스의 기여와 역할을 보여줌으로써 소비자와 지멘스가 공감대를 형성하고 동일한 가치관을 형성하도록 하였다.

    네이티브 광고는 시청자가 접하는 미디어 환경과 콘텐츠 환경에서 사용자에게 가치있는 정보를 제공하여 사용자의 경험에 영향을 미치지 않았다. 이는 전통적인 광고가 사용자 경험에 영향을 미치는 단점을 극복하였으며, 콘텐츠와 광고 사이의 경계를 모호화 하여 사용자가 더욱 쉽게 광고를 받아들일 수 있도록 하였고, 사용자의 쉐어링과 참여를 촉진하였다. 네이티브 광고는 모바일 인터넷광고 발전에 매우 중요한 의미를 가진다.(그림3)

그림3. 콘텐츠를 융합한 네이티브 광고 발전모델

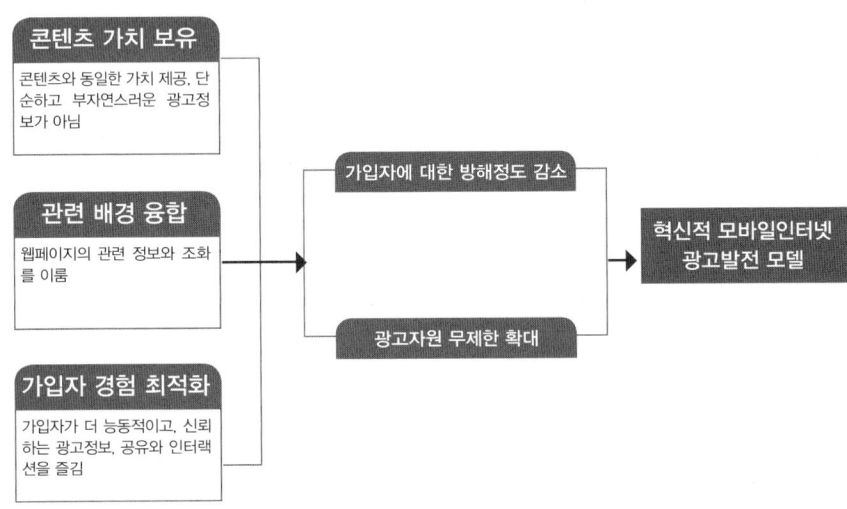

3. SNS광고: 고객태도에 대한 영향

　전통적인 광고의 가치는 브랜드 노출률을 향상시키고 시장 지명도를 확대할 수 있을 뿐, 소비자의 행동 변화에 대한 효과는 미미하기 때문에 도달률과 유효 횟수를 핵심으로 하는 미디어 가격시스템이 형성되었다. 하지만 소셜광고는 취미와 관계 네트워크의 신뢰라는 장점을 통해 사용자에게 영향을 미쳐 소비를 촉진할 수 있고, 사용자의 구입 행위를 촉진하는 중요한 동력이 될 수 있다. 중국 인터넷정보센터에서 발표한「2013년 중국 인터넷쇼핑 시장 연구보고서」에 따르면 2013년 반 년간 1인당 SNS 쇼핑비용은 1,364위안으로 전체 인터넷 쇼핑비용의 42.1%를 차지한 것으로 나타났다. 새로운 제품을 구입하는데에는 사용자의 제품 평가가 인터넷 쇼핑 여부에 결정적인 역할을 발휘하며(37.5%의 인터넷 이용자가 인터넷쇼핑에서 가장 중요한 고려요인을 사용자 평가로 꼽았음), 그 다음으로 사이트 지명도와 입소문인 것으로 나타났다. 본인이 익숙한 제품을 구입할 때 사용자 평가(25.0%), 사이트 지명도와 입소문(22.2%)이 여전히 중요한 지위를 차지하였다. 특히 모바일 인터넷이 보급됨에 따라 모바일 앱을 이용하는 사용자는 소셜 쉐어링에 더 열중하고 있다. 2013년 12월 소셜 플랫폼을 통한 모바일 인터넷 이용자의 일평균 횟수는 2013년 7월의 3배로 알려졌다. 현재 중국 시장의 상위 1,000개의 모바일 앱 중 46%가 소셜 기능(소셜미디어 계정 로그인과 소셜 플랫폼 쉐어링 등 포함)을 구비하였으며, 상위 100개 중 이에 대한 비중은 55%로 상승하였다. 소셜화 쉐어링이 점차 앱 개발의 '기본옵션'이 되고 있는 것이다.

소셜 미디어에서 전자상거래 사이트로의 전환율을 살펴보자. 소셜 미디어는 전자상거래 사이트의 데이터 흐름에 대한 기여도는 크지 않지만, 전환율은 높은 것으로 알려졌다. 브랜드는 소셜미디어를 통해 사용자와 심도 깊은 소통을 할 수 있으며 창의적인 콘텐츠와 인터랙션을 통해 장기적인 '팬' 사용자를 형성하여 기업브랜드에 대한 충성도와 선호도를 높일 수 있다. 소셜미디어의 발전과 활용에 따라 사용자 참여, 사용자 인터랙션, 사용자 쉐어링과 사용자 입소문에 기반한 소셜 광고의 소셜 사용자에 대한 영향력이 점점 더 많은 주목을 끌고 있어 기업에서는 소셜광고 퍼블리싱을 강화할 것으로 예상된다.

강한 관계와 느슨한 관계의 차별에 따라 소셜광고 발전모델에도 현저한 차이가 있다. 위챗·런런망 등 이용자 사이의 소셜네트워크 동질성이 강한 관계를 가진 소셜광고 플랫폼은 의료광고·인테리어 등 높은 신뢰도가 필요한 산업 광고에 적합하며, 시나웨이보·텐센트웨이보 등과 같이 소셜네트워크 이질성이 강한 소셜광고 플랫폼은 옥외 스포츠·관광·자동차·IT 등 취미형 산업 광고에 적합하다. 느슨한 관계의 소셜플랫폼은 친구에게 얻기 어려운 광고정보를 제공하여 사용자 사이의 정보 이동을 촉진할 가능성이 크다.

이용자는 강한 관계를 가진 그룹과의 연계를 가지고도 교류하지만, 자주 이용하지 않는 느슨한 관계 네트워크도 가지고 있다. 소셜 미디어 중에서 유사한 특징을 가지고 있는 사용자 간에 서로 연락하여 각종 취미 등을 통해 관계를 강화할 수 있다. 이용자가 친구로부터 받은 정보를 공유할 가능성이 더 크긴 하지만, 느슨한 관계를 가진 네트워크는 대다수 광고정보를 전달하는 기능을 갖고 있다. 광고 차원에서 볼 때,

느슨한 관계는 소셜광고 정보 전달에서 중요한 역할을 발휘한다. 따라서 관계의 강약은 광고효과와 밀접한 관련성이 없으며 다만 제품의 적합여부와 관계된다.

4. 상황에 따른 광고情景广告와 사용자 수요 사이의 동태적 매칭

소비자 행위에 대한 분석 결과, 사용자의 다양한 수요는 구체적인 상황과 밀접하게 관계되며 일부 제품과 서비스에 대한 수요는 특정된 시간·장소·상황·기능과 관련되는 것으로 나타났다. 전통적인 광고와 사용자 수요 사이는 정적이고 일반적인 매칭관계를 가진다.

예를 들어 사용자가 음식회사의 전통적인 TV광고를 보고 있을 때는 음식에 대한 수요가 없고, 음식을 먹고싶을 때는 광고정보를 전달받지 못하는 경우가 많다. 스마트폰·테블릿 PC·웨어러블 장치 등 모바일 단말기는 사용자가 휴대 가능한 제품으로, 상황에 따른 기업의 동태적인 광고 퍼블리싱을 위해 가능성을 제공하였다. 광고주는 사용자가 특정한 시간·장소·상황에서 수요하는 제품과 기능에 맞춰 광고정보를 전달할 수 있기 때문에, 사용자의 수요를 더욱 잘 만족시키고 인터넷 광고의 전환율(Conversion Rate)을 높일 수 있다. 모바일 인터넷 광고와 사용자 수요 사이의 동태적 매칭은 광고 퍼블러싱의 증가를 촉진하였다.

지리위치적 정보를 활용하여 판촉·공동구매 등 정보와 지도의 결합, 오프라인 가게의 배송과 O2O(온.오프라인 결합 서비스) 모바일 앱의 결합, 인터넷 광고정보와 사용자 동태적 지리위치에서의 수요 사이의 매칭 등이 모바일 광고발전의 중요한 방향이다.

알리바바는 가오더지도(高德地图)를 인수합병한 후 모든 오프라인에서 10억 위안 이상의 판매액과 100개 이상의 점포를 확보한 기업을 모두 가오더지도에 포함시켰다. 이를 통해 동적 상황에서의 사용자 쇼핑 수요와 오프라인 상점을 더욱 잘 연결시키고자 하였다. 대다수의 기업에서 지도와 네비게이션의 실외 지리적 위치 서비스와 실내 지리적위치 서비스를 융합시켰는데, 이는 구체적으로 입장료 판매창구뿐만 아니라 판매대 · 제품까지 정확하게 포지셔닝할 수 있다.

그림6. 모바일 인터넷 광고와 동태적 상황에 따른 수요의 매칭

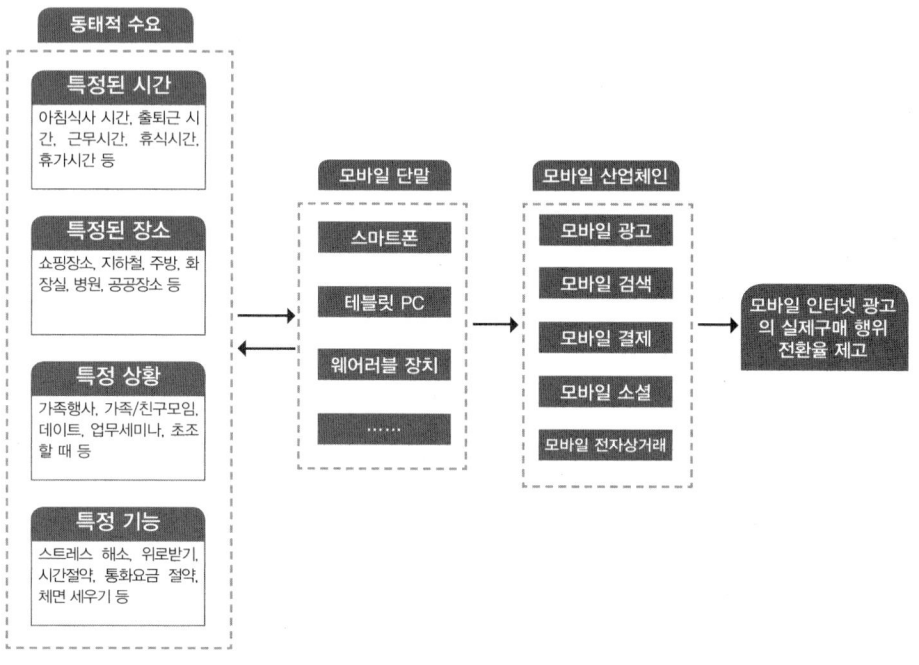

아일411(Aisle411)회사는 전문적으로 상점의 재고에 대해 디지털 형식으로 지도에 표기하였으며, 블루투스 트랜스미터를 통해 고객이 언제 가게의 어떤 곳을 찾는지를 탐색하여 도매업체에 더 많은 고객정보를 제공함으로써 가게가 효과적으로 제품라인·제품재고·제품분포를 관리하도록 하고 있다. 아울러 지도, 할인권, 마일리지 관리 등의 서비스를 통해 고객에게 더 많은 정보를 제공하며 고객이 원하는 상품을 쉽게 찾아내도록 하고 있다. 스마트 단말기의 확대와 더불어 모바일 결제·QR 코드 등 모바일 앱의 보급에 따라 모바일 인터넷의 서비스 시스템이 완벽해지고 있다. 모바일 인터넷 광고는 모바일 전자상거래, 모바일 결제, 모바일 검색, 모바일 소셜 등과 밀접하게 관련된다. 또한 수시로 사용자가 수요하는 제품에 대한 광고를 보내거나 광고에 따른 평가를 보면서 전자상거래 업체를 선정하고, 모바일로 결제함으로써 인터넷광고는 사용자의 동적인 수요를 더욱 잘 충족시킬 수 있으며 인터넷광고 정보의 실제 전환률을 높일 수 있다.(그림6)

온라인 동영상 산업 발전 분석

1. 산업정책 분석

커뮤니케이션 채널별로 볼 때, 동영상 사이트는 셋탑박스나 인터넷 TV 등 단말기를 통해 거실에서 가장 중요한 콘텐츠 제공자 입지를 굳혀 가기를 희망하고 있다. 하지만 인터넷 셋탑박스 정책이 축소됨에 따라 각 동영상 사이트는 TV버전의 앱을 취소하였으며 동영상 사이트의 거실진출 전략과 셋탑박스의 발전에 불확실성이 나타났다. 국가 신문출판 광전총국의 지침에 따라 인터넷 셋탑박스에서 방송되는 콘텐츠는 반드시 콘텐츠 서비스 허가증을 보유한 사업자만이 제공해야 하며, CCTV국제(央视国际)·바이스퉁(百视通)·항저우 화수(杭州华数)·남방 미디어(南方传媒)·후난TV(湖南电视台)·중국국제라디오방송국(中国国际广播电台)·중앙인민라디오방송국(中央人民广播电台) 등 7개 기관의 공동 업무 허가증 보유자의 심사와 관리를 거친 후에만 방송이 가능하다. 이와 동시에 인터넷 TV 콘텐츠 통합방송 허가증 업체는 정책규정에 부합되지 않는 앱을 모두 정리해야 한다.

콘텐츠 관리감독에 있어 2014년 4월, 써우후·유쿠·텐센트 등 동영상 사이트에서 총국 정부의 통지를 받은 후 4편의 인기 미국드라마 방송을 중단시켜 사회적으로 큰 반향을 일으켰다. 2014년 말에 국가신문출판 광전총국은 「인터넷 해외 영화, 드라마 관련 정보 신고등록 업무 추진에 대한 통지」를 출범하여 각 사이트에서 2015년에 해외프로그램을 도입할 때에는 반드시 '인터넷 해외 영화, 드라마 도입정보 통일 등록 플랫폼'을 통해 도입계획·콘텐츠 정보 등을 작성하도록 요구하였다. 또한 2015년에 해외 영화·드라마를 도입할 경우 종영된 영화나 드라마를 도입한 후 자막을 넣어 심의를 받도록 하고, 심의가 통과된 후 도입허가증을 획득해야만 방송할 수 있도록 하였다. 이러한 조치는 미국 드라마를 미국에서 방송되는 즉시 바로 시청할 수 없게 되었음을 의미한다. 이로 인하여 2014년 말에 유명한 미국드라마 자막사이트인 런런잉스(人人影视)와 사수망(射手网)은 동시에 사이트 정지를 선포하였으며, 앞서 런런잉스는 웨이보를 통해 저작권자의 압력으로 인하여 '11월말에 저작권을 보유하지 않은 모든 콘텐츠의 다운로드 링크를 삭제할 것'을 밝혔다.

2. 산업 데이터 분석

2015년 2월 3일 중국 인터넷정보센터(CNNIC)는 베이징에서 「제35차 중국 인터넷발전현황 통계보고서」를 발표하였다. 이 보고서에 따르면 2014년 12월 기준 중국 인터넷 동영상 이용자 규모는 4억 3,300만 명에 달하여 2013년 동기대비 478만 명이 증가하였으며, 인터넷 동영상 이용자의 사용률은 66.7%로 나타났다.(그림1) 인터넷 사용률에 있어 인터넷 동영상은 즉각적 메시지, 검색 엔진, 인터넷 뉴스, 인터넷 음악 뒤를 이어 5위를 차지하였고 2014년의 증가율은 다소 둔화된 양상을 보였다.

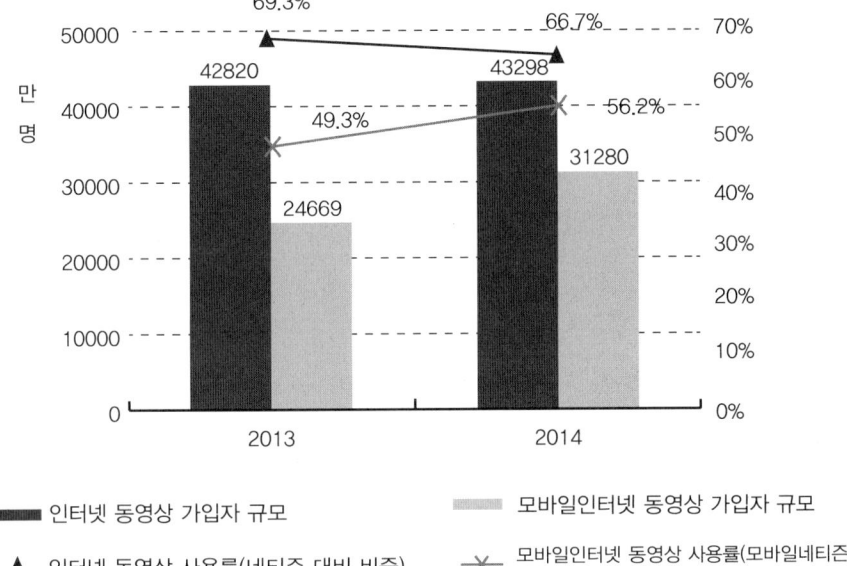

그림1. 2013~2014년 인터넷 동영상, 모바일 인터넷동영상 이용자 규모 및 사용률

*자료출처: CNNIC

　　2014년 동영상 관련 사업에서 모바일 동영상 앱이 하이라이트로 부상하였다. CNNIC의 통계에 따르면 2014년 중국의 모바일 동영상 이용자 규모는 3억 1,300만 명으로 2013년 말 대비 6,611만 명이 증가(증가율은 26.8%)한 것으로 집계되었다. 모바일 네티즌의 사용률은 56.2%로 2013년 말 대비 6.9% 증가하였다.(그림1) 최근 2년간 PC단말기를 통해 동영상을 시청하는 비중이 지속적으로 하락한 반면 모바일을 통해 시청하는 비중은 계속하여 증가세를 유지하고 있다. 2014년 12월 기준 71.9%의 동영상 이용자가 스마트폰을 통해 동영상을 시청하는 것을

선택하였고, 그 다음으로 데스크탑·노트북(71.2%)을 선택하였다. 이로 인해 스마트폰은 인터넷동영상 시청의 가장 중요한 단말기로 부상하였다. 아울러 태블릿PC, TV가 23% 내외의 사용률을 유지하며 인터넷동영상 시청의 중요한 기기가 되었다. 2014년 12월 기준 인터넷TV의 사용률은 15.6%에 달하였다.

또한 CNNIC의 보고서에 따르면 '집'이 인터넷 동영상을 시청하는 가장 중요한 장소로 나타났다. 집에서 데스크탑, 노트북, 태블릿 PC를 통해 시청하는 비중이 모두 87%를 초과하였고 스마트폰의 사용률 역시 80%에 육박한 것으로 나타났다. 이는 기존 이용자들은 여전히 집의 Wi-fi를 통해 동영상을 시청함을 알 수 있다. 4G의 확대, 인터넷 요금의 하락과 더불어 공공장소에서의 짧은 동영상 시청이 큰 폭으로 발전할 것으로 예상된다. 이와 동시에 집에서의 새로운 시청습관으로 인해 과거 거실에서 가장 즐겨보던 TV의 패권적 미디어로서 지위는 흔들리게 될 것으로 예상된다.

인터넷 동영상 이용자의 시청채널을 살펴보면, PC단말기에 있어 동영상 클라이언트를 통한 시청자와 동영상 사이트를 통한 시청자 비중이 모두 35% 내외를 차지하고 검색엔진을 통한 시청자 비중은 27.5%로 나타났다. 이는 인터넷 동영상 저작권이 독점화되면서 동영상 사이트 브랜드에 대한 시청자의 충성도가 특정된 프로그램에 대한 시청자의 충성도와 밀접하게 관련됨을 보여준다. 동영상 콘텐츠의 배타성 특징으로 인해 동영상 사이트의 브랜드 효과가 점점 부각되고 있다. 모바일 단말기에 있어 동영상 클라이언트를 통한 시청자 비중은 60%이상을 차지하고 검색엔진을 통한 시청자는 20% 이하를 차지한 것으로 나타났다.

3. 온라인 동영상 산업발전 동향

1) 대자본의 지속적인 M&A를 통한 산업통합

2014년 중국의 온라인 동영상 산업은 지속적인 인수합병 방식을 통해 통합되었다. 동영상 사이트는 바이두, 알리바바, 텐센트의 대자본 개입으로 동영상 산업체의 중요한 구성부분과 포털사이트로 구분되었다. 2014년 4월 28일 알리바바는 윈펑기금(云峰基金)과 공동으로 12억 2천만 달러를 투자해 유쿠 투더우의 A류 보통주식을 7.21억주 구입하였는데 그 중 알리바바의 지분은 16.5%, 윈펑기금은 2%를 차지하였다. 앞서 알리바바는 62억 4,400만 홍콩달러로 문화중국(文化中国)을 인수합병하였고, 화수(华数)에 전략적으로 투자하였다. 유쿠 투더우에 대한 투자는 알리바바가 동영상 산업에 진출하는 가장 중요한 결정이라고 할 수 있다. 2014년 말에 샤오미(小米)와 순웨이캐피털(顺为资本)은 18억 위안(3억 달러)을 아이치이에 투자함을 공동 발표하였고, 바이두도 아이치이에 대한 투자를 확대하였다. 이 투자는 샤오미 설립 이래 가장 큰 투자건으로 자체의 제품라인 완벽화, 포털사이트 우위와 자체 콘텐츠 전략 우위 향상을 목표로 하고 있다. 이로써 바이두, 알리바바, 텐센트 등 기업은 모두 인터넷 동영상 분야에 대한 전략적 배치를 확대하였다.

이와 동시에 써우후도 런런망 산하의 56망(56网)을 써우후 동영상부문에 합병시켰다. 2011년 10월에 런런망 회사는 8,000만 달러로 56망을 인수합병하였는데 이번 써우후의 인수합병 가격은 2,500만 달러에 불과하였다. 인수합병 후 써우후 동영상과 56망은 계속하여 이중 브랜드 운영 방식을 취할 것이며 써우후는 56망의 UGC가 중요 채널로 되리라 기대하고 있다.

2) 정책자금 요구 제출, 동영상 사이트 자체제작 원년

해외 동영상 콘텐츠에 대한 심사와 통제가 엄격해지면서 구입비용의 증가로 인해 중국의 자체제작 영화 및 프로그램이 각 동영상 사이트 콘텐츠의 주요 소스가 되었다. 2014년에 중국 국내 인터넷의 자체제작 프로그램은 폭발적인 증가세를 보였고 인터넷동영상 산업은 큰 변화를 가져오게 되었다. 자체제작 프로그램 유형을 보면, 단편 미니극이나 가벼운 소재의 프로그램에서 이야기 줄거리가 복잡한 프로그램과 다양한 유형의 프로그램으로 전환되었으며, 제작비용 역시 대폭 상승되어 심지어 전통적인 드라마보다 높은 수준에 달하였다. 자체제작 프로그램을 보면 동영상 인터넷의 자체제작 능력이 대폭 향상되었고, 단순한 오락 토크쇼에서 세분화된 전문적인 경제·역사 토크쇼 등의 프로그램으로 발전하였으며, 세분화된 시청시장을 정확하게 겨누었다. 일부 동영상 사이트는 해외 리얼리티 프로그램 저작권을 도입하기 시작하였고 현지화 개발과 제작을 자체적으로 추진하기 시작하였다.

써우후 동영상이 투자하여 제작한 인터넷 자체제작 프로그램인 〈총총나년(匆匆那年)〉은 1회당 투자금이 100만 위안을 초과하는 첫 번째 인터넷 자체제작 프로그램이 되었으며, 제작비를 대량으로 투입해 제작이 서툴고 원가가 싸다는 인터넷 자체제작 프로그램의 이미지를 완전히 새롭게 바꾸었다. 해당 자체제작 프로그램의 제작수준은 영화관에서 방영되는 영화와 유사한 수준에 달하였으며, 마케팅 역시 영화급 수준에 도달하여 시장에서 좋은 호평을 얻음과 동시에 빠르게 투자비용을 회수하였다.

아이치이가 2014년에 중점적으로 출시한 대형 토크쇼 프로그램 〈치바토크쇼(奇葩脫口秀)〉가 2014년도 자체제작 프로그램의 핫이슈로 부상하여, 광고협찬·클릭수·소셜 미디어에서의 활약 면에서 모두 성공을 이루었다. 인터넷 동영상 콘텐츠가 세분화 되고 수직적으로 발전하면서 아이치이는 〈샤오쑹 괴담(晓松奇谈)〉·〈우샤오포 채널(吴晓波频道)〉·〈슈퍼 토크(超级脱口)〉 등 일련의 전문 토크쇼 프로그램을 선보였다. 일부 뉴미디어 동영상 콘텐츠 제작사, 예컨대 2012년에 설립된 완허톈이(万合天宜) 등의 제작사가 많은 인기를 모았다. 독특한 인터넷 문화와 대중적 네티즌 언어 형태의 표현에 힘입어 완허톈이가 제작한 인터넷 시트콤 〈완완메이샹다오(万万没想到)〉와 〈바오가오라오반(报告老板)〉이 큰 인기를 끌었으며, 동시에 새로운 인터넷 문화 발원지로 부상하였다. 이 제작사의 성공은 유쿠의 새로운 이용자 세분화 비즈니스 모델에 기인한 것이다.

3) 산업의 상류 Upstream 부문인 영화에 투자

2014년 인터넷 기업은 영화제작을 비롯한 산업의 상류부문에 참여하는 빈도가 점점 증가하였다. 원작 콘텐츠 제작에 대한 인터넷 동영상 산업의 투자가 확대되면서, 점점 더 많은 동영상 사이트는 제작에 대한 투자나 참여를 통해 적극적으로 영화콘텐츠 제작에 참여하였다.

그 중 러스잉예(乐视影业)가 가장 우선적으로 해당 분야에 진출하였다. 2014년에 러스잉예는 총 15편의 영화를 제작·배급하였는데 그 중에는 중국 최초의 4K · IMAX 문예영화 〈5월의 마중(归来)〉 같은 중량급 우수영화가 포함되었다. 2014년 3분기 러스는 25.8%의 시장점유율로 민간영화사에서 1위를 차지하였다. 〈소시대3(小时代3)〉·〈올드보이(老男孩)〉 등 중국 국산영화가 큰 수익을 올린 것은 물론 러스가 제작에 참여한 〈익스 더블3(敢死队3)〉 역시 4억 5,100만 위안이라는 높은 흥행수입을 기록하였다.

2014년 7월 17일 아이치이는 영화사 설립을 선포하여 본격적으로 영화산업에 진출하였는데, 러스 다음으로 영화시장에 진출한 두 번째 동영상 사이트가 되었다. 아이치이는 향후 1년 내에 국내외 영화사와 제휴하여 1편의 할리우드 영화를 비롯한 총 8편의 영화를 출시할 계획이다.

2014년 8월 유쿠 투더우 그룹은 베이징에서 발표회를 통하여 영화사 설립을 선포하면서 회사명칭을 '허이필름(合一影业)'으로 명명하였고, 유쿠 투더우 그룹 회장인 구융창(古永锵)이 회장직을 겸하였다. 허이필름은 매년 8편 이상의 영화에 투자할 계획인데 2014년 말에 우선적으로 상영된 〈황금시대(黃金时代)〉·〈탁혼연맹(拆婚联盟)〉·〈타이거 마운틴(智取威虎山)〉 등 3편이 허이필름에서 공동 투자한 영화이다.

동영상 사이트가 영화산업에 투자하는 동기를 살펴보면 ① 광고수입을 통한 비즈니스 모델은 자체적인 발전을 충족시킬 수 없으며, ② 자체 혹은 투자자의 온·오프라인 산업체의 콘텐츠 생성과 커뮤니케이션 전략을 추진하기 위해서이다. 동영상 사이트의 우수한 콘텐츠 생산능력이 가장 큰 경쟁우위라고 할 수 있다. 영화, 드라마 등 산업의 상류부문을 통해야만 콘텐츠 제작에서 통제권을 확보할 수 있다.

4) 독점방송 저작권과 플랫폼 사이의 경쟁

전통적인 TV방송국은 뉴미디어로의 전환 과정에서 '자체로 플랫폼을 구축할 것이냐' 아니면 '외부의 힘을 빌어 전환할 것이냐'라는 문제로 갈등을 겪고 있다. 시장에서는 우수한 프로그램 저작권에 대한 가격이 날로 높아지고 있는데, 한편으로 뉴미디어 플랫폼과 채널은 전통적인 TV미디어의 구조전환에 있어 기술적으로 따라잡아야 할 부분이 많기 때문이다. 적지 않은 TV방송국은 독점방송 전략을 통한 자체 플랫폼 지원 형식으로 뉴미디어를 간접적으로 발전시키고 있다. 2014년에 후난 TV가 실시한 저작권회수를 통해 자체적으로 구축한 뉴미디어 플랫폼을 지원하는 방식은 독점방송 저작권과 플랫폼 경쟁에 관한 활발한 논쟁을 일으켰다.

후난 TV는 2014년 5월에 2015년부터 저작권에 대한 독점방송 전략을 실시할 것을 발표하여, 후난 TV 산하의 인터넷 동영상 플랫폼인 '망고TV(芒果TV)'를 지원하고 자체 인터넷 동영상 플랫폼을 발전시킨다는 입장을 밝혔다. 이에 앞서 후난 TV는 금영망과 망고 TV를 통합하여 새로운 '망고 TV' 인터넷 동영상 플랫폼을 선보였다. 과거 후난 TV는 TV방송국에서 방송하는 드라마와 자체제작 프로그램을 모두 망고 TV를 통해 방송하였다. 하지만 동영상 시청 경험이 많지 않은 망고 TV는 후난 TV의 공식적인 동영상 사이트로 자리매김하였을 뿐 큰 관심을 끌지는 못하였다. 그러나 후난 TV 방송국은 프로그램 저작권료로 두둑한 수입을 얻었다. 2013년에 아이치이는 2억 위안의 가격으로 〈아빠 어디가 시즌2(爸爸去哪儿2)〉·〈쾌락대본영(快乐大本营)〉·〈천천향상(天天向上)〉·〈백변 대가수(百变大咖秀)〉·〈우리 약속해(我们约会吧)〉 등 5가지 예능 프로그램의 2014년 저작권을 독점 구입하였다. 이러한 상황에서 후난 TV는 2015년부터 후난 TV의 모든 프로그램에 대한 저작권을 회수하여 오로지 망고 TV 플랫폼에서 독점방송하기로 결정하였다.

전통적인 TV 방송국이 자체적으로 플랫폼을 구축하는 전략적 동기는 자체 콘텐츠 시장의 호소력과 대체할 수 없는 자부심에서 오기도 하지만, 더욱 중요한 것은 향후 인터넷 플랫폼과 채널의 중요성을 예견하였기 때문이다. 하지만 후난 TV는 중국 최고급의 콘텐츠 생산자임에도 불구하고 자체적으로 뉴미디어 플랫폼을 구축하여 콘텐츠 차원의 애로사항을 겪고 있다. 다른 TV 방송국은 뉴미디어를 독립적으로 운영할 능력을 아예 갖추지 못한 실정이다. 그 외 망고 TV는 동영상 오락프로그램 시장에서 우월한 콘텐츠 생산능력과 프로그램 우위를 확보하였지만 자본투입, 기술능력, 콘텐츠 저장 등 면에서 동영상 사이트와 여전히 격차를 나타내고 있다. 향후 중국의 인터넷 동영상 시장에 '후루망(HULU网)'과 유사한 여러 개의 전통적인 콘텐츠 생산업체가 공동 투자 운영하는 뉴미디어 플랫폼이 출현할지 여부는 좀 더 지켜봐야 한다.

5) 동영상 사이트: 처음으로 핫이슈 생중계 방송

2014년 여러 동영상 사이트가 처음으로 핫이슈 생중계 방송을 하였는데, 이는 비교적 큰 산업 및 사회 여론을 불러일으켰다. 2014년 8월 27일 뤄융하오(罗永浩)는 웨이보를 통해 왕쯔루(王自如)와의 스마티잔 T1 휴대전화 테스트에 대한 겨루기를 약속하였고, 유쿠 인터넷 동영상을 통해 이들사이의 논쟁이 생중계되었는데 이는 수백만 네티즌의 눈길을 사로잡았다.

2014년 8월 베이징 올림픽경기장에서 개최되는 왕펑(汪峰)의 콘서트는 인터넷에서 생중계 입장권이 판매되었다. 러스음악(乐视音乐)이 독점적으로 4K촬영을 하고 티켓은 1장당 30위안에 판매하였는데, 이를 구입한 네티즌은 인터넷 동영상을 통해 콘서트를 생중계로 시청할 수 있는 것이다. 그 결과 200여만 위안의 인터넷 입장료 수입을 창출하였다. 같은 달 저명한 블로그 소유자인 정추(郑褚)는 우웨싼런(五岳散人)과의 대결을 약속하고 '양청후 게(阳澄湖大闸蟹)' 평가에 도전하였는데 이것이 유쿠 동영상을 통해 생중계되었다.

전반적으로 유쿠 동영상에서 생중계된 '뤄융하오와 왕쯔루의 겨룸(罗永浩约战王自如)'은 예측하였던 커뮤니케이션 효과를 거두었다. 유쿠 데이터에 따르면 8월 28일 동영상 방송 시청자는 연인원 333만 명에 달하였고, 10월 28일 기준으로 해당 동영상 방송 시청자는 연인원 총 787만 5천 명에 달하였다. 동영상 생방송 기간의 등록 이용자는 249만 명에 달하였고 온라인 동시접속 최고치는 32만 7천 명에 달하였으며, 그 중 20만 명이 코멘트를 남겼다. 생중계가 끝난 후 동 동영상은 여전히 비교적 긴 시간동안 활성화 되었으며 10월까지 여전히 일 5,000회 내외의 방송량을 유지한 것으로 알려졌다.

하지만 '뤄융하오와 왕쯔루의 겨룸'은 기존 동영상 사이트의 생중계 능력 부족현상이 심각함을 나타냈다. 비록 사전에 대안을 준비하였지만 사실 생중계 과정에서 기술적인 원인으로 인해 이용자들이 시청하는데 큰 불편을 겪었다. 동영상 사이트의 선두자인 유튜브(youtube)의 생중계 채널인 유튜브 생중계(youtube live)는 대량의 생중계 자원을 통합하여 상대적으로 완성된 생중계 모델을 갖추고 있으며, Google I/O대회 등 중대한 핫이슈 생중계도 원활하게 마칠 수 있었다. 왕펑(汪峰) 콘서트 인터넷 생중계 입장료의 성공적인 판매는 향후 생중계 방송의 비즈니스 전망에 희망적인 여지를 가져다 주었다.

6) 탄막 슈팅彈幕网站 사이트가 인터렉티브 영화 시청 리더

2014년에 일본 niconico사이트에서 시작된 동영상 인터렉티브 평론식 영화시청 모델인 탄막 슈팅이 인터넷 동영상 산업의 새로운 붐으로 등장하였다. 기존 중국의 가장 유명한 탄막 슈팅식 동영상 쉐어링 사이트는 AcFun와 bilibili로 두 개 사이트는 애니메이션 동영상을 위주로 방송하며, 1990~2000년대에 출생한 시청자의 관심을 끌었다. '탄막 슈팅'의 인스턴트 영화시청 평론 모델에서 이용자는 영화 방영 중 모멘트를 남길 수 있으며, 이러한 모멘트는 동영상 창구에서 총알이 빽빽하게 날아다니는 것처럼 화면에 뜨는 것을 특징으로 한다. 이러한 결합은 동영상 콘텐츠 문구의 개방성과 인터랙션의 단점을 보완하였고 기타 동영사이트 방송기능의 기본옵션이 되었다.

2014년에 탄막 슈팅 기능은 소규모적인 '주택문화(宅文化)'인터넷 동영상 사이트에서 주류 동영상 사이트로 확장되었으며, 계속하여 오프라인 영화관에 진출하였다. 광셴미디어(光线传媒)가 제작한 〈진시명월(秦时明月)〉, 러스(乐视)의 〈소시대3〉, 심지어 다큐멘터리인 〈이즈 모닝(飞鱼秀)〉은 모두 탄막 슈팅을 시도하였으며 탄막 슈팅 특별 방영 기능을 개설하였다. 이러한 시도에 대해 업계에서는 각각 다른 의견을 보였다. 일부는 탄막 슈팅 기능은 젊은이의 하위문화(subculture)를 충족시키기 위한 것으로 영화관의 영화시청 질과 화면의 아름다움에 영향을 미친다고 주장하였고, 반대로 향후 탄막 슈팅 전문 방영은 특정 유형의 영화시청에서 인터랙션과 소셜기능을 할 것으로 기대한다는 의견도 있다.

인터넷 게임 산업 발전 동향과 추이

1. 중국 인터넷게임 산업 발전 동향

2014년에 중국의 게임산업은 천억 위안을 돌파하여 문화산업의 '천억 위안대 행렬'에 들어섰다. 중국 GPC(중국 음반과 디지털출판 협회 게임산업위원회)에서 발표한 「2014년 중국 게임산업 보고서」에 따르면 이용자 규모는 동기대비 4.6% 증가하여 5억 1,700만 명에 달한 것으로 나타났다.

2014년 중국의 인터넷게임 산업의 판매수입은 계속하여 빠른 증가속도를 유지하였으며 실제 판매액은 1,084억 6,500만 위안에 달하여 동기대비 43.99% 증가하였는데 이는 전체 게임시장의 증가속도를 상회하였다. (표1)

표1. 2014년 중국 인터넷게임 시장의 판매액 및 시장점유율

(단위: 억 위안, %)

게임 종류	실제 판매액	시장점유율
PC 게임	608.9	53.2
모바일 게임	215.25	18.8
웹사이트 게임	202.7	17.7
소셜 게임	57.8	5.1
합계	1084.65	94.7

*자료출처: '2014년 중국 게임산업 보고서'

시장의 실제 판매액과 시장점유율을 보면, 모바일 게임이 최초로 웹게임을 초월하여 두 번째로 큰 시장으로 부상하였다. PC 게임의 시장점유율은 다소 하락하였고 실제 판매액의 증가도 둔화되었지만 여전히 주된 자리를 차지하고 있다. 웹게임은 2위에서 3위로 물러났으며 업계에서도 게임산업의 미래 전망을 낙관적으로 보고 있지 않은 것으로 나타났다. 소셜 게임은 2013년에 활약세를 보였지만, 2014년에는 여전히 친구(好友)사이에서의 랭킹과 쉐어링(分享)에 머물러 있을 뿐이었다. 소셜 관계의 가치를 발굴하지 못하였기 때문에 판매액의 증가속도가 더디고 시장점유율이 다소 하락하였으며 발전이 상대적으로 뒤처진 상황이다.

이용자 규모를 보면 모바일 게임은 웹게임을 초과하여 가장 큰 세분화된 시장으로 등장했고, 증가속도 역시 업계에서 선두적 자리를 차지하고 있다. 웹게임이 처음으로 하락세를 보이며 동기대비 6.5% 하락하였지만, 실제 판매액은 줄어들지 않아 핵심 이용자가 유실되지 않았음을 보여주고 있었다. 이용자 규모 역시 날로 안정화되어 상대적으로 안정기에 들어섰다. PC 게임의 증가속도는 둔화(2011년 이후 이용자 증가속도가 날로 둔화, 2014년 증가율은 3.9%에 불과함)되어 성숙된 안정적 발전기에 들어섰음을 알 수 있다.

2. 중국 인터넷게임 산업에 대한 동향 분석

1) 모바일 게임의 전면적인 도약

스마트폰과 무선 인터넷이 발전함에 따라 점점 더 많은 네티즌이 모바일을 통해 인터넷게임을 접속하고 있으며, 이는 모바일 게임의 지속적인 증가를 가져왔다. 2014년에 중국의 모바일 게임은 시장점유율과 실제 판매액 모두 2위를 차지하였고 이용자 규모는 1위를 차지하여 게임산업의 증가를 견인하는 가장 중요한 동력으로 발전하였다. 모바일 게임은 2013년에 '폭발적인 원년'에 들어선 후 2014년에 전면적인 폭발적 발전기에 들어섰다.

2014년은 모바일 온라인 게임이 폭발적으로 발전한 해였으며, 급속한 발전을 이뤄왔다. 스마트폰의 보급과 인터넷기술의 발전 등이 모바일 게임 증가의 강력한 견인 동력으로 작용하였다.

2014년에 중국의 모바일 네티즌 수는 최초로 PC이용자를 초과하였다. 치어즈쿠(企鵝智酷)가 발표한「2014년 중국 네티즌 오락조사 보고서」에 따르면 피조사자 중의 43%가 모바일 단말기를 우선적인 게임플랫폼으로 간주하고 약 37%가 매일 모바일 게임을 0.5~3시간 정도 이용하는 것으로 나타났다.

2014년에는 소셜게임이 모바일 게임의 중요한 발전방향으로 부상하였다. 아이메이 컨설팅(艾媒咨询)의 조사연구에 따르면 2014년 상반기에 29.7%의 이용자가 친구그룹에서 게임정보를 공유하는 것을 선호하였고, 24.4%의 이용자는 자신의 게임 내 성적이 올라가길 바랐다.

또한 15.6%는 기타 게이머와 즉각적 교류를 하기를 원했으며, 20%는 다른 이용자와 공동으로 임무를 완성하기를 바라는 것으로 나타났다.

2) PC 게임, 웹사이트 게임의 모바일화

모바일 온라인이 빠르게 발전함에 따라 전통적인 웹게임은 적극적으로 모바일 게임시장을 개척하기 시작하였다. 2014년에 많은 PC게임 회사가 모바일 게임으로 전환하였다. 완미세계(完美世界)의 '마력보배(魔力宝贝)'부터 시작하여 창유(畅游)·쥐런(巨人)·둬이(多益) 등 PC게임 회사는 MMORPG(Multiplayer Online Role-Playing Game) 모바일 게임을 개발하였고, 충분한 자본과 독특한 장점을 기반으로 하여 모바일 게임시장의 구조적 전환을 모색하고 있다.

아울러 전통적인 웹게임 역시 모바일 게임으로 전환하고 있다. 2014년 3월, 업계로부터 '웹사이트 게임의 호랑이'로 불리는 37게임(37游戏)과 메이주(魅族)는 전략적으로 제휴하여 모바일 게임 시장에 진출하였다. 37게임(37游戏)은 또한 7월에 치판(弖凡)인터넷과 협력하여 모바일 시장에서의 발전을 모색하였다.

PC 게임과 웹사이트 게임이 확보한 이용자와 자금우위 및 구조전환 수요와, 모바일게임 이용자의 다양한 수요에 의해 PC 게임과 웹사이트 게임은 모바일게임으로 발전할 여지가 크다고 할 수 있다. 2014년에 PC 게임과 웹사이트 게임의 모바일화 전환은 PC 게임과 웹사이트 게임의 선두 업체를 위해 모바일 인터넷 시대의 발전방향을 제시하였으며, 제2의 전성기를 맞이하도록 해주었다.

전반적으로 2014년에 PC 게임과 웹사이트 게임 회사는 R&D 투입 확대·웨어러블 장치와 3D 등 새로운 기술 도입 등을 통해 원래의 PC 시장을 강화하고, 명품화·정밀화 발전을 추진한 동시에 적극적으로 모바일 게임으로의 전환을 추구했다. 이를 통해 이용자의 여유시간을 선점하여 무선 인터넷 시대에서의 발전을 모색하였다.

3) IP원년의 '범(泛)오락'화

업계에서는 2014년을 인터넷게임의 'IP원년'이라고 하는데, 2014년에 IP보너스가 인터넷게임 시장 확장의 중요한 동력으로 작용하였기 때문일 것이다. 2014년 연초부터 IP가 활발하게 논의되었으며, 텐센트·창유·완메이 등 게임산업의 선두업체는 앞다투어 핫 IP를 쟁탈하고 IP 자원베이스를 확장하였다. IP우위가 중요한 가치를 발휘하고 있기 때문인데, IP가 있는 게임의 다운로드 전환률은 IP가 없는 게임의 2.4배이고 IP가 있는 게임의 수입은 IP가 없는 게임의 2배로 나타났다. 2014년에 모바일 게임 랭킹 중 70%는 IP를 확보한 것으로 나타났으며, '다오타촨치(刀塔传奇)'·'팡카이나싼궈(放开那三国)' 등 모바일 게임의 성공은 IP의 중요한 역할에 기인하였다고 할 수 있다.

문학·영화·드라마·애니메이션·게임 등 분야는 서로 연결되어 있고 시청자와 이용자의 중복도가 높기 때문에, IP는 게임회사가 낮은 비용으로 이용자를 획득하는 유효한 수단이 되었다. 아울러 IP는 인터넷 게임 차별화 발전의 핵심요소라고 할 수 있다. 현재 인터넷게임 산업은 과거의 불법다운·표절·짝퉁 등 혼란된 상태에서 벗어나 저작권

존중·IP 중시의 운영시대에 들어섰다.

또한 2014년에는 IP와 관련된 논의가 활발하게 추진되었는데 업계에서는 'IP를 얻는자가 천하를 얻는다'라는 주장이 제기되면서 명품 IP가 점점 더 많은 콘텐츠 제공자(Content Provider)의 관심의 대상이 되고 있다.

주의해야 할 점은 IP를 핵심으로 하는 '범오락'이 인터넷게임 산업에서 무시할 수 없는 핫 이슈로 부상했다는 점이다. '범오락'은 인터넷 및 무선인터넷을 기반으로 한 여러분야에서 공생하여 스타 IP를 형성하는 팬 경제를 말한다. 「2014년 중국 게임산업 보고서」에서 '범오락'이란 새 단어가 5번이나 언급되었으며, '범오락'이 현재 및 향후 게임과 오락산업에서 새로운 마인드·새로운 모델·새로운 블루오션으로 작용할 것으로 예측하였다.

4) 자체제작 온라인 게임이 하이라이트로 부상

「2014년 중국 게임산업 보고서」에 따르면 중국이 자체 개발한 인터넷게임의 시장 판매수입은 726억 6천만 위안으로 중국 인터넷게임 판매액의 67%(동기대비 52.5% 증가)를 차지한 것으로 나타났다. 아울러 자체개발 게임의 해외판매도 좋은 실적을 거두어 동기대비 69.01% 증가한 30억 7,600만 달러에 달하였다. (그림1)

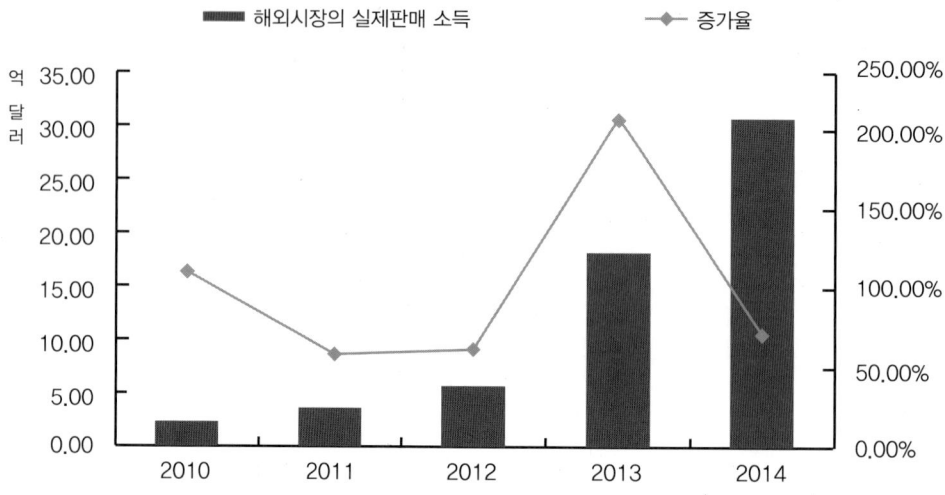

그림1. 2010~2014년 중국 자체개발 게임의 해외시장 판매액 및 증가율

*자료출처: GPC, IDC, CNG, '2014년 중국 게임산업 보고서'

세분화된 시장별로 보면, 모바일 게임은 수출 건수와 실제 판매액이 모두 PC 게임을 초과한 것으로 나타났으며, 시장의 수출액은 12억 7,300만 달러로 인터넷게임 수출의 '새로운 주력군'이 되었다. 그 다음으로 웹게임이 9억 5천만 달러로 2위를 차지하였고 PC 게임은 8억 5,300만 달러로 최하위를 기록하였다.

2014년에는 지역확대와 수입의 다양화가 중국 자체개발 게임 해외 수출의 주요 특징으로 자리매김하였다. 동남아지역은 여전히 중국 게임회사의 해외진출의 '발판'이며, 동아시아·아메리카·유럽지역은 중점적인 수출대상 지역으로 중국 게임의 수출을 통해 큰 수입을 가져다 주었다. 또한 러시아, 중동 등 시장이 개척되어 새로운 성장동력이 되었다. 아울러 게임회사의 해외 수출 건수가 증가하면서, 경영전략이 다원화 되고 수출모델 역시 지속적으로 혁신되고 있다.

3. 중국 인터넷 게임산업의 문제점 분석

1) 경쟁수준의 저하

인터넷 게임시장이 급속 성장함에 따라 인터넷 게임산업은 '제품과잉, 명품부족'의 특징을 보였다. 모바일 인터넷 게임은 진입문턱과 개발비용이 낮기 때문에 대량의 제품이 출시되는데, 이 때문에 한해에 약 만여 개의 게임이 개발되었다. 하지만 대량의 모조품이 주를 이루고 전형적인 '양떼효과'가 나타났으며, 수명 주기가 짧은 특징이 부각되었다. 대량의 저급 게임제품이 출시되면서 제품의 규모를 통해 시장을 선점하고 있는 상황으로, 인터넷게임 시장은 낮은 수준의 경쟁단계에 처해 있다고 할 수 있다.

아울러 모바일 게임의 발전과 더불어 점점 더 많은 중소기업의 진출로 인해 인터넷게임 시장은 혼잡한 국면에 빠지게 되었다. 업계에서 나타난 편법적인 발전현상과 악성 경쟁은 해당 산업의 지속가능한 발전을 제약하고 있다.

2) 자체 연구개발한 IP부족

2014년은 게임 IP원년으로, 그 발전은 아직 시작단계에 불과하다. 게임회사는 주로 질적인 IP구입을 통해 시장규모를 확대하고 있을 뿐 자체 연구개발한 IP는 부족한 실정이다. IP쟁탈이 가시화됨에 따라 IP가격이 급등하게 될 것인데 이는 IP보너스에 영향을 미치게 될 것으로 예상된다. 아울러 많은 게임회사는 IP를 게임으로 만들 뿐 후속적인 혁신력이 부족하고 IP가치를 깊이 발굴하지 못한 실정이다. 또한 자체 연구개발한 IP가 부족하기 때문에 IP 공급업체의 제약을 받게 된다. 자체적으로 IP를 연구개발할 능력을 확보한 인터넷게임 회사는 시장경쟁력 우위를 확보하였다고 할 수 있다. 예컨대 텐센트의 '텐텐페이처(天天飞车)', '텐텐쿠파오(天天酷跑)' 등의 게임은 게임 톱 랭킹에 들었을 뿐만 아니라 IP를 통해 '범오락화'산업으로 확장되었다. 예컨대 '텐텐쿠파오'는 자체개발한 IP영화를 제작할 계획이다.

3) 멀티 플랫폼 사이의 서툰 융합

모바일 인터넷게임 시장의 급속한 발전과 더불어 많은 전통적인 PC 게임과 웹사이트 게임 회사가 모바일 게임으로의 전환을 도모하고 있지만, 이러한 구조전환은 여전히 초급단계에 머물러 있고 전환방식이 미숙하다. 일부 PC 게임과 웹사이트 게임은 간단하게 모바일 단말기로 '전환'하여 '형식은 변했지만, 내용은 변하지 않는' 방식을 취하였다. 따라서 이용자에게 즐거운 게임 체험을 가져다 주지 못하였고 플랫폼마다 독립적이며, 아직 융합되지 못한 실정이다.

4. 중국 인터넷게임 산업의 발전추이

1) 인터넷게임의 모바일시대 진입

현재 모바일 인터넷 게임은 이용자 규모와 수입이 급속히 증가하는 성장기에 있다. 모바일 인터넷 게임회사의 빠른 성장에 따른 명품게임의 개발과 사용자의 충성도와 비용지불 의식의 강화, PC 게임과 웹사이트 게임회사의 모바일 플랫폼으로의 구조전환 등으로 인해 단기간 내에 모바일 게임은 지속적으로 높은 증가세를 유지할 것으로 전망된다.

모바일 게임의 인구적 효과와 메커니즘 전환 효과가 다소 감소되면서 2014년에는 '모바일 게임의 겨울론'이 일시적으로 나타나기도 하였다. 하지만 모바일 하드웨어의 업그레이드와 더불어 점점 더 많은 모바일 PC 게임과 모바일 웹사이트 게임이 나타나게 될 것이다. 텐센트가 발표한 「2014년 중국 인터넷 개방플랫폼 백서」에 따르면 2014년 6월 기준 모바일 게임은 1/3의 모바일 앱 시장을 차지하였고 반년 사이에 10% 증가한 것으로 알려졌다. 향후 점점 더 많은 전통적인 PC 게임과 웹사이트 게임이 모바일 플랫폼으로 전환하여 모바일 게임의 빠른 발전에 일조할 것으로 예상된다.

2) 융합이 키워드로 부상

첫째, 멀티 스크린 융합이다. 향후 몇 년간 인터넷게임은 더 이상 PC, 모바일 스마트 단말기, 호스트, TV에 국한되지 않고 플랫폼과 단말기의 간격을 넘어서 융합될 것으로 전망된다. 이러한 융합은 멀티 플랫폼의 우위에 대한 혁신일 뿐만 아니라 다양한 플랫폼을 통해 동일한 게임을 마음껏 즐길 수 있도록 하였다. 클라우드 게임이 멀티 플랫폼과 멀티 단말기를 융합하는 새로운 게임형태로 입지를 굳힐 것으로 예상된다.

둘째, 다분야 융합이다. 향후 몇 년간 게임산업은 영화·드라마·애니메이션·문학 등 분야의 융합과 상호촉진·협력을 통한 공동발전을 더욱 중시할 것으로 예상된다. 2014년 게임 IP원년의 발전을 거친 후 인터넷게임은 심도 깊은 발굴, IP가치 육성과 확장, 게임의 질 향상, IP 보너스 획득을 더 중요시할 것이며 골든 IP는 여전히 인터넷 게임이 승리를 거두게 하는 중요한 카드라고 할 수 있다.

셋째, 명품화를 통한 시장의 발전이다. 2015년에 PC 게임과 웹게임은 모두 성숙기에 들어서고 모바일 게임은 조정기를 맞이할 것으로 예상된다. 시장구조의 안정과 인구의 감소로 인해 명품게임이 시장 발전의 중요한 요소로 작용할 것으로 기대된다. 사용자의 경험(예컨대 3D와 웨어러블 장치 등 신기술)을 더 중요시하고 게임 방법을(예컨대 여성게이머와 어린이 게이머의 선호도 발굴, 오프라인 활동과 소셜 요소 도입 등) 혁신하며, 플랫폼혁신(멀티플랫폼 융합 및 게임혁신 등)을 추진해야 한다.

4) 빅데이터가 산업의 촉매제로 작용

빅데이터기술의 지속적인 발전과 더불어 향후 더 많은 게임회사가 빅데이터를 통해 사용자 속성, 게임행위, 게임수요를 분석하여 사용자에 따라 개별화된 제품을 제공할 것이다. 빅데이터 기술은 점점 더 많이 제품의 연구개발, 발행, 운영에 활용되고 있다.

빅데이터 시대에는 전통적인 '거액 자금 투자'식의 게임 연구개발과 운영모델은 도태되고 정확화가 대세의 흐름이 될 것이다. 게임 개발 전에 게임회사는 빅데이터를 통해 게임테마와 골든 IP를 선별하고, 게임 개발 과정에서 빅데이터를 통한 사용자 행위 분석을 더욱 중시할 것이다. 게임 출시 과정에서 빅데이터를 통해 사용자의 습관을 분석할 것이며, 게임 운영과정에서 빅데이터를 통해 핵심 사용자그룹을 정확하게 확정하고 정확한 운영을 추진할 것이다.

실시간 커뮤니케이션 발전 동향

1. 2014년 중국 실시간 메신저 산업 발전현황

2014년 6월 기준으로 중국의 네티즌규모는 2013년 대비 1,442만 명 증가한 6억 3,200만 명에 달하였다. 인터넷의 보급률은 46.9%로 2013년 대비 1.1% 향상되었다. 그 중 모바일 네티즌 규모는 5억 2,700만 명, 인터넷 보급률은 46.9%로 나타났다. 네티즌들의 인터넷 사용설비 중 모바일의 사용률이 83.4%에 달하여 최초로 전통적인 PC 사용률(80.9%)을 초과하였다.

1) 전체 산업의 발전현황

중국 네티즌의 인터넷 응용 및 사용률에 대한 통계 중에서 상위 10위를 차지하는 앱은 각각 실시간 메신저, 검색엔진, 인터넷뉴스, 인터넷 음악, 블로그, 개인계정(Twitter), 인터넷 동영상, 인터넷 게임, 온라인 쇼핑, 온라인 지불결제, 인터넷 문학 순으로 나타났다.

2014년 상반기에 각종 인터넷 앱이 네티즌의 생활에 점점 더 큰 영향을 미친 것으로 알려졌다. 실시간 메신저는 네티즌이 가장 기본적으로 사용하는 앱으로 네티즌 사용률에서 1위를 차지하며, 이용자 규모와 사용률이 안정적인 상승세를 보이고 있다.

2014년 6월 기준, 중국에서 실시간 메신저를 이용하는 네티즌 규모는

5억 6,400만 명으로 2013년 12월 대비 3,208만 명 증가하였는데, 반년 사이의 증가율은 6.0%에 달하였다. 실시간 메신저 사용률은 89.3%로 2013년 12월 대비 3.1% 증가하였고 사용률은 여전히 1위를 차지하였다.(표1)

표1. 2012년~2014년 중국 네티즌이 사용하는 앱규모 및 사용률

(단위: 만 명, %)

앱 종류	2014년 6월 이용자 규모	2014년 6월 네티즌 사용률	2013년 12월 이용자 규모	2013년 12월 네티즌 사용률	2013년 6월 이용자 규모	2013년 6월 네티즌 사용률	2012년 12월 이용자 규모	2012년 12월 네티즌 사용률
실시간 메신저	56423	89.3%	53215	86.2%	53215	86.2%	46775	82.9%
검색엔진	50749	80.3%	48966	79.3%	48966	79.3%	45110	80.0%
인터넷 뉴스	50316	79.6%	49132	79.6%	49132	79.6%	46092	78.0%
인터넷 음악	48761	77.2%	45312	73.4%	45312	73.4%	43586	77.3%
블로그/개인계정	44430	70.3%	43658	70.7%	43658	70.7%	37299	66.1%
인터넷 동영상	43877	69.4%	42820	69.3%	42820	69.3%	37183	65.9%
인터넷 게임	36811	58.2%	33803	54.7%	33803	54.7%	33569	59.5%
온라인 쇼핑	33151	52.5%	30189	48.9%	30189	48.9%	24202	42.9%
온라인 지불	29227	46.2%	26020	42.1%	26020	42.1%	22065	39.1%
인터넷 문학	28939	45.8%	27441	44.4%	27441	44.4%	23344	41.4%
웨이보	27535	43.6%	28078	45.5%	28078	45.5%	30861	54.7%
인터넷 뱅킹	27188	43.0%	25006	40.5%	25006	40.5%	22148	39.3%
전자메일	26867	42.5%	25921	42.0%	25921	42.0%	25080	44.5%
소셜 사이트	25722	40.7%	27769	45.0%	27769	45.0%	27505	48.8%
관광 예약	18960	30.3%	18077	29.3%	18077	29.3%	11167	19.8%
공동구매	14827	23.5%	14067	22.8%	14067	22.8%	8327	14.8%
게시판/BBS	12407	19.6%	12046	19.5%	12046	19.5%	14925	26.5%
인터넷 재테크	6368	10.1%	-	-	-	-	-	-

*자료출처: CNNIC(중국인터넷정보센터), 제33, 34차 '중국 인터넷발전현황 통계보고서'

2007~2014년 사이 중국 실시간 메신저의 발전을 살펴보면, 이용자 규모는 1억 7천만 명에서 5억 6천만 명으로 증가하여 지속적인 증가세를 보

였다. 2014년 6월 기준, 중국의 네티즌 규모는 6억 3,200만 명인데 그 중 실시간 메신저 이용자는 5억 6,400만 명의 규모로 89.3%를 차지하였다. 사용률에 있어서도 실시간 메신저 이용자는 대체적으로 증가세를 보였다.

2) 모바일 실시간 메신저 발전현황

(1) 모바일 실시간 메신저의 발전

모바일 실시간 메신저 이용자 수는 2012년의 3억 5천만 명에서 2014년의 4억 5,900만 명으로 증가하였고, 모바일 네티즌의 실시간 메신저 사용률은 2012년의 83.9%에서 2014년의 87.1%로 증가하였다. 2014년 6월 기준, 중국의 모바일 실시간 메신저 네티즌 수는 4억 5,900만 명으로 2013년 말 대비 2,842만 명 증가하여 반년 사이에 6.6% 증가하였다. 모바일 실시간 메신저 사용률은 87.1%로 2013년 대비 1% 향상되었다.(그림1)

그림1. 2012~2014년 모바일 실시간 메신저 이용자 수 및 사용률

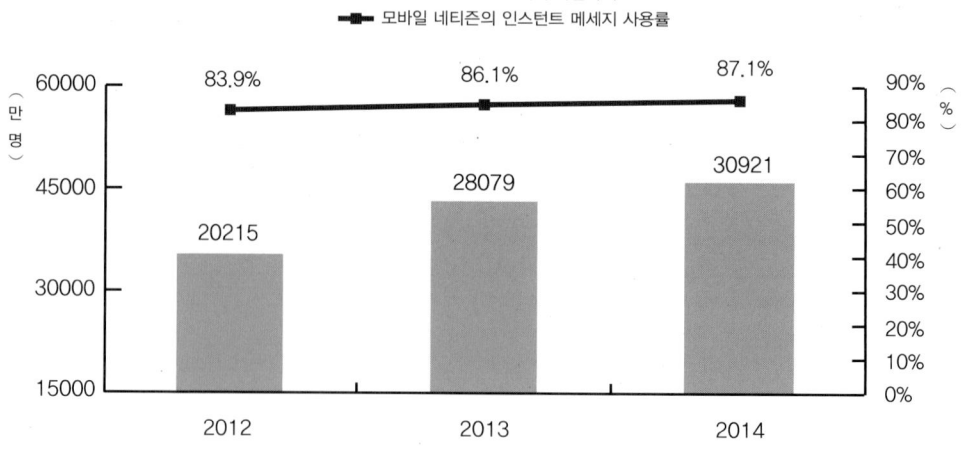

*자료출처: CNNIC(중국인터넷정보센터), 제33, 34차 '중국 인터넷발전현황 통계보고서'

(2) 모바일 단말기 앱이 상위권 확보

2014년 12월 기준 중국의 상위 10위를 차지하는 모바일 앱은 위챗, QQ, 바이두, 타오바오, QQ브라우저, 써우거우(搜狗) 모바일 키보드, 모바일 360시큐리티, QQ음악, QQ공간, 바이두 지도 순으로 나타났다. 실시간 메신저 응용에서는 위챗과 QQ가 첫 번째와 두 번째 순위를 차지하였다. 그 중 위챗의 적극적인 사용자 수는 3억 1,669만 6,200명에 달하였다.(표2) 실시간 메신저의 적극적인 사용자 수는 기타 모바일 앱보다 훨씬 높은 수준을 보였다.

표2. 중국 모바일 앱 톱10(2014년 12월)

(단위: 만 명)

순위	앱 명칭	분류	활성 사용자
1	위챗	모바일 IM	38,317.41
2	QQ	모바일 IM	31,669.62
3	바이두	모바일 검색	13,632.91
4	타오바오	인터넷 쇼핑	12,348.69
5	QQ브라우저	브라우저	11,333.64
6	써우거우 모바일 키보드	모바일 입력기	10,684.01
7	모바일 360 시큐리티	모바일 안보	9,443.06
8	QQ 음악	모바일 음악	9,442.95
9	QQ 공간	SNS	9,060.81
10	바이두 지도	지도 네비게이션	8,910.01

*자료출처: 이관즈쿠(易观智库)

2. 2014년 중국 실시간 메신저 산업의 시장구조

1) PC단말기 시장의 안정적 발전, 기회가 적음

2014년 3분기 기준 상위 10위권에 있는 PC단말기 실시간 메신저 앱은 QQ, 아리왕왕(阿里旺旺), YY, 페이신(飞信), Skype, 텐센트의 RTX, 넷이즈(网易)의 CC, 시나 UG, Google talk, 9158 순으로 나타났다. QQ의 커버리지율은 75.59%로 계속하여 PC단말기 실시간 메신저 분야의 1위를 차지하였다. 그 다음으로 아리왕왕(20.07%), YY(5.04%)였다. 기타 실시간 메신저의 커버리지 비율은 모두 2% 미만으로 시장점유율이 상당히 낮게 나타났다.(그림2)

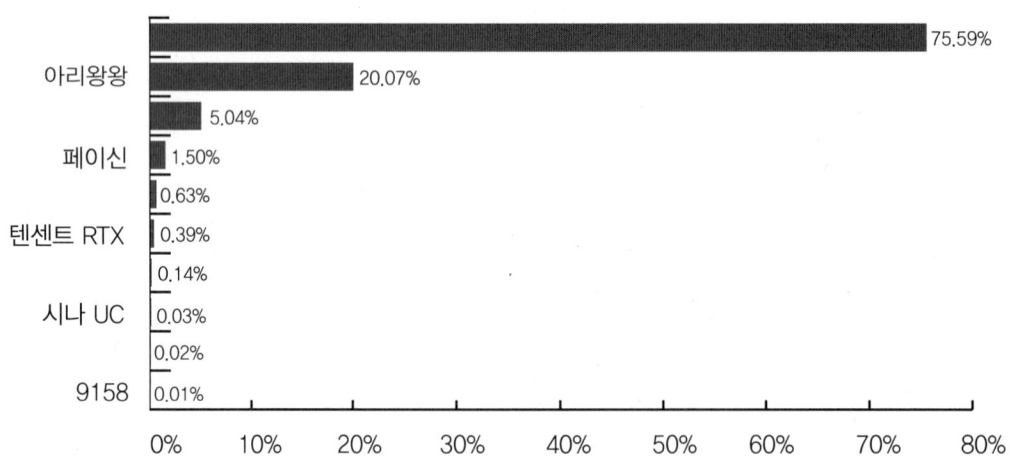

그림2. 2014년 3분기 PC단말기의 실시간 메신저 시장점유율

*자료출처: 이관즈쿠(易观智库), '중국 IM시장 발전연구 보고서 2015'

PC단말기의 모바일 실시간 메신저 시장은 안정적으로 발전하고 있으며 QQ가 계속하여 압도적인 우위로 시장을 독점하고 있고, 기타 앱은 발전여지가 크지 않은 것으로 나타났다.

2) 모바일 단말기 구조

2014년 3분기의 통계자료에 따르면 모바일 인스턴트 메신저의 시장점유율 상위 10위는 위챗, QQ, 모모(陌陌), 왕신(旺信), YY, 간소화 QQ(QQ轻聊版), chatON, 이신(易信), 페이신(飞信) 순으로 나타났다.

그 중 위챗이 80.93%의 시장점유율로 1위를 차지하였고 모바일 QQ가 78.46%, 모모는 13.49%, 왕신은 4.27%, YY와 간소화 QQ · chatON은 모두 2% 내외를 차지하였다. 2014년에 기세가 드높았던 이신(易信)의 시장점유율은 2.02%에 불과하였고 차이나모바일회사에서 출시한 페이신(飞信)은 시장 선점기회를 놓친채 1.76%라는 낮은 시장점유율을 차지하였다. 주목해야 할 것은 일본의 LINE은 유일한 해외 모바일 인스턴트 메신저 브랜드로, 중국에서 1.46%의 시장점유율을 차지하였다. MSN은 중국시장에서 퇴출되었는데 이러한 선두업체의 침체를 통해 시사점을 얻어야 한다.

3. 중국 실시간 메신저 산업의 상업화 진척

실시간 메신저가 빠른 발전을 거치면서 그 수익모델이 업계의 관심을 끄는 핵심적인 과제로 대두되었다. 각종 실시간 메신저 앱은 상업화 과정에서 여러 가지 다양한 시도를 하고 있다.

위챗의 경우 2014년 설 기간동안 훙바오(紅包, 세뱃돈)주기, 전국민 택시타기, 징둥(京東)이 위챗플랫폼에 참여, 위챗 친구그룹의 광고기능 등을 시도하였다. 이는 모두 상업화 추진과정에서 나타난 현상이라고 할 수 있다.

위챗의 상업화 과정에서 가장 주목을 끈 사건이 바로 위챗을 통한 징둥의 쇼핑플랫폼 구축인데, 이는 모바일 쇼핑의 혁신이라고 할 수 있다. 2014년 3월 10일 징둥과 텐센트는 전략적 협력관계를 맺으면서, 텐센트는 징둥의 15% 지분을 가지고, 징둥에 위챗과 모바일 QQ 및 기타 플랫폼에 대한 지원을 제공하여 징둥의 전자상거래 발전에 일조하였다. 이 두 회사는 온라인 지불결제 서비스분야에서도 제휴관계를 맺었다. 2014년 5월 27일 징둥은 위챗을 통한 '쇼핑'플랫폼을 가동하였다. 2014년 6월 3일에는 징둥에서 '전국민 10억 위안의 훙바오 빼앗기' 이벤트를 출시하였는데 전국에서 1억 명이 넘는 이용자가 이 이벤트에 참여하였다. 아울러 징둥의 위챗 쇼핑플랫폼은 처음으로 징둥의 618판촉 행사에 참여하였다. 2014년 12월 9일에는 징둥의 위챗쇼핑 계정인 '징둥 JD. COM'의 이용자 수가 671만 명으로 증가하였다. 전자상거래와 소셜미디어 브랜드에 대한 이용자의 신뢰에 힘입어 징둥은 위챗 쇼핑플랫폼의 이용자 수, 업체 참여도, 마케팅 혁신 등에서 모두 좋은 성적을 거두었다.

2015년 1월 21일 위챗은 처음으로 공식적으로 친구그룹에서 광고를 선보였다. 언론보도에 따르면 텐센트 내부에서는 이와 같은 시도를 연간 수입 100억 달러로 평가하고 있는 것으로 알려졌다. 이는 위챗이 친구그룹을 통한 수익창출에서 새로운 중대한 변화를 가져왔음을 의미한다.

실시간 메신저의 상업화가 대대적으로 추진되는 과정에서 이용자에게 미치는 영향을 조심스럽게 살펴봐야 하며, 일부 이용자의 반감을 사 이용자 수가 줄어들거나 활성화가 하락하는 문제에 유의해야 한다.

4. 실시간 메신저의 미래 추이

1) 이용자의 개성화 수요 충족, 차별화 발전 도모

텐센트가 출시한 QQ, 위챗과 경쟁하기 위해 다른 업체는 실시간 메신저 상품의 차별화와 다원화 발전에 심혈을 기울이고 있다. 이용자의 개성화 수요에 대한 충족과 차별화 발전은 실시간 메신저 제품이 생존하고 발전할 수 있는 길이라고 할 수 있다.

모바일 실시간 메신저 시장은 경쟁이 상당히 치열하다. 차이나모바일, 차이나유니콤, 차이나텔레콤 등 운영업체는 연이어 자체적으로 모바일 실시간 메신저 제품을 선보였다. 2014년에 텐센트는 계속하여 새로운 버전의 모바일 QQ와 위챗을 출시하여 이용자 충성도를 유지하였다. '아는 사람사이의 관계강화'를 중요시하는 위챗과는 달리 모모는 시장의 빈틈을 포착하여 '낯선 사람사이의 친구사귀기'를 특색으로 하였는데, 모모를 대표하는 '친구사귀기 앱'의 탁월한 위치 정확성과 독특한 지리위치별 그룹채팅·근처 활동 등의 기능은 이용자로부터 호평을 받았다. 이로 인해 모모는 중국 위치별 친구사귀기 앱중에서 처음으로 이용자 규모가 1억 명을 초과하는 제품으로 부상하였다. '취미별 친구사귀기' 기능을 특징으로 하는 '노래하자(唱吧)' 등의 제품도 새롭게 출시되었으며, 왕신(旺信)은 온라인 거래 중에서 상호거래의 교류수단으로 자리매김하였고, 웨이스(微視)를 대표로 하는 동영상 친구사귀기 앱은 새로운 교류방식으로 이용자의 관심을 모았다. 알리바바 그룹은 2013년 10월에 '라이왕(来往)'을 출시하였지만, 실제효과는 미미하였다. 2014년 12월에 '라이왕' 개발팀은 업체소통을 위한 '딩딩(钉钉)'이라는 앱을 출시하였다.

기존 현황을 보면, 차별화된 발전을 하여 시장에서 정확하게 자리매김해, 이용자의 개성화 수요를 충족시켜야만 이용자 수를 지속적으로 늘리고 이용자 충성도를 높일 수 있으며, 이것을 토대로 상업화 모델을 탐색할 수 있다.

2) 플랫폼화, 포털사이트 역할의 강화

모바일 실시간 메신저는 이용자의 소셜관계를 토대로 하여 정보공유, 게임, 지불결제, 금융 등 각종 부가서비스 추가를 통해 이용자의 충성도를 높이고 이용자의 소비행위와 습관을 유도하기 시작하였다.

모바일 실시간 메신저는 단일한 서비스 제품에서 플랫폼화로의 발전추이가 점점 뚜렷해지고 있다. '멀티 플랫폼'과 '다양한 분야'에 대한 실시간 메신저 제품에 대한 통합을 통해 이용자에게 일괄적으로 통신·

소셜 · 게임 · 영화 · 요식업 · 택시예약 · 로또 · 쇼핑 · 금융 등의 서비스를 제공한다.

모바일 인터넷이 빠르게 발전하고 스마트폰 보급이 확산됨에 따라 모바일 단말기의 새로운 소셜앱이 끊임없이 나타나고 있다. 실시간 메신저는 소셜화와 모바일 단말기로의 전환추이를 보여주고 있다. 예컨대 LBS기술 기반 모바일 단말기 앱 · 음성 · 동영상 등 새로운 친구사귀기 형식이 다양하게 나타나고 있으며, 취미를 토대로 한 실시간 메신저 앱이 나타나면서 제품이 날로 풍부해지고 모바일 실시간 메신저 시장이 활성화되었다. 또한 각종 형식의 무료 메시지 서비스를 통해 대량의 이용자를 축적하였다. 스마트폰 단말기는 이용자 통신습관의 변화를 가져왔을 뿐만 아니라 이용자의 소비습관에도 영향을 미쳤다. 막대한 이용자 규모와 높은 충성도를 특징으로 하는 모바일 실시간 메신저는 모바일 게임, 모바일 지불결제 등 파생분야로 확장하고 있다. 이와 동시에 모바일 실시간 메신저를 통해 대량의 이용자를 축적한 기업은 이용자 행위와 소비습관 등 데이터에 대한 심도 깊은 분석을 해야 한다. 이를 통해 이용자 중심의 맞춤형 서비스를 제공하고 이용자의 수요를 충족시켜 비즈니스 가치를 향상시켜야 한다.

V. 중국 광고시장 및 미디어 자본시장 발전동향

광고시장 발전 동향

1. 2014년 중국 광고시장의 전체 현황

2014년에도 중국의 광고산업 매출액은 계속하여 증가세를 유지하였다. 중국 '국가공상행정관리총국'의 자료에 따르면, 2014년 중국의 광고 매출액은 5,605억 6천만 위안으로 새로운 기록을 돌파하였으며 2013년 대비 11.67% 증가하여 증가폭이 두 자릿수에 달하였다.(표1)

표1. 2014년 중국 광고산업 경영현황

프로젝트	2013년	2014년	증가율(%)
광고업체 수	445,365	543,690	22.08
종업원 수	2,622,053	2,717,939	3.66
매출액(억 위안)	5,019.75	5,605.60	11.67

인터넷의 영향으로 2014년 중국의 광고업은 모델혁신, 방법혁신을 모색하기 시작하였다. 광고주와 광고업계는 모두 인터넷과의 심도 깊은 융합을 추진하고 있다. 2014년 광고산업 발전의 핵심적인 방향은 바로 제품과 마케팅의 전면적인 구조전환에 대한 탐색이라고 할 수 있다.

2013년에 광고업계 종업원 수는 20.40% 증가하고 광고업체 수는 22.08% 증가하였지만, 2014년의 광고업 종업원 수 증가율은 3.66%에 불과하였다. 이는 광고업이 구조조정을 하고 있음을 보여준다. 수많은 종사자는 2014년에 광고업계를 떠나 브랜드 광고주, 인터넷 회사에 입사하여 본래 하던 업무를 지속하였다. 창의적인 구상 등 광고업의 근본적인 요소는, 사라진 것이 아니라 산업의 한계를 벗어나서 제품과 인터랙티브 미디어로분야로 확장되었다.

2014년 광고경영의 4대 업무부문 비용을 살펴보면 2013년 대비 '대행'업무의 점유율이 9.12% 감소하고 '실시'단계의 비율이 8.35% 증가하였다. 과거 단순히 대행업무를 통해 생존하던 회사의 업무범위가 점차 줄어들고 있으며 종합적인 업무 능력을 확보한 창의적인 회사의 시장이 더 확대되는 추세이다. 그 원인을 살펴보면, 이러한 종합업무 능력을 확보한 기업은 광고주의 다양한 수요를 충족시킬 수 있기 때문인 것으로 나타났다.(표2)

표2. 2014년 중국 광고 업무분류별 비중

업무분류	2014년 매출액(억 위안)	2014년 비중(%)	2013년 비중(%)
디자인	769.08	13.72	13.9
제작	743.09	13.26	12.3
대행	1,231.99	21.98	31.1
발표	2,861.44	51.05	42.7

인터넷과 모바일 인터넷의 급격한 발전이 미디어 환경과 마케팅 모델에 큰 영향을 미치고 있지만, TV 미디어는 경영모델과 제품 콘텐츠에서 시장을 놀라게 한 혁신을 가져왔다. 2014년에 라디오 방송국·신문사·정기간행물업체 등 3대 미디어의 전반적인 하락(각각 -5.91%, -0.60%, -6.41%)과 달리 TV 미디어는 혁신을 통해 16.11% 증가하여 광고 매출액이 1,278억 5천만 위안을 기록하였는데, 이는 여전히 인터넷

의 시장점유율보다 높은 수준이다.

인터넷 미디어의 광고 점유율은 급격하게 증가하고 있으며 점차 TV 미디어에 육박하고 있는 것으로 나타났다. 2014년 중국의 인터넷 광고 매출액은 51.7% 증가하여 969억 900만 위안에 달하였다. 이러한 발전 추이를 거듭할 경우 2015년에 인터넷 광고는 TV를 상회하여 가장 막강한 종합 미디어로 등장하게 될 것으로 예상된다.

2014년 중국 광고산업은 광고업체 수, 종업원 수, 광고 매출액 등이 모두 증가세를 보였다. 그 중 업체 수가 22.08% 증가하여 543,690개에 달하였고 종업원 수는 3.66% 증가한 2,717,939명에 달하였으며, 광고 매출액은 11.67% 증가하여 5,605억 6천만 위안이라는 새로운 최고치를 기록하였다.(표1)

하지만 2014년에 국유기업, 집단기업, 비영리기관의 광고업체와 종업원 수는 하락세를 보였다. 반면에 2014년에 외국인투자 광고기업의 종업원 수는 182.47%라는 놀라운 증가율을 보이며 94,515명에 달하였다. 물론 이러한 증가율은 2013년 외국인투자 광고기업의 종업원 수가 33,460명으로 기타 기업의 종업원 수보다 훨씬 낮았기 때문으로 볼 수도 있다. 하지만 그 외 수많은 외자 광고기업이 인수합병이나 혹은 중국에서 직접 지사를 설립하는 방식을 통해 중국의 직접적인 광고시장에 진출한 것에 기인한 것이기도 하다. 외자 광고기업은 향후 일정기간동안 많은 종업원을 필요로 할 것으로 예상된다.

2. 2014년 중국 광고 세분화 시장 현황

1) 종류별 집행: 식품류 광고 폭발, 럭셔리 소비 주류 형성

2014년 광고 집행에서는 식품류 광고가 1위를 차지하였다. 식품류 광고 집행액은 2013년의 537억 5,100만 위안에서 2014년의 766억 4,800만 위안으로 증가하여 증가율이 42.60%에 달하였다.(표3) 경제성장과 국민 생활수준의 향상과 더불어 광고 콘텐츠의 주체는 수요형에서 소비형으로 바뀌었으며, 판매자 위주의 시장에서 점차 소비자 위주 시장으로 변화하고 있다. 따라서 생활의 질적 개선수요에 따른 소비형 상품의 선호도가 높아지는 것으로 나타났다.

표3. 2014년 톱10 광고산업

(단위: 억 위안, %)

순위	유형	2013년	2014년	증가율
1	식품	537.5149	766.4778	42.60
2	자동차	603.9584	637.8650	5.61
3	화장품 및 위생용품	594.7867	613.6786	3.18
4	부동산	586.3287	601.2514	2.54
5	약품	234.4690	267.8281	14.22
6	가정용 전기 및 전자제품	229.7280	246.8333	7.44
7	술	206.3545	211.1681	2.33
8	정보전달·정보기술서비스	174.8597	195.1819	11.62
9	금융보험	149.2608	169.1219	13.30
10	의류·액세서리 및 주얼리	143.4716	162.5827	13.32

이는 제8위~10위를 차지한 정보 전달, 정보기술 서비스, 금융보험, 의류·액세서리 및 주얼리의 증가율에서 간접적으로 나타났다. 즉 소비형 제품과 서비스의 광고가 점차 주류시장이 되었으며, 특히 노인시장과 아동시장은 향후 상당히 긴 시간내에 활성화된 증가세를 유지할 것으로 전망된다. 이러한 현상은 광고업계에서 주목을 받고있다.

세분화된 시장에서도 이러한 소비형 시장 위주의 발전추이를 발견할 수 있다. 데이터에 따르면 2014년 교육, 의류의 광고집행이 폭발적인 증가세를 보였다. 그 중 교육은 TV·라디오·신문에서의 광고 집행 증가율이 각각 45.59%·112.32%·65.52%에 달하였고, 의류 광고는 신문·정기간행물에 광고 집행 증가율이 각각 275.70%와 42.35%에 달하였다. 이러한 현상으로 물질적인 생활이 안정되면서 소비자가 자신의 건강이나 정서와 관련된 소비에 관심을 가지기 시작하였음을 알 수 있다.

2) 미디어 채널: TV 경영구조 대전환 추진, 인터넷 광고 지속적으로 발전 유지

2014년 TV는 '4대 전통 미디어' 중에서 가장 좋은 성과를 이루었다. TV는 중년·노인 시청자를 안정적으로 확보하였을 뿐만 아니라 젊은 '이용자'의 관심도 모았기 때문이다. 강력하고 질적으로 우위에 있는 콘텐츠에 힘입어 TV는 광고수익을 창출하였을 뿐만 아니라 인터넷 미디어로부터도 상당한 수입을 얻었다.

2014년 중국의 광고업무에 종사하는 TV방송국은 30.53% 증가하여 3,121개에 달하였고 종업원 수는 58,424명으로 17.78% 증가하였으며, 매출액은 16.11% 증가한 1,278억 5천만 위안에 달하였다. 이러한 통계는 TV방송국이 혁신을 통해 인터넷과 융합하여 새로운 방법을 모색하였음을 보여준다. TV를 제외한 라디오 방송국, 신문사, 잡지사의 광고 매출액은 모두 하락하였다.(표4)

표4. 2014년 미디어별 광고 기본 현황

매체별	사업자 수(개)			종업원 수(명)			광고 매출액(만 위안)		
	2013년	2014년	증가율(%)	2013년	2014년	증가율(%)	2013년	2014년	증가율(%)
TV방송국	2,391	3,121	30.53	49,603	58,424	17.78	11,011,042.13	12,785,033.31	16.11
라디오 방송국	798	927	16.17	15,204	15,261	0.37	1,411,868.79	1,328,438.10	-5.91
신문사	1,420	1,353	-4.72	39,062	41,028	5.03	5,047,018.14	5,016,661.85	-0.60
잡지사	3,577	3,763	5.20	34,326	36,281	5.70	872,077.31	816,154.11	-6.41

예능 프로그램을 위주로 하는 TV콘텐츠 광고 붐이 TV 광고에 튼튼한 토대를 마련하였다. 시즌제 예능 프로는 브랜드 업체의 광고 퍼블리싱 횟수의 증가를 견인하였으며, TV의 비즈니스 가치를 재발견하는 계기가 되었다.

TV미디어는 광고 매출액 증가율이 16.11%에 달하였을 뿐만 아니라 콘텐츠 판매를 통해 인터넷 동영상 업체로부터 적지 않은 수익을 얻었다. 망고 TV는 차이나 모바일의 프로젝트와 후난 위성TV의 프로그램 권리 양도에 힘입어 백억 위안 이상의 가치로 평가되고 있다. TV미디어든 인터넷 미디어든 질적인 콘텐츠는 광고가치를 말해주는 것으로 볼 수 있다.

새로운 쌍방향 미디어에 있어 인터넷광고의 발전이 주목받았다. 중국 광고협회 인터랙션 인터넷분회의 통계자료에 따르면 2014년 인터넷 광고 매출액은 969억 900만 위안으로 51.7% 증가하였다. 이러한 성장은

2013년의 638억 8천만 위안(45.85%)보다 더욱 높은 수준을 보였다. 인터넷 기업은 콘텐츠 마케팅 이외에도 전략적 광고제품을 선보였다. 웨이보 펀쓰퉁(微博粉丝通), 바이두 즈다하오(百度直达号), 위챗 친구그룹(微信朋友圈)을 통한 광고는 기업의 광고업무가 점차 성숙되고 있음을 설명하고 있다.

3) 지역 상황: 톱 랭킹 지역의 지위 돈독, 낙후지역 변화 필요

2014년 중국 광고업무 상위 5위권에 있는 성(직할시)은 베이징, 광둥, 상하이, 장쑤, 저장 순으로 나타났다. 해당 5개 성시의 광고 매출총액은 3,813억 6,300만 위안으로 전국 광고 매출총액의 68.03%를 차지하였다.(표5) 2013년의 톱 랭킹과 비교하면 중국 국내 광고 매출액 상위 5곳은 변화가 없고 순위만 바뀌었다.

증가율이 전국에서 가장 낮은 3위내에 포함된 성은 허베이(-56.18%), 하이난(-43.42%), 구이저우(-39.34%)로 나타났다. 그 중 허베이성은 2013년에 광고 매출액이 13억 천만 위안에 달하였지만 2014년에는 5억 7,300만 위안으로 급격하게 하락하여 최근 몇 년 사이에 최저치를 기록하였다. 2014년 광고 매출액이 전국에서 가장 낮은 5위안에 포함된 성은 간쑤(2억 6,200만 위안), 구이저우(2억 8,900만 위안), 티베트(2억 9,100만 위안), 닝샤(3억 2,200만 위안), 허베이(5억 7,300만 위안) 순으로 나타났다. 기존의 '광고업이 약한 성'에서 가장 시급히 해결해야 할 급선무는 인재육성과 인재유치로 나타났다.

4) 관리감독 및 처벌: 광고 관리감독의 규범화, 법률화

중국은 광고에 대한 관리감독이 점점 더 엄격해지고 있다. 2014년 중국 각 지역에서 조사한 광고 위법사건은 34,012건에 달하였는데 이는 2013년의 44,103건 대비 22.88% 감소하였다. 2015년 3월 초 상하이시는 12건의 위법광고를 단속하였는데 이는 언론에서 대대적으로 보도되었다.

표5. 2014년 지역별 광고 매출액 현황

(단위: 만 위안)

지역	광고 매출액	지역	광고 매출액
베이징	19,218,404.56	후베이	1,248,262.88
톈진	2,173,803.49	후난	1,764,002.26
허베이	57,395.27	광둥	6,885,455.29
산시(山西)	350,828.96	광시	237,312.16
네이멍구	214,589.31	하이난	64,072.34
랴오닝	987,867.87	충칭	642,167.55
지린	391,094.16	쓰촨	1,167,277.29
헤이룽장	485,589.00	구이저우	28,869.20
상하이	4,636,489.00	윈난	367,835.70
장쑤	4,241,329.94	티베트	29,136.79
저장	3,154,642.56	샨시(陝西)	124,645.70
안후이	1,118,908.92	간쑤	26,234.18
푸젠	1,585,591.00	칭하이	73,058.12
장시	371,160.19	닝샤	32,225.40
산둥	2,828,396.07	신장	237,338.18
허난	1,312,049.98		

그 중 벌금액 수입 상위 10위에 있는 지역은 상하이(4,495억 6,200만 위안), 광둥(4,327억 4,200만 위안), 후베이(2,990억 2,300만 위안), 장쑤(2,617억 7,400만 위안), 저장(1,972억 7,400만 위안), 쓰촨(1,872억 2,100만 위안), 베이징(1,540만 위안), 허난(1,450만 9,200 위안), 산둥(1,277만 8,400 위안), 후난(1,251만 1,500 위안) 순으로 나타났다.

기존의 관리감독 업무에는 인터넷 광고분야가 포함되지 않았고, 때문에 2014년에 인터넷 분야에서의 광고 위법현상이 확대된 것으로 나타났다. 인터넷 광고업이 빠르게 발전하면서 인터넷 광고의 발표·퍼블리싱·디자인·제작 등에 대한 관리감독이 부족하기 때문에, 관련 감독 관리를 조속히 강화해야 할 필요성이 대두되고 있다.

시청자의 미디어 접촉 습관 분석

1. 미디어 환경: 미디어 접촉 분산에서 통합으로 발전, 모바일 소셜미디어가 각광

1) 미디어 종류 및 형식은 다양화되었지만, 접촉 종류는 증가에서 하락으로 변화

신문·라디오·TV·잡지 등 전통적인 미디어에서 지금의 옥외·인터넷·무선 인터넷 등 뉴미디어로 다양하게 발전함에 따라 소비자가 이용할 수 있는 미디어 종류는 지속적으로 발전하며 풍부해지고 있다. 옥외 미디어의 경우 엘리베이터 광고·현수막 광고 등 전통적인 옥외광고 형식에서 LCD TV·옥외 대형 디지털 광고모니터·교통수단 이용 광고 등 신형 옥외광고로 발전하였으며, 미디어 종류도 점점 다양해지고 있다. 하지만 미디어 종류와 형식이 점점 더 풍부해짐에도 불구하고 실제적으로 이용하는 미디어 종류는 점점 축소되고 있다.

미디어 종류가 점점 다양해지는 초기에는 미디어 이용패턴이 개방적이었고, 이용자 수도 증가세를 보였다. 하지만 이러한 다양한 미디어를 사용하는 행위는 지속적인 것이 아니기 때문에 일정 시간 이후 미디어의 통합추세가 다시 나타났다. 그림1을 보면, 일평균 4가지 이상 미디어를 이용하는 도시주민의 비중은 2011년부터 감소하기 시작하였다. 즉 2011년 일평균 4가지 이상 미디어를 이용하는 도시주민의 비중은 40%

였지만, 2014년에는 34%로 감소하였다. 마찬가지로 이러한 전환점은 1980년대 및 1990년대 이후 출생한 세대의 미디어 이용패턴에서도 동일하게, 빨리 나타났다. 즉 2010년부터 일평균 4가지 이상 미디어를 이용하는 1980년대 및 1990년대 이후 출생 세대의 비중이 하락하기 시작하였다.(2010년의 44%에서 2014년의 34%로 하락)(그림1)

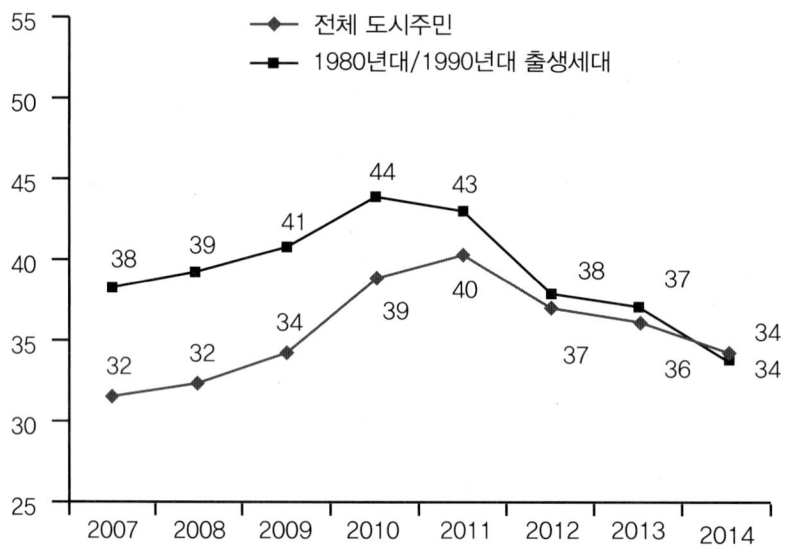

그림1. TV, 라디오, 신문, 잡지, 인터넷 중, 매일 최소 4가지를 접촉하는 이용자 비중

2) 모바일 인터넷, 소셜미디어가 미디어 접촉 점유율을 잠식

스마트폰이 보급되면서 모바일 인터넷의 빠른 발전을 통해 지역간의 '디지털 격차'를 축소시켰다. 2012년의 웨이보 붐, 2013년의 위챗 붐과

더불어 도시주민은 스마트폰과 아이패드에 중독된 양상을 보였고 도시 곳곳에서 대량의 '스마트폰 중독자'가 나타나는 '마약식' 미디어 이용패턴이 드러났다. 중국 도시주민에 대한 조사연구에 따르면, 100개 도시의 주민 중에서 매일 약 절반 이상의 주민이 온라인 소셜 사이트나 소포트웨어를 사용하고 온라인 소셜 사용자 중 90%는 스마트폰을 통해 사용하고 있는 것으로 나타났다. 이와 동시에 중국 인터넷정보센터의 연구자료에 따르면 2014년 6월 말 기준, 중국 모바일 네티즌 규모는 5억 2,700만 명에 달하였고 그 중 스마트폰을 통해 인터넷을 사용하는 자의 비중이 지속적인 상승세를 보여 2013년의 81%에서 2014년의 83.4%로 향상되었다. 모바일 네티즌 규모가 최초로 전통적인 PC 네티즌 규모를 초과한 것이다. 모바일 인터넷이 지속적이고 안정적으로 발전함과 동시에 모바일 인터넷 기반과 플랫폼으로 한 온라인 활동(채팅, 친구사귀기, 게임, 동영상, 정보검색, 음악듣기 등)이 이용자의 시간을 채우고 있으며 기타 미디어에 대한 시간을 빼앗은 것으로 나타났다.

그림2를 보면, 2013~2014년 사이 소셜·뉴스·게임을 위주로 한 모바일 인터넷 앱에 대한 도시주민의 사용률이 안정적으로 상승하였다. 과거 그 어떠한 미디어와는 달리 모바일 인터넷은 미디어의 범위를 벗어나 일종의 커뮤니케이션 플랫폼으로 작용하고 있으며, 각종 콘텐츠·서비스를 통합한 것을 확인할 수 있다. 모바일 인터넷을 통해 뉴스와 동영상을 보고 라디오를 들을 수 있을 뿐만 아니라 쇼핑도 하고 재테크 투자도 하고 게임을 하며 즐길 수 있다.

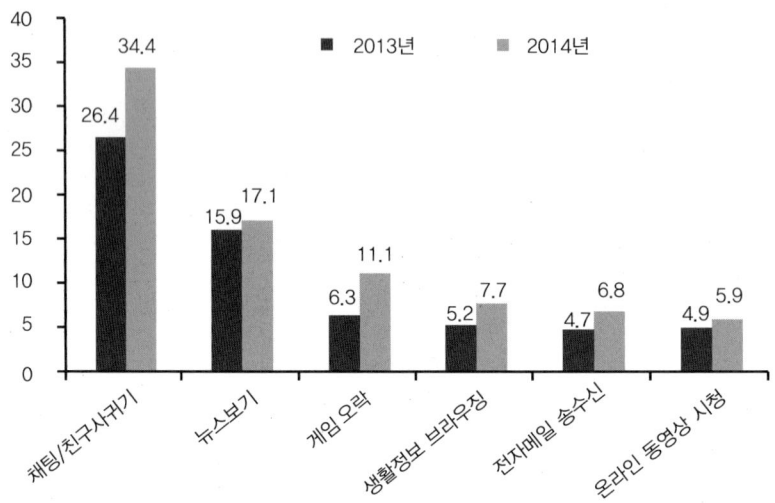

그림2. 도시주민이 모바일인터넷을 통해 하고 있는 일

*자료출처: CTR 중국도시주민 조사(CNRS-TCI)

2. 신문 열독: 우수한 콘텐츠는 구하기 어려운 명품, 모바일 플랫폼 선점이 관건

1) 종이신문의 지속적 감소, 디지털 열독 점차 증가

2014년 중국 도시주민 대상의 조사에 따르면 도시주민의 신문 도달률이 지속적으로 하락하여 2013년 53.5%에서 2014년 45.5%로 8% 하락하였다.(그림3) 도시 등급별로 보면, 2선 도시에서의 신문 도달률은 48%로 1선도시(44%)와 3선도시(42%)보다 높은 수준을 보였다. 지역별로 보면, 상위 3위권은 화동지역(50.2%)·동북지역(48.3%)·화중지역

(46.9%) 순이고 그 다음으로 화북지역(45.3%)·서북지역(44.1%)·화남지역(40.4%)·서남지역(39.9%)으로 나타났다.

종이신문과 달리 전자신문의 일간 도달률은 안정적인 상승세를 보였으며, 2012년의 11.9%에서 2013년의 13.4%, 2014년의 21.9%로 증가하였다.(그림3) 연령별로 볼 때 전자신문은 1970년대와 1980년대 이후 출생한 세대의 도달률이 가장 높고 그 중 1980년 이후 출생한 세대가 40%, 1970년대 이후 출생한 세대가 29%로 나타났으며, 그 다음으로 1990년대 이후 출생한 세대가 16.8%를 차지하였다.

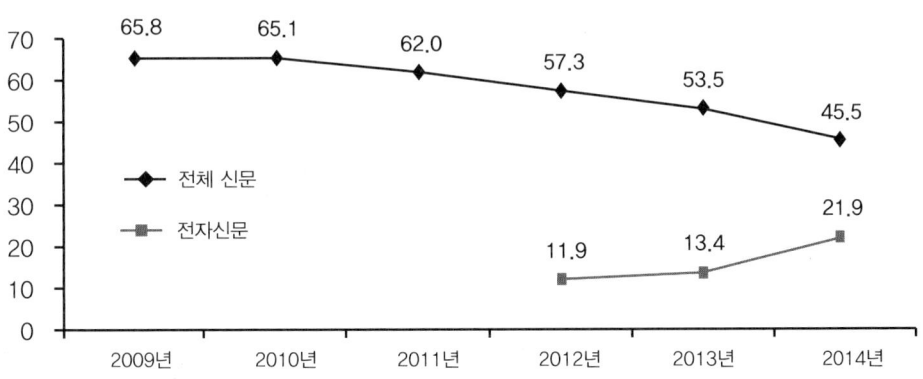

그림3. 2009~2014년 도시주민의 신문 일간 도달률

2) 신문의 미래: 모바일 소셜로 인한 쇠퇴 혹은 모바일 소셜에 힘입어 발전

조사에 따르면 소셜 미디어를 사용하는 가장 우선적인 목적은 뉴스 정보의 획득(57.6%)인 것으로 나타났다. 따라서 뉴스기능이 두드러진 전통미디어일수록 모바일 소셜로부터 받은 충격이 더 크다고 할 수 있다.

CTR이 연구한 중국 소셜미디어 이용자 평가 조사결과에 따르면 84%의 도시주민이 소셜미디어가 그들의 신문열독 행위에 영향을 미치고 있다고 밝혔으며, 그 중 41%는 더 이상 종이신문을 보지 않는 것으로 나타났다. 이러한 사실은 모바일 인터넷 시대에 신문은 반드시 모바일 단말기를 선점해야 하며 그래야만 이용자의 주목을 끌 수 있다는 것을 보여준다 하겠다. 또한 많은 신문이 현재 위챗 공식계정 개설(예컨대 '남방주말(南方周末)') 혹은 APP 클라이언트 설치(펑파이뉴스(澎湃新闻)) 등 모바일에 힘입어 새로운 독자를 유치하고 있는데, 이는 모바일 시대에서의 새로운 시도이며 많은 성과를 이루기도 하였다. 일례로 '베이징 청년보(北京青年报)'를 기반으로 한 '퇀제후 참고(团结湖参考)'라는 위챗 공식계정은 2014년 5월 30일 가동되었는데 해당 위챗계정의 편집장이 집필한 3편의 글은 3일 만에 8만 여명의 독자를 만들었으며, 열독수가 1만 회를 초과하였다. 즉 우수한 콘텐츠는 마치 명품과 같이 대중들의 중요한 관심 대상이라 할 수 있다.

3. 잡지 열독: 종이 잡지 소폭 감소, APP잡지 향후 주류로 등장

1) 잡지 열독률의 소폭 감소, 여성 패션류 잡지의 선호도가 가장 높음

통계를 보면 잡지의 구독률은 전체적으로 안정세를 유지하였으나, 2014년의 잡지 월간 도달률은 33.8%로 2013년 대비 소폭 하락하였다. 이와 반대로 전자잡지의 월간 도달률은 안정적인 증가세를 보였으며, 2013년의 11.3%에서 2014년의 27.4%로 상승하였다.(그림4) 도시주민이 구독하는 잡지유형을 보면, 독자로부터 선호도가 가장 높은 잡지는 여전히 여성 패션류 잡지(12%)로 구독률 1위를 차지하였으며, 1선도시(15.4%)와 2선도시(11.2%)에서 모두 1위를 차지한 것으로 나타났다.

그 다음으로 문학·다이제스트류 잡지가 2위(10.1%)를 차지하였는데 현대 도시주민의 '영혼을 위한 닭고기 수프'인 문학·다이제스트류 잡지는 줄곧 독자의 사랑을 받았다. 1선도시와 2선도시에서는 여성 패션류 잡지와 비슷한 도달률을 차지하였지만, 3선도시에서는 구독률이 여성 패션류 잡지를 상회하여 1위를 차지하였다. 비즈니스 경제관련 잡지는 2013년의 9위에서 2014년의 3위로 도약적인 발전을 가져왔으며, 전체 도시주민들의 도달률은 5.5%에 달하였다. 2013년에 3위를 차지한 잡지는 남성 패션류 잡지였다.

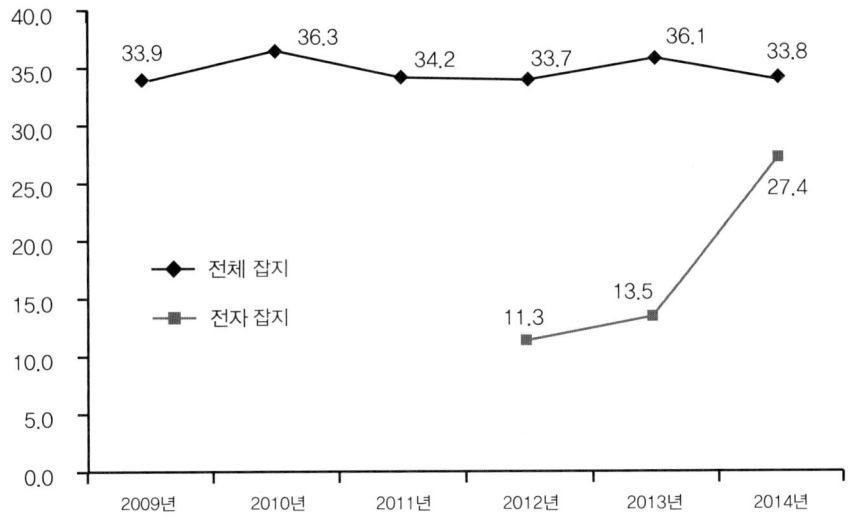

그림4. 2009~2014년 전체 도시주민의 잡지 월 평균 도달률

2) APP잡지를 통해 잡지의 새로운 영역 개척

오락적인 수요에 따른 모바일 열독이 전통 종이 매체열독에 극심한 영향을 미치고 있는 가운데, 종이 잡지에 대한 앱의 대체작용이 부각되고 있다. 2014년 CNRS잡지의 독자에 대한 조사에 따르면, 지난 한 달 간 패션잡지를 열독한 독자 중에서 앱을 사용한 독자가 49%로 나타났다. 이러한 앱 사용 독자 중에서 41.6%는 종이잡지와 앱 잡지를 동시에 사용하고 39.5%는 종이잡지 대신에 앱 잡지만 구독하는 것으로 나타났다. 약 20%의 독자는 앱 잡지만 구독하고 있는데 이러한 독자는 예전에 종이잡지를 구독하지 않았으며, 새로 증가된 잡지 독자로 나타났다. 유료 앱의 판매는 더 이상 어려운 난제가 아닌 셈이다. 조사결과에 따르면, 콘텐츠가 독자의 관심을 끌 수 있느냐의 여부가 유료 전자잡지의 사용여부를 결정하는 핵심요인으로 작용하며 약 40%의 패션잡지 앱 이용자는 유료로 구독할 의향을 가지고 있는 것으로 나타났다.

4. TV시청: 신뢰도는 여전히 가장 높음, 프로그램 혁신이 근본역할 발휘

1) TV도달률은 하락하였지만 신뢰도는 여전히 가장 높은 수준 유지

2014년 TV의 일평균 도달률은 78.8%로 2013년 대비 3.4% 하락하였지만, TV는 여전히 가장 높은 시청점유율을 확보한 전통 미디어로 옥외 미디어에 버금가는 수준이다. 도시 등급별로 볼 때 1선 도시의 TV

도달률은 81.3%로 가장 높은 수준을 보였으며, 그 다음으로 3선도시 (80.6%)와 2선도시(76.6%)로 나타났다. 뿐만 아니라 조사에 따르면 TV의 신뢰도는 여전히 1위를 차지하고 있는 것으로 나타났다. 37.1%의 도시주민은 TV에 대해 신뢰할 수 있는 정보를 가진 미디어로 생각하고 있으며, TV에 대한 신뢰도는 신문·인터넷·잡지·라디오를 앞섰다. 아울러 미디어에 대한 호감도 조사에서도 TV가 여전히 1위를 차지한 것으로 나왔다. 34%의 도시주민은 'TV를 통해 광고를 낸 브랜드가 비교적 좋은 인상을 남긴다'라고 밝힌바 있다.

2) 인터넷 동영상과 TV 프로그램의 상생관계, 프로그램 혁신이 근본역할 발휘

TV의 일평균 도달률은 지속적으로 하락하였지만 인터넷 동영상의 도달률은 상승세를 유지하여 2012년 18.7%에서 2014년 53.8%로 증가하였다.(그림5) TV와 인터넷 동영상의 융합추세가 강화되었으며, 2013년 TV의 독점 시청자는 73.3%, 인터넷 동영상의 독점 시청자는 6.5%, 중복 시청자는 20.2%였다. 2014년 TV의 독점 시청자는 35.5%로 하락(하락폭이 52%에 달함)한 반면 인터넷 동영상의 독점 시청자는 10.6%로 상승(상승폭이 63%에 달함)하였다.

이들 양자의 중복 시청자는 43.3%로 증가하여 증가폭이 114%를 기록하였다. TV와 인터넷 동영상의 상생·동반 관계는 향후 발전추이라고 할 수 있다. 멀티 스크린 시청 환경에서 TV는 계속하여 자체의 콘텐츠 우위를 발휘하며 프로그램 유형을 지속적으로 혁신해야 한다. 최근 몇 년간 해외로부터 도입한 예능프로(예컨대 〈아빠 어디가(爸爸去哪儿)〉·〈런닝맨(奔

跑吧!兄弟〉〉 등)의 시청률을 보면 우수한 콘텐츠는 시청자의 눈길을 사로잡을 수 있다는 것을 알 수 있다. 멀티 디스플레이를 플랫폼으로 하여 시청자의 관심을 끌수 있도록 새로운 프로그램 콘텐츠와 형식을 대대적으로 개발해야 한다. 특히 원작을 강화해야만 TV미디어가 발전할 수 있다.

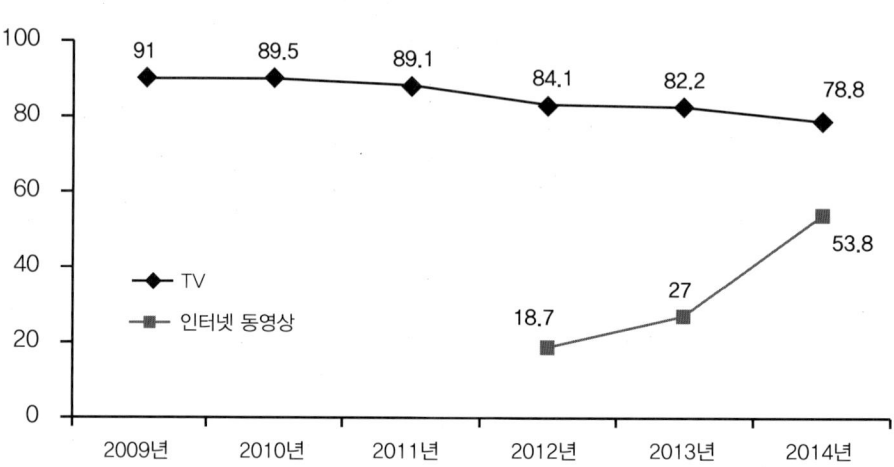

그림5. 2009~2014년 전체 도시주민의 TV 일평균 도달률

5. 라디오 청취: 6대 지역 모두 증가, 이동형 청취가 새로운 구조 개척

1) 라디오 일평균 도달률 상승, 6대 지역에서 모두 안정적인 상승세 유지

2014년 라디오 일평균 도달률은 15.5%로 2013년 대비 2.1% 증가하였으며, 전통 미디어 중에서 유일하게 일평균 도달률이 증가한 미디어로

나타났다.(그림6) 라디오는 일평균 도달률이 상승하였을뿐만 아니라 일평균 청취시간도 증가하였다. 2013년 도시주민의 근무일 기준 일평균 라디오 청취시간은 16분이고 2014년에는 18분으로 2분이 증가하였다.

지역별로 보면 동북지역 이외 기타 지역의 일평균 청취시간은 모두 증가하였다. 그 중 화북지역의 일평균 라디오 청취시간은 2013년의 21%에서 2014년의 21.1%로 안정세를 유지하였고 화동지역은 2013년의 9%에서 2014년의 15.3%로 증가하였으며, 서북지역은 11.9%에서 14.7%로 증가하였다. 아울러 화중지역은 12.1%에서 14%로 증가하고 화남지역은 10.5%에서 13.3%로 증가하였으며, 서남지역은 7%에서 7.1%로 상승하였다. 동북지역의 경우만 라디오 일평균 청취률이 23%에서 20%로 하락하였다.

그림6. 2009~2014년 전체 도시주민의 라디오 일평균 도달률

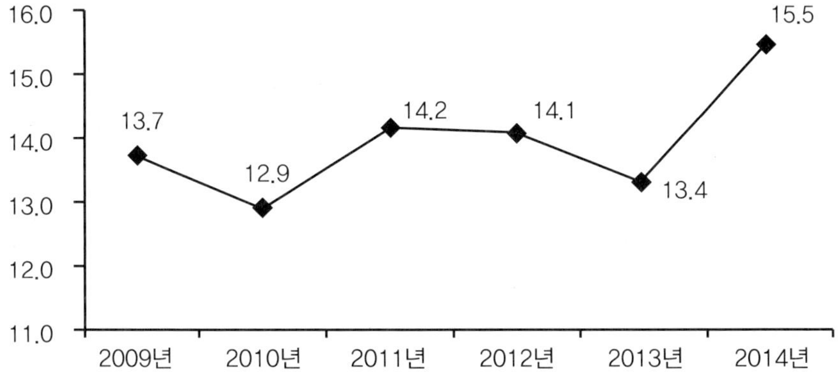

연도	도달률
2009년	13.7
2010년	12.9
2011년	14.2
2012년	14.1
2013년	13.4
2014년	15.5

2) 이동형 청취가 라디오 발전의 새로운 구조 개척, 음악프로그램이 가장 인기

청취자의 연령분포를 보면, 라디오는 1970년대 출생자(36~45세)와 65세 이상 청취자들의 일평균 청취시간이 가장 높게 나타났으며, 그 중 1970년대 출생자의 일평균 청취시간은 21%, 65세 이상 청취자는 19.3% 달하였다. 청취방식에 약간 차이가 있지만 65세 이상 청취자는 라디오 고정형 청취의 주체이고 1970년대 출생자는 이동형 청취의 주체이다. 자가용 승용차, 버스, 택시 등 3가지 이동청취의 발전과 더불어 최근 몇 년간 라디오는 좋은 발전양상을 보였으며 안정적으로 증가하였다. 2014년 옥외 청취자가 전체 라디오 청취자의 66%를 차지하였다. 옥외 청취자 중에서 자가용 승용차에서 라디오를 청취한 사람의 비중은 42%, 버스에서 청취한 사람은 14.3%, 택시에서 청취한 사람은 16.3%를 차지하였다. 그 외 청취자중에서 가장 즐겨듣는 라디오 프로그램을 보면 음악이 1위(26%)를 차지하였고, 그 다음으로 뉴스(20.3%), 도로 교통상황(11.1%) 순으로 나타났다.

6. 옥외 미디어: 모바일 시대에서의 역행적 증가, LCD TV 광고가 부상

1) 모바일 시대, 옥외 미디어의 역행적 발전

옥외 미디어는 모바일시대에도 영향을 받지 않았으며 오히려 역행적으로 증가하였다. 2011~2014년 사이 옥외 미디어의 일평균 도달률은 양호한 증가추이를 유지하였으며, 특히 2013년에 비약적으로 발전하여 2012년의 75.4%에서 90.3%로 상승(14.9% 증가)하였다. 2014년에는 소폭 하락하였다.(그림7) 도시 등급별로 보면 2014년에 1선 도시의 옥외 미디어 사용률은 여전히 선두위치를 차지하여 91.7%에 달하였으며, 그다음으로 2선 도시가 88.2%, 3선 도시가 83.2%에 달하였다.

그림7. 2011~2014년 전체 도시주민의 옥외 미디어 일평균 도달률

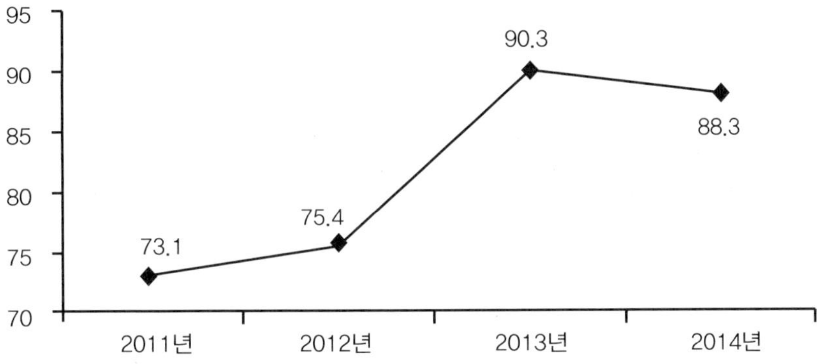

연도	도달률
2011년	73.1
2012년	75.4
2013년	90.3
2014년	88.3

지역별로 볼 때 2014년 옥외 미디어의 일평균 도달률이 가장 높은 지역은 화남지역(91.4%)이고 그다음으로 화동지역(90.3%)과 서남지역(89.9%), 화북지역(88.3%), 화중지역(86.4%), 동북지역(84.8%), 서북지역(76.1%) 순으로 나타났다.

2011~2014년 옥외 미디어의 일평균 도달률의 증가폭을 보면, 서북지역이 1위(43%)를 차지하였고 그 다음으로 화동지역(26%), 서남지역(25%), 화북지역(21%), 동북지역(17%), 화중지역(14%), 화남지역(10%) 순으로 나타났다.

2) 일평균 도달률이 가장 높은 옥외 미디어 톱3: LCD TV 광고, 대형 디지털 스크린 광고, 엘리베이터 광고

CTR의 중국 도시주민 조사에 따르면, 2014년 일평균 도달률이 가장 높은 옥외 미디어의 상위 3가지는 LCD TV 광고(57.5%), 대형 디지털 스크린 광고(53.9%), 엘리베이터 광고(42.9%)이고 그 다음으로 버스광고(40%)와 버스 정거장 광고(39%)가 4위와 5위를 차지하였다. 옥외 미디어의 유형별 전체 일평균 도달률을 보면 교통류가 1위(62%)를 차지하고 그 다음으로 LCD TV(58%)와 대형 전자 스크린(54%)으로 나타났다.

그 외 공공장소에서 옥외 LCD 미디어의 단말기 설치가 증가되었다. 이러한 추이에 힘입어 옥외 미디어, 특히 옥외 LCD 미디어와 교통류 NON LCD 미디어가 대폭 증가하였다.

미디어 시장의 인수합병 동향

1. 미디어 산업 시장의 인수합병 활성화

Wind 등의 자료에 따르면, 2014년 중국의 미디어 산업계에서는 200여건의 인수합병 사례가 발생하였다. 이는 2013년의 인수합병 건수를 훨씬 상회한 것이다. 특히 영화, 드라마, 게임, 인터넷 미디어, 유선방송, 위성방송 등에서 평균 이틀에 한 번 꼴로 인수합병이 발생하였다. 2014년 중국의 미디어산업의 인수합병 총 금액은 2,200억 위안을 초과하였으며, 2013년의 2배를 상회하였다. 인수합병 금액으로 추산할 경우 상위 10위권의 인수합병 금액은 건당 30억 위안을 초과한 것으로 나타났다.(표1)

표1. 2014년 미디어 인수합병 거래금액 톱10

인수합병 회사	금액	인수합병 회사	금액
바이스퉁(百视通)이 둥팡밍주(东方明珠)를 인수합병	492억 위안	인지미디어(印纪传媒)가 고진식품(高金食品)을 차명하여 상장	60억 위안
알리바바가 유쿠 투더우의 16.5% 지분 인수	10.88억 달러	알리바바가 문화중국(文化中国)의 60% 지분 인수	62.44억 홍콩달러
마윈(马云), 스위주(史玉柱)가 화수(华数)의 20% 지분 인수	65억 위안	유주신시(优族信息)의 우회상장	6.30억 달러
푸싱그룹(复星集团)이 studio 인수	10.0억 달러	예마궈지(野马国际)가 페이류(飞流)를 인수	35.40억 위안
중지쿵구(中技控股)가 뎬뎬후둥(点点互动)을 인수	60.21억 위안	텐센트가 CJ Games을 인수	31.04억 위안

*자료출처: 증권회사의 각종 자료 정리

2014년 미디어산업 인수합병을 관련산업에 따라 구분할 경우 영화·드라마(63건), 게임(57건), 광고(46건), 출판(17건), 인터넷 미디어(13건) 위주로 이루어졌다.

우선 영화·드라마 산업이 빠르게 발전하였다. 관련 자료에 따르면, 2014년 영화·드라마 산업의 인수합병 사례 중에서 42건의 상장회사가 인수합병되었으며, 관련 총 거래금액은 900억 위안을 초과하였다. 그 중 바이스퉁(百视通)의 492억 위안의 거액 자산 재편성 사례가 가장 큰 규모를 차지하였다. 화처잉스가 가장 활발한 모습을 보였는데, 2014년에 5억 700만 위안에 달하는 4차례의 인수합병을 추진하였다. 최근들어 화처잉스는 영화와 드라마를 핵심으로 한 인수합병을 통해 인터넷, 게임, 애니메이션, 해외영화 등 시장에 적극 진출하고 있다.(표2)

표2. 화처잉스华策影视의 최근 인수합병 일람표

인수 대상	인수금액(억 위안)	지분비중(%)
커둔미디어(克顿传媒)	16.52	100
한국 NEW	3.23	15
쭈이스원화(最世文化)	1.80	26
허룬원화(合润文化)	1.04	20
가오거잉스(高格影视)	0.40	18.1
하이닝 화판(海宁华凡)	0.18	60

*자료출처: 아이치이(爱奇艺)사의 재무보고서

그 다음으로 게임산업이 지속적인 활약을 보여주었다. 2014년 게임산업은 57건의 인수합병이 발생하였으며 관련 금액은 400억 위안에 달하였다. 상위 10위의 인수합병 금액은 모두 10억 위안을 초과하였으며, 그 중에서 중지쿵구(中技控股)가 60억 2,100만 위안으로 뎬뎬후둥(点点互

动)을 인수하여 1위를 차지하였다. 인수합병의 건수를 보면, 중칭바오(中青宝), 장화지(张化机), 광셴미디어(光线传媒)의 인수합병 사례가 모두 3건에 달하였다.

2013년에 바이두, 알리바바, 텐센트는 모두 미디어산업에 진출하였다. 2014년에 바이두와 텐센트는 큰 조정이 없었지만 알리바바는 미디어기업 인수합병을 통해 미국증시에서의 상장을 위해 일조했으며, 이와 동시에 미국에서의 상장을 통해 조달한 250억 달러를 미디어산업에 투자하였다.

우선 알리바바와 윈펑기금(云锋基金)은 공동으로 12억 2천만 달러(알리바바가 16.5%의 지분 소지, 윈펑기금이 2% 소지)를 유쿠 투더우에 투자하였다. 알리바바는 루자오시(陆兆禧) CEO를 유쿠 투더우 이사회에 파견하였다.

또한 알리바바는 문화중국(文化中国)에 62억 4,400만 홍콩 달러에 달하는 전략적 투자를 하여 문화중국의 지분 60%를 획득하였다. 문화중국은 신문미디어, 새로운 모바일 미디어 운영, 우수 영화·드라마 촬영 제작을 주요업무로 하는 종합적인 문화산업 그룹이다. 현재 문화중국은 알리바바 필름(阿里巴巴影业)으로 개명하였다.

마윈(马云), 스위주(史玉柱)는 65억 위안을 화수미디어(华数传媒)에 투자하여 동 회사의 비공개 발행 지분을 2억 8,700만 주 인수하였는데 이는 기업 지분총수의 20%에 달하였다. 화수그룹은 항저우 원광그룹(文广集团)·저장 광전그룹(广电集团)이 투자설립한 대형 국유 문화미디어기업으로 산하에 수백만 시간의 디지털 미디어 콘텐츠 데이터베이스, 수천만대의 인터넷 TV 단말기, 뉴미디어의 업무운영 허가증 등을 확보한 화수미디어 상장회사를 두고 있다. 앞서 알리바바는 화수그룹과 손잡고 OTT

에 진입하였으며 공동으로 최초의 '티몰(天猫)' 박스를 출시하였다. 아울러 알리바바는 알리바바 스마트 TV 운영체제 및 스마트 TV 운영체제에 기반한 스마트 TV를 출시하였다. 알리바바 이외에 샤오미는 3억 달러를 아이치이(爱奇艺)에 투자하였다.

2. 인수합병 시장의 새로운 특징

1) 상장회사가 상장회사를 인수합병하는 방식의 출현

바이스퉁이 둥팡밍주(东方明珠)를 인수합병한 후 상하이 원광(文广)그룹 산하의 상장회사는 바이스퉁 하나뿐이다. 거래중단 전 바이스퉁의 시장가치는 356억 2,800만 위안, 둥팡밍주는 347억 9,500만 위안에 달하였다. 2015년 1월 9일 오후 거래정지 전 기준으로 둥팡밍주의 시장가치는 432억 200만 위안, 바이스퉁은 405억 5천만 위안으로 총 837억 5,200만 위안에 달하였다. 즉 인수합병 이후 새로운 바이스퉁회사는 전통미디어 분야에서 첫 번째로 천억 위안의 시장가치를 돌파한 미디어 회사로 등장하였다.

바이스퉁과 둥팡밍주의 인수합병 방안은 주식교환 합병, 주식발행을 통한 자산매입, 관련 자금 조달 등 3단계로 나누어서 추진되었다. 바이스퉁은 주당 32.54위안의 신주를 발행해 둥팡밍주를 흡수하였는데, 주식 교환비율은 3.04:1로 알려졌다. 동시에 바이스퉁은 비공개 발행 주식으로 상스잉예(尚世影业)의 100%, 우안미디어(五岸传媒)의 100%, 원광

후둥(文广互动)의 68%, 둥팡시제(东方希杰)의 45.21% 지분을 구입할 예정이다. 아울러 바이스퉁은 주식발행 방식을 통해 상하이 궈허기금(国和基金), 자오인원화기금(交银文化基金), 뤼디기금(绿地基金), 상치투자(上汽投资), 상하이 광쿵투자(上海光控投资), 창장 양라오(长江养老), 자오상기금(招商基金), 궈카이금융(国开金融), 중민터우자본(忠民投资本), 원광투자센터(文广投资中心) 등을 비롯한 10개 기관으로부터 100억 위안의 자금을 조달할 예정이다.

인수합병 후의 바이스퉁회사는 허가증 자원, 콘텐츠 자원, 채널자원이 더 풍부해졌으며 이는 구조전환에 일조할 것으로 예상된다. 회사는 '콘텐츠, 플랫폼+채널, 서비스 등 3대 분야'를 모두 갖추어 '생태권'을 형성하였고, 업무추진을 위해 편의를 제공할 것으로 기대된다.

2) 대량 문화산업 투자기금의 설립

2014년 51개의 문화산업 투자기금이 새로 마련되었으며 그 중 40개는 자금조달액을 공개한 기금으로 총액은 1,196억 8,500만 위안에 달하였고, 1개 기금의 조달액이 140억 7,500만 위안에 달한 것으로 알려졌다.

베이징·상하이·광둥 등 1선 도시에 대다수 기금이 집중되었는데, 51개의 기금 중에서 33개가 상술한 지역에 분포되었으며 기금 조달 총액은 339억 500만 위안으로 28.32%를 차지하였다. 산업분포별로 보면 모바일 인터넷·관광·공연 등 분야에 집중되었고, 그 중 모바일 인터넷 분야에 11개의 기금이 설립되어 전체의 22%를 차지하였으며 관광·공연 분야에 8개 기금으로 약 16%를 차지한 것으로 나타났다.

3) '상장회사+ PE' 모델이 새로운 주류로 등장

2011년 구이구톈탕(硅谷天堂)이 처음으로 '상장회사+PE(사모펀드, Private Equity)'모델을 시작하면서 다캉무예(大康牧业)와 협력하여 인수합병 기금을 설립하여 인수합병을 추진하였는데, 이러한 모델이 2014년 미디어 업계에 도입되기 시작하였다.

표3. '상장회사+PE' 모델

상장회사	PE회사	펀드규모	투자방향
당다이둥팡(当代东方)	화안웨이라이(华安未来)	50억 위안	문화미디어 산업의 인수합병에 참여
산수이원화(山水文化)	치쉬안주권(七弦股权) 리우허펑춘(六合逢春)	20억 위안	애니메이션, 게임, 영화&드라마, 관광, 공연 및 모바일인터넷에 투자
신화미디어(新华传媒)	위안허무기금과 화잉캐피털 (元禾母基金和华映资本)	12억 위안	모바일인터넷 시대에서의 뉴미디어 콘텐츠 제작, 소비전환, 기술지원 단계의 잠재력이 있고 성장성이 있는 프로젝트에 투자
후둥위러(互动娱乐)	푸싱루이저(复星瑞哲)	12억 위안	인수합병 및 투자를 통해 오락산업 가치체인을 확대
러스망(乐视网)	러스(乐视控股)	5~10억 위안	인터넷응용, 모바일인터넷, 클라우드 컴퓨팅, 스마트 단말기에 투자
란써광뱌오(蓝色光标)	훙투자허(红土嘉禾)	5억 위안	인터넷, 뉴미디어, 빅데이터, 미디어, 영화&드라마 등
성광주식(省广股份)	상하이 즈이(上海智义)	5억 위안	광고, 마케팅, 미디어 관련산업에 투자
웨미디어(粤传媒)	더퉁투자(德同投资)	1.5억 위안	산업통합과 인수합병 등을 통해 문화 미디어의 핫한 분야와 혁신서비스 분야의 관련 기업에 투자
톈저우원화(天舟文化)	더퉁투자(德同投资)	1억 위안	문화산업과 관련된 모바일인터넷 산업에 대한 초기투자
아오페이 애니메이션 (奥飞动漫)	광파신더(广发信德)	1억 위안	인터넷게임, 광고, 문학, 동영상, 영화&드라마, 애니메이션 등
장취커지(掌趣科技)	화타이루이롄(华泰瑞联)	N/A	TMT, 의료서비스, 의약, 대소비, 환경보호 등에 중점 투자

*자료출처: 상장회사 재무보고서를 정리하여 얻음

기존 미디어산업에 있어 당다이둥팡(当代东方)과 화안기금(华安基金) 자회사가 공동 발기한 인수합병 자산관리 계획, 아오페이 애니메이션(奥飞动漫)과 광파증권(广发证券)의 자회사인 광파신더(广发信德) 간의 제휴, 란써광뱌오(蓝色光标)가 1억 위안을 베이징 화타이루이롄(华泰瑞联)에 투자한 것을 대표적인 투자로 손꼽을 수 있다. 이러한 모델을 사용한 대표적인 사례는 표3을 참고할 수 있다.

4) 다분야 인수합병 활성화

2014년에 다분야 인수합병이 활성되면서 대량의 전통미디어 산업은 인수합병을 통해 영화, 드라마, 모바일 인터넷, 모바일게임 등 뉴미디어에 진출하였다. 완다그룹(万达集团)은 부동산에서 문화미디어 산업에 진출하였으며 문화산업을 바탕으로 전문적인 문화산업 그룹을 설립하였다. 2014년, 이 문화산업 그룹의 연 수입은 341억 4천만 위안으로 동기 대비 32.3% 증가하였다. 해당 문화산업의 업무는 문화관광도시, 영화산업, 무대공연, 영화오락 기술, 테마공원, 체인식 아동오락, 체인식 KTV(노래방) 등 다양한 분야이다.

5) 인터넷 선두기업이 미디어산업에 진출

인터넷 기업은 생태시스템을 최적화는 과정에서 미디어 산업을 중요한 구성부분으로 간주하였다. 그 중에서도 알리바바의 야심이 가장 두드러지게 나타나 기존의 여러 미디어 기업에 투자하였다.(표4)

표4. 알리바바 미디어 산업 투자 내역

인수합병 대상 기업	인수 금액
톈톈둥팅(天天动听)	N/A
시나웨이보(新浪微博)의 18% 지분	5.86
원화중국(文化中国)의 60% 지분	8.05
화수미디어(华数传媒)의 18% 지분	10.6
유쿠 투더우(优土)의 16.5% 지분	10.88
KABAM	1.2

*자료출처: 알리바바 회사 관련 자료 정리

3. 다중 요인이 인수합병 시장을 촉진

1) 정책적 영향요인

2014년 중국정부는 문화산업과 관련된 부양책을 여러 건 발표하였다. 이는 국가가 문화산업에 큰 관심을 가지고 있음을 보여주는 것으로, 중국의 문화산업 및 미디어 산업계에 유리한 요인으로 작용할 것으로 기대된다.(표5)

2014년 3월 24일 국무원은 「기업 인수합병 시장 환경의 최적화 관련 의견」을 발표하였으며, 이 의견을 통해 시장의 메커니즘 역할 발휘하였고 대량의 행정심사 사항 취소와 권리이양을 제출하였다. 또한 2014년 10월 23일 「상장회사의 중요 자산 처리 관리방법」, 「상장회사 인수합병 관리방법 수정 관련 결정」을 실시하였다. 상기 2개 방안은 '규제정책의 완화, 심사허가 절차의 간소화, 가격 메커니즘의 시장화' 특징을 보여주었다. 인수합병 정책의 지속적인 완화와 제도개혁에 따른 보너스로 인해 시장 각 주체의 인수합병이 더욱 활성화될 것이다.

표5. 2014년 중국 정부의 문화산업 관련 정책 일람표

발표시간	발표 부서	정책 명칭
2월 26일	국무원	문화창의와 디자인서비스 추진 관련 산업의 융합발전에 대한 의견
3월 3일	국무원	대외 문화무역 가속화 발전에 대한 국무원의 의견
3월 17일	문화부, 중국인민은행, 재정부	문화금융 협력 추진 관련 의견
4월 8일	재정부, 국가세무총국	소형기업 소득세 우대조정 관련 문제에 대한 통지
4월 2일	국무원판공청	문화체제 개혁 중 경영성 문화사업기관을 기업으로의 전환 및 문화기업 발전에 대한 지원 관련 규정 통지
4월 24일	신문출판광전총국, 재정부	신문출판의 디지털화 전환 업그레이드 추진에 대한 지도의견
5월 31일	재정부, 국가발전개혁위원회, 국토자원부, 주택 및 도농건설부, 중국인민은행, 국가세무총국, 신문출판광전총국	영화발전 지원에 관한 경제정책 통지
7월 11일	문화부, 공업정보화부, 재정부	소형 문화기업 발전 지원 관련 실시의견
8월 18일	중앙개혁 전면심화 영도소조	전통미디어와 뉴미디어의 융합발전 추진 관련 지도의견
8월 26일	문화부, 재정부	특색 문화산업 발전 추진 관련 지도의견
10월 8일	국가지적재산권국	지적재산권을 통한 소형기업 발전 지원에 관한 의견
10월 2일	국무원	체육산업의 발전을 통한 체육소비 촉진에 대한 의견
11월 27일	재정부, 세관총국, 국가세무총국	문화기업 발전 지원 관련 조세정책에 관한 통지

*자료출처: 정부 관련부서 사이트 자료

2) 시장의 지속적인 발전

영화, 게임, 인터넷산업이 지속적으로 증가하고 시장이 발전양상을 보였다. 중국 국내 IPO 발행은 더디고 기다리는 시간이 오래 걸리는 문제점이 있지만, PE는 상장회사의 인수합병을 촉진하였다. 전통산업의 구조전환과 업그레이드 과정에서 뉴미디어 산업에 대한 인수합병이 새로운 수익창출 대안으로 작용할 수 있다. 아울러 상장회사의 시세관리 수요 등의 요인 역시 미디어시장의 인수합병을 촉진하였다.

2015년에 미디어산업의 인수합병에 새로운 추이가 나타날 것으로 예상된다. 우선 인터넷 상장회사가 전통미디어 상장회사를 인수합병하는 사례가 증가할 것이다. 또한 인터넷 선두기업은 생태시스템을 최적화하기 위해 미디어기업에 대한 인수합병에 박차를 가할 것이다. 아울러 여러분야의 인수합병이 더욱 많이 발생하고 규모도 더 확대될 것이다.

미디어 자본시장 발전 동향

1. 2014년 미디어 자본시장 현황

국가통계국이 2015년 1월 하반기에 발표한 통계자료에 따르면, 2014년 중국의 GDP는 63조 6,463억 위안으로 2013년 대비 7.4% 성장하였다. 뉴노멀 시대에 중국 국민경제는 안정적인 수준을 유지한 것으로 나타났다. 문화미디어 산업을 포함한 3차산업의 부가가치액은 30조 6,739억 위안으로 동기대비 8.1% 증가하였으며, 이는 1차산업(4.1%)과 2차산업(7.3%)보다 높은 수준을 보였다. 중앙정부는 2014년에 문화산업에 대한 지원을 확대하였으며, 중앙 개혁전면심화영도소조는 「문화체제 개혁 심화실시 방안」, 「전통미디어와 신흥미디어의 융합발전 추진 관련 지도의견」 등을 비롯한 조치를 연이어 발표하여 정책을 통한 미디어기업의 심도 있는 개혁을 지속적으로 견인하였다. 2014년 경제환경의 개선과 일련의 정책지원 및 시장의 견인역할에 힘입어 미디어 자본시장은 계속하여 안정적인 증가세를 보였으며, 정부는 미디어 산업의 구조조정과 건전한 발전을 위해 든든한 자본지원을 제공하였다.

2014년 이후 미디어 및 인터넷 분야의 상장회사는 A주 시장(상하이와 선전 증시에 상장된 중국 내국인 전용 주식으로 위안화로 거래됨)에서 현저한 변동추이를 보였지만, 산업의 수익과 이윤 증가속도는 안정세를 유지하였다. 신흥산업의 중요한 구성 부분인 미디어산업은 경제 구조전환과 뉴노멀 경제환경에 따른 내재적인 견인력에 힘입어 증가세를 유지하였으며, 2014년 산업의 수익성은 지속적으로 안정적인 상승세를 보였다. 기존 발표된 2014년 3분기 재무제표를 보면 A주 미디어 엔터테인먼트와 인터넷 분야의 상장회사는 전반적으로 안정적인 수익성과 성장세를 보였으며, 높은 이윤율과 현금 흐름을 유지한 상황에서 대다수 기업의 순이익은 모두 증가되었다. 하지만 최근들어 테마주에 대한 투자 열풍이 부는 시장 분위기 속에서 미디어 회사의 높은 주가수익률과 주가순자산 비율이 과대 평가된 리스크가 있음을 알 수 있다.

2014년 중국의 자본시장에서는 A주 IPO의 재개가 중요한 이슈가 되었다. 125개 기업의 65억 7,500만 주 신주가 상장하여 조달총액은 668억 8,800만 위안에 달한 것으로 나타났다. 그 중 5개 인터넷 미디어 상장회사가 신주를 발행하였는데 그들은 각각 인터넷 서비스 유형의 광화신망(光华新网), 취안퉁교육(全通教育) 및 마케팅 미디어 유형의 쓰메이미디어(思美传媒), 텐센트 주식(腾讯股份), 영화·드라마 미디어 유형의 탕더잉스(唐德影视)이다. 중국내 10여 개 영화·드라마 제작 및 미디어업체는 2014년 증권시장 발전에 적지 않게 기여하였다.

IPO 신청 중인 신리미디어(新丽传媒), 싱푸란하이(幸福蓝海), 넝량잉스(能量影视), 탕더잉스 등 4개 업체 중에서 탕더잉스만 성공적으로 신청하였다. 우회상장 방법을 취한 인지미디어(印记传媒), 환루이스지(欢瑞世纪), 화하이스다이(华海时代), 디뉘잉스(笛女影视), 진잉마잉스(金英马影视) 등 약 10개 기업 중에서 하이룬잉스(海润影视)만이 허가를 받았다. 기존 영화·드라마 산업에서 A주 상장회사는 10여 개에 달하였는데, 시장총액에 비해 경쟁자가 지나치게 많다는 어려움이 있다. 향후 영화·드라마 제작기업

상장에 있어서의 애로사항은 모바일 인터넷과 뉴미디어 기업보다 더 클 것으로 예상된다.

2. 시장변동 분석

2014년 미디어산업의 A주 시장지표는 1월 2일의 1,346.97에서 12월 31일 1,577.27로 230.30포인트 상승하여 증가폭이 17.10%였는데, 이는 2013년의 77.87%의 증가보다 훨씬 낮은 수준이었다. 인터넷 산업의 A주 지수는 2014년 연초의 2,163.9에서 연말의 2,854.1로 690.20포인트 상승하였으며, 증가폭 31.90%, 진폭 61.0로 역시 2013년 인터넷 산업지수의 183.84%의 증가폭과 229.71%의 진폭보다 현저하게 낮은 결과로 나타났다. 2014년에 상하이-선전 300지수는 연초의 2,323.43에서 12월 31일 3,533.71로 상승하여 52.09%의 증가폭을 보였다. 이로써 2014년 미디어 엔터테인먼트와 인터넷 분야의 지수 증가폭은 상하이-선전 300지수보다 높은 것으로 알려졌다.

2014년 미디어지수는 운영시간대별로 각각 다른 현저한 특징을 보였다. 아래와 같이 4가지 단계로 나누어 분석할 수 있다.

첫번째 단계는 바로 2014년 초의 1월 2일~2월 중순이다. 연초 풍부한 자금과 기업투자자가 미디어와 인터넷 테마주에 대한 적극성에 힘입어 미디어분야는 2013년의 강세를 지속하였다. 이 기간에 산업지수 증가폭은 20.7%로 같은 시간대 변동속에서 다소 하락한 상하이-선전 300지수보다 훨씬 높은 수준에 달하였다.

그림1. 2014년 미디어 엔터테인먼트산업의 A주 지수와 같은 시간대 상하이 −선전 300지수 대비

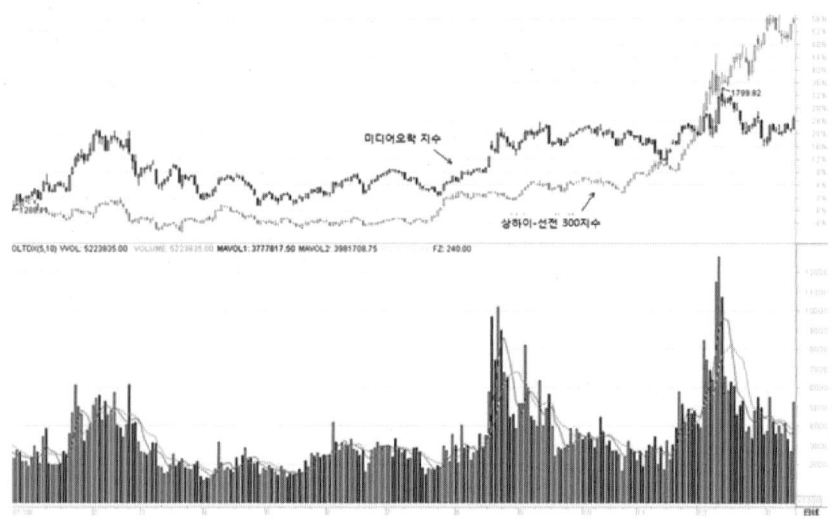

*자료출처: 퉁다신(通达信) 금융단말

두번째 단계는 바로 2월 하순~7월 중순으로, 미디어분야는 A주 시세와 마찬가지로 약 반년간의 조정을 거치면서 거래가 침체되어 13.4% 하락하였고 연초의 증가폭이 축소되었다.

세번째 단계는 7월 하반기~11월 중순으로, 해당 기간에 49개의 상반기 재무제표를 발표한 미디어기업 중 67.3%를 차지하는 33개 기업의 수익이 증가하였다. 이 기간에 미어산업의 발전에 중요한 의미가 있는 일련의 정책이 발표되었다.

미디어 상장회사의 상반기 재무제표의 호재, 산업지원 정책의 발표와 시장환경의 개선 등 적극적인 영향 아래서 미디어 엔터테인먼트 분야의 지수 증가폭은 13.62%에 달하였다. 하지만 10월 말~11월 중순

사이에 미디어지수는 상하이-선전 300지수와 다른 양상을 보였다. 즉 같은 기간의 상하이-선전 300지수는 8.3%란 빠른 상승세를 보였지만 미디어지수는 오히려 4.1% 하락하였다. 이러한 현상으로부터 시작하여 2014년 연말에 우량주가 폭등하고 분야별로 주식변동에 큰 상황이 발생하였다.

네 번째 단계는 11월 하반기~12월 31일이다. 이 기간에 증권사·은행을 대표로 하는 금융 우량주가 강세를 보이면서 상하이와 선전 증권시장에 보기드문 폭등 현상이 나타났으며, 상하이-선전 300지수 증가폭은 45%라는 놀라운 수치를 기록하였다. 이러한 상황에서 미디어분야는 극심한 변동을 겪었는데, 12월 상반기 거래량이 2014년 한해 중 가장 높은 최고치를 기록하였지만 후속적인 핫 이슈가 다른 분야로 전환되면서 급격히 하락하였다. 이로 인해 거래량 지표는 앞선 세번째 단계보다 낮은 수준을 보였다. 이 기간에 미디어지수는 2.79% 상승, 진폭은 17.56%에 달함으로서, 금융·인프라·교통 등 인기분야와 선명한 대비를 이루었다.

3. 미디어 상장회사의 기본적인 실적 현황

상장회사가 발표한 2014년 1~3분기 재무제표를 보면, A주 시장에서 미디어 엔터테인먼트 분야의 회사는 보편적으로 안정적인 수익을 얻은 것으로 나타났다. 핑안증권(平安证券)의 통계에 따르면 2014년 1~9월 사이 미디어산업의 영업이익은 동기대비 25.5% 증가하고 순이익은 29.1% 증가하여 산업순위는 상위권을 차지한 것으로 나타났다.

하지만 2013년 급격한 증가율에 비해 일부 회사의 실적 증가속도는 완화되었거나 심지어 하락세를 보였다. 예컨대 2014년 1~3분기 사이 거화유선(歌华有线)의 동기대비 당기순이윤 증가율은 -21.45%(2013년의 1~3분기 동기대비 증가율은 26.08%), 러스망(乐视网)의 동기대비 순이익 증가율은 -88.77%(2013년의 1~3분기 동기대비 증가율은 46.02%)로 나타났다. 같은 기간 화이브라더스(华谊兄弟)의 영업이익은 동기대비 6.37% 감소한 9억 5,800만 위안, 당기순이익은 4억 5,500만 위안으로 동기대비 10.42% 증가하였는데 이는 2013년의 100%에 육박하는 증가율보다 훨씬 낮은 수준이다. 화이브라더스(华谊兄弟)의 영화업무 수입은 동기대비 무려 74.67% 감소하였다.

같은 기간 광셴미디어(光线传媒)의 영업이익은 6억 4,400만 위안으로 동기대비 6.63% 하락하였고, 당기순이익은 1억 9,700만 위안으로 동기대비 17.6% 감소하였다. 또한 화루바이나(华录百纳)의 영업이익은 2억 7,200만 위안으로 동기대비 22.32% 증가하였지만, 당기순이익은 5,400만 위안으로 동기대비 38.58% 하락하였다. 사실상 2013년 대규모적으로 추진된 미디어산업의 인수합병이 기업의 2014년도 실적에 미치는 영향요인 등을 고려하지 않을 경우 미디어 상장회사의 실제 내재적인 실적 증가속도는 더 낮을 것으로 판단된다.

2013년, 미디어 및 인터넷 분야의 A주 시장이 대폭 상승하여 산업가치가 과대 평가되었기 때문에 2014년은 해당 두 분야에서 과대 평가를 소화하는 시기였다. 그럼에도 불구하고 펑보(彭博) 금융미디어의 통계에 따르면, 2015년 1월 말 기준으로 미디어 엔터테인먼트 산업의 동태적(Dynamic) 평균 주가수익률은 여전히 44.75라는 높은 수준을 보였으며,

인터넷 산업은 심지어 더 높은 123.51에 달한 것으로 나타났다. 상하이-선전 300에 포함된 런민망(人民网)과 바이스퉁(百视通) 등의 주가수익률은 2015년 초에 각각 10.94와 10.45로 나타났다. 전반적으로 2014년에 둔화된 실적증가율과 주가수익률·주가순자산비율 사이의 불균형과 차이로 인해 전체 산업에 대한 과대평가 리스크가 커졌으며, 버블 가능성도 대두되었다.

해당 분야의 주식 안전성은 우량주보다 약한데, 이에 따라 시장에서 낮은 리스크를 선호하는 투자업체는 미디어 엔터테인먼트 기업에 대해 더 조심스럽고 경각심을 높이는 입장을 보였다. 인수합병 목표기업인 미디어기업의 시가 평가가치에 어울리지 않는 이윤 증가율 및 약속한 실적을 완성하지 못할 수도 있다는 리스크는 미디어기업의 인수합병 평가·준비·실시과정에 불확실성을 가져다주었다.

4. 인수합병 분석

2014년 문화미디어 분야에서 연이어 인수합병 사례가 나타났으며, 그 규모 역시 현저하게 증대되었다. 펑보 금융미디어의 통계에 따르면 문화미디어 산업의 인수합병과 관련된 사건은 46건에 달하며, 거래총액은 약 342억 7천만 위안에 달한 것으로 나타났다. 2013년의 인수합병 사례는 12건의 107억 2천만 위안에 불과하였다.

2014년의 인수합병에서는 문화미디어 산업 내부의 선두업체가 인수합병을 통해 산업을 확장하고 업무규모를 확대시켰다. 광셴미디어가 2

억 8,400만 위안으로 란후원화(蓝弧文化)의 44% 지분을 매수하여 범(泛)오락 플랫폼을 형성하고 화루바이나에서 25억 위안으로 광둥 바이허란써 훠옌 문화미디어 회사(广东百合蓝色火焰文化传媒有限公司)의 지분을 100% 인후한 후, 인수합병 계획이 공개되자 광셴미디어의 주가는 상한가에 올라갔다. 아울러 전통산업의 모바일게임, 인터넷게임, 영화·드라마 제작, 문화제품 및 서비스 운영 등 미디어 관련 산업을 목표로 하는 다분야의 인수합병이 이루어졌다. 그 중 중남중공(中南重工)이 10억 위안으로 다탕후이황(大唐辉煌)의 지분을 100% 매입하고, 숭랴오자동차(松辽汽车)가 40억 위안으로 야오라이잉스(耀莱影视)의 지분을 100% 매입하였으며, 선커주식(申科股份)이 25억 2천만 위안으로 하이룬잉스(海润影视)의 지분을 100% 매입하였다.

국가통계국이 2015년 1월 27일 발표한 통계자료에 따르면, 2014년에 41개 산업 중에서 11개 산업의 이윤총액이 2013년 대비 하락한 것으로 나타났다. 예컨대 석탄채굴 및 세광·선광업이 46.2% 하락하고, 석유와 천연가스 개발업이 13.7% 하락하였다. 이로부터 중국경제가 뉴노멀 시대에 접어들면서 전통적인 제조업과 광업·소비산업 기업은 성장동력이 부족하며, 새로운 성장요인에 대한 도입·통합을 통해 구조전환을 추진해야만 생존과 발전을 확대할 수 있음을 알 수 있다. 중국정부가 연이어 출범한 산업지원 정책에 힘입어 점점 더 많은 자본이 문화산업 및 관련산업에 유입되었다.

중국 중앙정부는 2020년에 문화산업을 국민경제 기반산업으로 발전시킬 계획이다. 이는 문화미디어 기업이 황금발전기에 들어섰음을 의미한다. 미디어산업의 고속 성장과 더불어 지속적으로 나타나는 화제는 미디어산업에 대한 전통기업과 투자업체의 선호도를 증대시켰으며, 상장회사의 주식을 위해 더 큰 프리미엄을 가져다줄 수 있다.

선커주식(申科股份)의 조직개편 방안에 따르면, 당사는 조달한 자금 이외의 모든 자산과 부채를 매각하고 주식발행을 통해 하이룬잉스(海润影视)의 지분을 100% 매입한 후 2014년 6월 23일 재상장하자, 선커주식의 주가는 연속 11일간 상한가를 기록하였다. 하지만 2015년 1월 16일 선커주식이 발표한 실적에 따르면 2014년 당사의 결손액은 무려 3,500만~4,000만 위안(2013년 동기 당사의 결손액은 2,854만 900위안임)에 달한 것으로 나타났다.

사실상 2014년 미디어산업의 수많은 인수합병 사례를 살펴보면, 실적이 하락한 사례가 적지 않은 것으로 나타났다. 이러한 인수합병 사례는 단기적인 효과만을 추구하여 기업의 경쟁력 향상에 좋지 않은 영향을 미치게 된다. 이로 인해 형성된 무질서한 시장은 산업의 장기적인 발전에 악영향을 미칠 것이다.

2014년에 추진된 문화산업과 미디어산업 관련 인수합병 중에서 인수합병 의향을 보인 관련 기업은 A주 상장회사뿐만 아니라 BAT(바이두, 알리바바, 텐센트)를 대표로 하는 대자본을 확보한 인터넷기업, 대형 그룹과 벤처투자기업이 포함된다.

바이두 산하의 아이치이(爱奇艺)는 2014년 7월 17일에 아이치이잉예회사(爱奇艺影业公司)를 설립하였으며, 중신신탁(中信信托)과 제휴하여 영화·드라마 문화 관련 크라우드펀딩 플랫폼인 '바이파유시(百发有戏)'를 출시하였다. 이 플랫폼은 영화소비에 초점을 맞춰 최저소비액을 10위안으로 정하였으며, 기대수익률은 8~16%로 알려졌다. 가입자에 따른 수익과 영화 흥행수입이 밀접하게 관련되기 때문에 흥행수입이 높을 수록 잠재적인 수익률도 더 크다.

2014년 3월, 알리바바는 62억 4,400만 홍콩 달러로 문화중국(文化中國)의 60% 지분을 매입하면서 알리잉예(阿里影业)로 개명하였다. 이를 시작으로 하여 알리바바는 영화산업에 본격적으로 진출하였다. 이와 동시에 알리바바는 영화 크라우드펀딩 플랫폼인 '위러바오(娱乐宝)'를 출시하였다. '위러바오'는 알리바바 디지털오락 사업부가 금융기구와 제휴하여 만든 부가서비스 플랫폼이며, 가입자가 해당 플랫폼을 통해 보험·재테크 상품을 구입할 경우 '위러바오' 수익을 누릴 기회를 얻을 수 있다.

네티즌은 100위안으로 인기 영화나 드라마에 투자할 수 있으며, 연간 기대수익률은 7%로 나타났다. '위어바오(余额宝)'의 통화기금 속성과는 달리 위러바오는 타오바오(淘宝) 클라이언트에 의탁하여 소비자에게 제품을 판매하는 방식을 통해 자금을 조달하였는데, 이 조달자금의 일부를 신탁에 포함시켜 최종 알리위러(阿里娱乐) 산하의 문화산업에 투자한다.

텐센트는 2014년 9월 17일, 자원통합을 거쳐 영화·드라마 사업부서를 설립하여 6편의 영화에 투자하였다. 영화·드라마 산업의 선두업체인 화이브라더스(华谊兄弟)는 2014년 11월에 알리바바, 텐센트, 중국 핑안(中国平安)으로부터 총 36억 위안을 투자유치했다고 발표하였다. 이런 투자를 거쳐 알리바바와 텐센트는 화이브라더스의 지분 8.08%를 확보하여 2대 주주가 되었다. 2014년 10월 9일에 화처잉스(华策影视)가 발표한 '저장 화청잉스주식유한회사의 A주 비공개 발행 대응책'에 따르면 바이두와 샤오미로부터 20억 위안을 간접적으로 투자받은 것으로 나타났다.

BAT가 미디어산업에서 적극적으로 인수합병을 추진한 주요목적은

① 신흥산업 시장을 선점하고, ② 완벽한 산업 체인을 형성하기 위해서이다. 막강한 규모와 '자본+기술+루트' 우위를 확보한 인터넷기업의 문화미디어 분야에 대한 진출은 미디어산업의 시장 집중도를 향상시키고 시장의 경쟁구조에 중대한 영향을 미침과 동시에 산업의 구조조정과 업그레이드를 견인할 것으로 판단된다.

주목해야 할 점은 중국 정부가 2014년 8월에 발표한「전통미디어와 뉴미디어의 융합발전 추진 관련 지도의견」을 통해 여러 개의 '탄탄한 실력과 전파력·공신력·영향력을 갖춘 미디어그룹 건설, 다양하고 융합적으로 발전하는 현대 미디어 시스템을 형성'해야 함을 제시한 점이다. 이는 미디어산업의 인수합병 방향 및 향후의 통합을 위해 중요한 정책적 지원을 제공하였다.

2014년 문화기업 통합의 대표적인 사례는 바로 11월에 서막을 올린 바이스통의 둥팡밍주에 대한 합병으로 손꼽을 수 있다. 바이스통은 산하의 콘텐츠·플랫폼·루트와 서비스 단말기업에 대한 개편을 통해 인터넷 미디어 생태시스템을 형성하고 전통미디어와 뉴미디어 사이의 융합을 추진하였으며, 원광그룹의 통합된 산업플랫폼과 자본플랫폼으로 등장하였다. 아울러 중국 A주 시장에서 최초의 천억 위안급 신형 인터넷 미디어그룹으로 부상하였는데, 이는 전체 미디어산업의 핵심경쟁력을 업무차원에서 자본차원으로 향상시킬 것으로 예상된다.

5. 시장 전망

　뉴노멀시대에 들어선 2015년의 중국경제는 계속하여 안정적인 성장을 보일 것이다. 아울러 도시화 규모의 확대와 1인당 가처분소득의 증가로 인해 문화소비 수요가 활성화될 것이다. 새로운 기술이 발전하면서 미디어자본 시장 관련 산업과 기업은 2015년에도 여전히 빠른 발전속도를 유지하고, 산업의 통합과 기업의 실적과 가치가 향상될 것으로 전망된다.

　2015년 초에 중국 증권감독관리위원회가 출범한「증권회사 신용거래(融资融券)업무에 대한 감독관리 강화」조치 및 '119(2015년 1월 19일에 발생한 주식시장의 폭락)'사건 이후의 시장반응에서 알 수 있듯이 증권산업에 대한 감독관리 부서의 리스크 방지의식이 강화되었으며, 시장은 관리감독 부서가 펼친 일련의 조치에 대해 기대감을 키우고 있다.

　2015년 1월 16일 기준, 시가총액 대비 신용거래 잔액 비중 상위 5위권에 든 산업은 각각 국방군수산업(11%), 비은행 금융업(9.9%), 미디어(9.8%), 건축인테리어(9.1%), 비철금속업(8.4%) 순으로 나타나 미디어가 3위를 차지하였다. 전체 A주시장이 2014년 말의 자금증가량 위주에서 2015년의 자금보유량 위주로 전환되는 상황에서 투자업체와 개인은 신용거래가 집중된 분야에 대해 더욱 조심스러운 입장을 보였다.

　2015년 시장투자 리스크 선호도의 하락은 높은 주가수익률과 주가순자산비율을 가진 미디어분야에 일정한 충격을 가져다줄 것으로 예상된다. 미디어 상장기업이 2015년에 좋은 실적을 이루어 2014년도의 침체된 국면에서 벗어날 수 있을지의 여부는 좀 더 지켜봐야 한다. 미디어

산업은 여전히 시장가치에 대해 평가받고 있으며 시장이 예측한 업무실적 완성여부에 대한 불확실성이 있다.

2015년에는 문화산업 진흥과 미디어산업 발전을 지원하는 정책이 더 많이 출시되고 정부의 재정지원 강도가 증대될 것으로 예상된다. 2014년 문화체육과 미디어에 대한 국가의 재정지출은 2013년 대비 5.5% 증가한 2,683억 위안에 달하였다. 양호한 정책환경과 조세, 재정정책 지원은 문화시장을 활성화시켰을 뿐만 아니라 미디어 상장기업의 통합을 촉진하여 미디어 자본시장을 위해 더 풍부한 투자와 더 많은 발전기회를 가져다줄 것이다.

이러한 상황에서 2015년은 아래와 같은 두가지 미디어 자본시장의 발전방향을 주목해야 한다. 첫째, 국유 미디어그룹 개혁과 전통미디어의 구조전환 수요에 따른 산업 운영모델의 혁신이다. 국유 문화기업 위주의 인수합병과 통합이 지속적으로 강화되고 있으며 이에 따라 미디어산업의 펀드멘털이 개선될 것이다. 둘째, 문화 미디어산업과 인터넷분야는 콘텐츠·루트·자금과 기술 등 많은 면에서 심도 깊은 융합을 통해 새로운 비즈니스 모델을 형성할 것이다.

미디어시장의 저작권 무역 발전 동향

중국 미디어시장의 저작권 무역이 활성화된 지역은 베이징과 상하이이다. 이는 문화·경제의 번영에 힘입어 지역의 콘텐츠 산업이 활성화되면서 전문 인재가 집중되고 자본·기술·창작의 국제교류가 활성화되면서 교류-응용-발전의 선순환을 형성하였기 때문이다.

1. 중국 저작권 무역 현황

중국은 최근 몇 년간 각종 국제전시회·무역활동 개최와 참여를 통하여 저작권 무역을 위해 장소를 제공하였으며, 매년 상당한 제품이 해당 플랫폼을 통해 거래되고 있는 것으로 알려졌다. TV 방송국, 인터넷 동영상 기업, 영화·드라마 제작사, 출판사 등은 해외 기업들과의 장기적인 협력관계를 구축하여 단순한 저작권 무역에서 공동제작·투자 등의 다양한 협력관계를 통해 수익의 다양화와 장기화를 실현하였다. 아울러 저작권 무역 중개기구의 전문성을 통해 저작권 무역이 더욱 빠르게 추진되었으며 낙후된 지역의 저작권 무역에 대한 발전을 지원하였다.

1) 저작권 수입 방면

핵심 저작권 산업에서 수년간 도서가 수입건 순위 1위를 차지하였다. 국가 저작권국의 자료에 따르면, 2013년의 수입 저작권은 18,167건(영화 불포함)에 달하였으며 그 중 도서가 16,625건, 녹음제품이 378건, 비디오제품이 538건, 디지털 출판물이 72건, 소프트웨어가 169건, TV 프로그램이 381건, 기타 4건으로 집계되었다. 도서 저작권의 수입이 전체 저작권 수입건 수의 91.5%를 차지한 것이다. 도서 저작권 시장의 번영은 주로 저작권 금액이 작아 수입비용이 저렴하고 선택가능한 작품이 많을 뿐만 아니라 소재도 다양하며, 수입업체에 대한 요구가 낮다는 요인에 기인한 것이다.

저작권 무역이 활성화된 분야는 TV 프로그램과 영화를 꼽을 수 있다. 수입대상국(지역)별로 보면 주로 미국·영국·독일·한국·일본으로부터 수입한 경우가 많았는데, 일본은 도서, 한국은 도서와 TV 프로그램 수입건수가 많은 것으로 나타났다.

2) 저작권의 수출

국가저작권국의 통계에 따르면 2013년 수출 저작권 건수는 10,401건(영화 불포함)에 달하였다. 그 중 도서가 7,305건, 녹음제품이 300건, 비디오 제품이 193건, 디지털 출판물이 646건, 소프트웨어가 20건, TV 프로그램이 1,937건으로 나타났다. 도서 저작권의 수출건수 역시 1위를 차지하면서 수출총수의 70.2%를 차지하였다. TV 프로그램이 그 뒤를 이었다.

미국은 중국 저작권 제품의 주요 수출대상국이고 그 다음이 한국이다. 그 외 홍콩·타이완과 대륙의 저작권 교류 역시 빈번하게 추진되고 있는데, 이는 언어 소통의 문제가 해소됨으로서 번역 등 재제작 비용을 절감하였기 때문이다. 특히 TV 프로그램의 저작권 무역이 활성화되고, 저작권 수출무역에서 베이징과 상하이의 활약도가 1위와 2위를 차지하였다.

2. 저작권 무역의 세분화 발전

1) 도서

최근 10년간 저작권 거래가 중국 도서산업 발전의 핵심적인 동력으로 작용하였다. 2014년 베스트셀러 랭킹 중에서 해외로부터 수입한 『백년의 고독(百年孤独)』, 『연을 쫓는 아이(追风筝的人)』가 픽션류 도서 판매량의 상위 3위권에 들어섰다. 시즌류 순위에서 『하우스 오브 카드(纸牌屋)』, 『그림자 도둑(偷影子的人)』, 『콜레라 시대의 사랑(霍乱时期的爱情)』, 『대부(教父)』 등 픽션류 도서가 포함되었다. 해외 문학작품은 중국에서 일정한 시장을 확보하였다.

2009~2014년 사이, 중국의 도서 수출입 품목은 지속적으로 증가하였다. 수입 도서의 안정적인 증가와 비교할 때 전자 출판물의 수출입은 불안정성을 보였으며, 수출입 건수는 해당 작품이나 일정 행사에 따른 수출입과 관련되었다.(표1) 기존 중국 도서 저작권의 수입과 수

출대상국 중에서 상위권을 차지한 나라로는 미국, 영국, 독일, 프랑스로 나타났다.

표1. 2009~2014년 도서 수출입 통계표

(단위: 가지)

구분	2009	2010	2011	2012	2013
도서 수입	12,914	13,724	14,708	16,115	16,625
전자출판물 수입	86	49	185	100	72
도서 수출	3,103	3,880	5,922	7,568	7,305
전자출판물 수출	34	187	125	115	646

*자료출처: 중국신문출판연구원, '신문출판산업 분석보고', 2009~2013

현재 도서 저작권 거래는 주로 저작권료를 받는 형식을 사용하는데, 그 중 가격과 인쇄 부수가 주요 영향요인으로 작용한다. 수입이든 수출이든 단품 판매량에 대한 규제가 가장 핵심적이라고 할 수 있다. 유럽과 미국의 도서는 일반적으로 가격이 높은 편이지만, 현재 중국의 독자가 가장 쉽게 받아들일 수 있는 가격은 30~45위안이기 때문에 현지 독자가 수입 도서의 가격을 받아들일 수 있는 정도를 감안할 경우 인쇄량 증가를 통해 단가 비용을 절감시켜야 한다. 인쇄량의 증가는 저작권비용을 높일 수 있기 때문에 정확한 시장조사는 저작권 수입의 전제라고 할 수 있다.

중국 출판물의 해외수출을 촉진하기 위해 2002년부터 중국정부는 각종 경기부양책과 지원정책을 펼치기 시작하였다. 2014년에 중국은 3건의 '보편특혜' 정책을 실시하였는데 주로 장려, 개방, 지원 등의 우대정책을 통해 종사자의 적극성을 향상시켜 중국 콘텐츠 작품의 해외진출을 촉진하였다. 2004년에 시작된 '중국도서 대외홍보 계획'은 벌써 10년이란 시간이 흘렀다. 아울러 중국이 개최하고 참가하는 문화년(文化年)이나 국제도서 전시회 등의 국제행사는 중국 도서의 해외진출을 추진할 수 있으며, 그 외에도 영향력을 갖춘 국제상을 수상함으로써 중국도서의 해외진출에 일조할 수 있다. 모옌(莫言)의 작품이 노벨문학상을 수상하자 해외출판업계에서 앞다투어 모옌의 작품을 수입하려 한 것을 예로 들 수 있다.

2) 영화

2014년 중국에서 흥행수입이 억 위안을 초과한 영화는 총 66편으로, 그 중 36편은 중국 영화이고 30편은 수입영화로 나타났다. 중국 영화의 해외 판매액은 18억 7천만 위안으로 동기대비 32.25% 증가하였다.(표2) 해외 수입이 증가하였음에도 불구하고, 중국 영화의 국제시장 영향력과 수출은 미미하였다. 최근 몇 년간 중국 관객의 감소로 인해 일본·한국·인도 등의 영화가 주류시장에서 밀려난 대신 유럽과 미국의 영화, 특히 할리우드를 대표로 하는 미국 영화가 중국에서 높은 인기를 모았다. 2014년 중국의 수입영화 중 90%는 미국으로부터 수입한 것이다.

표2. 중국 영화 수출입 통계

(단위: 편, 억 위안)

구분	2009	2010	2011	2012	2013	2014
수출편수 (공동제작 영화 포함)	45	47	52	75	45	–
공동제작 영화 편수	34	46	50	46	33	–
국산영화의 해외 흥행수입	27.59	35.17	20.24	10.63	14.14	18.7
영화 수입편수	21	24	37	76	61	68
수입영화의 흥행수입	26.93	44.38	60.84	87.9	90.02	134.84

*자료출처: 국가통계국2014년

중국에서 수출하는 영화는 공동제작 영화가 절대다수를 차지하였다. 일반적으로 공동제작 영화의 해외수입은 해외투자에 속하기 때문에 사실상 중국 영화의 해외수입에 대한 기여도는 크지 않다. 하지만 공동제작 영화는 다국적 성격을 가지고 있기 때문에 투자리스크 분담, 관련 우대정책 향유 등의 장점이 있을 뿐만 아니라 자국에서 상영될 때 높은 이익배당을 얻을 수 있다. 따라서 향후 공동제작 영화는 여전히 영화수출에서 중요한 자리를 차지하는 투자방식으로 자리매김할 것으로 예상된다. 2014년 기준 중국은 한국·인도·싱가포르·벨기에·프랑스·스페인·이탈리아·영국·캐나다·호주·뉴질랜드 등 11개 국가와 영화 공동제작 협상을 체결하였다.

중국의 영화기업이 해외업무를 추진하면서 인수합병을 통해 해외기업에 투자한 사례도 적지 않게 볼 수 있다. 아울러 해외 영화관 등 업체를 인수하여 중국 영화의 수출, 방영 채널을 확대하였다.

애니메이션 영화 시장에서는 수입영화가 여전히 주된 지위를 차지하여 최근 몇 년간 애니메이션 영화 시장 흥행수입의 60% 이상을 확보한 것으로 알려졌다. 2014년 말 기준, 수입 애니메이션 영화 중에서 흥행수입이 억 위안을 초과한 영화는 모두 미국 애니메이션 영화인 것으로 나타났다. 기타 국가의 애니메이션 영화는 브랜드 효과 부족, 홍보결핍, 영화관 상영시간과 쿼터 부족, 수입의 연속성 결핍 등의 원인으로 인해 미국의 애니메이션 영화와 경쟁할 수 없는 처지이다.

3) TV

CCTV는 다큐멘터리·스포츠 등 프로그램을 수입함에 있어서 기존우위를 확보하였고 지방위성 TV(예컨대 후난 위성TV, 저장 위성TV, 장쑤 위성TV)는 저작권 수입·공동제작 등 다양한 모델을 통해 프로그램의 브랜드를 구축하면서, TV 프로그램 무역이 전례없이 활성화되었다. 현재 중국은 전 세계적으로 비중있는 TV 프로그램 수입국으로 평가되고 있다. 프로그램의 수입에 있어서는 오락프로그램과 다큐멘터리 프로그램을 위주로 거래된다.

중국 국가통계국의 자료에 따르면 드라마 및 TV프로그램 수입액 중에서 아시아지역의 무역이 절반 이상을 차지하며, 주로 일본·한국 및 홍콩 등으로부터 수입하는 것으로 나타났다. 중국 드라마는 주로 동남아국가로 수출되며, TV 프로그램은 미국과 동남아로 수출되는 것으로 나타났다.

(1) 예능프로그램의 저작권 거래

중국의 TV산업환경은 정부정책의 변화에 따라 국내외 협력이 가속화되었다. 위성TV는 매년 한 가지 프로그램밖에 수입하지 못하는 규정 때문에 각 TV방송국은 공동제작 등 새로운 모델을 통해 발전을 모색하고 있다. 2014년 시즌방송 프로그램 총 98편 중 '수입'이 25편이었다. 그 중 미국 3편, 영국 3편, 독일 2편, 네델란드 2편, 스페인 1편, 이스라엘 1편, 한국 12편, 일본 1편으로 나타났다. 한국으로부터 저작권을 수입한 〈런닝맨〉·〈아빠 어디가〉 등 리얼리티 프로그램이 높은 인기를 끌었다. 〈아빠 어디가〉의 저작권 비용은 약 1,100만 위안이었고, 〈런닝맨〉은 한중 공동제작 프로그램으로 이익배당은 물론 다양한 수익방식과 광고수입 등을 통해 양국은 상당히 많은 수익을 올린 것으로 알려졌다.

(2) 드라마 저작권 거래

도서·영화와는 달리, 드라마 수입시장에서는 지방의 시급 TV방송국이 활약적인 모습을 보였다. 써우후(搜狐), 유쿠(优酷), 러스(乐视), 아이치이(爱奇艺) 등 사이트를 대표로 하는 중국 동영상사이트는 해외드라마의 방송을 위한 플랫폼을 제공하였다. TV방송국의 저작권 비용, 인터넷 저작권 비용, 동명의 게임 등 관련 제품의 개발을 통해 드라마는 판매루트를 확대하였다.

가격을 살펴보면 미국 드라마가 상대적인 안정을 유지하여 독점방송 드라마의 경우 1회당 약 30,000달러, 비독점방송은 1회당 약 2,000~4,000달러이고 매년 10%의 증가율을 유지하고 있다. 한국드라마가 폭발적인 인기를 모으면서 저작권 가격도 폭등하였다. 2014년 〈별에서 온 그대〉가 1회당 약 18만 5천 위안이고 〈피노키오〉가 1회당 173만 위안인데, 2012년의 〈신사의 품격〉 1회당 2,000위안과 비교하면 현저한 차이를 보였다. 프로그램의 다양화, 시청자 선호도의 다양화로 인해 향후 이러한 가격폭등 현상은 일정정도 억제될 것으로 예상된다.

중국 드라마는 주로 문화교류, 교역회, 해외 전시회와 드라마절, 해외발행 등 방식을 통해 해외로 전시 수출되는 것으로 알려졌다. 해외 저작권 수입은 점점 더 원작자를 중시하는 방향으로 변화하고 있다. 아울러 민간기업도 적극적으로 영화, 드라마 작품의 수출교류 활동을 추진하고 있다. 향후 중국의 국산드라마는 예능성, 확산가능성 등 다양한 측면에서 향상되어야만 유럽과 미국을 비롯한 더 큰 시장으로의 유통이 확대될 것으로 전망된다.

4) 게임

2014년 중국 게임시장의 실제 판매액은 1,144억 8천만 위안에 달하였다. 중국의 게임시장, 특히 모바일 게임시장은 세계 수준의 막대한 규모를 형성하였으며 해외 게임도 지속적으로 중국시장에 진출하고 있다. 수입 인터넷 게임의 판매수입은 418억 2천만 위안으로 전년 동기대비 17.7% 증가하였다.

2014년 중국게임의 해외수입은 30억 7,600만 위안으로 동기대비 69% 증가하였고 2008년 대비 4,294% 증가한 것으로 나타났다. 그 중 중국 원작의 PC게임이 8억 5,300만 달러(전년대비 4.15% 증가), 중국 원작 웹사이트 게임이 9억 5천만 달러(전년대비 30.49% 증가), 중국 원작 모바일 인터넷게임이 12억 7,300만 달러(전년대비 366.39% 증가, 2012년에는 800만 달러에 불과)의 해외 판매수입을 올린 것으로 알려졌다. 베이징 애니메이션게임 산업연맹의 자료에 따르면, 문화·인재 등 다양한 요인으로 인해 베이징의 애니메이션게임 기업은 2014년 42억 3천만 위안의 수출을 달성하여 전국에서 1위를 차지한 것으로 나타났다.

게임은 수입이든 수출이든, 현지화(예컨대 지불결제 플랫폼, 언어, 배급 등)가 상당히 중요한 역할을 발휘한다. 최근 들어 중국은 해외 관련기구와의 협력을 적극적으로 추진하였을 뿐만 아니라 해외 운영업체, 배급업체를 인수하여 중국게임의 해외 수출을 위해 탁월한 환경을 마련하였다. 인터넷소셜, 영화, 드라마 등 관련제품이 게임산업에 진출하는 과정에서 게임제품의 동시적인 개발과 홍보 역시 상당히 중요한 자리를 차지하였다.

3. 저작권 무역의 경제에 대한 기여도 및 발전전망

2006년부터 국가 저작권국은 매년 중국의 저작권 관련 산업의 경제에 대한 기여도를 조사하고 있는데, 해당 자료에 따르면 중국의 저작권 관련 산업의 경제에 대한 기여도는 매년 증가되고 있고 GDP 대비 비중이 안정적으로 상승하고 있는 것으로 나타났다. 핵심 저작권 산업의 산업부가가치 증가속도가 전체 저작권산업을 초과한 것으로 나타났다.(표3)

표3. 2006~2012년 중국 저작권 관련 산업의 산업부가가치

(단위: 억 위안, %)

연도	2006		2007		2008		2009		2010		2011		2012	
지표분류	산업부가가치	GDP대비비중	산업부가가치	GDP대비비중	산업부가가치	GDP대비비중	산업부가가치	GDP대비비중	산업부가가치	GDP대비비중	산업부가가치	GDP대비비중	산업부가가치	GDP대비비중
핵심 저작권 산업	6,471.56	3.06	8,879.21	3.45	10,210.42	3.41	11,928.04	3.5	14,141.04	3.52%	17,161.81	3.63	20,598.19	3.97
	13,489.33	6.39	16,790.41	6.53	19,568.4	6.51	22,297.98	6.55	26,370.26	6.57	31,528.98	6.67	35,676.15	6.87

*자료출처: '중국저작권 관련사업의 경제기여'보고서

저작권 산업의 산업부가가치, 종업원 수, 수출액 모두 안정적인 증가세를 유지하였다. 저작권 산업의 종업원 수는 이미 천만 명을 초과하여 전국 도시 총 취업인수의 10% 내외를 차지하였다. TV 프로그램 저작권 수입의 증가로 인해 2014년 핵심 저작권 산업의 GDP대비 비중은 지속적으로 상승하였다. 중국의 핵심 저작권 산업은 수출품목의 구조가 불균형적이며, 현재 도서수출을 위주로 한다. 향후에는 저작권 수출 산업구조가 최적화될 것으로 예상된다. 영화, TV작품은 이윤이 높고 영향력이 큰 저작권 작품인 관계로 우수한 원작에 대한 개발과 해외홍보를 강화해야 한다.

수출액을 살펴보면 핵심 저작권 산업의 수출액이 전체 저작권 산업에서 차지하는 비중은 10% 미만이며, 문화작품의 수출시장은 여전히 침체되어 있다. 전체 수출입 무역 총액에서 차지하는 비중은 1% 미만이지만 향후 발전여지가 상당히 크며, 발전함에 따라 GDP·취업률에 대한 기여도 역시 확대될 것으로 예상된다.(표4)

전 세계 미디어산업이 빠르게 발전하면서 단일한 커뮤니케이션 시대에서 다원화의 시대로 접어들었으며, PC인터넷·모바일 인터넷이 정보전달의 주요 채널로 등장하였다. 뉴미디어의 우위를 통해 작품수출의 다양화를 모색하고 저작권의 무역범위를 확대해야 한다.

2014년 6월 미국이 공개한 국제 해적판 관찰 리스트 중에는 인도, 중국, 러시아, 스위스가 상위권에 포함되었다. 2014년 10월 미국영화협회(MPAA)가 공개한 음반 해적판 조사보고서에 따르면 중국의 쉰레이(迅雷) 등의 사이트가 해적판 다운로드를 제공하는 '블랙리스트' 사이트에 포함된 것으로 나타났다. 해적판 문제는 저작권 무역에 막대한 영향을 미치는 것으로, 향후 중국은 지속적으로 해적판을 단속하고 저작권시장에 대한 규범화 관리를 강화해야 한다.

표4. 2006~2012년 핵심 저작권 산업의 수출총액

(단위: 억 달러, %)

연도 분류	2006	2007	2008	2009	2010	2011	2012
핵심 저작권 산업의 수출액	50.96	70.55	91.35	87.50	104.23	136.1	140.1
전국 대외무역 수출총액	10,609.4	13,399.8	15,777.9	13,311.1	15,779.3	18,986	20,498.3
비중	0.48	0.53	0.57	0.66	0.66	0.72	0.68

*자료출처: '중국 저작권 관련 산업의 경제기여'보고서

Ⅵ. 홍콩, 타이완 지역의 미디어 산업 발전 분석

홍콩지역의 미디어 산업 발전 분석

1. 발전개황

홍콩 통계연감(2014년)에 따르면, 홍콩은 총 55개 신문(전년대비 4개 증가)을 보유하고 있는데 그 중 중국어신문이 28개(전년대비 3개 증가)이며 영어신문이 12개로 나타났다. 정기간행물(잡지)은 715개(전년대비 31가지 증가)에 달하는데 그 중 중국어 간행물이 474개(전년대비 28개 증가), 영어간행물이 99개(전년대비 1개 감소)로 나타났다. 2014년 홍콩중문대학 신문미디어학원의 발표에 따르면 신문업에 대한 홍콩인의 신뢰도는 6.18점으로 1997년 이후 최저의 공신력(신문과 디지털미디어 포함)을 기록하였다. 신문 공신력 상위 3개 신문은 여전히 '남화 조간신문(南华早报)', '경제일보(经济日报)', '명보(明报)'로 나타났다. 라디오와 TV의 공신력 상위 순위를 보면 홍콩 라디오방송국(香港电台)이 1위를 차지하였고 상업 라디오방송국(商业电台)과 유선TV(有线电视)가 2위와 3위를 차지하였다. ATV(亚视)와 TVB(无线)는 평점이 하락하여 TVB는 2위에서 4위로, ATV는 5위에서 8위로 하락하였다.

2015년 1월 1일 홍콩정부의 온라인 자료에 의하면 홍콩에서 이용 가능한 TV 서비스는 '현지 무료 TV프로그램 서비스'와 '현지 유료 TV프로그램 서비스', '비현지 TV프로그램 서비스' 등 3가지로 구분되며, 총 17개 업체, 476개의 채널을 확보하고 있다. 현지 무료TV프로그램 서비스 사업자는 허가증을 획득한 2개 업체의 15개 채널, 즉 ATV(亚洲电视有限公司)의 2개 아날로그 채널과 6개 디지털 채널, TVB(电视广播有限公司)의 2개 아날로그 채널과 5개 디지털 채널을 포함한다. 현지 유료 TV프로그램 서비스 사업자는 3개 업체에 402개 채널로 구성되며, 그 중 홍콩 유선TV(香港有线电视有限公司, 111개 채널), 뎬쉰잉커(电讯盈科媒体有限公司, 217개 채널), 무선인터넷 TV(无线网络电视有限公司, 47개 채널)를 포함한다. 홍콩의 비현지 TV 프로그램 서비스 사업자는 12개 업체의 59개 채널로 구성되어 있는데, 그 중 무선인터넷TV(无线网络电视有限公司, 2개 채널), 터나국제(特纳国际亚太有限公司, 11개 채널), 화위위성(华娱卫视广播有限公司, 1개 채널), 양광문화(阳光文化网络电视企业有限公司, 1개 채널), GlobeCast HongKong Limitied(13개 채널), Auspicious Colour Limited(8개 채널), 봉황위성(凤凰卫视有限公司, 3개 채널), 아시아시보(亚洲时报在线有限公司, 7개 채널), 홍콩 위성국제 미디어(香港卫视国际传媒集团有限公司, 2개 채널), 아태 제일 위성미디어(亚太第一卫视传媒集团有限公司, 1개 채널), 시대 위성국제 미디어(时代卫视国际传媒集团有限公司, 1개 채널)를 포함한다. 그 외에 홍콩시민을 상대로 하지 않는 비현지 TV 프로그램 서비스 사업자가 12개 업체, 총 219개의 채널을 두고 있다. 라디오 방송국을 보면, 홍콩의 라디오방송 서비스 사업자는 4개(2013년 대비 1개 감소)로 총 17개 채널(2013년 대비 12개 감소)을 운영하고 있다. 또한 홍콩에서는 아태지역의 일부 간행물 업무가 추진되고 있는바, 예컨대 '금융시보(金融时报)', '아시아 월가일보(亚洲华尔街日报)', '투데이 미국(今天美国)', '국제선도칼럼신문(国际先驱论坛报)', '일본경제신문(日本经济新闻)' 등이 홍콩에서 인쇄 발행되고 있는 것으로 나타났다.

2. 홍콩신문 시장의 치열한 경쟁

최근 몇 년간 홍콩의 신문업 경쟁이 고조되면서 미디어산업 환경은 점점 복잡해지고 미디어에 대한 대중의 신뢰도에도 변화가 나타나고 있다. 전 세계적으로 신문은 인터넷으로 인한 위기를 겪고 있지만, 홍콩의 신문수는 오히려 상승하였으며 심지어 2003년보다 초과하였다.

2013년 말, 홍콩에서 여러 명의 경력직 신문사 임직원들이 모여 유료신문인 '홍콩 아침신문(香港晨報)'을 창간하였다. 해당 신문사는 여러 층의 오피스텔을 임대하고 연초에 직원채용을 서둘렀지만, 2014년 5월 주요 주주의 투자취소로 인해 신문사 설립을 중단함을 발표하였다.

또 일부 신문사는 업무확장을 모색하고 있다. 예컨대 무료신문인 '도시일보(都市日報)'의 새로운 오너는 5~6억 홍콩 달러를 투자하여 본부를 새로이 건설하고 새로운 발전을 시도하였다. 이 신문사는 '넥스트 미디어(壹传媒)', '빈과일보(苹果日报)'의 전임 고위인사를 비롯한 선임 언론인을 초빙하였다. '도시일보' 경제버전은 부가서비스 콘텐츠를 추가하고, 문화·시사·부록 및 오락 관련 칼럼도 개혁을 추진하였다.

홍콩의 석간지는 전 세계적으로 유명하였지만, 1920년대 이후 침체되기 시작하였다. '신만보(新晚报)'는 '대공보(大公报)' 산하 신문으로 명성이 자자하였으나 2012년 6월에 링시우 미디어(领袖传媒)그룹에 의해 인수합병 당하였으며, 당해 8월 20일에 무료신문으로 발간되었다가 2013년 12월 8일부터 편의점에서 유료(5 홍콩달러)로 판매되기 시작하였다. 결국 2014년 3월 상반기에 정간되었으며 수천만 홍콩달러를 손해보았다. 넥스트 미디어(壹传媒)는 실적감소로 인해 2013년에 산하 무료신문인

'상보(爽报)'를 정간시켰으며 홍콩의 무료일보 시장에서 퇴출되었다. 또한 2014년 3월에 5%의 예산을 축소함을 발표하였고 홍콩과 타이완지역의 '빈과일보, 일주간(壹周刊)' 등 모든 신문·잡지·인터넷 미디어의 지면을 축소하고 인원을 줄였다. 넥스트 미디어를 위해 애니메이션 서비스를 제공하는 넥스트 미디어 애니메이션 회사도 구조조정을 통하여 670명 직원 중 약 13%를 퇴사시켰다.

홍콩미디어의 경쟁은 순식간에 변화를 겪었다. 2014년 상반기에 경영상황이 호전되어 홍콩 경제일보그룹의 광고수입은 반년 사이에 20% 증가하였으며, 순이익이 4.75배로 늘어 2,323만 홍콩달러에 달하였다. 넥스트 미디어도 반년 사이에 1억 400만 홍콩달러의 수익을 창출하여 8배 증가하였다.

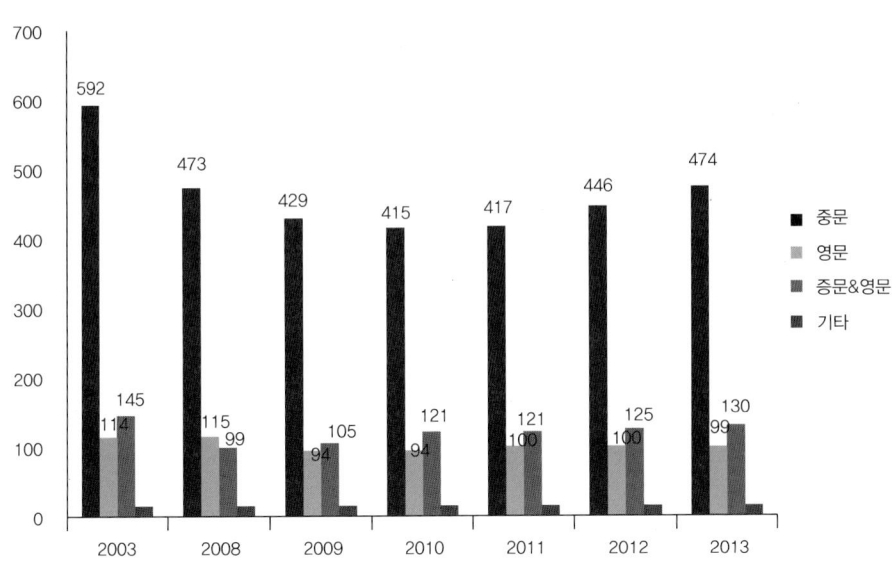

그림2. 홍콩 정기간행물 수

홍콩의 정기간행물 역시 미디어에서 중요한 지위를 차지하는 분야로 여론에 중요한 영향을 미치고 있다. 정기간행물 수는 10년 전보다 줄었지만 2008년 이후 안정세를 유지하다가 2012년 이후 다소 증가하는 추이를 보였다.(그림2)

3. 홍콩 TV방송, 인터넷의 도전에 직면

1) 홍콩 TV 발전

홍콩은 전 세계적으로 TV채널이 많기로 유명하다. 2014년 2월 홍콩통신국은 ATV와 TVB 두 업체의 현지 무료TV 허가증 연장에 대한 공청회를 개최했는데, 약 300여 명의 시민이 출석하였다. 발언한 26명의 시민 중에서 18명이 정부가 계속하여 ATV에 허가증을 발급하는 것에 반대하였고, ATV의 자체제작 프로그램이 지나치게 적고 중국 대륙 TV방송국의 프로그램을 중계방송하거나 재방송만 한다고 지적하였다. 시민들은 또한 TVB 드라마는 이야기 줄거리가 거의 다 똑같고 새로운 아이디어가 없음을 지적하였다. 이런 지적이 많음에도 불구하고 홍콩의 TV는 상업적 측면에서 상당한 성공을 이루었다. 2014년 5월 TVB의 발표에 따르면 2013년 TVB의 영업액은 2012년 대비 4% 증가한 56억 8,700만 홍콩달러, 순이익은 17억 3,800만 홍콩달러로 새로운 최고치를 기록하였다.

2) 디지털 방송TV의 신기원 개척

2008년은 홍콩의 디지털방송 시작이라는 측면에서 홍콩 TV역사에 중요한 해로 기록되었다. 베이징 올림픽 기간에 방송하기 위해 홍콩정부는 지상파 디지털 방송 건설에 박차를 가하여 2007년 마지막 날 저녁 7시에 방송을 시작하였다. 2014년 1월, 홍콩의 시민들은 셋탑박스를 통해 디지털방송 TV를 시청할 수 있었다. 방송국의 3개 디지털 TV채널은 시범방송 중에 있었고, 그 중 1개는 CCTV의 국제 다큐멘터리 채널을 중계 방송하였다.

2014년 말 기준, 디지털 방송 TV는 홍콩에서 운영된지 7년이 되었다. 홍콩의 무료 지상파 TV채널은 4개에서 14개로 증가되었고 시청효과도 큰 폭으로 향상되었다. 하지만 이러한 발전에도 불구하고 홍콩의 디지털 방송 TV는 애당초 '시청자에게 더욱 풍부하고 질적으로 향상된 TV 콘텐츠와 오락을 가져다 줄 것'이라는 약속을 지키지 못하였고, 저녁 황금시간대에 시청자가 선택가능한 프로그램에도 별다른 변화가 없는 것으로 나타났다. TVB의 81비취대(翡翠台)와 85 고화질 비취대는 매일 저녁 7:30~11:30 사이에 동시간 방송하고 있으며, 명주대(明珠台)와 ATV 본항대(本港台)는 7년간 큰 변화가 없는 것으로 나타났다. 홍콩 TV 방송국은 TVB · ATV의 프로그램을 동시간대에 방송하는 것 이외에, 신규 프로그램은 시작단계에 불과하다고 볼 수 있다.

3) 디지털 방송 TV에 대한 OTT기술의 도전

홍콩은 10년이 안되는 사이에 OTT(Over-The-Top)기술의 수용주기를 끝냈으며, 전통적인 TV · 영화업은 물론 신문에서도 OTT기술을 활용하기 시작하였다. 2008년 11월에는 TVB가 myTV를, 2009년 9월에는 '빈과일보'가 '동신문(动新闻)'을 선보였는데 이 해에 홍콩의 첫 번째 OTT 영화서비스 Anylex가 출시되었다. OTT기술을 활용하면 고화질의 프로그램 전송이 점점 더 쉬워지고, 더욱 빠른 프로그램 업데이트가 가능하다. 프로그램은 실시간 방송 이후 바로 재방송할 수 있고 미디어는 콘텐츠 제작을 확장시킬 수 있다. 예컨대 '빈과일보'의 '동신문'은 제작 규모를 확대하고 오락프로를 증가시켰으며 뉴스 생방송 기능도 추가하였다. 신문 · 라디오 · TV는 모두 인터넷 · APP을 통해 하나의 플랫폼에서 경쟁하게 되었다.

새로운 경쟁자는 OTT를 통해 디지털 방송 TV에 직접 도전 가능한 시대가 왔다. 중국 본토의 미디어 사업자는 업무를 홍콩으로 확장시키고 있기 때문에 본토지역에서 유행하는 여러 개의 인터넷 셋탑박스가 홍콩에 유입되었다. 러스(乐视)는 OTT기술에 힘입어 홍콩에서 4K TV를 적극 추진하고 있다. 매우 낮은 가격으로 4K 고화질 TV를 제공하고 자체 제작 드라마를 대규모적으로 촬영하고 있으며, 광대역을 통해 TV서비스를 온라인과 연결시켜 출시할 계획이다.

러스는 홍콩의 성숙된 TV시장을 선점하려고 노력하고 있다. 이는 홍콩의 유료 TV 사용자가 240만 명이고 발전 잠재력이 크기 때문인데, 러스는 2014년 말까지 3억 위안을 영화 · 드라마 콘텐츠 구입에 투자할 계획을 밝혔으며 2014년 연말 전에 3,000시간의 드라마와 프로그램을 출시할 계획이다. 러스의 목표는 2년 사이에 20만 내지 40만 명의 이용자를 확보하는 것이다. 중국 대륙의 유명한 동영상 사이트인 유쿠 투더우는 TVB와의 계약 체결을 통해 홍콩TVB 새 드라마의 동 시간에 방송 저작권을 얻었다. 하지만 해당 계약은 국가신문출판 광전총국이 2015년 1월 하반기에 출범한 규정(대륙의 동영상사이트가 해외 드라마를 중계 방송하려면 반드시 심사를 마친 후에야 방송 가능함)에 부합되지 않기 때문에 대륙과 홍콩에서 같은 시간에 드라마를 방송할 수 없게 되었다.

HKTV는 우선적으로 샤오미(小米) 박스 APK를 발행하였다. 하지만 셋탑박스를 통해 시청자가 방송허가를 받지 못한 프로그램을 시청하게 되면서 TVB 유료TV 등의 비즈니스에 큰 영향을 미쳤다. TVB는 영국, 호주, 미국 등 해외시장을 확보하기 위해 유럽에서 TVB anywhere를 발행하였다. 샤오미 박스 등 OTT 셋탑박스의 사용으로 인해 해적판 프로그램 시청자 수가 급등하였고 TV방송의 수익도 감소하게 되었다.

4) 무료TV 허가증이 관심

2015년에 홍콩의 TVB와 ATV 무료TV 허가증이 만료되는데, 2014년에 홍콩통신국은 2개월 간 무료TV 프로그램 서비스 허가증에 대해 시민의 의견을 수렴하였다. 2013년 10월 홍콩특별행정자치구 정부는 3개 허가증 신청사업자 중에서 치먀오회사(奇妙电视有限公司, 유선광대역(有限宽频) 산하 회사)와 홍콩 오락회사(香港娱乐有限公司, 덴쉰잉커(电讯盈科) 산하 회사)에 허가를 해주어, 홍콩의 무료 TV 방송국은 4개로 증가하였다. 반면 홍콩TV 네트워크회사(香港电视网络有限公司)의 허가신청은 거부당하였다. 하지만 허가증을 획득한 치먀오TV 방송국과 홍콩TV 오락방송국은 허가증을 획득한 후 1년이 되도록 방송을 시작하지 못하고 정부통신국의 심사를 기다리고 있다.

그 외 홍콩정부는 2015년 연말 전에 아날로그 TV 방송을 종료할 것을 확정하였지만 여전히 48만 가구의 TV 사용자가 디지털 TV나 셋탑박스를 구입하지 않은 점을 감안하여 2014년 12월, 정부는 아날로그 TV 방송을 2020년까지 연장할 것임을 발표하였다.

3. 인터넷과 모바일 사용

홍콩정부는 다양한 공공 콘텐츠 시설을 제공하여 시민이 다양한 장소에서 컴퓨터, 인터넷, 전자서비스 활용을 통해 새로운 기술을 습득할 수 있도록 여건을 마련하였다. 홍콩정부는 'Wi-Fi 무선 온라인계획'을 추진하였는데, 사람으로 붐비는 장소에 무선 인터넷시설을 설치하여 시민들이 인터넷을 사용할 수 있도록 편의를 제공하였다.

가정용 광대역은 일반적으로 100M를 사용하는데, 이는 주로 2009년 11월에 발생하였던 홍콩 콴다이(香港宽带)와 허지(和记) 사이의 99위안 월 요금제 경쟁에서 기인한 것이다. 당시 99위안이란 가격은 거의 전 세계적으로 가장 저렴한 요금 수준이었다. 스마트폰과 3G인터넷 역시 허지에서 우선적으로 추진하였으며, 2008년 7월 애플사의 아이폰을 홍콩에 도입하여 무제한 인터넷 3G 월 요금제 계획을 실시하였다. 그 해

HTC는 전 세계적으로 최초의 안드로이드 휴대전화를 출시하여 스마트폰의 붐을 일으켰다.

홍콩의 10세 이상 PC 사용자는 2008년의 68.2%에서 2013년의 74.9%로 증가하였고, 10세 이상 개인 인터넷서비스 사용자는 2008년의 66.7%에서 2013년의 74.2%로 증가하였다.

이와 동시에 인터넷 뉴스 미디어가 인기를 모으기 시작하였다. 2012년 여름에 홍콩 신흥 인터넷뉴스 미디어인 '하우스뉴스(主場新聞)'가 출시되었는데, 미국 허핑턴 포스트(Huffington Post)를 모방하여 '기존의 전통 뉴스를 바탕으로 휴대전화, 조직, 기획을 거쳐 독자에게 전달'하는 방법을 사용하였다. 2013년 6월 '하우스 뉴스'는 광고부서를 설립하였다.

2013년 홍콩중문대학 미디어 여론 조사센터가 조직한 홍콩 미디어 공신력 조사에 따르면, '하우스 뉴스'의 열독률이 피조사자의 40%를 차지하는 것으로 알려졌다. '하우스 뉴스'는 뉴스를 취합하고 편집할 뿐 자체적으로 뉴스를 제작하지 않으며 공식적인 틀이 잡혀져 있지 않다. 두 명의 편집장 동의를 거친 후 사이트 시작페이지에 뉴스를 게재하는 방식이다. 대량의 블로그 작가를 보유하여 그들의 관점을 통해 사용자의 주목을 끌도록 하며, 돌발뉴스의 인스턴트 보도로 관심을 끌려 하지 않는다. '하우스 뉴스'는 2014년 7월에 정간되었지만, 블로그 소유자는 새로운 플랫폼인 '하우스 뉴스 블로그 그룹'을 창립하였다. 이와 동시에 2014년 1월에 창간된 인터넷 미디어 '852포스트(852郵报)'는 반년 사이에 일평균 웹사이트 브라우징 수가 10만~20만 회에 달하였고, 최고 조회 기록은 90만 회에 달하기도 하였다. '하우스 뉴스'의 정간으로 인해 '852포스트'의 브라우징 수는 원래 일평균 연인원 20만 명에서 40만 명으로 급등하였다. 인터넷이 활성화되면서 뉴미디어는 전통채널을 대체하였을 뿐만 아니라 미디어 마인드를 업데이트 시켰으며, '미디어의 새로운 방식'을 모색하는 중요한 요소로 인터넷 환경에서의 미디어의 발전을 추진하고 있다.

타이완지역 미디어 산업 발전 분석

1. 광고 수의 소폭 증가, 모바일·소셜·옥외 미디어 성장

타이완시 미디어 서비스 대행협회(Media Agency Association, MAA)가 발표한 자료에 의하면, 타이완지역의 2013년 광고총액은 597억 5천만 타이완 달러로 2012년 대비 3.61% 증가하였다. 5대 미디어의 유효광고 수를 모니터링한 '캐럿 미디어 주간신문'에서는 2014년 상반기 타이완지역의 광고총액은 약 220억 타이완 달러로 2013년 동기대비 1.3% 하락하였음을 지적하였다. 25대 산업 중 절반 이상 산업의 광고액이 하락세를 보였으며 그중 6개 산업은 억 위안 이상 줄어든 것으로 나타났다.(표1)

資策会FIND와 Mobile First가 공동으로 발표한「2014~2015 타이완지역 500대 핵심광고주 광고투자 동향 조사보고」에 따르면, 2014년 타이완지역의 500대 광고주의 광고투자규모는 약 355억 6천만 타이완 달러에 달하는 것으로 알려졌다. TV 및 인쇄미디어의 광고시장은 둔화된 반면 모바일광고·옥외광고·소셜광고의 투자가 증가하였으며, 특히 모바일 광고가 가장 높은 증가율을 보였다.(표2)

표1. 타이완의 GDP와 광고량

연도	2009	2010	2011	2012	2013
*GDP(단위:백만)	12,481,093	13,552,099	13,709,074	14,077,099	14,564,242
증가율(%)	-1.10%	8.58%	0.90%	2.68%	3.46%
GDP/per Captia (단위: 위안)	558,751	604,199	607,818	624,455	641,696
연 소비자물가 상승률(%)	-0.86%	0.96%	1.42%	1.93%	0.79%
광고액(인터넷 불포함)(단위:백만)	41,853	50,200	50,247	46,069	46,072
광고액 증가율(%)	-1.21%	19.94%	0.09%	-8.32%	0.01%
광고액(인터넷 포함) (단위:백만)	48,842	58,751	60,462	57,670	59,752
광고액 증가율(%)	1.04%	20.29%	2.91%	-4.62%	3.61%
GDP 대비 광고액 점유율(%)	0.39%	0.43%	0.44%	0.41%	0.41%

*자료출처: '2013 타이완 미디어 백서', 타이완 미디어 서비스 대행협회(MAA)

표2. 타이완 전체 광고량

(단위: 천 위안, %)

연도	무선 TV	유선 TV	신문	잡지	라디오	옥외	인터넷
2009	4,343,651	15,819,154	10,008,866	5,058,703	3,761,484	2,861,572	6,989,000
증가율	-2.3%	16.5%	-9.7%	-16.4%	-2.0%	-15.1%	17.0%
2010	5,060,629	19,861,782	11,955,662	5,549,827	4,482,972	3,288,964	8,551,000
증가율	16.5%	25.6%	19.5%	9.7%	19.2%	14.9%	22.3%
2011	4,899,729	21,175,082	10,674,408	5,677,641	4,139,539	3,680,282	10,215,000
증가율	-3.2%	6.6%	-10.7%	2.3%	-7.7%	11.9%	19.5%
2012	3,999,707	20,059,287	9,522,068	5,340,950	3,555,348	3,591,644	11,601,000
증가율	-18.4%	-5.3%	-10.8%	-5.9%	-14.1%	-2.4%	13.6%
2013	3,817,132	20,992,491	8,679,067	5,297,617	3,120,847	4,168,427	13,680,000
증가율	-4.6%	4.7%	-8.9%	-0.9%	-12.2%	16.1%	17.8%

*자료출처: 2013 타이완지역 미디어 백서/ Nielsen 광고 모니터링 서비스 인터넷 광고량

2. 영화 증가의 둔화, 유선 TV의 빠른 증가, 라디오의 업그레이드

1) 영화

2014년 타이완의 연평균 영화 제작량은 '하이자오 7번지(海角7号)' 이후의 수준을 유지하였다. 36편 영화 중에서 상큼한 로컬 코미디 영화 이외에 소수 영화만이 다른 유형에 속하였다. 타이완 영화관공회의 최신 통계에 따르면 2014년에 10개 이상 국가의 622편 영화(12개 영화전시회의 189편 영화 포함)가 타이완에서 상영되었지만, 2014년에 영화 흥행수입은 2.55% 소폭 하락하여 업계의 주목을 끌었다. 그 중 할리우드의 6대 영화회사가 타이완에서 66편의 영화를 상영하여 20억 7천만 타이완 달러의 흥행수입을 올렸다. 타이완의 로컬영화는 33편 상영되어 2013년 대비 11편 감소하였으며 흥행수입은 3억 8천만 타이완 달러로 10.2%를 차지하였다.

2014년에 가장 대표적인 타이완 로컬영화는 웨이더성(魏德圣) 제작, 마즈샹(马志翔)이 감독한 〈KANO〉와 뉴청쩌(钮承泽)가 감독한 〈군중낙원(军中乐园)〉이다. 1억 타이완 달러를 돌파한 상위 4개 영화는 〈KANO〉, 주바다오(九把刀)가 감독한 러브스토리인 〈한사람을 기다리는 카페(等一个人咖啡)〉, 주거량(猪哥亮)이 주연인 〈다다오청(大稻埕)〉, 러브스토리를 그린 〈절친(闺蜜)〉으로 알려졌다. 〈KANO〉의 흥행수입은 3억 4천만 타이완 달러에 달하였지만, 제작원가만 3억 타이완 달러가 투자되어 좋은 성과를 거두지는 못하였다. 2014년에 유일하게 수익을 낸 타이완 영화는 〈한사람을 기다리는 카페〉로 흥행수입이 2억 4천만 타이완 달러에 달하였다. 제작원가가 2억 5천만 타이완 달러인 〈군중낙원〉의 흥행수입은 6,500만 타이완 달러에 불과하여 기대치에 미치지 못하였다.

2) TV

2014년 타이완지역의 유선 TV 디지털 이용자 수가 빠른 증가세를 보였다. 2013년 말 기준 타이완에는 총 5개 무선 TV와 171개 무선 방송, 108개 위성방송 TV(280개 채널)(29개 해외 위성방송 TV(111개 채널)와 86개 국내 위성방송 TV(169개 채널 포함), 7개 생중계 위성 TV업체와 8개 공동시청 안테나 TV(CATV)를 보유하였다. 유선 TV 사업자가 56개, 유선 TV방송 시스템이 3개로 2014년 말 기준 이용자 수가 5,002,216가구에 달하여 커버리지율은 59.67%에 달하였다. 주목할 점은 유선 TV 디지털 이용자는 2013년의 1,940,247가구에서 3,947,507가구로 증가하였으며 커버리지율은 78.92%에 달한다는 점이다.

최근 몇 년간 타이완지역이나 중국 대륙지역이나 드라마 제작수와 시청량이 모두 현저하게 하락하는 추세를 보였는데, 그 주요원인은 시청습관의 변화라고 할 수 있다. 동영상이 보급됨에 따라 인터넷을 통해 TV를 시청하는 것이 새로운 생활방식이 되었으며, 젊은 세대는 모바일을 통해 시청하는 습관이 생기게 된것이다.

AC Nielsen이 제공한 2014년 1월 1일~12월 25일 사이 타이완지역의 드라마 시청률 상위 10위의 프로그램을 보면 〈풍수세가(风水世家)〉, 〈가장(嫁妆)〉, 〈용비봉무(龙飞凤舞)〉, 〈세간정(世间情)〉, 〈아신(阿信)〉, 〈기황후(奇皇后)〉, 〈아모(阿母)〉, 〈고연화(孤恋花)〉, 〈아적자유연대(我的自由年代)〉, 〈우후교양(雨后骄阳)〉 순으로 나타났는데, 로컬 드라마가 절반 이상을 차지하였다. 그 중 〈풍수세가〉의 시청률이 가장 높은 5.86%에 달하였고, 10위인 〈우후교양〉이 1.95%였다. 과거 주말 트렌디 드라마 붐은 더 이상 나타나지 않는 것으로 나타났다. 2014년 주말시간의 TV시청률은 낮은 수준을 보였는데, 일요일 저녁시간의 4개 무선 TV방송국의 시청률 합계는 3% 미만이었다. 〈용감설출아애니(勇敢说出我爱你)〉, 〈상류속여(上流俗女)〉, 〈니조량아성구(你照亮我星球)〉는 낮은 시청률을 보였으며 트렌디 드라마를 통해 시청률을 높이는 전략도 실패하였다. 타이완TV(台视)·산리(三立)의 〈회도애이전(回到爱以前)〉, 〈애상양개아(爱上两个我)〉, 〈재설일차아원의(再说一次我愿意)〉 등은 가장 높은 시청률을 이루었지만 평균 시청률은 1% 이상에 불과하였다.(표3)

표3. TV산업의 중요 관찰지표

프로그램	2008년	2009년	2010년	2011년	2012년
위성채널 수(개)	193	233	268	263	269
유선 TV 이용자 수(호)	4,885,309	4,980,251	5,084,491	5,061,737	4,989,155
유선 TV 보급률(%)	63.81%	63.80%	64.06%	62.82	60.94
MOD ARPU(Average Revenue per User)(위안/월)	―	―	110	135	163
무선 TV채널 광고액(억 위안)	44.5	43.4	50.6	49.0	40.0
위성TV 채널 광고액(억 위안)	135.8	158.2	194.1	211.75	200.59

*자료출처: 타이완 '문화부'

3) 라디오

인터넷의 많은 기능은 전통적인 방송 미디어와 중복된다. 4G시대의 도래는 모바일화와 개인화 특징을 부각시켰으며, 이로 인해 전통적인 방송은 더 큰 위협을 받게 되었다. '타이완통신전파위원회'(NCC)는 '경쟁 독려: 비대칭 관리통제 조치' 구상을 내놓았지만, 환경과 자원의 공정성

문제를 고려하였을 뿐, 전체 산업발전은 여전히 업계 스스로 기술발전을 통해 도모할 수 밖에 없다.

아울러 14년 만에 '제11차 1단계 라디오 방송국 허가증'에 대한 제안을 통해 라디오 방송국 채널 허가증이 발급될 것으로 예상된다. 'NCC'에 따르면 실질적인 심사와 가격경쟁 방식을 통해 FM 전역 1개와 FM 중간주파수 방송국 9개를 발급하며, 실질적인 심사와 추출방식을 통해 FM 작은 주파수 방송국 22개와 AM 작은 주파수 방송국 2개를 발급할 계획이다.

3. 신문·도서산업은 절벽, 디지털 출판이 하이라이트로 부상

1) 신문업

2014년 타이완지역의 신문시장은 여전히 '중국시보(中國時報)', '연합보(聯合報)', '자유시보(自由時報)', '빈과일보(苹果日報)' 등 4대 신문이 경쟁을 이루는 구조를 유지하였다. 신문업의 전체 광고수입은 연속 10년간 둔화되었다. 신문은 줄곧 디지털로의 전환을 통해 새로운 발전을 도모하고 있다. 1995년에 '중국전자보(中國电子報)'가 창간되고 1999년에 '연합보(聯合報)'가 공동 지식자원베이스를 설립하였으며, 2000년에 타이완지역 최초의 인터넷 신문인 '명일보(明日報)'가 창간되었다. 타이완지역 신문의 디지털화는 이미 20여 년의 발전과정을 거쳤지만 뉴미디어로의 전환성과는 여전히 이상적이지 못하다.

기존 타이완지역의 '빈과일보'는 모바일 플랫폼을 위주로 하는 콘텐츠 전환을 모색하고, '연합보'는 드라마·전자상거래·전시회·교육사업 등 다양한 분야에 진출하여 업계의 많은 관심을 모으고 있으며, 중화전신의 MOD에서 뉴스채널을 선보였다. 2014년 '중국시보'와 '자유시보'는 카페 플랫폼에 대규모적으로 투자하고 콘텐츠의 이동화를 시도하였다. 인터넷 신문인 '풍전매(风传媒)', '관건평론(关键评论)' 등 후발업체가 뉴미디어에 성공적으로 진출한 대표 신문이 되었다. 빅데이터 붐으로 인해 향후 1년간은 타이완지역 신문의 전면적인 구조전환의 원년이 될 것이고, 이용자의 개성화·빅데이터 분석 활용 등의 추이가 나타날 것으로 기대된다.

2) 도서

2014년 타이완지역에서 총 5,087개 출판사가 4만 1,600여 종의 새로운 책을 출판하였다. 2013년과 비교해 보면, 새로운 책을 출판한 곳은 30개 줄어들고 도서 출판총수도 520가지 감소하여 최근 3년 사이의 최저치를 기록하였다. 도서 출판총수가 지속적으로 하락하였음에도 불구하고 아동도서(그림책, 이야기책 포함), 사회과학도서의 판매량은 증가세를 보였다. 2014년 아동도서(그림책, 이야기책 포함)의 판매 증가율은 1위를 차지하였고 출판수는 2013년의 2,834가지에서 2014년의 3,046가지로 증가하였으며, 사회과학도서는 2014년에 121가지 증가되었고 사회 공공분야에 관심을 불러일으켰다.

3) 디지털 출판

타이완지역의 디지털 출판 산업은 디지털 게임·컴퓨터 만화·디지털 영화와 음악·디지털 출판과 저장·디지털 학습 등 5대 주요 산업과, 모바일응용 서비스·콘텐츠 소프트웨어·인터넷 서비스 등 3대 관련 산업을 포함한다. 2013년 타이완지역 디지털 산업의 생산총액은 약 7,304억 타이완 달러로 2012년 대비 15.23% 증가하였다.

타이완지역 4G 허가증의 발급과 더불어 4세대(B4G)는 모바일 광대역의 차세대 디지털 콘텐츠 발전환경 구축에 많은 영향을 미칠 것으로 보인다. 이는 고화질의 비디오, 모바일 학습, O2O(Online To Office), 게임 등 산업의 빠른 발전을 견인할 것으로 기대된다. 모바일 광대역 시대의 도래는 원작 비디오·만화 등 콘텐츠의 수요를 대폭 향상시킬 것이고 고화질 비디오(VOD), mIPTV, VoLTE, 인터랙티브 러닝, 인터랙티브 게임, O2O 등 새로운 서비스·앱·산업에 비즈니스 기회가 나타날 것이며 다분야의 협력 추이로 인해 콘텐츠 가치를 배가할 것이다.

4. 인터넷 4G 증가 예상치를 초과, 뉴미디어와 모바일 인터넷의 지속적 증가

'타이완정보통신발전추진소조(NICI)'의 추진하에 타이완지역은 '스마트 타이완'계획을 주축으로 하여 인프라건설을 추진하였다. '광대역의 전면 커버리지'정책 추진으로 인해 2013년 말 타이완지역의 100Mbps

고속 광대역 커버리지율은 89.38%에 달하였고 케이블TV 이용자가 426만 5천 가구, 무선 광대역 인터넷계정 이용자가 1,319만 5,400 이용자에 달하였으며 광대역 인터넷 연결 계정은 7,011,934개로 2012년 대비 6.1% 증가하였다.

2012년 말부터 유선 TV의 디지털화를 추진하기 위하여, 타이완지역에서는 유선 TV 시범구·실험구 계획을 연이어 발표하였다. 유선 디지털 TV 셋탑박스 보급률은 2012년의 21.03%에서 2013년의 45.64%로 증가하였고 2014년 말에는 75% 이상에 달할 것으로 예상된다. 무선 통신에 있어서는 중화전신이 2014년 5월 말에 타이완지역의 4G 모바일광대역을 우선적으로 가동하였으며, 그 뒤를 이어 타이완 대가대(大哥大)·원전전신(远传电信)·타이완지성(台湾之星)·아태GT(亚太GT)가 연이어 가동하였다. 4G 이동 광대역의 실제 발전진척은 예상치를 초과하였으며, 2014년 연말에는 340만 가구를 초과하였다. 4G서비스 경쟁은 이제 시작되었지만, 타이완지역은 5G발전 조치를 '광대역 서비스 및 산업발전 추진 가속화 방안'의 실시과정에 포함시켰다.

전반적으로 타이완지역의 인터넷과 뉴미디어는 중국 대륙보다 늦게 발전되었지만, 통신업의 발전과 더불어 활발하게 추진되고 있다.

Ⅶ. 중국 미디어 통계

2014년 중국 미디어 현황

지표	단위	2014년	2013년	증가율%
1. 방송 현황				
라디오 방송국 수	개	153	169	-9.47
TV 방송국 수	개	166	183	-9.29
라디오+TV 방송국 수	개	2,207	2,185	10.07
교육방송국 수	개	42	42	0
케이블TV 가입자 수	만호	22,893.80	21,508.97	6.44
IPTV 가입자 수	만호	3,297.3	2,400	
위성방송 가입자 수	만호	13,960	-	
2. 커버리지 현황				
라디오 방송 커버리지 율	%	98.79	97.51	0.29
TV 방송 커버리지 율	%	98.42	98.2	0.22
3. 인쇄매체 현황				
신문사 수	개	1,353	1,420	-4.72
잡지사 수	개	3,763	3,577	5.20
출판사 수	개	583	583	0
신문 종수	종	1,912	1,915	
잡지 종수	종	9,966	9,877	
4. TV 프로그램 제작 시간				
전국 TV 프로그램 제작 합계	시간	3,397,910	3,436,301	
영화·드라마 프로그램	시간	201,195	163,348	
연예·오락 프로그램	시간	464,977	483,174	
뉴스·시사 프로그램	시간	866,756	866,905	
전문서비스 프로그램	시간	854,124	892,521	
광고 프로그램	시간	542,823	555,192	
기타 프로그램	시간	468,035	455,161	
5. 영화 현황				
국유영화 제작사	개	38	38	
영화 배급사 수	개	42	40	
영화관 수	개	4,918	3,903	
스크린 수	대	18,195	13,118	

* 자료출처: 국가신문출판 광전총국 2014

2014년 중국 TV 프로그램 제작현황

(단위: 시간)

지역	TV프로그램 제작시간	뉴스류	전문 서비스류	예능류	영화 드라마류	광고류	기타 류
전국합계	3397834	866756	854124	464977	201195	542823	468035
광전총국직속	317568	29658	82435	32602	86652	7202	79019
베이징시	133946	11111	50578	19681	21792	7314	23470
톈진시	27792	5048	15278	5044	226	1807	389
허베이성	159715	29851	41806	31743	906	34109	21300
산시(山西)성	88764	24330	15023	13093	1395	20580	14343
네이멍구자치구	70073	23559	17757	7816	34	16619	4289
랴오닝성	184837	28684	38564	50283	4774	34871	27659
지린성	92169	18220	27438	24175	2546	13281	6509
헤이룽장성	107224	30123	22874	17479	2905	14148	19695
상하이시	53122	15337	11560	3458	3232	1818	17716
장쑤성	217672	61432	54437	23195	12818	46610	19180
저장성	148609	42730	31579	12232	4939	43226	13904
안후이성	76886	24560	22111	8459	1911	11662	8184
푸젠성	66182	25189	18162	4839	2437	8886	6668
장시성	97097	28695	23645	9768	3858	21104	10027
산둥성	212823	47796	53521	39180	14995	35966	21365
허난성	141584	35366	32637	26993	78	22310	24200
후베이성	106515	30756	27268	12877	1371	22684	11560
후난성	137551	45501	26767	13405	416	26286	25175
광둥성	175786	56878	37347	21585	17340	25030	17605
광시좡족자치구	106334	34943	24981	12015	117	22157	12121
하이난성	18087	5288	3291	1451	1722	4570	1766
충칭시	59503	13123	24688	6044	482	5004	10162
쓰촨성	126308	43555	36518	13137	1572	14966	16559
구이저우성	41518	15298	6770	4855	30	4183	10382
윈난성	96923	30681	26121	7556	3792	18275	10498
티베트자치구	10520	3353	3453	610	1300	848	956
샨시(陝西)성	118154	36690	26453	16868	1837	19582	16724
간쑤성	66597	21681	18073	8179	278	9716	8670
칭하이성	20497	7021	5720	1204	1020	4499	1033
닝샤위구르자치구	24460	6672	7065	3407	26	5378	1913
신장위구르자치구	93098	33624	20204	11747	4394	18136	4992
계획단열시	110087	23776	31354	16893	7931	19758	10375
다롄시	23683	3730	6662	1999	3150	3481	4661
닝보시	14568	3454	4023	1496	68	2189	3339
샤먼시	8057	3293	1536	560	159	856	1653
칭다오시	19894	3959	4164	2728	4251	4210	581
선전시	43884	9340	14968	10110	303	9021	142

* 계획단열시(计划单列市)는 다롄시(大连), 닝보시(宁波), 샤먼시(厦门), 칭다오시(青岛), 선전시(深圳)를 말함.

2014년 중국 라디오·TV 인력 현황

(단위: 명)

지역	종업원 수	남	여	관리자	전문인력	편집/기자	아나운서/MC
전국합계	844330	517502	326828	136281	436384	146798	29683
광전총국직속	50950	27425	23525	8188	25017	7370	749
베이징시	45150	24588	20562	8356	21464	5642	705
톈진시	7968	4559	3409	1081	5269	1874	332
허베이성	37932	22542	15390	5311	18579	6682	1666
산시(山西)성	21688	12883	8805	2865	10673	5263	698
네이멍구자치구	18076	10776	7300	2243	12455	4629	929
랴오닝성	28436	17451	10985	5213	16698	5268	1028
지린성	20759	13539	7220	2589	15139	5005	825
헤이룽장성	18807	11633	7174	2807	11018	4591	805
상하이시	29549	16951	12598	4633	12848	3222	626
장쑤성	52089	32462	19627	8220	27643	8263	1824
저장성	44752	27638	17114	5156	23287	7566	1728
안후이성	22517	14012	8505	3747	14096	4753	1262
푸젠성	26015	16382	9633	3974	11029	3729	675
장시성	19616	12674	6942	3737	7761	2879	847
산둥성	52959	33682	19277	6628	30928	11087	2494
허난성	51704	31499	20205	7582	20366	9366	1461
후베이성	38197	24018	14179	6608	20056	5902	1187
후난성	39413	24423	14990	7224	18886	5417	1082
광둥성	49730	33127	16603	8946	23504	6696	1666
광시좡족자치구	15594	10181	5413	3307	9543	3531	759
하이난성	5047	3002	2045	794	3601	1277	163
충칭시	12317	8054	4263	2505	6172	1571	320
쓰촨성	39183	25391	13792	8725	19047	5017	1656
구이저우성	15115	9567	5548	3258	7326	3061	563
윈난성	17966	11260	6706	2432	10339	4121	849
티베트자치구	3923	2344	1576	638	2291	487	127
샨시(陝西)성	19266	11907	7359	3209	10188	4079	827
간쑤성	14919	9316	5603	3097	6394	2742	594
칭하이성	3543	2154	1389	358	2577	874	228
닝샤위구르자치구	4877	2835	2042	947	2676	1054	155
신장위구르자치구	16273	9227	7046	1903	9514	3780	853
계획단열시	22691	14163	8528	2942	12980	4885	881
다롄시	3228	1951	1277	545	2055	925	135
닝보시	4899	3124	1775	535	2060	766	236
샤먼시	2604	1514	1090	388	1408	555	80
칭다오시	4521	2635	1886	562	2682	1261	216
선전시	7439	4939	2500	912	4775	1378	214

2014년 중국 라디오·TV 인력 현황

(단위: 명)

지역	직업별 구분				학력별 구분		
	프로젝트 기술자	예술가	경영자	기타인력	석사 이상	대학·전문대	고등학교 이하
전국합계	152130	17907	42069	271665	27915	594915	221500
광전총국직속	11927	1109	1587	17745	4722	35274	10954
베이징시	5693	1752	4154	15330	4854	35563	4733
텐진시	1150	185	250	1618	456	6124	1388
허베이성	6160	842	1150	14042	683	26536	10713
산시(山西)성	3386	75	202	8150	231	14744	6713
네이멍구자치구	3370	332	107	3378	301	14194	3581
랴오닝성	6970	1396	713	6525	883	21784	5769
지린성	5168	207	3495	3031	507	14060	6192
헤이룽장성	4016	483	516	4982	492	14009	4306
상하이시	3383	1719	2298	12068	2153	19640	7756
장쑤성	10111	579	3267	16226	2032	35995	14062
저장성	7604	1216	2543	16309	1152	32870	10730
안후이성	4563	583	2170	4674	797	17010	4710
푸젠성	2933	456	1341	11012	436	17237	8342
장시성	2494	120	297	8118	290	12028	7298
산둥성	11337	706	2949	15403	967	38890	13102
허난성	6664	378	1261	23756	606	29704	21394
후베이성	7326	626	2271	11533	862	24361	12974
후난성	6418	852	2248	13303	796	28863	9754
광둥성	9673	1192	1805	17280	1663	34862	13205
광시좡족자치구	3791	220	676	2744	509	11537	3548
하이난성	1692	157	84	652	72	3518	1457
충칭시	1793	337	691	3640	373	9062	2882
쓰촨성	5853	951	3716	11411	636	26122	12425
구이저우성	2375	98	408	4531	189	11478	3448
윈난성	4186	191	392	5195	311	13896	3759
티베트자치구	824	67	2	994	131	2398	1394
산시(陝西)성	3647	309	756	5869	297	13333	5636
간쑤성	1943	215	503	5428	197	10165	4557
칭하이성	1171	91	4	608	48	2992	503
닝샤후이족자치구	906	96	145	1254	87	3939	851
신장위구르자치구	3603	358	68	4856	182	12727	3364
계획단열시	4686	595	927	6769	1053	17634	4004
다롄시	575	88	225	628	205	2578	445
닝보시	805	24	69	2304	53	3561	1285
샤먼시	432	94	174	808	153	2080	371
칭다오시	781	97	102	1277	90	3511	920
선전시	2093	292	357	1752	552	5904	983

2014년 중국 라디오·TV 인력 현황

(단위: 명)

지역	숙련 정도별 구분				연령별 구분		
	정고급	부고급	중급	초급 이하	35세 이하	36~50세	51세 이상
전국합계	7052	31807	124730	392037	390855	363425	90050
광전총국직속	974	2986	8177	33674	29266	16074	5610
베이징시	534	1234	3877	14114	32093	10461	2596
톈진시	264	583	1061	4912	4049	2829	1090
허베이성	437	1606	5343	14670	17156	17327	3449
산시(山西)성	160	621	3821	5966	8093	11218	2377
네이멍구자치구	283	1493	4135	7552	6111	9296	2669
랴오닝성	478	1469	6846	11803	11116	13521	3799
지린성	260	1445	3675	11181	7560	10130	3069
헤이룽장성	424	1556	4260	6182	6925	8918	2964
상하이시	280	972	4696	14830	16838	8838	3873
장쑤성	294	1424	7069	27220	24588	21844	5657
저장성	257	1528	6603	19840	22271	17835	4646
안후이성	95	737	3521	10745	10021	10018	2478
푸젠성	136	808	2560	11779	12053	11345	2617
장시성	98	544	2028	7435	7153	10158	2305
산둥성	472	2515	8735	28793	26303	21809	4847
허난성	114	1194	6249	21796	23064	24074	4566
후베이성	242	1283	7447	18773	14156	18767	5274
후난성	108	780	5064	23657	20107	15702	3604
광둥성	192	1181	6410	26761	23780	21323	4627
광시좡족자치구	73	520	2755	7787	5950	7545	2099
하이난성	12	132	447	2984	2041	2491	515
충칭시	75	477	1678	5822	5369	5804	1144
쓰촨성	111	786	4024	17974	15766	19294	4120
구이저우성	57	380	1888	5625	6436	7242	1437
윈난성	98	817	3216	6233	7438	8790	1738
티베트자치구	52	164	497	2063	2024	1549	350
산시(陝西)성	127	647	2531	5960	7270	9775	2221
간쑤성	91	508	1668	5801	5802	7309	1808
칭하이성	40	279	713	1678	1322	1848	373
닝샤위구르자치구	88	312	954	2549	1921	2390	566
신장위구르자치구	126	826	2782	5878	6813	7898	1562
계획단열시	183	1115	3229	12565	12215	8610	1866
다롄시	56	231	693	1291	1174	1684	370
닝보시	13	130	607	2468	2262	2062	575
샤먼시	23	136	373	865	1586	865	153
칭다오시	36	248	683	2694	2339	1764	418
선전시	55	370	873	5247	4854	2235	350

2014년 중국 TV 프로그램 거래 현황

(단위: 만 위안)

지역	TV프로그램 국내 판매액	TV드라마 국내 판매액	TV애니메이션 국내 판매액	다큐멘터리 판매액
전국합계	1515502	1000891	170048	63432
광전총국직속	115159	53622	7889	38351
베이징시	456466	303615	7429	16705
톈진시	3641	3547	–	–
허베이성	2965	2280	–	131
산시(山西)성	1787	1536	38	145
네이멍구자치구	31	–	–	–
랴오닝성	1306	687	403	–
지린성	1228	1228	–	–
헤이룽장성	–	–	–	–
상하이시	113764	94204	843	926
장쑤성	69160	39326	29701	77
저장성	390948	353088	11111	1043
안후이성	28978	1700	14123	873
푸젠성	30880	8941	13882	44
장시성	2566	1986	–	–
산둥성	19534	18913	334	–
허난성	–	–	–	–
후베이성	22505	6469	12358	859
후난성	40968	18043	1552	996
광둥성	103575	33729	61023	1443
광시좡족자치구	300	25	90	111
하이난성	–	–	–	–
충칭시	9142	1519	3466	340
쓰촨성	3240	3240	–	–
구이저우성	184	184	–	–
윈난성	6299	6210	–	88
티베트자치구	–	–	–	–
샨시(陝西)성	89876	46647	5394	1202
간쑤성	848	–	412	99
칭하이성	–	–	–	–
닝샤위구르자치구	152	152	–	–
신장위구르자치구	–	–	–	–
계획단열시	61636	9694	39689	34
다롄시	73	73	–	–
닝보시	–	–	–	–
샤먼시	13644	4688	1701	34
칭다오시	297	–	157	–
선전시	47623	4933	37831	–

2014년 중국 라디오·TV 매출현황

(단위: 억 위안)

지역	총 매출	광고 수입	라디오 광고수입	TV 광고 수입	인터넷 수입	유선방송 수신료 수입
전국합계	3734.88	1387.01	139.92	1119.26	754.91	437.87
광전총국직속	635.53	336.48	8.77	322.15	25.52	10.97
베이징시	418.71	169.84	9.44	80.48	44.21	10.67
텐진시	46.68	16.83	4.79	10.91	9.89	5.38
허베이성	57.42	22.42	4.82	15.99	19.72	16.65
산시(山西)성	35.35	10.75	2.28	8.07	11.16	9.52
네이멍구자치구	37.39	4.96	1.31	3.59	14.52	10.00
랴오닝성	81.66	29.70	7.51	21.76	25.99	20.13
지린성	43.95	13.46	2.81	10.61	19.27	10.43
헤이룽장성	54.86	22.33	5.02	16.78	17.91	15.15
상하이시	322.91	72.02	5.48	56.24	30.76	13.60
장쑤성	259.74	99.83	12.85	83.76	72.51	39.63
저장성	304.54	81.79	12.56	64.98	60.06	30.95
안후이성	83.22	43.44	3.03	39.28	13.64	4.35
푸젠성	89.17	21.39	3.21	15.76	20.88	10.29
장시성	52.92	18.13	1.33	16.29	17.72	13.13
산둥성	145.36	61.31	11.36	47.82	51.31	33.75
허난성	63.67	23.95	3.69	19.20	13.42	9.93
후베이성	82.02	26.61	4.43	20.97	29.51	22.17
후난성	189.57	91.73	3.82	86.09	28.88	19.15
광둥성	236.45	93.13	12.23	78.34	75.96	44.70
광시좡족자치구	47.89	13.08	1.64	10.25	18.14	8.94
하이난성	13.96	5.97	0.44	5.25	3.80	2.60
충칭시	38.91	12.46	1.78	9.79	17.74	9.92
쓰촨성	115.78	31.09	4.25	25.96	44.73	23.29
구이저우성	54.59	12.88	1.65	10.73	14.95	7.84
윈난성	51.24	15.12	2.29	12.49	16.02	9.55
티베트자치구	9.77	1.65	0.01	1.63	0.46	0.40
샨시(陝西)성	70.55	20.72	4.00	13.54	16.29	10.93
간쑤성	26.57	3.88	0.72	3.13	6.75	5.23
칭하이성	12.68	0.60	0.15	0.44	2.42	1.75
닝샤위구르자치구	12.92	2.56	0.25	2.17	2.90	2.48
신장위구르자치구	36.60	5.58	2.01	3.52	7.46	3.96
신장생산건설병단	2.33	1.32	0.00	1.32	0.43	0.43
계획단열시	119.19	47.79	9.68	36.98	25.93	14.11
다롄시	12.46	4.80	1.98	2.76	2.03	1.85
닝보시	19.15	5.41	1.00	4.26	9.13	4.92
샤먼시	13.92	3.78	0.77	2.56	0.00	0.00
칭다오시	12.98	7.67	2.63	4.90	1.19	0.45
선전시	60.68	25.83	3.29	22.50	13.58	6.90

2014년 중국 유선방송 TV 가입자 현황

지역	유선방송 TV 가입자 수(만 호)	디지털 TV 가입자 수(만 호)	유료 디지털 TV 가입자 수(만 호)	가입자 비율(%)
전국합계	22893.80	17159.69	3498.41	100.00
베이징시	636.91	513.60	11.42	2.78
텐진시	292.29	255.71	18.74	1.28
허베이성	865.82	687.29	61.62	3.78
산시(山西)성	498.90	344.65	9.29	2.18
네이멍구자치구	317.95	240.98	14.84	1.39
랴오닝성	995.54	672.85	13.90	4.35
지린성	556.48	476.86	120.72	2.43
헤이룽장성	703.87	620.73	88.71	3.07
상하이시	681.76	518.56	155.91	2.98
장쑤성	2249.44	1661.94	316.33	9.83
저장성	1449.05	1334.31	316.33	6.33
안후이성	708.26	348.00	36.69	3.09
푸젠성	691.53	489.12	173.07	3.02
장시성	595.19	420.30	83.06	2.60
산둥성	1870.15	1369.49	314.97	8.17
허난성	1034.36	369.10	26.02	4.52
후베이성	1045.31	872.14	227.59	4.57
후난성	841.06	679.49	155.29	3.67
광둥성	1960.00	1571.11	175.06	8.56
광시좡족자치구	623.44	370.73	125.88	2.72
하이난성	110.01	92.30	16.99	0.48
충칭시	519.53	360.20	112.43	2.27
쓰촨성	1450.90	948.31	330.05	6.34
구이저우성	494.28	394.28	105.80	1.72
윈난성	520.35	478.51	225.47	2.27
티베트자치구	21.52	13.06	1.84	0.09
샨시(陝西)성	639.47	526.26	205.22	2.79
간쑤성	207.34	196.09	32.64	0.91
칭하이성	61.90	57.55	18.41	0.27
닝샤위구르자치구	89.80	89.80	0.00	0.39
신장위구르자치구	199.50	186.36	4.11	0.87
신장생산건설병단	61.89	0.00	0.00	0.27
계획단열시	530.05	472.15	69.37	2.32
다롄시	185.39	156.37	5.17	0.81
닝보시	244.85	215.74	40.32	1.07
샤먼시	77.35	69.63	15.05	0.34
칭다오시	233.05	208.05	0.00	1.02
선전시	214.01	213.25	28.09	0.93

* 전체 유선방송TV 가입자 중, 디지털TV 가입 비율은 74.95%임.
* 전체 유선방송TV 가입자 중, 유료 디지털TV 가입 비율은 15.28%임.

■ 저자 소개

미디어산업 발전 추이 - 추이바오궈(崔保国) 교수, 칭화대학 신문미디어학원
모바일 인터넷 시대: 미디어 사용과 정보소비의 '뉴노멀' - 위궈밍(喻国明) 교수, 중국인민대학교 신문학원
인쇄미디어 발전개요 - 미디어 청서 연구팀
신문산업 광고 발전과 전환 - 야오린(姚林) 고문, CCTV 시장연구공사
중국 도서 출판: 양적 규모에서 질적 효익 향상으로 - 웨이위산(魏玉山) 원장, 중국신문출판연구원
신문발행 시장 현황 - 톈커(田珂) 총재, 베이징CCMC 국제미디어 컨설팅공사
신문산업의 새 미디어 영향력 분석 - 차이정펑(蔡正鹏) 총재, 베이징CCMC 국제미디어 컨설팅공사
도서 판매시장 분석 - 양워이(杨伟) 부사장, 베이징 오픈북 정보기술 유한공사
정기간행물 산업발전 동향 - 타오단(陶丹) 교수, 허베이대학 신문방송학원
TV산업 발전 분석 - 후정룽(胡正荣) 부총장, 중국전매대학
케이블TV 산업 발전 동향 - 왕페이(王飞) 부주임, 중국전자학회 유선방송TV 종합정보기술분과
IPTV 산업 발전 동향 - 왕단나(王丹娜) 박사, 중국인민대학신문학원
TV 광고시장 현황 및 추이 전망 - 두궈칭(杜国清) 소장, 중국 전매대학 광고주연구소
TV 프로그램 VOD 시청에 대한 분석 - 천샤오저우(陈晓洲) 총감, CSM미디어 연구소
드라마방송과 시청시장 분석 - 리훙링(李红玲) 책임연구원, CSM 미디어연구소
다큐멘터리 산업 발전 동향 - 장궈페이(张国飞) 부총감, CCTV1 프로그램 총괄부
애니메이션 영화·드라마 산업 분석 - 덩린(邓林) 교수, 상하이교통대학 미디어와 디자인학원
라디오산업 발전 개황 - 리우윈(刘云) 교수, 저장대학 미디어학원
라디오 청취시장 분석 - 황쉐핑(黄学平) 총재, SMR 연구그룹
영화산업 발전 동향 - 인훙(尹鸿) 교수, 칭화대학 신문미디어학원
인터넷 미디어산업 발전 분석 - 루위샹(吕宇翔) 부주임, 칭화대학 신문미디어학원 신미디어연구센터
인터넷 광고 산업 새로운 추이 예측 - 차오쥔보(曹军波) 부총재, 아이루이 컨설팅그룹
모바일 미디어 산업 발전 동향 - 쉬치(徐琦) 교수, 중국 전매대학 신미디어연구원
모바일을 이용한 SNS발전 동향 - 후융(胡泳) 교수, 북경대학 신문미디어학원
소비자 행동 변화를 일으키는 인터넷 광고의 새모델 - 자오수광(赵曙光) 교수, 칭화대학 신문미디어학원
온라인 동영상 산업 발전 분석 - 저우쿠이(周逵) 박사, 중국 전매대학 신문미디어학부
인터넷 게임 산업 발전 동향과 추이 - 천신링(陈信凌) 원장, 남창대학 신문미디어학원
실시간 커뮤니케이션 발전 동향 - 리우샤오옌(刘晓燕) 박사, 칭화대학 신문미디어학원
광고시장 발전 동향 - 현대광고 잡지사
시청자의 미디어 접촉 습관 분석 - 선잉(沈颖) 대표, CTR 미디어 소비행위 연구센터
미디어 시장의 인수합병 동향 - 궈취안중(郭全中) 박사, 국가행정학원 사회문화 교육연구부
미디어 자본시장 발전 동향 - 펑샤오펑(冯晓峰) 연구생, 칭화대학 신문미디어학원
미디어시장의 저작권 무역 발전 동향 - 천위안위안(陈媛媛) 부주임, 칭화대학 신문 미디어학원 미디어 경제관리연구센터
홍콩지역의 미디어 산업 발전 분석 - 천창펑(陈昌凤) 교수, 칭화대학 신문미디어학원
타이완지역 미디어 산업 발전 분석 - 정웨이슝(郑维雄) 박사, 칭화대학 신문미디어학원

중국 미디어 산업의 현재와 미래

세계 미디어 시장의 대변혁 중국이 주도한다

2015년 9월 20일 초판 1쇄 발행
2015년 11월 10일 초판 2쇄 발행

주　편 ㅣ 추이바오궈(崔保国)
역　자 ㅣ 조재구
펴낸이 ㅣ 조재구
펴낸곳 ㅣ 한중미디어연구소
주　소 ㅣ 서울시 강동구 올림픽로 604(3층)
전　화 ㅣ (02)482-0305 이메일 ㅣ okcho21@hotmail.com
출판등록 ㅣ 2015년 7월 6일(제25100-2015-000015호)
ISBN ㅣ 979-11-956061-0-8 93300

값: 95,000원

This edition is an authorized translation from the Chinese languade edition Published by arrangment with Social Sciences Academic Press(China). All right reserved.

이 책의 한국어판 저작권은 中国社会科学文献出版社와 독점 계약한 한중미디어연구소에 있습니다. 저작권법에 의하여 한국내에서 보호를 받는 저작물이므로 무단전재와 복제를 금합니다.